Vivien Leigh mit ihrer Schönheit, ihrem Talent und ihrem Ehrgeiz war eine der großen Bühnen- und Filmschauspielerinnen unserer Zeit. Aber ihr Leben lang hat man sie mit der grünäugigen, katzenhaften, energiegeladenen Scarlett O'Hara aus dem berühmten Film *Vom Winde verweht* identifiziert. Die Scarlett war und blieb ihre Traumrolle. Nach einer ziemlich unruhigen, aber relativ glücklichen Kindheit und einer kurzen, nicht sonderlich geglückten Ehe wurde ihr Leben von zwei Männern bestimmt, die sie mit aller Intensität liebte, und von ihrer Krankheit, einer manisch-depressiven Veranlagung, die sie an den Rand des Wahnsinns brachte.
Vivien Leigh war eine außergewöhnliche Frau: bezaubernd schön, geistreich, warmherzig, großzügig. Anne Edwards schildert sehr einfühlsam ihr kompliziertes Seelenleben und ihren Werdegang und ihre Triümphe als Schauspielerin.

Anne Edwards

Das Leben von Vivien Leigh

Die Scarlett O'Hara aus *Vom Winde verweht*

Edition Sven Erik Bergh
in der Europabuch AG

Originaltitel:
Vivien Leigh
A Biography
© 1977 by Anne Edwards

Aus dem Englischen von
Ursula von Wiese

Edition Sven Erik Bergh in der Europabuch AG
© 1979 by Europabuch AG, Gubelstraße 19, CH-6300 Zug
Telefon: 042/21, 14 46, Telex: 72 112
Alle Rechte der Verbreitung, auch durch Film, Funk, Fernsehen,
fotomechanische Wiedergabe, auszugsweisen Nachdruck und
Tonträger jeder Art, sind vorbehalten
Schrift: 10 Punkt Garamond, Linotron 505
Gesamtherstellung: Mohndruck Reinhard Mohn GmbH, Gütersloh
Printed in Germany
Schutzumschlag: Fritz Blankenhorn
ISBN: 3-88065-090-8

Auslieferungen:
Deutschland: WMP-Auslieferungsdienst GmbH
Postfach 20 27, D-7400 Tübingen
Telefon: (0 70 71) 3 30 46, Telex: 7 262 891 mepo
Schweiz: Neue Bücher AG
Gotthardstraße 10, CH 8027 Zürich
Telefon: 01/2 02 74 74
Österreich: Danubia-Auslieferung
Postfach 111, A-1013 Wien
Telefon: 02 22/66 16 17/19

Erster Akt

Hier kommt der König her;
dies ist der Weg.
Königin in Richard II.
von Shakespeare

Erstes Kapitel

Die Suche nach einer Darstellerin für die Rolle der Scarlett O'Hara in *Gone With the Wind (Vom Winde verweht)* hatte zweieinhalb Jahre gedauert und David O. Selznick fünfzigtausend Dollar gekostet. Obwohl die Rolle immer noch nicht besetzt war, begann er mit den Dreharbeiten an einem klaren, kalten Dezemberabend im Jahr 1938. Die Stadt Atlanta brannte im Hintergrund seines Filmgeländes, während sieben Technicolor-Kameras bereitstanden. Doubles für Scarlett und Rhett warteten abseits auf ihr Stichwort, um im gegebenen Augenblick auf die Einspänner zu springen, auf denen sie durch die lodernden Straßen von Atlanta rasen sollten. Diese Straßen, die neue falsche Fassaden und Profile erhalten hatten, stammten aus den Kulissen der alten Filme *King Kong* und *Little Lord Fauntleroy*, da sie dem Baustil zur Zeit des amerikanischen Bürgerkriegs entsprachen. Selznick wußte, daß er sich da auf ein ungeheures Wagnis einließ. In den vergangenen zweieinhalb Jahren hatte er die besten Talentsucher des Landes zu jedem Nest im Süden ausgesandt, ihnen den Regisseur George Cukor und eine ganze Equipe nachgeschickt und Hunderte von erfahrenen und unerfahrenen Schauspielerinnen geprüft. Ja, er hatte alles Erdenkliche getan, und doch war keine Scarlett da. Möglich, daß Margaret Mitchells weltberühmte Heldin mit der schmalen Taille niemals gefunden würde.

Aber Selznick war eine Spielernatur, und er wußte, daß seine Geldgeber nicht länger warten würden. Entweder mußte er mit der Arbeit anfangen oder den Plan aufgeben. Noch nie war er zu Beginn einer Filmarbeit so aufgeregt gewesen. Wie der nordamerikanische General Sherman lief er auf der erhöhten Plattform hin und her, von der aus er das Schauspiel der brennenden Stadt beobachten wollte. Immer noch zögerte er, den Technikern das Zeichen zur Entfachung des Brandes zu geben. Sie und die Kameramänner warteten ungeduldig. Die drei Doublepaare Scarlett und

Rhett, die drei gleichen Einspänner – jeder mit einer Melanie, ihrem neugeborenen Kind und der Dienerin Prissy – waren auf ihrem Posten. Selznick wartete jedoch auf seinen Bruder Myron, ohne den er nicht anfangen wollte.

David Selznick war ein Bär von einem Mann, breit, robust, über einsachtzig groß, den Filmleuten, die unten auf sein Zeichen warteten, kam er wie ein Riese vor. Er lehnte sich vor und spähte mit kuzsichtigen Augen in die Nacht nach einem Fleck, in dem er seinen Bruder erkennen könnte. Endlich gab er, voller Wut auf Myron, das Zeichen. Als die Gasbrenner angedreht wurden, züngelte das Feuer auf und verzehrte das dürre Holz, das erste Doublepaar Scarlett und Rhett sprang auf seinen Einspänner und raste neben den Flammen dahin. Die Einstellung wurde achtmal gedreht, bevor Selznick zufrieden war. Schweiß strömte ihm übers Gesicht, und er mußte seine Brillengläser abwischen. Er war erschöpft und gleichzeitig angeregter als je in seinem Berufsleben. Die Verfilmung von *Gone With the Wind* hatte endlich angefangen.

Nachdem er seine Brille wieder aufgesetzt hatte, blieb er noch eine Weile stehen und sah zu, wie die Flammen den Rest der Dekoration verzehrten. Jede verfügbare Feuerwehrmannschaft der Gegend stand bereit. Im Hintergrund war ein Menschengewimmel. Da gewahrte er seinen Bruder Myron, der sich einen Weg durch die Menge bahnte; ein Herr und eine Dame folgten ihm. Myron hatte erwähnt, daß er mit einem Klienten, dem bekannten Schauspieler Laurence Olivier, essen würde. Als die drei näher kamen, konnte Selznick Olivier erkennen. Wer aber war die Dame? Selznick betrachtete sie, als Myron sie bei der Hand nahm und ihr über die wackligen Stufen zur Plattform hinaufhalf. Sie war ganz in Schwarz und hielt ihren breitkrempigen schwarzen Hut fest, der ihr Gesicht umrahmte und beschattete. Oben auf der Plattform war es windig, und sie drehte den Kopf zur Seite, so daß er ihr Gesicht nicht sehen konnte, als sie auf ihn zukam.

»Hier, du Genie«, sagte Myron zu seinem erzürnten Bruder als Begrüßung, »hier hast du deine Scarlett O'Hara.«

Die Dame wandte den Kopf und nahm rasch den breiten Hut ab, so daß ihr das kastanienbraune Haar wild um den Kopf flatterte. Der Feuerschein erhellte ihr Gesicht und ließ die katzengrünen Augen glitzern. Ihr fast kindlicher Mund lächelte ein wenig, als sie die Hand ausstreckte.

Selznick starrte die junge Frau, die seine Hand ergriff, mit fassungsloser Ungläubigkeit an. Vivien Leigh *war* Scarlett O'Hara, wie Margaret Mitchell sie beschrieben hatte: »In den grünen Augen blitzte und trotzte es und hungerte nach Leben, sowenig der mit Bedacht gehütete sanfte Gesichtsausdruck und die ehrbare Haltung es auch zugeben wollten.« Vor ihm stand das Abbild der Persönlichkeit, die er in jedem Mädchen gesucht hatte, das für die Rolle in Betracht gezogen worden war, von jener schwer bestimmbaren Eigenart, an der es, wie er jetzt vermutete, wohl lag, daß er bisher nie eine endgültige Entscheidung hatte treffen können. Nun hatte er seinen Star gefunden, und die Welt sollte eine der berühmtesten Romanheldinnen aller Zeiten leibhaftig zu sehen bekommen.

Wie Scarlett O'Hara war Vivien von Kind auf eine außergewöhnliche und starke Persönlichkeit von unbesiegbarer Durchsetzungskraft. Wildheit blitzte aus ihren Augen, und doch zeigte sie Haltung, Damenhaftigkeit und Stil wie nur wenige Frauen. Schon als Fünfundzwanzigjährige war sie eine aufregende Frau, die eine eigene Welt um sich schuf. Sie besaß ein mythisches Reich, entstanden aus den glänzenden Palästen ihrer Kindheit, die sie in Indien verbracht hatte, entstanden auch aus den vergoldeten Phantasien ihrer Jugend und dem farbenprächtigen Gepränge in Shakespeares Werken, die sie ihr Leben lang gierig gelesen hatte.

Der schöne junge Olivier – der Thronerbe des englischen Theaters – stand hinter ihr, als sie Selznick gegenübertrat, mit dem Rücken zu der verkohlten Verwüstung, die das brennende Atlanta gelassen hatte. Ihretwegen hatte er Frau und Sohn verlassen und sie seinetwegen Mann und Tochter. Sie erlebten eine große, eine klassische Liebesgeschichte, und nun sollte sie eine große klassische Rolle bekommen. Mit unglaublichem Einsatz, den sogar ein alter Spieler wie Selznick für unmöglich gehalten hätte, war sie um den halben Erdball gereist, um beides zu gewinnen.
In den fünfundzwanzig Jahren, die vor dem Augenblick hoch oben auf der windigen Plattform lagen, hatte Vivien ihre Tage aus Träumen und Phantastereien geformt, die nie eine Niederlage enthielten, und in der Zukunft gelebt, in der fast alles geschehen konnte. Jetzt stand sie der Rolle ihres Lebens gegenüber.

Im Jahr 1905, als Großbritannien in Indien herrschte und abenteuerlustige junge Engländer scharenweise dorthin gingen, kam Ernest Richard Hartley, noch nicht zwanzig Jahre alt und flaumbärtig, als Kanzleiangestellter des Maklergeschäfts Piggott Chapman & Co. in Kalkutta an. Er kam aus

gutbürgerlichem Haus, und seine Zukunft war weder durch ein Vermögen oder Aussicht auf Erbe noch durch Beziehungen zum Hof gesichert. Darum betrachtete er es als ein großes Glück, diese Anstellung erhalten zu haben. Ehe und Kinder waren seinen Gedanken fern.
Er kam mit romantischen Vorstellungen nach Indien, die sich auf Kiplings Erzählungen vom Leben beturbanter Sepoys, von Tigerjagden und »männlichen Unternehmungen« gründeten. Es war ein richtiger Schock für ihn, als er feststellte, daß er in eine Stadt geraten war, die einer Kloake glich, wo es von Bettlern und Aussätzigen wimmelte, nach Abfall, Urin und Exkrementen stank und nichts von dem exotischen Leben zu bemerken war, das er sich vorgestellt hatte. Entgegen seinem liberalen Charakter, doch um der Selbsterhaltung willen lernte er schnell, wie sich ein weißer Engländer in Indien zu behaupten hatte. Da gab es die Kricketspiele auf den geräumigen Rasenplätzen des Bengalklubs, die Pferderennen und Polowettkämpfe, die der Turfklub von Kalkutta veranstaltete. Noch mehr sagte ihm die hohe Qualität des englischsprachigen Königlichen Theaters zu, wo er sich sofort anwerben ließ.
In Hartleys Familie gab es keine Schauspieler, so daß sich sein außergewöhnliches Talent als Amateur nicht erklären läßt. Die Engländer in Kalkutta mußten für ihre Unterhaltung selbst sorgen. Alljährlich wurden mehrere Liebhabervorstellungen geboten, und in kurzer Zeit stieg Hartley zu einem führenden Darsteller auf und erntete eine beträchtliche Menge an guten Kritiken. Anscheinend vertrug sich diese Betätigung mit seiner beruflichen Arbeit, denn Piggott Chapman & Co. machten ihn bald zu ihrem jüngsten Teilhaber. Hartley entwickelte sich zu einem sogenannten Bonvivant. Seiner fernen französischen Abkunft verdankte er einen gewissen Charme, der ihn für Frauen unwiderstehlich machte. Leider waren die meisten attraktiven Engländerinnen in Kalkutta verheiratet und darum für einen jungen Geschäftsteilhaber gefährliche Spielgenossinnen.
Als Hartley 1911 für einen Urlaub in seine Heimatstadt Bridlington in Yorkshire zurückkehrte – die er vor sechs Jahren als ziemlich unansehnlicher Jüngling verlassen hatte, sah man nun in ihm einen Teil der romantischen indischen Märchenwelt. Die jungen Damen von Bridlington waren entzückt von seinem weltmännischen Charme, ihre Eltern beeindruckt von seinem Erfolg. Von den anderen Junggesellen in Bridlington stach er entschieden ab. Die indische Sonne hatte seine Haut gebräunt, die Tätigkeit im Theater ihm ein galantes Auftreten und eine gepflegte Sprache ge-

lehrt. Er merkte bald, daß er das schönste Mädchen von Bridlington erobern konnte. Die Mischung einer französisch-irischen Abstammung hatte Gertrude Robinson Yackje das zierliche Aussehen einer Porzellanfigur und das heitere Wesen einer Elfe verliehen. Hartley verliebte sich bis über die Ohren in sie, machte ihr den Hof und gewann ihr Herz mit der Verheißung, ihr ein bewegtes und romantisches Leben zu bieten.
Sie wurden im Herbst 1911 getraut, und als ob er den Vorhang zu ihrem gemeinsamen Dasein aufgezogen hätte, kam seine junge Frau am selben Tag – am 2. Dezember 1911 – wie König Georg V. und Königin Mary in Indien an. Feuerwerk sprühte über der Bucht von Bombay, als die Stadt die Ankunft des Monarchen feierte. Gertrude war überwältigt von der lauten, drängelnden, ungewaschenen Menschenmenge. Hartley spürte ihr Entsetzen und brachte sie schleunigst durch die neogotischen Ziegelsteinarkaden des Victoria-Bahnhofs von Bombay zu dem gepolsterten Luxusabteil des glänzenden rot-grünen Erstklaßwagens, in dem sie nach Kalkutta fuhren, zu dem Haus, das er in dem eleganten Vorort Alipur gefunden hatte.
Obwohl sie in jenen ersten Jahren ein viel luxuriöseres Leben führten, als sie gewöhnt waren – mehrere Dienstboten und ein Auto mit Chauffeur standen ihnen zur Verfügung –, fühlten sich beide nicht recht wohl. Gertrude war eine gute Katholikin, und sie sehnte sich nach dem Ritual ihrer Religion; Hartley konnte nicht blind gegen die Armut, den Schmutz und die Unzulänglichkeiten des menschlichen Daseins sein, die ihn täglich umgaben. Immerhin versuchten sie das Beste daraus zu machen. Ernest setzte sich weiter fürs Theater ein und half bei der Geldbeschaffung für ein größeres, moderneres Gebäude, als es die bisherige Unterkunft der Royal Theatre Company war. Er wurde ein recht guter Polospieler und Pferdekenner. Gertrude blieb möglichst hinter den festen weißen Stuckmauern und geschlossenen Jalousien ihres palastähnlichen Hauses; sie entwickelte eine neue Begabung und verwandelte den Hof in einen englischen Garten. Sie war nicht unglücklich, denn sie liebte Ernest aufrichtig und war stolz auf seine Leistungen. Aber nach zwei Jahren setzten der Monsunregen und die sengende Hitze ihrer heiteren Veranlagung zu. Außerdem war sie nun im dritten Monat schwanger, und Ende April verließen die Bewohner Alipur, wo nur noch Dienerschaft zurückblieb, die dann die Häuser in der unerträglichen Sommerhitze hütete. Ernest und Gertrude wollten wie die meisten ihrer Bekannten in das kühlere Himalajagebiet ziehen, aber sie mußten statt eines Hotelzimmers ein Haus fin-

den, weil Gertrude bis zur Geburt des Kindes im November dort bleiben sollte.
In der letzten Aprilwoche hatte Ernest genau das richtige Haus gefunden. Als er am Tag der Abreise sein Büro in der Royal Exchange Road verließ, machte ihm der Straßengestank ausnahmsweise nichts aus. Am Abend packten sie, und am folgenden Morgen saßen sie in dem Zug, der sich nordwärts zu der beliebten Sommerresidenz Darjeeling in den Vorbergen des Himalajas schlängelte. Das Haus, das einem Kollegen Hartleys gehörte, übertraf alle ihre Erwartungen. Es war ein zweistöckiges Gebäude mit dem außergewöhnlichen Luxus zweier Badezimmer und einer Badewanne; es stand, umgeben von dichten Wäldern, an einem Berghang, von dem aus man die Stadt überblickte. Hartley blieb hier mehrere Wochen mit Gertrude, bevor er an seinen Arbeitsplatz bei der Firma Piggott Chapman zurückkehrte. Er war allein in der Hitze des Sommers, aber abgelenkt durch seinen Beruf, die Baupläne fürs Theater und die Fachsimpelei mit Freunden im Turfklub, wo er sich neuerdings mit der Zucht von Rennpferden befaßte.
Ende Oktober fuhr er zu Gertrude nach Darjeeling, und am Abend des 5. November 1913, gerade als die Sonne hinter den schneebedeckten Gipfeln des Kantschindschangas und des Mount Everests versank und in Darjeeling die Lichter angingen, kam der englische Arzt zu ihm herunter und verkündete ihm, daß er der Vater eines außergewöhnlich hübschen Mädchens geworden sei. Es war ein passender dramatischer erster Auftritt für Vivian Mary Hartley, die eines Tages die berühmte Vivien Leigh werden sollte. Gertrude wunderte sich nicht, daß ihr Töchterchen so hübsch war; denn sie hatte kurz vor der Geburt des Kindes den Kantchindschanga betrachtet, was, wie die indische Amah ihr versichert hatte, vollkommene Schönheit verleihen sollte. Gertrude war glücklicher als je zuvor seit ihrer Ankunft in Indien. Ernest freute sich, Vater zu sein; beide waren stolz auf Vivian, und sie führten ein schönes Leben. Dann aber, neun Monate später, brach der Erste Weltkrieg aus.
Hartley war bereit, nach England zurückzukehren, ließ sich jedoch überreden, statt dessen als Offizier bei der Indischen Kavallerie zu dienen, für die seine Erfahrung als Rennpferdzüchter jetzt sehr nützlich war. Gertrude und die kleine Vivian folgten ihm nach Mussurie, einem Bergstädtchen unweit von Darjeeling, wo er Remonten für Mesopotamien zuritt. Zwei Jahre später wurde er zur Militärstation in Bangalur versetzt, und die Familie zog in die Vorstadt Utacamund um. Vivian fand, daß ihr Vater

in seiner Uniform und den glänzenden Stiefeln besonders schön aussah. Sie war begeistert, wenn sie zu den Rennen in Bangalur mitgenommen wurde, und wenn sie auch ihren Vater seltener zu sehen bekam, als sie sich wünschte, hatte sie doch gelernt, seine Aufmerksamkeit und Bewunderung zu erregen.
In Utacamund gab es ein Liebhabertheater, und die englischen Offiziersfrauen ließen es sich angelegen sein, Kinderstücke und Pantomimen aufzuführen. Gertrude willigte ein, daß Vivian bei einer solchen Vorstellung das Lied *Little Bo Peep* sang, und kostümierte die Dreijährige als Meißner Schäferin, ausgestattet mit Hirtenstab, geblümter Haube und Rosetten an Rock und Schuhen. Als Vivian mit erstaunlicher Sicherheit mitten auf der Bühne stand, verkündete sie, daß sie *Little Bo Peep* nicht singen, sondern rezitieren werde.
Ihr Vater freute sich darüber, auch über ihr weiteres Auftreten in Utacamund; aber ihre Mutter mißbilligte immer mehr Vivians indische Erziehung. Da Gertrude eine fromme Katholikin war, fand sie, ihre Tochter dürfe nicht in einer muselmanischen Kultur aufwachsen. In den letzten Tagen vor Kriegsende suchte sie Ernest zu überreden, nach England zurückzukehren, damit das Kind als Katholikin erzogen werden könnte; doch nach Friedensschluß wurde Ernest zum Seniorteilhaber der Firma Piggott Chapman & Co. ernannt, und die Familie zog wieder in das große Haus in Alipur. Wegen seiner neuen Stellung konnte er Kalkutta nicht verlassen. Aber obwohl Gertrude offensichtlich ungern in Indien blieb, wäre er wahrscheinlich auch unter anderen Umständen nicht nach England zurückgekehrt. Er genoß immer mehr den Ruf eines Frauenhelden und glaubte, das Beste zweier Welten genießen zu können. Gertrude war jedoch nicht so naiv, wie er annahm, auch nicht so tolerant, wie er es gewünscht hätte. Einmal veranstaltete sie eine Abendgesellschaft, zu der sie alle Frauen (mitsamt deren Gatten) einlud, die sie verdächtigte, mit Ernest eine Liebelei zu haben. Der arme Ernest sah, als er zum Essen hinunterkam, unvorbereitet eine Versammlung von Frauen, mit denen er geschlafen, und von Männern, denen er Hörner aufgesetzt hatte. Diesen Abend vergaß er nie, zumal Gertrude ihn in den folgenden Jahren öfters daran erinnerte; aber er machte seiner Untreue kein Ende.
Es herrschte also kein großes Glück im Haus Hartley, und Gertrude suchte in der Religion Trost. Sie ersetzte Vivians Amah – an der das Kind sehr hing – durch eine englische katholische Erzieherin, die Vivian neben den Schulfächern in Religion unterrichtete. Vivian liebte Geschichten, las

gern und verschlang alle Bücher, die ihr geschenkt wurden. Gertrude gab ihr nicht nur die Bibel, sondern auch Bücher von Hans Christian Andersen, Lewis Carroll und Charles Kingsley. Aber Vivian bevorzugte Kipling und die griechische Mythologie, und zum Entzücken ihres Vaters lernte sie lange Stellen aus einem Sammelwerk von Kindergeschichten auswendig. Nach der Rückkehr nach Kalkutta frönte Ernest noch ungefähr ein Jahr lang seiner Leidenschaft fürs Theater, dann aber beanspruchten ihn die Verpflichtungen seiner neuen Stellung so sehr, daß er 1919 das Theater aufgab.

Im folgenden Jahr erhielt er einen kurzen Urlaub, und die ganze Familie fuhr mit einem Dampfer von Bombay aus nach England, weil Gertrude im Sinn hatte, Vivian in eine englische Klosterschule zu geben. Sie selbst war als römisch-katholische Irin in eine Klosterschule gegangen, und sie betrachtete dies als beste Erziehung für ein Mädchen. Das Pensionat, das sie wählte und mit dem sich Ernest schließlich einverstanden erklärte (anfangs war er strikt dagegen gewesen, Vivian fortzugeben), war das Kloster Herz Jesu in Roehampton unweit von London. Die Nonnen und Schülerinnen waren aus gutem Hause, sogar einige der besten Familien Englands waren hier vertreten. Das sagte Gertrude zu, die sich, obwohl kein Snob, ihres neuen gesellschaftlichen Standes bewußt war.

Als Ernest und Gertrude kurz nach ihrer Ankunft im März Vivian zur Besichtigung nach Roehampton mitnahmen, erschrak das Kind beim Anblick der drohenden mittelalterlichen Klostermauern. Sie gingen zur Oberin, der Äbtissin Ashton Case, einer großen, schönen Frau mit scharfen grauen Augen und königlicher Haltung, die ihnen sagte, mit sechseinhalb Jahren sei Vivian noch zu klein für den Eintritt in die Klosterschule. Vivian war sehr erleichtert. Aber Gertrude meinte darauf, so wolle sie das Kind für September anmelden.

Draußen klammerte sich Vivian an ihren Vater und beschwor ihn, sie mit nach Indien zurückzunehmen; denn ihre Erinnerungen waren erfüllt von goldener Sonne und Wärme, von Menschenmengen allenthalben, von Gertrudes Gartenfesten mit schönen Damen in eleganten Kleidern und langen weißen Handschuhen, mit Kavallerieoffizieren gleich ihrem Vater in schmucker Uniform, von springlebendigen Pferden und exotischen gewürzten Speisen. Ernest ließ sich überzeugen, zumal das Leben im Kloster seiner Ansicht nach allzu spartanisch und streng sein würde und in allzu großem Gegensatz stand zu der liebevollen Bemutterung, die dem Kind durch die Dienerschaft und die Erzieherin zuteil geworden war. In Indien

hatte Vivian den Mittelpunkt der Aufmerksamkeit gebildet. Ihre Puppensammlung war enorm, ihr Schrank voll von hübschen Kleidern, die sie so liebte. In Roehampton waren nur wenige persönliche Besitztümer erlaubt, und die Zöglinge trugen eine strenge Uniform.
Aber Gertrude beharrte eisern darauf, daß Vivian im September diese Schule besuche, und Ernest gab schließlich nach. Es wurde vereinbart, daß Gertrude bis dahin in England blieb und ihm erst später nach Indien nachfolgen sollte. Vivian war todunglücklich. Wochenlang zeigte sie sich dem Vater gegenüber mürrisch und abweisend. Nach seiner Abreise brachte Gertrude sie zu Ernests Eltern nach Bridlington. Das war eine Übergangszeit, ein kurzes glückhaftes Zwischenspiel vor dem Schulbeginn. Das Haus war hell und fröhlich, mit Pflanzen und Blumen geschmückt; es roch hier nach Großmutter Hartleys irischer Küche, und acht Katzen schnurrten hier umher. Vivian wurde nicht nur von ihrer Mutter betreut, sondern auch von einer Großmutter, einem Großvater, zwei Tanten – Ernests Schwestern Hilda und Gertrude –, einer vorübergehend angestellten Kinderfrau und dem Hausmädchen Katie. Aber man kann nicht behaupten, daß das Leben am Belgrave Square 14 in Bridlington das Kind auf die Klosterschule in Roehampton vorbereitete.
Im September, zwei Wochen vor ihrem siebenten Geburtstag, betrat Vivian als jüngste jemals zugelassene Schülerin, die behandschuhte Linke ihrer Mutter fest umklammernd, das mittelalterliche Hauptgebäude durch ein schweres gotisches Holztor mit den schmiedeeisernen Beschlägen. Der Garten davor war grün und gut gepflegt, aber streng und unfreundlich. Es gab hier einen kleinen Teich mit Bänken, wo man wohl träumen, jedoch keine Enten und Gänse füttern konnte. Es fehlte an Farbe. Die Nonnen trugen Schwarz, die Schülerinnen Marineblau, und die Schlafsäle mit ihren zwei gegenüberliegenden Reihen weißverhängter Nischen wirkten wie Krankensäle. Jede Zelle enthielt ein schmales Eisenbett, einen Schrank und ein Waschbecken.
Vivian setzte Tränen und dann Verschmitztheit ein (über beides verfügte sie im Überfluß), um die Mutter von ihrem Entschluß abzubringen; aber Gertrude war unerbittlich und ließ das Kind an der kräftigen Hand der Äbtissin im Garten stehen. Ein Kätzchen miaute zu Vivians Füßen, worauf sie sich losmachte, sich aufs Gras setzte und das kleine Geschöpf streichelte. Die Äbtissin erlaubte ihr, das Kätzchen aufs Zimmer mitzunehmen und die erste Nacht bei sich zu behalten, obwohl Tiere sonst streng verboten waren. Es war schwer, diesem Mädchen keine besondere Gunst zu

schenken und ihm keine Vorrechte einzuräumen. Es war nicht nur mindestens zwei Jahre jünger als die anderen Schülerinnen und bald unendlich weit von seinen Eltern getrennt, sondern es war auch ein bezauberndes Kind von unglaublicher Anmut.

Eine Woche später befand sich Gertrude auf hoher See, unterwegs nach Indien zu ihrem Mann. Als die Entfernung zwischen Mutter und Tochter immer größer wurde, machte sie sich klar, daß es ein Jahr dauern würde, bis sie Vivian wiedersah, und daß zwei Jahre vergehen würden, bevor das Kind seinen Vater wieder umarmen konnte. Aber sie glaubte felsenfest, den einzig richtigen Entschluß für die Zukunft ihrer Tochter getroffen und selbst ein großes Opfer gebracht zu haben.

Zweites Kapitel

Vivian durfte die rötlichgelbe Katze behalten, die ihr über ihre anfängliche Einsamkeit hinweghalf. Die Äbtissin nahm sie wohlwollend unter ihre Fittiche, und sowohl die Nonnen als auch die Schülerinnen kümmerten sich um sie. In Kalkutta hatte Gertrude ihrer Tochter beigebracht, auf einer Gesellschaft müsse sie sich immer der Gastgeberin gefällig erweisen, und wenn sie selbst die Gastgeberin sei, müsse sie den Gästen alle Wünsche erfüllen. Offenbar war es dem Kind damals nie in den Sinn gekommen, es könnte sich auch selbst vergnügen. Vivian war nie eigenwillig oder unfolgsam. Sie tat genau das, was man ihr sagte. Sie lächelte, wobei sich die Winkel ihres schönen Mundes auf einzigartige Weise aufwärts bogen; sie blickte den Leuten mit aufrichtigem Interesse gerade in die Augen. Die Nonnen machten viel Aufhebens von ihr; aber schließlich war es die dargebotene Freundschaft eines fast zwei Jahre älteren Mädchens, des späteren Filmstars Maureen O'Sullivan, die ihr zur Überwindung der Einsamkeit verhalf.
Mit ihren ausdrucksvollen graugrünen Augen, dem kastanienbraunen Lockenhar und dem geschmeidigen Körper glichen die beiden Mädchen einander; doch damit endete die Ähnlichkeit, denn Maureen hatte einen latenten Minderwertigkeitskomplex, verursacht durch ein Kindermädchen, das ständig an ihr herumgenörgelt hatte, und eine rebellische Natur. Sie war freimütig, trotzig-stolz auf ihre irische Mittelstandsherkunft und verachtete soziales Prestige.
»Wenn ich groß bin, will ich fliegen«, vertraute sie ihrer neuen Freundin an. »Ich möchte Pilotin werden.«
»Ich möchte Schauspielerin werden«, sagte die knapp siebenjährige Vivian. »Eine *große* Schauspielerin.«
Schauspiel und Musik wurden in der Klosterschule gepflegt; Vivian nahm Klavier-, Geigen- und Cellounterricht und spielte im Schulorchester. Der

einzige Mann im Kloster war ein schüchterner junger Musiklehrer namens Britten und weckte ihr musikalisches Interesse. Sie begeisterte sich auch für jede Theateraufführung, obwohl sie im ersten Jahr wenig Gelegenheit erhielt, sich daran zu beteiligen.
Die Mädchen pflegten darüber abzustimmen, wer am witzigsten, klügsten oder beliebtesten war. Kurz nach Vivians Ankunft wurde über das hübscheste Mädchen abgestimmt. Vivian kam auf den ersten Platz, Maureen auf den zweiten. Vivian nahm die Ehre gleichmütig hin und setzte sich an ihre Schularbeiten. Aber Maureen ging aufs Zimmer und weinte. Niemand konnte sich den Grund erklären, nur Vivian vermutete, daß ihre Freundin, im Gegensatz zu ihr selbst, hohes Lob, Komplimente und Ehrungen nicht gewöhnt war. Weit davon entfernt, es übelzunehmen, daß sie nicht Erste geworden war, überwältigte es Maureen, Zweite nach Vivian zu ein, die sie als das schönste Mädchen betrachtete, das sie jemals gesehen hatte. Vivian schienen derartige Schmeicheleien nicht zu Kopf zu steigen. Sie war einfach außergewöhnlich. Der Äbtissin fiel an ihr eine merkwürdige Reife auf, die sie von den anderen Mädchen abhob, während sie gleichzeitig ein so sprudelndes Temperament hatte, daß sie bei den Nonnen ebenso beliebt war wie bei den Schülerinnen. Ihre in Indien verbrachte Kindheit und dazu ihr apartes Aussehen verliehen ihr etwas magisch Anziehendes, das einem Kind in diesem Alter im allgemeinen nicht anhaftet. Sie schien zu schweben, ihr Haar war immer in Ordnung, die Uniform makellos, und sie konnte Geschichten erzählen, daß die Zuhörer unmittelbar in Bann gerieten.
Aber in Roehampton blieb nicht viel Zeit für Kinderspiele. Der Unterricht belegte die Schülerinnen mit Beschlag. Neben Englisch, Mathematik, Geschichte und Französisch hatten sie lange Religionsstunden. Vivian gab sich aufrichtig der Religion hin, und ihre Leistungen in diesem Fach brachten ihr Preise ein. Es bildete ihren Lebensinhalt, und ihre kurzen kindlichen Briefe an Gertrude endeten unweigerlich mit einem Bibelzitat.
Neben den Pflichtfächern nahm Vivian als einzige Ballettunterricht bei einer Nonne, die in ihrer Jugend Tanz studiert hatte. Das war recht tapfer von ihr, denn am Ende des Schuljahrs mußten die Mädchen klassenweise vor dem Lehrkörper auftreten. Da außer Vivian niemand Ballettstunden nahm, mußte sie allein auftreten, wovor sich die anderen Mädchen geängstigt hätten, sie hingegen wurde dadurch angespornt.
Sie sehnte sich nach ihrem Vater, und sie schrieb ihm Extra-Briefe, in denen sie von ihren Schulerlebnissen berichtete und sich entschuldigte, wenn

sie ihres Erachtens weniger glänzende Noten erhielt. Sie beklagte sich nie, außer über Heimweh. Sie hätte ihrem Widerwillen gegen die Prüderie der Nonnen Luft machen können; aber darüber beschwerte sie sich nur bei ihren Mitschülerinnen, den Eltern gegenüber nie.
In der Rückschau mochte diese Prüderie geradezu komisch wirken, aber damals war sie für freigeistige Mädchen schwer zu ertragen. Beim Baden mußten sie lange weiße Hemden tragen, damit niemand ihre nackten Körper sah. Da die Nonnen zu scheu waren, das Badezimmer zu betreten und nachzuprüfen, ob jedes Mädchen sein Hemd anbehielt, lag Maureen nackt in der Badewanne, weichte dann das Hemd ein, wrang es aus und zog es wieder an. Vivian, die das Gefühl des kalten nassen Hemdes am Körper nicht ausstehen konnte, zitterte lieber in dem ungeheizten Badezimmer, als daß sie das Gebot verletzt hätte.
Ferner war es verboten, Lackschuhe zu tragen, weil sich darin das Höschen unter dem Rock spiegeln könnte. Abends mußte die adrett gefaltete Unterwäsche, bedeckt von einem weißen Nachthemd, auf einen Stuhl im Gang vor der verhängten Nische gelegt werden, damit die persönlichen Kleidungsstücke nicht gesehen werden konnten. Diesem absonderlichen Stapel wurde die Krone aufgesetzt, indem man die Strümpfe in Form eines Kreuzes obenauf legte.
Zu Ostern hatte Vivian ihre erste heilige Kommunion. Die Sommerferien verlebte sie bei Großmutter und Großvater Hartley, aber beide kränkelten. Den größten Teil ihrer Zeit verbrachte sie damit, Pflegerin zu spielen, und eigentlich gefiel sie sich in dieser Rolle. Sie kehrte recht vergnügt zur Schule zurück. Sie hatte sich ihrem neuen Leben angepaßt und fühlte unter der Obhut der Nonnen eine gewisse Geborgenheit. Am 30. November 1921, kurz nach ihrem achten Geburtstag, wurde sie gefirmt; das war für sie ein wichtiges und feierliches Ereignis.
Im folgenden März – 1922 – kam Gertrude nach achtzehn Monaten wieder nach England. Sie staunte und freute sich, wie Vivian sich verändert hatte. Das Kind, das sie zurückgelassen hatte, war zu einem liebenswürdigen, fröhlichen kleinen Mädchen herangewachsen, das Gertrude in der Klosterschule herumführte, wie eine Gastgeberin den Gästen ihr Haus zeigt. Die Schülerinnen waren in den Weihnachtsferien zu Theatervorstellungen mitgenommen worden, und Vivians Interesse am Theater war neu erwacht. Sie bat ihre Mutter, im Londoner Hippodrome das Stück *Round in Fifty* sehen zu dürfen. Bis zum Sommer war es ihr gelungen, der Äbtissin und Gertrude das Privileg abzuschmeicheln, es sechzehnmal gesehen

zu haben. Der Hauptdarsteller war ein rotnasiger Komiker namens George Robey.

Ernest Hartley verbrachte den Sommer mit seiner Familie zusammen, und sie verlebten die Ferien in Keswick im Seengebiet. Eines Morgens saßen im Hotel am Nebentisch Robey und seine Frau beim Frühstück. Vivian starrte ihn die ganze Zeit aus großen Augen hingerissen an, und als er sich erhob, bekannte sie ihm, daß sie ihn bewundere und *Round in Fifty* sechzehnmal gesehen hatte. Robey strahlte, holte eine Handvoll Rollenbilder aus der Tasche und versah sie mit einer Widmung für sie. Sie hängte die Bilder in ihrem Schrank auf, da sie mehr und mehr in einer Phantasiewelt lebte.

Sie war jedoch ungewöhnlich ordentlich. Ihre Nische war stets tadellos aufgeräumt, und sie hielt ihre Hefte und Bücher musterhaft. Bei allen Gruppenunternehmungen war sie immer die Anführerin. Der Äbtissin fiel es auf, daß es zwei Vivians zu geben schien, denn oft verschwand sie von der Bildfläche, und man fand sie dann allein am Teich. »Warum bist du nicht mit den andern zusammen?« fragte eine Nonne sie etwa, worauf sie einmal antwortete: »Ich sehe so gern, wie sich die Bäume im Wasser spiegeln. Es ist wie ein wunderschönes Ballett.«

Den Freundinnen schilderte sie Stücke und Ballette, die sie erfunden hatte; darin kamen goldene Paläste und goldene Prinzessinnen vor. Indien beschwor bei den Mädchen exotische Bilder herauf, aber darüber mochte Vivian nicht sprechen, ebensowenig über ihre Eltern. Persönliche Empfindungen wurden verschlossen, Stimmungen, Träumereien, Traurigkeit oder Einsamkeit verkapselt, bis sie allein sein konnte.

Zu Vivians Gruppe gehörten jetzt Maureen, die hübsche Patsy Quinn, Brigit Boland und Dorothy Ward. Die anderen Mädchen nannten sie die »Elite«. Alle vier hatten schönes langes Haar, weshalb ihnen von den Laienschwestern oft der Kopf gewaschen wurde. Danach mußten sie die Haare auf den Knien, mit schmerzhaft zurückgebogenem Kopf unter dem warmen Umlauf eines Kamins trocknen lassen. Wegen dieser Tortur hätten sie sich am liebsten die Zöpfe abgeschnitten.

Darum war Vivian froh, daß sie auserwählt wurde, zu Weihnachten einen Teil ihrer Haare für das lebensgroße Wachschristkind in der Kapelle zu opfern. Das Kind in der Krippe war bildschön, aber leider kahlköpfig. Man reihte die jüngsten Mädchen auf, erklärte ihnen die Notlage und machte ihnen klar, daß ein Mädchen mit geeigneten Locken »die Ehre habe, sein Haar zu opfern«, um die Wachsfigur zu verschönern. Feierlich

wurde Vivian als Opfer oder, je nachdem, wie man es betrachtet, als privilegierte Persönlichkeit ausersehen, da ihre Locken bei dem Wettbewerb den Sieg davontrugen. Aber es konnte nicht ohne Einwilligung der Eltern geschehen, und die Hartleys befanden sich in Indien.
Ein Kabel wurde abgesandt, und alle warteten gespannt – Vivian am gespanntesten – auf die Antwort, die nach einer Woche eintraf. Vivian durfte sich die Haare abschneiden lassen. Alle Mädchen schauten stumm zu, als die Betreuerin der Jüngsten Vivians Locken abschnitt und dem Kopf des Christuskindes anklebte. Hierauf wurde Vivian zum Dorffriseur gebracht, der kunstgerecht für den damals modernen Pagenschnitt sorgte. Unverzüglich holten die anderen Mädchen, soweit es ihnen gelang, bei ihren Eltern die Einwilligung zum Herrenschnitt ein.
Für Vivian bedeutete die neue Frisur nicht nur Befreiung von der Quälerei des Haarewaschens, sondern auch die Möglichkeit, Knabenrollen zu übernehmen, die sie bei allen Aufführungen am interessantesten fand. Sie durfte jedoch keine Hosen tragen, die als unziemlich galten; statt dessen wurde sie mit einem langen ungefügen Mantel kostümiert. Ihre ganze Freizeit widmete sie dem Theaterspiel und dem Stückelesen. Mehr denn je war sie überzeugt, dereinst eine berühmte große Schauspielerin zu werden. Sie schrieb ihrem Vater, daß sie hoffe, mit ihm zusammen im Königlichen Theater aufzutreten, sobald sie wieder in Indien sei. Er antwortete, das sei ein verlockender Gedanke, aber er habe fürs Theater keine Zeit mehr.
Die nächsten Ferien verbrachte sie nicht bei den Großeltern in Bridlington, sondern sie blieb allein im Kloster. Sie las leidenschaftlich gern, und die Nonnen erlaubten ihr die uneingeschränkte Benutzung der Bibliothek. Es schien sie nicht zu bedrücken, als einzige die Ferien nicht mit ihrer Familie zu verbringen. Sie identifizierte sich mit einigen der Nonnen, und es war ihr recht, diese Beziehungen intensivieren zu können, ohne von den anderen Mädchen gestört zu werden Die Großeltern schickten ihr eine Riesenpuppe, die eine Krone und ein Ballkleid trug, und die Äbtissin erlaubte, daß diese königlich aussehende Puppe immer auf ihrem Bett saß.
Das zweite Jahr in Roehampton war Vivian glücklich, denn sie liebte die Nonnen und das religiöse Ritual. Sie gehörte zu den wenigen Mädchen, die sich dort wohl fühlten. Im Gegensatz zu Maureen, die sich fortwährend auflehnte und Gefahr lief, hinausgeworfen zu werden, wurde Vivian als die beste Klosterschülerin betrachtet. Sie weinte oder schmollte selten.

Sie zeigte meistens ein fröhliches Gesicht und echten Humor, da sie viele Dinge, die andere Mädchen katastrophal fanden, von der komischen Seite sah. Dennoch war sie kein Tugendbold. Ihre Freundinnen vertrauten sich ihr rückhaltlos an, weil sie wußten, daß sie von ihr niemals verraten oder kritisiert würden. Sie besaß so eine Art Weisheit, so daß man darüber vergaß, wie jung sie noch war. Wie Maureen später von ihr sagte: »Sie war so, wie man selbst liebend gern gewesen wäre. Wir spielten manchmal: Wer möchtest du sein, wenn du ein anderer Mensch sein könntest? Die meisten von uns schrieben: *Vivian Hartley*.«

Gertrude kam jeden Sommer nach England, Ernest alle zwei Jahre. In den übrigen Ferien blieb Vivian am liebsten im Kloster, obwohl sie gewöhnlich von ihren Freundinnen eingeladen wurde. Sie las eifrig und entwickelte für ihr Alter einen erstaunlich guten Geschmack. Von Kipling war sie zu Dickens und Shakespeare übergegangen. Neben dem Unterricht wurde sie vom Schulorchester, in dem sie Cello spielte, ihren Ballettstunden und den Theateraufführungen in Anspruch genommen, an denen sie jetzt aktiv teilnahm. Alle Mädchen fanden sie bei den Vorstellungen großartig und glaubten an ihren zukünftigen Ruhm.

Als ihr Vater auf Urlaub kam, verbrachten sie ruhige Tage in Connemara in Westirland, wo sie ihm beim Forellenfang zusah. Hartley war stolz auf seine Tochter, doch gleichzeitig plagte ihn das schlechte Gewissen, weil er sich ihr nur so selten widmen konnte. Das Kind hatte er mit Spielzeug verwöhnt; jetzt überschüttete er sie mit kostbaren Kleidern für die Ferien, indischem Schmuck, Perlen und Seidenstrümpfen. Um Abwechslung in die langweilige Klosterkost zu bringen, schickte er ihr Delikatessen, die Vivian großzügig mit den anderen Mädchen teilte.

Ihre Freundinnen fanden sie zauberhaft. Sie zeigte entschieden Sinn für Modisches, und sie wußte immer, wie Kleider, Schmuck und Accessoires zusammenzustellen waren, wenn sie die Uniform ablegen konnte. Die Mädchen halfen ihr mit Wonne beim Ein- und Auspacken, probierten ihre Kleider und Schmucksachen an. Mit ungewöhnlicher Großzügigkeit verschenkte sie vieles. »Wenn es dir so gut gefällt«, pflegte sie zu sagen, sobald ein Mädchen etwas bewunderte, »behalt es.« Sie drängte ihm den Gegenstand geradezu auf.

Männer waren etwas Geheimnisvolles und Aufregendes. Wenn der Installateur in die Schule kam, gerieten alle Mädchen in Bewegung. So abgeschlossen sie auch lebten, spielte das Sexuelle – etwas unbestimmt Aufregendes – doch eine Rolle, die nicht nur dem Bereich der Fantasie angehörte. Man munkelte sogar, zwei ältere Mädchen hätten ein lesbisches Verhältnis, und das führte zu neugierigem Geflüster. Als Gruppe genommen, waren die Klosterschülerinnen von Roehampton durchaus weltlich, und sie schienen die Entdeckung des Geschlechtlichen als Teil ihrer Erziehung zu betrachten, obwohl sie von den Nonnen nicht aufgeklärt wurden. Die meisten, auch Vivian Hartley, bekannten, auf das »wirkliche Leben« zu warten.

Plötzlich, so schien es, war sie dreizehn – schlank, apart, außergewöhnlich begabt und beunruhigend »fortschrittlich« im Denken. Ihre Eltern hielten es für angebracht, nach England zurückzukehren. Hartley hatte recht gut Geld verdient, er und seine Frau waren noch jung. Am 7. Juli 1927 verließ Vivian am Arm ihres Vaters Roehampton. Die Eltern wollten mit ihr eine Reise auf den Kontinent unternehmen; ihr Kopf war erfüllt von Fantasien, ihre Augen glänzten vor freudiger Erwartung.
Die nächsten vier Jahre verbrachte sie in den elegantesten europäischen Ferienorten – San Remo, Kitzbühel, Dinard, Biarritz –, wo sie ihr Französisch vervollkommnete und sowohl Deutsch als auch Italienisch lernte. Die Familie überquerte den Ärmelkanal und landete mitten in der Saison in Dinard. Der Ort, den walisische Äbte im sechzehnten Jahrhundert gegründet haben, liegt am Mündungsarm der Rance, gegenüber Saint-Malo, einer malerischen Stadt auf einer vorspringenden Felsenhalbinsel mit einem Schloß aus dem fünfzehnten Jahrhundert, Renaissancekirchen und -häusern, engen und winkligen Straßen. Vivians Eltern mieteten in Dinard ein Haus mit Privatstrand, von wo aus man das Wasser überblickte. Hier verliebte sich Vivian ins Wasser, in seine Ruhe und seine Farben, obwohl ihr bewußt wurde, daß es ihre Gemütsbewegungen beeinflußte, sie manchmal unruhig oder niedergedrückt stimmte. Sie konnte stundenlang mit hochgezogenen Knien am Ufer sitzen und auf die weite blaue Fläche schauen wie früher auf die leichtgewellte Oberfläche des Teichs in Roehampton. Sie sehnte sich nach der Äbtissin und den Schwestern, aber sie wußte, daß es unmöglich war, zu ihnen zurückzukehren, ja sie wünschte es sich gar nicht.
Zwischen Gertrude und Ernest entstanden immer mehr Unstimmigkeiten, die bewirkten, daß sich Vivian wie ein neugieriger Außenseiter vorkam. Zeitweise zog sie sich tiefer in ihre eigene Welt zurück. Dann tauchte sie unversehens daraus hervor, platzend vor Tatkraft und guter Laune. Während dieser Periode schlief sie nachts selten mehr als fünf Stunden,

und jede wache Minute war sie aktiv. Morgens besuchte sie die Frühmesse, nachts las sie im Bett. Es war unbegreiflich, aber sie schien gesund und nie müde.
Ihr Vater schrieb die wechselnden Stimmungen dem »Bubenfieber« zu, da er bemerkte, wie beliebt seine Tochter bei den jungen Burschen war. Gertrude, obwohl besorgt, war weitaus mehr beeindruckt von der Ordnungsliebe des jungen Mädchens, das sein Zimmer und seine Sachen untadelig hielt und seine Unterwäsche täglich selbst wusch. Vivian verspätete sich nie und war stets bereit, eine Gefälligkeit zu erweisen oder eine Besorgung zu machen. Die gelegentlichen Schwermutsanfälle, die kamen und gingen, dünkten Gertrude belanglos; sie hingen ihres Erachtens mit dem Jungmädchenalter zusammen. Sie freute sich vor allem an Vivians guten Umgangsformen, ihrer Intelligenz und ihrer Fähigkeit, leicht Freundschaft zu schließen.
Gegen Ende des Sommers wurden die Pläne für Vivians weitere Erziehung geschmiedet. Da sie sich in Roehampton so wohl gefühlt hatte, meldeten die Eltern sie für den September in einer Klosterschule in Dinard an und zogen selbst nach Biarritz, wo das Klima im Winter milder war.
Es fiel Vivian schwer, sich in der Klosterschule von Dinard einzuleben. Erstens war sie hier nicht mehr die Jüngste, der verwöhnte Liebling, und hier bildete sie nicht mehr den Mittelpunkt ihrer eigenen Gruppe. Zweitens fühlte sie sich nach der Freiheit, die sie in den Sommerferien genossen hatte, eingeengt durch die strengen Schulregeln und Gebote. Sie schmeichelte ihren Eltern die Möglichkeit ab, die Ferien jeweils mit ihnen in Paris zu verbringen, wo sie ins Theater gehen konnte; doch im übrigen fand sie, daß sie sich nicht weiterentwickeln konnte.
Die Sommerferien konnten für sie nicht schnell genug kommen. Sie traf sich mit der Mutter in Paris, und gemeinsam fuhren sie nach Biarritz zum Vater. Er freute sich über das Wiedersehen und nahm sie zu allen Einladungen mit. Ihren Freundinnen in Roehampton schrieb sie, sie sei toll verliebt, und mehrere junge Männer seien toll verliebt in sie. Sie schickte allen Geschenke und bat sie, sie nicht zu vergessen. Aber die schönen Tage am Strand von Biarritz fanden Anfang September ihr Ende.
Als nächste Schule wurde das Kloster Herz Jesu in San Remo an der italienischen Riviera ausgesucht, damit Vivian Italienisch ebenso gut wie Französisch lernte. Es unterstand derselben Organisation wie die Mädchenschule in Roehampton, und hier traf Vivian einige alte Bekannte wieder.

Vivian, jetzt fast fünfzehn Jahre alt, haßte die strenge marineblaue Uniform und legte sie ab, wann immer sie konnte. Aber nicht nur dagegen lehnte sie sich auf, sondern auch gegen die viktorianische Denkweise und die falsche Prüderie der Nonnen.
Die Schule lag oben in der Altstadt neben der romanischen Kirche San Siro mit Blick übers Meer. Die Mädchen mußten einen hochgeschlossenen, langärmeligen Badeanzug tragen, im Gänsemarsch den steilen Hügel hinuntersteigen, in der Neustadt über einen schmalen Sandstreifen rennen und dann sofort bis zum Hals im Wasser untertauchen. Vivian erging sich auch hier in religiösem Eifer und verstreute Päonienblütenblätter vor den Füßen der Priester von San Siro, als sie in der feierlichen Fronleichnamsprozession über das alte Kopfsteinpflaster der Straßen schritt.
Aber sie begann, viele Dinge des Katholizismus in Frage zu stellen, und sosehr sie die Nonnen in Roehampton auch geliebt und geachtet hatte, in San Remo war das nicht der Fall. Es gab allzu viele Andeutungen, daß zwischen bestimmten Nonnen und den Priestern von San Siro sexuelle Beziehungen bestanden. Noch umwerfender waren die ungeschminkten Berichte über die lesbischen Beziehungen unter den Nonnen. Vivian regte sich weniger über die sexuelle Promiskuität im Kloster auf als über die damit verbundene religiöse Heuchelei. Zum erstenmal bekam sie schlechte Noten. Trotz ihrer Sprachbegabung versagte sie im Italienischen. Ihr Vater amüsierte sich, Gertrude weniger, als die Äbtissin schrieb, Vivian sei »unlenkbar« geworden und ihr Benehmen gebe zu Tadel Anlaß. Dem Brief war ein Zettel beigefügt, auf dem nur ein paar Worte standen, zweifellos in Vivians Handschrift und offenbar beschlagnahmt: »Die Hochwürdige Mutter ist eine . . .« Daneben war die Zeichnung einer wütenden buckligen Katze.
Den Sommer verbrachte die Familie Hartley in der irischen Gebirgslandschaft Galway, und Patsy Quinn kam zu Besuch. Die beiden Mädchen verbrachten ihre Zeit mit der Darstellung bekannter und erfundener Theaterstücke. Sie hatten gerade Kiplings Roman *The Light That Failed (Das Licht erlosch)* gelesen; Patsy war die erblindende Malerin, Vivian die liebende Heldin. Sie weinten herzzerreißend, so gerührt waren sie von ihrer eigenen Darstellung, worauf sie in ausgelassenes Gelächter ausbrachen.
Ehe die Ferien endeten, willigte Gertrude, von Vivian und Ernest bedrängt, schließlich ein, daß Vivian eine moderne Schule in Auteuil bei Paris besuchen durfte, zusammen mit einer anderen Freundin, Molly

McGreachin. Vivian war überglücklich. Paris war die Zauberstadt, und dort unterstand sie nicht den strengen Regeln einer Klosterschule. Ihre Seligkeit erreichte den Höhepunkt, als eine Schauspielerin von der Comédie Française angestellt wurde, bei der sie und einige andere Mädchen Unterricht in Sprechtechnik, Körperhaltung und Dramaturgie nehmen konnten. In dem Internat waren nur zwanzig Schülerinnen in Vivians Alter; die Rektorin war jung und fortschrittlich, sie erlaubte ihnen Mitternachtsfeste, Benutzung von Schminke, und es kümmerte sie wenig, ob sie zur Messe oder zum Gottesdienst gingen.
Auf der Rückreise vom Wintersport in den Bayerischen Alpen trafen Gertrude und Ernest in Zürich einen Bekannten, der Vivian in Paris bei einer Nachmittagsvorstellung gesehen hatte. Er berichtete ihnen, sie sei wie eh und je auffallend hübsch gewesen, habe aber zu seiner Verwunderung Rouge und Lippenstift benutzt und ein ziemlich dekolletiertes Kleid getragen. Die Hartleys fuhren sofort nach Paris, um Vivian aus der Schule zu nehmen, obwohl sie sich dramatisch auflehnte. Quer durch Frankreich und die Schweiz wurde sie in ein Internat bei Bad Reichenhall befördert, das Gertrude vorher besichtigt hatte.
Hier trat Vivian mitten in der Schulzeit ein, und trotz ihrem Groll wegen des zwangsweisen Abschieds von Paris liebte sie diese Schule von Anfang an. Der Aufenthalt war nur als Überbrückung gedacht gewesen, aber als sie in den Osterferien ihre Eltern in Kitzbühel traf, bat sie sie, dort bleiben zu dürfen. Da Gertrude sich über Vivians Fortschritte im Deutschen freute, erklärte sie sich einverstanden.
Die letzte Zeit auf dem Kontinent war für sie die glücklichste. Salzburg war knapp eine Stunde entfernt, und sie besuchte die Festspiele. Wien lag in der Nähe, und sie durfte dort in die Oper gehen. Weihnachten verbrachte sie mit ihren Eltern zum zweitenmal in Kitzbühel. Sie war nie eine gute Skiläuferin gewesen, da sie Schwierigkeiten mit dem Gleichgewicht hatte, was ihr auch das Radfahren erschwerte; aber sie liebte die Berge und die Schlittenfahrten. Ihren Freundinnen in Roehampton schrieb sie, auf einem Berggipfel fühle sie sich Gott näher als in der vordersten Bank einer Kirche.
Ostern 1931 wurde Vivian, siebzehn Jahre alt, aus der Schule entlassen. Gertrude holte sie ab, und zusammen hielten sie sich zehn Tage in München auf, wo sie jeden Abend in die Oper gingen. Anstatt von ihrer Loge aus auf die Bühne zu blicken, starrte Gertrude meistens ihre Tochter an, die ihr auf einmal fremd vorkam. Mit einer Intensität ohnegleichen ver-

folgte Vivian jede Bewegung auf der Bühne, und so sehr war sie bei der Sache – was Gertrude nicht vermochte –, daß sie weinte, lachte und alles miterlebte. Irgendwie beunruhigte das Gertrude, und zum erstenmal fühlte sie das Bedürfnis, Vivian zu beschützen. Als sie den Kontinent verließen, um nach London zu Ernest zu fahren, war sie zutiefst besorgt, als ob sie Unheil ahnte.

Drittes Kapitel

Im Jahr 1931 war der umstrittene Roman *Lady Chatterleys Liebhaber* von D. H. Lawrence berühmt geworden, und Vivian las ihn in einem Zuge und dann nochmals. Sie war ein romantisches junges Mädchen, aufgeblüht zur Sexualität, von eigenartiger Schönheit, die die Leute auf der Straße veranlaßte, sich nach ihr umzudrehen. Die Anmut ihres zierlichen Körpers, das vollkommen geformte ovale Antlitz, die bannende Lebhaftigkeit der graugrün-blauen Augen, die blendendweiße Haut und die graziöse Biegung des langen Halses verliehen ihr das Aussehen einer Modigliani-Skulptur. Ihr einziger Schönheitsfehler waren die Hände. Sie wirkten übergroß im Verhältnis zu den Armen und zum Leib, und sie schämte sich ihrer, so daß sie sie gern in die Taschen steckte, Handschuhe trug oder sie sonstwie verbarg.

Obwohl sie in ihrem Bekanntenkreis als das schönste Mädchen der Welt betrachtet wurde, war sie nicht sehr eitel. Die Erziehung seitens ihrer Mutter und der Nonnen in Roehampton hatte bei ihr eine gewisse Selbstlosigkeit bewirkt, die sie ihr ganzes Leben lang bewahren sollte. Sie wehrte nervös jegliches Kompliment ab und war die erste, die bei einem anderen Menschen etwas Positives hervorhob.

Lesen gehörte immer noch zu ihren Leidenschaften, auch die bildende Kunst – sie wurde es nie müde, Museen und Ausstellungen zu besichtigen –, Musik, Theater und Gesellschaftsleben. Sie schlief weiterhin nachts weniger als sechs Stunden, ohne am folgenden Tage müde auszusehen.

In London sah Vivian mit ihren Eltern mehrere Theaterstücke, bevor sie nach Irland reiste, wo sie in Aasleagh in der Grafschaft Mayo den Sommer verbrachten. Im Oktober kehrten sie nach London zurück, damals eine trübselige Stadt, da sie in den Klauen der Depression war. Ernest glaubte mit seinem üblichen Optimismus, daß Großbritannien die wirtschaftliche Notlage bald überwunden habe. Aber in London sahen sie Demonstrationen gegen den Hunger, hörten von dem beunruhigenden Aufstieg des Faschismus in Deutschland und Italien und lasen Schlagzeilen von der Invasion Japans in der Mandschurei. Ernest vertraute auf Premierminister MacDonalds optimistische Äußerungen, doch er erlitt mit seinen Anlagen finanzielle Einbußen.

Ein formelles gesellschaftliches Debüt kam für Vivian nicht in Frage, und da die Hartleys in einem Hotel wohnten, konnten sie keinerlei Gesellschaften geben. Deshalb mieteten sie für den Winter ein Haus im West Country in der Nähe von Teignmouth, wo das Leben viel billiger war. Hier war Ernests ehemaliger Geschäftspartner von der Firma Piggott Chapman, Geoffrey Martin, mit Frau und Tochter Hilary ihr Nachbar. Vivian befreundete sich mit Hilary, und die beiden Mädchen genossen als gefeierte Schönheiten die gesellschaftlichen Anlässe der Gegend. Doch als das neue Jahr kam, sahen die Hartleys ein, daß das Landleben ihrer Tochter keine Vorteile bot. Überdies war Vivian unstet und irgendwie »überspannt«.

Es wurde allen Ernstes in Erwägung gezogen, sie für ein Jahr zu guten Freunden nach Indien zu schicken, aber Vivian machte dem ein Ende. Sie wollte ja Schauspielerin werden. Zu aller Verwunderung hatte Maureen O'Sullivan, die nur zwei Jahre älter war, den Sprung nach Hollywood geschafft, und in London lief ein Film, in dem sie die Hauptrolle innehatte. Vivian nahm allen Mut zusammen und setzte ihre Eltern von ihrem Vorhaben in Kenntnis. Hartley freute sich darüber und meldete sie sofort in der Londoner Royal Academy of Dramatic Art an. Es war Februar, und sie mußte bis zum ersten Mai, dem neuen Quartalsbeginn, warten.

Einer der letzten gesellschaftlichen Anlässe, die sie in West Country mitmachte, war der Jägerball in South Devon. Dabei lernte sie einen recht attraktiven Mann mit ernsten, hellen Augen und gelockten blonden Haaren kennen. Er hieß Herbert Leigh Holman, wurde aber allgemein Leigh genannt. Seine Eltern besaßen im nächsten Dorf, Holcombe Down, ein Haus. Mit seinen einunddreißig Jahren war er der älteste Junggeselle, den sie jemals kennengelernt hatte, was ihn in ihren Augen besonders hervorhob. Außerdem ähnelte er Leslie Howard, einem ihrer Lieblingsschauspieler, hatte in Harrow und Cambridge studiert und gehörte als Rechtsanwalt dem Middle Temple an, einem Londoner Gerichtshof. Sie sprudelte hervor, daß auch sie bald in London sein würde. Sie verabredeten ein Wiedersehen, und er bekannte ihr, daß er sie vor einigen Tagen in Holcombe Down auf der Straße gesehen und sich erkundigt habe, wer

das schwarzgekleidete Mädchen mit dem schönen Profil sei. Als er hörte, daß sie den Jägerball besuchen würde, habe er beschlossen, ihn auch mitzumachen, obwohl er sich aus solchen Anlässen eigentlich nichts machte.
Danach ging Vivian tagelang wie auf Wolken. Sie war verliebt und vertraute ihren Freundinnen an, Leigh sei der Mann ihrer Träume. Als Vivian ihre Eltern um die Erlaubnis bat, früher als geplant nach London zu gehen, wo sie bei einer alten Freundin aus Roehampton wohnen könnte, schickte ihre erschrockene Mutter sie zu den Großeltern nach Bridlington, unter dem wahren Vorwand, es gehe ihnen nicht gut und ihr Besuch werde ihre Lebensgeister heben.
Wochenlang gingen Briefe zwischen Bridlington und dem Middle Temple hin und her. Die Großmutter setzte Vivians Eltern davon in Kenntnis und äußerte die Ansicht, Vivian dürfe nicht allein in London leben. Daraufhin kamen die Eltern ihr in London zuvor und nahmen eine Wohnung in Cornwall Gardens, wo Vivian eine Woche vor Beginn ihres Studiums Einzug hielt.
Da Vivian spürte, daß Leigh von Theaterleuten keine hohe Meinung hatte, unterließ sie es, mit ihm über ihr Ziel zu sprechen. Leigh seinerseits sah in ihrem Interesse fürs Theater eine Liebhaberei und nahm an, daß ihre Eltern den Besuch der Schauspielschule als abschließende Ausbildung betrachteten. »Es kann zwar kein entzückenderes Mädchen als Vivian gegeben haben«, sagt Leigh Holman heute, »aber *damals* schien sie mir weder zielstrebig noch besonders begabt zu sein. Für mich war es eine Überraschung, daß sie berühmt wurde.«
Damals jonglierte Vivian mühevoll mit ihren beiden Leidenschaften, der Liebe zu Leigh und ihrer Arbeit in der Schauspielschule an der Gower Street. Sie wünschte Leigh zu gefallen und war stets für ihn da, wenn er mit ihr etwas unternehmen wollte. Das Studium holte sie auf, indem sie nachts arbeitete und oft nur eine bis zwei Stunden schlief.
Sir Kenneth Barnes, dem sie Lydias Liebesszene aus *The Rivals (Die Nebenbuhler)* von Richard Brinsley Sheridan vorgesprochen hatte, war sehr beeindruckt gewesen, und ihre Lehrerin in der Shakespeare-Klasse, Ethel Carrington, hielt sie für ausgesprochen begabt, obwohl ihre Stimme für die Bühne zu hoch und zu zart zu sein schien.
Wenn sie nicht mit Leigh zusammen war, verbrachte sie ihre Freizeit mit Patsy Quinn und ihren Mitschülerinnen Rachel Kempson und Leueen MacGrath. Sie übernahm die Rolle des Rüpels Schlucker in ihrem geliebten *Sommernachtstraum* und schwärzte sich die Zähne, um eine möglichst

komische Wirkung zu erzielen. Und sie war entzückend als Rosalinde in *Wie es euch gefällt.*
Vivian wußte recht gut, daß Leigh kein Mann war, der mit den Gefühlen eines jungen Mädchens spielte. Von Anfang an ließ er durchblicken, daß er an eine Ehe dachte. Ja, sie hoffte, daß der Tag bald kommen würde, an dem er ihr einen Heiratsantrag machte; dennoch fand sie, daß ihr noch viel Zeit blieb, ehe sie von ihren Berufsplänen sprach. Sie war ja noch eine Schülerin, nicht einmal eine Anfängerin.
Am 19. Juni, einem Sonntag, fuhren Leigh und Vivian nach Brede in Sussex, um seinen alten Freund Oswald Frewen zu besuchen, der ein Vetter von Winston Churchill und Shane Leslie war. Leigh erzählte Frewen im Vertrauen von seinen Heiratsplänen, worüber sich Frewen sehr freute. »Sie wären ein weiteres nettes Paar, das wir in Zukunft hier empfangen könnten«, schrieb er nach der Abfahrt der beiden in sein Tagebuch. Einen Monat später schenkte Leigh ihr einen Ring mit grünem Stein, und sie zeigte ihn glückstrahlend ihren Eltern. So taktvoll wie möglich erklärte ihm Gertrude, daß Grün Unglück bringe, worauf er, ohne sich gekränkt zu zeigen, den Ring in einen kleinen Brillanten umtauschte.
Es folgte eine Runde von Gesellschaften. Leighs Geburtstag war am 3. November, zwei Tage vor Vivians, und sie feierten die Geburtstage zusammen. Vivian wurde neunzehn, Leigh zweiunddreißig. Am folgenden Wochenende fuhren sie abermals nach Brede, wo sie mit Oswald Frewen und dessen Schwester, der Bildhauerin Clare Sheridan, zu Abend speisten. Der Sonnabend war bitterkalt, und Leigh begab sich nach Dell Head, um Bäume zu fällen. Vivian fror jämmerlich, und Frewen ließ sie im Schafstall arbeiten, damit sie sich wärmte.
Im Grunde hatten Vivian und Leigh ganz verschiedene Interessen. Wenn sie eine Vorstellung sehen wollte, ging sie mit einer Freundin ins Theater, da er nicht stillsitzen konnte; und wenn sie auch auf seine Leistungen stolz war – Gespräche über die Gerichtsverhandlungen fand sie doch langweilig. Aber sie fühlte sich an seiner Seite geborgen. Das war angenehm und bequem. Mit verspäteter Einsicht meinte Gertrude, daß sie und Leigh vielleicht nicht zusammenpaßten, wobei sie die Tatsache betonte, daß die Ehe für eine Katholikin eine Bindung fürs Leben bedeute, und sie schlug Vivian vor, bei einem Priester Rat einzuholen. Vivian wollte davon nichts wissen. Sie war in Leigh verliebt, und damit basta.
Sie wurden am 20. Dezember 1932 in der römisch-katholischen St.-James-Kirche am Spanish Place getraut. Patsy Quinn und die anderen

Brautjungfern trugen ein pfirsichfarbenes Satinkleid mit Puffärmeln; sie freuten sich, an der Hochzeit teilzunehmen, weil Vivian als erste ihrer Gruppe in den Stand der Ehe trat. Es ging ein Raunen durch die Kirche, als Vivian, blaß und nervös, am Arm ihres Vaters zum Altar schritt. Ihre Haare wurden durch ein gehäkeltes weißes Julia-Käppchen aus dem Gesicht gehalten, und sie hatte ein schlichtes weißes Satinkleid an. Sie wirkte jünger als ihre neunzehn Jahre, als sie vor dem Altar eher mit kindlicher Ergebenheit als mit weiblicher Bewunderung zu Leigh emporblickte. Nachdem das Gelübde abgelegt worden war, klammerte sie sich an seinen Arm.
Gertrude und Patsy gingen mit ihr, als es für sie Zeit wurde, ihr Reisekleid anzuziehen, ein blaues Kostüm mit Silberfuchspelz. Ihr Ehering war mit Brillanten besetzt, und sie zog ihn ab, bevor sie sich die Hände wusch. Gertrude geriet außer sich. »Vivian, das hättest du nicht tun dürfen!« rief sie. »Es bringt Unglück, schreckliches Unglück!«
Die Neuvermählten verbrachten die Flitterwochen in Kitzbühel, und Vivian nahm Leigh zu einem Ausflug nach Reichenhall mit, um ihn ihrem ehemaligen Rektor vorzustellen. Sie war stolz auf Leigh und ihren neuen Status. Die Befürchtungen, die sie vielleicht in bezug aufs Zusammenpassen gehegt hatte, verflogen bei den gemeinsamen Spaziergängen, der geteilten Freude über die Berglandschaft und dem gemeinsamen Wunsch, beisammen zu sein. Nach drei Wochen kehrten sie in Leighs Junggesellenwohnung am Eyre Court in St. John's Wood zurück.
Das Alltagsleben verlangte sein Recht. Die Wohnung war klein, und die Hausarbeit wurde von Leighs Dienstmädchen besorgt. Auf seine Bitte hin hatte Vivian das Schauspielstudium schon vor der Hochzeit aufgegeben. Die Tage zwischen den Wochenend-Einladungen schienen sich endlos zu dehnen. Sie hatte einfach nicht gelernt, mit Nichtstun fertig zu werden, denn seit ihren ersten Tagen in Roehampton war jede Stunde ihres Daseins vorprogrammiert und eingeteilt gewesen. Sie empfand es als einen Charakterfehler, wenn man die Zeit nicht gut nützte. Die Wohnung bestand aus zwei ziemlich großen Zimmern und einem kleinen, einer Küche und einem Badezimmer, und sie fühlte sich darin unerträglich beengt. Leigh war den ganzen Tag außer Haus; ihre Freundinnen hatten ihr Studium oder ihre Arbeit. Sie langweilte sich und verzehrte sich vor Sehnsucht nach der Schauspielschule. Leigh war ganz und gar dagegen, daß sie das Studium wiederaufnehme.
Er war ein vielversprechender Rechtsanwalt, und alles, was sie tat, billigte

er, wenn es seinen gesellschaftlichen Stand festigte. Sein Vetter, der eine Vorliebe für Vivian gefaßt hatte, erklärte sich bereit, sie bei Hof vorzustellen, und sie stürzte sich begeistert auf die Vorbereitungen. Es war, als ob sie sich für eine Premiere rüstete. *Alles mußte vollkommen sein.* Sie ließ sich eigens ein Kleid entwerfen, bestellte einen Kopfschmuck aus Straußenfedern, probte den Gang, den Hofknicks, Handbewegung, Kopfhaltung und schließlich das sparsame, doch möglichst vorteilhafte Make-up sowie die einfache Frisur, die ihr Gesicht voll sehen ließ.
Endlich kam der ersehnte Tag, der 13. Juni. Leigh konnte sie nicht begleiten, was sie ein wenig betrübte, denn sie hätte das Erlebnis gern mit ihm geteilt. Beim Betreten des Saales war sie froh, daß sie ein Kleid mit Schleppe gewählt hatte: Es erlaubte ihr, sich während des ganzen Schauspiels wie eine Shakespearesche Königin zu bewegen.
Sie prägte sich jede Kleinigkeit ein, um Leigh alles am Abend schildern zu können. Da waren die rot-goldene Uniform und der phantastische weiße Helmbusch der eleganten königlichen Gardisten, die glitzernden Kristallkronleuchter, der geblümte Plüsch, Samt und Brokat. Nie hatte sie einen so riesigen Saal, eine solche Pracht gesehen. Sie erinnerte sich an Gertrudes Schilderung von der Ankunft des Königspaares in Indien. Sie betrachtete quer durch den Raum König Georg und Königin Mary, die unter dem exotischen Thronhimmel saßen, den sie 1911 von jener Reise mitgebracht hatten. Ein verborgenes Orchester spielte, und die vollen Klänge vieler Geigen betonten die gemessenen Ansprachen der Teilnehmer.
Wie im Traum trat Vivian vor. Ihr Taftkleid, das große Puffärmel hatte, raschelte bei jeder Bewegung. Sie hatte das Gefühl, aller Augen ruhten auf ihr. Sie knickste mit leichtem Lächeln. »Was für ein liebreizendes Kind«, soll die Königin gesagt haben, bevor sich Vivian zurückgezogen hatte. Das war ein wichtiger Tag in ihrem Leben, und sie konnte das Erlebnis nie vergessen. Als sie den Palast verließ und den wartenden Wagen bestieg, wußte sie, daß sie die Schauspielschule weiterbesuchen mußte und daß es für sie nur die Bühne gab.
Nach der Heimkehr sprach sie sofort mit Leigh über die Wiederaufnahme des Unterrichts, wobei sie das Hauptgewicht auf die Französischstunden bei Madame Gachet legte. Er willigte ein, weil er es gut fand, wenn sie beschäftigt war und ihre Französischkenntnisse beibehielt. Aber er ahnte nichts von ihrer tiefen Überzeugung, daß nichts sie davon abhalten durfte, die *große* Schauspielerin zu werden, wie sie es schon als Kind Maureen

O'Sullivan anvertraut hatte. Leigh betrachtete das nicht einmal als eine Möglichkeit. Er hatte sie ja nur als komischen Rüpel im *Sommernachtstraum* gesehen, und da sie ein lebhaftes Mienenspiel hatte und bei Gesellschaften gern Scharaden aufführte, hielt er das Ganze lediglich für ein Vergnügen und weiter nichts.

Sie begann mit den wöchentlichen Stunden bei Madame Gachet und fügte allmählich andere hinzu. Ihre Hände bereiteten ihr Sorgen. Sie schämte sich ihrer Größe, und sie machte allerlei Mätzchen, sie zu verbergen. Schließlich gab ihr einer der Lehrer aus schierer Verzweiflung Ellen Terrys Lebenserinnerungen zu lesen, und sie stellte fest, daß die große Dame des englischen Theaters ebenfalls einen Komplex wegen ihrer Hände gehabt und ihn dadurch überwunden hatte, daß sie sich zwang, sie fortwährend auf besondere Art und Weise zu benutzen, und so aus dem »Makel« etwas Positives machte.

Stundenlang übte Vivian vor dem Spiegel Handbewegungen. Sie verlängerte die Ärmel an ihren Kleidern und versah sie mit Rüschen. Auf der Straße sah man sie selten ohne Handschuhe, und bei Einladungen trug sie Armbänder, die ihr locker auf den Handrücken fielen.

Kurz nach der Wiederaufnahme des Schauspielunterrichts wurde sie schwanger. Bis Juni setzte sie das Studium fort, und sie trat sogar in Shaws *Heiliger Johanna* in Kettenpanzer und schweren Stiefeln auf. Da Leigh eingewilligt hatte, in eine größere Wohnung umzuziehen, durchstreifte sie außerdem jeden Tag London, bis sie zu ihrer Freude ein Haus fand, das Lynn Fontanne früher bewohnt hatte. Es war ein altes Haus in Shepherd Marbet, Little Stanhope Street 6, um 1700 erbaut, klein und schmal, leicht verfallen, aber bis jetzt das einzige, das Leigh sich leisten konnte. Ihr guter Freund Hamish Hamilton übernahm die Wohnung in Eyre Court.

Als sie mit der Renovierung und Einrichtung begannen, zeigte es sich, daß Vivian und Leigh doch ein gemeinsames Interesse hatten. Er hegte eine Vorliebe für alte Möbel, und angeregt durch ihn, machte sie sich auf die Suche und widmete sich der Zusammenstellung. Schon nach kurzer Zeit beteiligte sich Leigh nicht mehr daran. Wie er selbst sagt: »Ich wurde ein staunender Zuschauer.« Ihre Sachkenntnis schien instinktiv zu sein, und es gelang ihr, die kostbarsten Stücke zu billigem Preis zu erwerben. Sie fuhr über Land, und oft entdeckte sie scheinbar wertlose Möbel, die jahrelang unter Staub und allem möglichen Plunder begraben gewesen waren. Leigh sträubte sich gegen den Kauf, weil er ihn unsinnig fand, doch dann stellte sich heraus, daß sie mindestens zehnfachen Wert hatten.

Dem Haushalt gehörten jetzt Frau Adamson, die Köchin, das Dienstmädchen Aide und die Kinderfrau Dake an; das kleine Haus war bevölkert, aber es bot allen genügend Platz, und Leigh hatte sogar sein eigenes Arbeitszimmer.
Suzanne Holman wurde am 12. Oktober 1933 in einer Klinik in der Bulstrode Street geboren, und ihre Mutter verzeichnete das Ereignis mit Bleistift in ihrem kleinen blauen Tagebuch: »Habe ein Kind bekommen, ein Mädchen.« Suzanne kam einen Monat zu früh auf die Welt, und es war keine leichte Entbindung. Mutter und Kind durften erst nach mehreren Wochen nach Hause kommen. Schon bald wurde es Vivian daheim langweilig, denn die Angestellten besorgten den Haushalt tadellos, und die kleine Suzanne wurde von der Kinderpflegerin betreut.
Die Fortsetzung des Schauspielunterrichts schien jedoch nicht das Richtige zu sein. Die innere Unruhe trieb Vivian, häufig Gesellschaften zu geben, auf denen sie eine Rolle spielen konnte. Ebenso oft wurden die »entzückende Vivian Holman und ihr sympathischer Mann« eingeladen, und Vivian ging immer als letzte. Leigh nahm an diesem gesellschaftlichen Trubel nicht gerade gern teil, aber er verstand Vivians Unruhe. Darum widersprach er auch nicht, als sie ihm mitteilte, sie wolle einem Modefotografen Modell stehen.
Es war damals üblich, daß die jungen Damen in ihrem Kreis Modell standen oder in Filmen eine kleine Rolle übernahmen, um sich ein Taschengeld zu verdienen. »Vivling«, wie ihre neuen Kolleginnen sie nannten, wurde der Mittelpunkt einer Gruppe unabhängiger junger Frauen, die nicht an Mann, Haus oder Kinder gebunden sein wollten.
Im Sommer begann die Freude an dem gesellschaftlichen Trubel schal zu werden. Am 5. August, einem Sonntag, kam Oswald Frewen zum Tee in die Little Stanhope Street. Er bemerkte an Vivian eine neue Ungebärdigkeit und schlug ihr und Leigh eine gemeinsame Seereise vor. Leigh fand den Gedanken gut und buchte Plätze für eine Kreuzfahrt in der Ostsee. Vivian begeisterte sich für den Plan, bis sie erfuhr, daß sie in einem Film vielleicht eine kleine Rolle bekommen könnte. Sie sprach mit dem Mann, der für die Besetzung zuständig war, und erhielt günstigen Bescheid. Leigh nahm sie nicht ernst, als sie ihn bat, die Reise zu verschieben, bis sie sicher war, daß sie die Rolle wirklich bekommen würde. Der Film sollte *Things Are Looking Up* heißen, und da die Hauptrolle schon mit Cicely Courtneidge besetzt war, konnte sie nur ein paar Augenblicke als eines von mehreren Schulmädchen auf der Leinwand erhoffen. Leigh fand

es lächerlich, die Ferien wegen einer Tagesgage von dreißig Schilling aufzugeben. Zum erstenmal beharrte er auf seinen Wünschen, und so fuhren sie nach Göteborg, wo sie das Schiff bestiegen, das sie über Aarhus und dann über Elsinor nach Kopenhagen brachte.
In Kopenhagen erwartete Vivian ein Kabel, in dem ihr mitgeteilt wurde, daß die Filmarbeit für sie am 12. August beginnen würde. Es wurden unfreundliche Worte gewechselt, und schließlich kehrte Vivian nach London zurück, während Leigh die Seereise fortsetzte. Gleich nach ihrer Abfahrt las er von einem tödlichen Unfall, den eine junge Frau durch einen fehlerhaft montierten elektrischen Badezimmerofen erlitten hatte. Vivian fror immer, und einen ähnlichen Ofen hatte Leigh kurz vor der Abreise im Badezimmer seines Hauses anbringen lassen. Er grämte sich vor Sorge und kabelte ihr, sie solle den Ofen nicht benutzen; aber er erhielt keine Antwort.
Nach der Rückkehr erfuhr Vivian, daß ihre Szenen erst später gedreht würden. In ihrer Besorgnis, daß Leigh nun die eilige Rückkehr nach London noch weniger verstehen würde, fuhr sie für ein paar Tage nach Sussex zu ihrer Freundin Clare Sheridan. Mit ihr, einer vernünftigen Frau, besprach sie ihre Sehnsucht, Schauspielerin zu werden, und ihre Furcht vor Leighs Widerstand. Als Leigh nach Hause kam, hätte sie ihm gern die Wahrheit gestanden, aber trotz Clares Zureden brachte sie es nicht über sich.
Leigh hatte unter der kurzen Trennung so sehr gelitten, daß er ihr versicherte, natürlich könne sie in dem Film mitmachen. Er fügte hinzu, es sei selbstsüchtig von ihm gewesen, sich nicht klarzumachen, daß sie zu jung und zu schön wäre, um sich ganz ihrem Kind und dem Haushalt zu widmen. Von sich sprach er nicht, und vielleicht war es gerade diese Selbstlosigkeit, die Vivian veranlaßte, den Mund zu halten.

Viertes Kapitel

Vivian galt nun als ausgebildete Schauspielerin, und es schien ihr unmöglich, jemals ihr Ziel zu erreichen, wenn sie nicht in West End auf einer Bühne auftrat.
Drei Wochen lang stand sie jeden Morgen um fünf Uhr auf, um gegen halb sieben in Lime Grove, wo der Film gedreht wurde, zu erscheinen. Draußen war es dunkel, das Haus kalt, und alle schliefen noch. In diesem Jahr war der September ungewöhnlich feucht, und sie fröstelte in der frühen Morgenkälte, wenn sie sich anzog und Teewasser aufsetzte. Die Straßen, durch die sie in ihrem kleinen Zweisitzer zur Arbeit fuhr, lagen verlassen. Im Atelier angekommen, zog sie sich in einer zugigen Garderobe vor einem elektrischen Ofen die sommerliche weiße Schuluniform an, zusammen mit den anderen »Schulmädchen«, unter denen Judy Kelly, Hazel Terry und Gilian Maude waren. Alle fieberten vor Aufregung. Der Film war eine Komödie, für die nur ein kleines Budget zur Verfügung stand, nur als Programmfüller gedacht, aber es war Filmerei, und sie schwelgten in Glückseligkeit.
In der letzten Woche wurden die Außenaufnahmen auf Lord Darnleys Elisabethanischem Herrensitz Cobham Hall gemacht, der als Schulhaus diente. Vivian hatte nur einen Satz zu sprechen: »Wenn Sie nicht zur Rektorin ernannt werden, komme ich im nächsten Quartal nicht wieder!« Aber die Kamera suchte sie mehrmals für Großaufnahmen heraus und fing sie in lustigem stummem Spiel mit den anderen Mädchen ein. Etwas lernte sie bei dieser Filmarbeit, das ihr in der Schauspielschule nicht beigebracht worden war: den Wert des Mienenspiels, wenn man nur statiert. In den langen Wartepausen zwischen den Einstellungen unterhielt sie sich mit den Kameraleuten. Bei Nahaufnahmen, wurde sie belehrt, seien Augen und Brauen das Wichtigste. Mienenspiel konnte meterweise Filmmaterial sparen.

Die Arbeit beim Film *Things Are Looking Up* brachte Leigh weiter keinen Ärger. Im Gegenteil, Vivian kam zum Abendessen nach Hause und nahm an keiner Gesellschaft teil, wenn sie am Morgen gut aussehen wollte. Er versöhnte sich mit ihrem neuen Interesse, nahm es aber nicht ernst, weil er glaubte, es werde bald seinen Reiz verlieren.

Vivian aber stand stundenlang vor dem Spiegel und übte Augenausdruck und Beherrschung der Brauen. Die Schauspielerin Beryl Samson erkannte ihre Hingabe und schlug ihr vor, sich einen Agenten zu suchen. Das war nicht einfach für eine Zwanzigjährige, die in einem Film erst eine Zeile gesprochen hatte. Dann mischte sich der Zufall ein.

Auf einer Gesellschaft hörte Beryl den Agenten John Gliddon zu einem anderen Gast sagen, Hollywood tue recht daran, viele schöne junge Unbekannte auszuprobieren, in der Hoffnung, eine Schauspielerin zu finden, die das Zeug zu einem Star hätte. In Großbritannien, sagte er, sei Alexander Korda als einziger so klug, dieses Verfahren anzuwenden. Zwei Jahre lang habe er hoffnungsvolle Talente in einem Film nach dem andern eingesetzt – und siehe da, mit welchem Erfolg, man denke nur an Wendy Barrie und Merle Oberon in *The Private Life of Henry VIII*. *(Das Privatleben Heinrichs VIII.* beziehungsweise *Sechs Frauen und ein König).* Beryl mischte sich zustimmend ein und fügte hinzu, sie kenne eine besonders schöne und intelligente Schauspielerin, aus der man auf diese Weise einen Star machen könnte: Vivian Holman. Gliddon zeigte Interesse, und am folgenden Tage ging Beryl mit Vivian zu ihm in sein Büro in der Regent Street.

Vivian trug einen hübschen breitkrempigen Hut, der ihr Gesicht einrahmte. Sie sah Gliddon aus sprechenden Augen an. »Beryl sagt, Sie sind der einzige, der weiß, wie man aus einer Anfängerin einen Star macht.« Sie lächelte, die vollkommene Schmeichlerin. Gliddon antwortete eher bescheiden, er könne nicht Wunder wirken, sei aber überzeugt, für sie bestünden gute Aussichten, wenn er ein Jahr lang für sie arbeiten dürfe.

»Aber Ihr Name – Vivian Holman – geht nicht«, erklärte er.

»Wie wäre es mit Vivian Hartley?« fragte sie.

»Auch nicht gut«, erwiderte er. »Sie brauchen einen Namen, der leicht zu merken ist.« Nachdem er eine Weile überlegt hatte, schlug er April Morn vor.

Auf dem Heimweg verriet Vivian ihre Besorgnis: »Leigh würde es niemals zulassen, daß ich mich April Morn nenne.«

Beryl sagte, sie müsse einsehen, der Name sei zu gewöhnlich.

Sie schwiegen beide, und erst als Vivian vor ihrer Haustür hielt, sagte Beryl: »Wie wäre es mit Vivian Leigh? Das dürfte ihm gefallen.«
Mehrere Wochen lang wurde die umgetaufte Vivian Leigh von Gliddon täglich zum Essen, zum Tee und zum Cocktail an den elegantesten Orten, Ivy, Ritz und Savoy Grill, mitgenommen, wo sie von den Titanen der englischen Filmindustrie gesehen werden mußte. Sie trug jedesmal ein anderes Kleid und saß immer so, daß ihre Schönheit voll zur Geltung kam. Gliddon hatte Erfolg mit seiner Kampagne. Kordas Büro ersuchte ihn um eine Besprechung mit Vivian, und Gliddon beeilte sich zuzusagen.
Der finanzielle Erfolg und die internationale Anerkennung des Films *The Private Life of Henry VIII* hatten Alexander Korda zum unbestrittenen König der englischen Filmindustrie gemacht. Zum Glanz seiner Krone trugen sein majestätisches Auftreten und seine ruhmreiche Vergangenheit bei. Schon als junger Mann hatte der gebürtige Ungar, der mit bürgerlichem Namen Sándor hieß, für Frauen unwiderstehliche Anziehungskraft gehabt. Er hatte einen Löwenkopf, starke Knochen und hypnotische Augen, die Empfindsamkeit verrieten. Seinen ersten Film hatte er 1914 als Einundzwanzigjähriger in Budapest gemacht und von Anfang an ein luxuriöses Leben geführt.
Als einer der ersten und jüngsten der ungarischen Filmelite war er Leiter und Mitbesitzer eines großen Studios. Fünf Jahre später, während der politischen Unruhen 1919, zerbrach sein Reich, und er emigrierte mit seiner Frau, dem Filmstar Maria Korda, nach Wien, wo er sich ein neues Reich aufbaute.
Der Aufbau des neuen Imperiums nahm elf Jahre in Anspruch und führte ihn von Wien nach Berlin, Hollywood, Paris und schließlich nach London, wo er seine eigene Produktionsgesellschaft, die London Film Productions, in Mayfair an der Grosvenor Street gründete. *The Private Life of Henry VIII* hatte nicht nur Korda international berühmt und reich gemacht, sondern auch die britische Filmindustrie zum erstenmal auf den Weltmarkt katapultiert. Alexander Korda war fraglos der wichtigste Mann im englischen Filmwesen, und Vivian Leigh wußte um seine Macht. Doch die Begegnung mit ihm kam ihr irgendwie schicksalsbedingt vor. Seit über zwei Jahren stand es für sie fest, daß Korda sie wie einst Maureen O'Sullivan herausstellen würde. Als er 1930 in Hollywood Filme produzierte, hatte er der damals erst achtzehnjährigen Maureen ihre erste Starrolle als Partnerin von Charles Farrell in *The Princess and the Plumber* gegeben. Vivian hatte den Film nach Beendigung der Schule dreimal gese-

hen, und da sie und Maureen einander ähnelten, fiel es ihr nicht schwer, sich an Maureens Stelle zu versetzen.
Kordas Büros waren wie seine üppig ausgestatteten Dekorationen, und da hier acht Sprachen gesprochen wurden, hatte ein Journalist sie einmal als »internationales Haus« bezeichnet.
Im Vorzimmer wurden Vivian und Gliddon von einem Fräulein begrüßt, dann von einer Mademoiselle ins Wartezimmer geführt und schließlich von einer Señorita in Kordas Privatbüro geleitet, wo ein großer, schlanker, eleganter Herr mit reizvollem ungarischem Tonfall sie willkommen hieß. Seine Formen waren untadelig. Er stand auf, kam um den Schreibtisch herum, reichte Vivian die Hand und betrachtete sie durch die Brille, die er erst seit kurzem trug, mit aufmerksamem Blick. Die Besprechung verlief ganz anders, als sie erwartet hatte. Er erkundigte sich nach dem Milieu, in dem sie aufgewachsen war, nach ihrer Familie und ihren Wünschen und Vorstellungen, doch er wollte auch wissen, was für Bücher sie am liebsten las, welche Stücke und Filme ihr am besten gefallen hatten. Als sie eine Bemerkung über ein Bild machte, das in seinem Arbeitszimmer hing, erhob er sich und ging mit ihr hinüber, um mit ihr über die Qualität zu sprechen.
Vivian war begeistert und überzeugt, bei der Unterredung gut abgeschnitten zu haben. Aber als Gliddon später anrief, sagte Korda, ja, sie sei entzückend, ja, sehr reizvoll, doch kein Typ, aus dem sich etwas Einzigartiges machen lasse. Er erklärte, auf der Liste der Schauspielerinnen, die er augenblicklich unter Vertrag habe, stünden Merle Oberon, die *exotisch* sei, Wendy Barrie, eine *reine Engländerin*, und Diana Napier – ein *Luder*. Gerade diese unverkennbare Wesensprojektion stemple eine Frau zur Kandidatin für Startum, behauptete er, und eben das hätte Vivian Leigh seiner Ansicht nach nicht.
Vivian war tief enttäuscht, aber Gliddon erlaubte ihr nicht, sich in Selbstbedauern zu ergehen. Er verschaffte ihr eine Rolle in einem schnell und billig produzierten Film: *The Village Squire*. Sie spielte die weibliche Hauptrolle, ihre Tagesgage betrug fünf Guineen. Der Film war in sechs Tagen abgedreht. Einen Monat später spielte sie in einer anderen Schnulze, *Gentleman's Agreement*, eine Stenotypistin. Beide Filme waren miserabel und erhielten schlechte Kritiken.
Aber David Horne, der mitgewirkt hatte, rief sie kurz darauf an und sagte, er solle in *The Green Sash* von Debonnaire Sylvester und T. P. Wood, einem Stück, das im fünfzehnten Jahrhundert in Florenz spiele, einen äl-

teren Mann darstellen. Man habe Schwierigkeiten mit der Besetzung einer flatterhaften jungen Frau. John Gliddon sprach mit dem Produzenten Matthew Forsyth, und eine Woche vor der Premiere im Q-Theater wurde Vivian für die Rolle der Ehefrau Giusta engagiert.
Die Premiere fand am 25. Februar 1935 statt, und die *Times* brachte tags darauf folgende Kritik: »Giusta ist von den Autoren so vage skizziert, daß Vivian Leigh wenig Gelegenheit zur Profilierung hat; aber sie agiert mit einer Präzision und Leichtigkeit, die ihr bei einer gehaltvolleren Rolle zugute kommen dürften.«
Es war kein sehr vorteilhaftes Debüt, aber die Kritik ermutigte Vivian, und sie freute sich, nun eine echte Bühnenschauspielerin zu sein. Das Stück lief drei Wochen, und sie genoß jeden Augenblick. Leigh war keineswegs begeistert, denn ihr Eheleben wurde auf den Kopf gestellt. Er sah Vivian kaum; sie mußte zum Theater, wenn er vom Gericht kam; und wenn er morgens aufstand, schlief sie meistens noch. Er sah Vivians neue Bühnenlaufbahn nicht gerade mit wohlwollenden Augen an, und als praktischer Mensch fand er keinen Grund, warum sie sie fortsetzen sollte. In Anbetracht des geringen Erfolgs von *The Green Slash*, der im Sande verlaufenen Unterredung mit Korda und Vivians unbemerkter Mitwirkung in dem Film *Things Are Looking Up* ist es verständlich, daß Leigh meinte, sie müsse das Menetekel erkennen.
The Green Slash wurde am Sonnabend, dem 9. März, zum letztenmal gegeben. Obwohl eisige Kälte herrschte, fuhren Vivian und Leigh am folgenden Morgen nach Brede, um Oswald Frewen zu besuchen. »Trotz arktischem Wetter waren wir alle vergnügt und hielten uns mit schlüpfrigen Geschichten warm, außer dem alten Leigh, der in meinem neuen Gemüsegarten fleißig das erste Beet umgrub«, schrieb Frewen in sein Tagebuch.
Eines Abends bekannte Vivian ihrer Freundin Patsy Quinn: »Ach, Pat, ich fühle mich so angebunden. Ich bin noch so jung, und ich liebe ein fröhliches Leben, und Leigh – sosehr ich ihn auch anbete – ist nicht sehr gesellig.« Ihr größtes Vergnügen war es, ins Theater zu gehen, und da Leigh sie oft nicht begleiten konnte, nahm sie Patsy, Beryl oder ihre Eltern mit. Sie sehnte sich nach mehr, als sie hatte; wenn sie auch nicht recht wußte, was es war, außer daß es mit dem Theater zusammenhing. Sie dachte sich immerzu märchenhafte, wunderbare Geschichten aus. In Roehampton hatte sie Tänzerinnen und eine Schwanenkönigin auf dem Teich tanzen sehen können; in Dinard hatte sie im Sand gesessen und sich ein Schiff mit

Gästen und einer Festkönigin vorgestellt. Jetzt kam in ihren Träumen immer ein maskierter Prinz oder König vor, der sie umwarb, sich jedoch nicht zu erkennen geben konnte.
Als junges Mädchen hatte Vivian nie den Schmerz oder die Ekstase einer unerwiderten Liebe erlebt. Wenn sie die Aufmerksamkeit eines jungen Mannes hatte erregen wollen, war es ihr stets gelungen. Es gab in ihren Kreisen keinen treueren Ehemann als Leigh. Dennoch flirtete Vivian hemmungslos und hatte wilde Fantasien, die sie ihren besten Freundinnen zu deren Entsetzen anvertraute: »Wenn der Prinz von Wales es wollte, würde ich seine Geliebte werden.« Sie schmückte dann aus, wie sie sich in dieser Rolle verhalten würde.
Es gab damals drei Film- und Theateridole, für die man schwärmte: Ivor Novello, Noel Coward und der junge Laurence Olivier. Von den dreien hatte Olivier die stärkste erotische Ausstrahlung und eine Aura der Sicherheit, die ihm beherrschende, königliche Ausstrahlung verlieh. Er war weitaus mehr als ein guter Schauspieler. Er war ein aufgehender Stern, ein Fürst unter den Darstellern, und von dem Augenblick an, da Vivian ihn zum erstenmal sah, wurde er die romantische Gestalt in all ihren Fantasien – der Mann hinter der Maske.
Sie hatte Olivier im vorigen Jahr zuerst als Richard Kurt in Behrmans Komödie *Biography (Biographie und Liebe)* gesehen, dann als Bothwell in der Tragödie *Queen of Scots* von Gordon Daviot und als ungestümen, exzentrischen Tony Cavendish in *Theatre Royal*. Besonders in der letztgenannten Rolle hatte er sie elektrisiert.
Oliviers Bühnenausstrahlung berührte Vivian auf mancherlei Weise. Freilich, sie bewunderte seine Begabung, aber er weckte in ihr auch eine Sinnlichkeit, von der sie bisher nichts gewußt hatte. Endlich lernte sie ihn eines Abends im *Savoy Grill* persönlich kennen, als er hier mit seiner Frau, der bekannten hübschen Schauspielerin Jill Esmond, zu Abend aß. Vivian war in Begleitung eines jungen Mannes, mit dem sie und Leigh befreundet waren. Sie hatte darauf bestanden, ins *Savoy Grill* zu gehen, weil sie wußte, daß Olivier dort öfters aß. Olivier begrüßte sie obenhin, aber sie bemerkte seine unwillkürliche Reaktion, als sie seine Hand fest ergriff und ihm ihr einzigartig verführerisches Lächeln schenkte. Später ließ ihr Begleiter, vielleicht aus Eifersucht, ein paar abfällige Worte über Oliviers Aussehen und schauspielerisches Können fallen, und zu seinem Ärger verteidigte sie Olivier leidenschaftlich. Nachdem sie ihn kennengelernt hatte, war sie überzeugt, daß sie in ihn und er in sie verliebt sei.

Von diesem Abend an konnte sie nur noch an Olivier denken. Ihre Gefühle für Leigh wurden schwächer, und sie entfremdete sich ihm, obwohl sie ihn von Herzen gern hatte. Er war lieb, er war gut, aber sie war zu jung und zu unerfahren gewesen, als sie ihn geheiratet hatte, um eine große Leidenschaft zu kennen oder zu wünschen. Leighs Reife, seine Leistungen und sein Leben in London hatten seine Anziehungskraft bewirkt. Aber sie hatten nie etwas wirklich Gemeinsames gefunden, und sie konnte mit ihm nicht über die Dinge sprechen, die sie damals am stärksten beschäftigten: ihre zunehmenden Emotionen als Schauspielerin und als Frau. Es stand für sie fest, daß ein Mann wie Olivier sie nicht nur verstehen, sondern ihr auch zur Erfüllung verhelfen würde.
Gertrude merkte das Dilemma ihrer Tochter. Schon immer hatte Vivians Unstetheit ihre Besorgnis erregt, und sie befürchtete, daß ihre Tochter etwas tun könnte (was, wußte sie nicht recht), das gegen die Gesetze der Kirche verstieß. Sie bemühte sich, Vivian zum Besuch der Messe zu bewegen, hatte damit aber keinen Erfolg. So oft wie möglich erinnerte sie Vivian daran, daß Ehe ein heiliges Gelübde war. Vivian versicherte ihrer Mutter, es gebe nichts und niemand, weswegen sie sich Sorgen machen müsse. Aber Gertrude kannte ihre Tochter zu gut, um sich täuschen zu lassen.
Laurence Olivier aber hatte Vivians Vorhandensein noch gar nicht richtig zur Kenntnis genommen.

Fünftes Kapitel

Laurence Olivier wurde am 22. Mai 1907 geboren, in einem kleinen Ziegelsteinhaus an der Wathen Road in Dorking, wo sein Vater, Gerard Kerr Olivier, Hilfspfarrer an der Martinskirche war. Im sechzehnten Jahrhundert lebten die Oliviers oder *de* Oliviers als Hugenotten in Nay, einem Dorf in der Gascogne südlich von Pau. Jourdain Olivier wanderte 1688 als Kaplan Wilhelm von Oraniens nach England aus. Der englische Zweig der Oliviers blieb der Tradition treu und stellte durch Generationen anglokatholische Pfarrherren. Laurence hatte zwei Geschwister – Richard und Sybille –, und schon im frühen Alter wollte auch er Pfarrer werden. Seine Kindheit verlief unstet, denn der Vater wurde von einer Pfarrei zur andern versetzt. Sein Vater war ein strenger, kühler Viktorianer; die Mutter bildete den Mittelpunkt seiner Welt. Sie starb, als er dreizehn Jahre alt war. »Ich verbrachte den größten Teil meiner Kindheit in Angst vor meinem Vater«, sagt er. »Dann starb meine Mutter, und ich ging fast zugrunde.«
Er stand es durch. Der Vater übernahm die Haushaltsführung, ohne seine Kinder damals recht zu kennen. Doch Pfarrer Olivier war insofern ein Sonderling gewesen, als er sich in der Jugend im Dramatischen Verein seiner Oxforder Universität betätigt hatte. Auch auf der Kanzel war er sehr dramatisch mit starken Gesten, donnernder Stimme und rhetorisch effektvollen Pausen.
Laurence war ein zartes Kind. Er sagt von sich selbst: »Ich kam als Schwächling zur Welt, war als Kind ein Würmchen und als Jüngling ein Schlappschwanz. Ich war jämmerlich dünn, die Arme hingen mir wie Drähte von den Schultern.« Seine Mutter hatte ihn ermuntert, Theater zu spielen, um sein linkisches Wesen zu überwinden, und seit seinem zehnten Jahr trat er bei Schulaufführungen auf. Er war auch Chorknabe. Doch nach dem Tod der Mutter wurde er aufs St. Edward College in Oxford

geschickt, wo er nur einmal spielte, und zwar den Puck im *Sommernachtstraum.*
»Ich war ein Wirrkopf«, bekennt er. »Ich spielte gern Theater. Ich liebte das Theater, aber ein anderer Teil von mir wollte zur Handelsmarine gehen, und gleichzeitig war ich versessen darauf, Landwirt zu werden.«
Als er siebzehn war, wurde sein älterer Bruder nach Indien geschickt, wo er Gummipflanzer werden sollte, und Laurences Leben nahm eine dramatische Wendung.
»Am Abend nach Dickies Fortgang war ich sehr unglücklich«, erzählt er, »meine Mutter war ja seit vier Jahren tot. Ich ging ins Badezimmer hinauf. Ich badete immer nach meinem Vater und benutzte sein Badewasser, um Wasser zu sparen. Mein Vater kam herein und setzte sich auf den Rand der Wanne. Auch ihm fehlte Dickie. Ich fragte ihn: ›Wann kann ich Dickie nach Indien folgen?‹ Er antwortete: ›Sei nicht dumm, Junge. Du wirst zum Theater gehen.‹«
Genau das tat er. Er begann 1924 bei Elsa Fogerty zu studieren und wurde ihr Lieblingsschüler. Als er sich schließlich nach einem Engagement umsah, hatte er keine Ahnung, welches Fach er spielen wollte, obwohl er von brennendem Ehrgeiz beseelt war. Er erklärte es folgendermaßen: »Ich halte es für möglich, daß das Milieu, in dem ich aufwuchs, die Triebfeder meines Ehrgeizes war. Die Atmosphäre vornehmer Armut bildet wahrscheinlich den fruchtbarsten Boden für Ehrgeiz, weil man sich sagt: ›Ich will hier heraus. Ich muß raus. Ich werd's ihnen schon zeigen!‹ Ohne die geringste Ahnung zu haben, wie und was man ihnen zeigen will. Ich wurde einfach von diesem Gefühl getrieben: Ich werde ein umwerfender Schauspieler!«
Aber trotz Elsie Fogertys glänzender Ausbildung und dem Feuer des Ehrgeizes stellte sich der Erfolg nicht sofort ein. Er spielte in zahlreichen Aufführungen kleine Rollen, dann zwei Jahre lang bei der Birminghamer Repertory Company. In der letzten Spielzeit war er von Januar bis Mai 1928 in London am Royal Court Theatre, wo er in Elmer Rices Komödie *The Adding Machine (Die Rechenmaschine)* den Shrdlu, in *Macbeth* den Malcolm und in Alfred Tennysons Drama *Harold* die Titelrolle darstellte.
In der Komödie *Bird in Hand* von John Drinkwater, die sieben Monate lang im Royalty Theatre lief, trat er dann neben der schönen, schlanken dunkelhaarigen Jill Esmond auf, Tochter der berühmten Schauspielerin Eva Moore und des noch berühmteren Dramatikers und Theaterleiters

H. V. Esmond. Die beiden vielversprechenden jungen Künstler verliebten sich ineinander und heirateten am 25. Juli 1930. Inzwischen hatte Olivier viele Nebenrollen gespielt, unter anderem in Sherriffs *Journey's End (Die andere Seite)* und Brechts *Kreidekreis*, und gleich nach der Hochzeit begannen die Proben für Noel Cowards *Private Lives*.
Es folgten Rollen in New York und Hollywood, und als er nach London ins West End zurückkehrte und Vivians Aufmerksamkeit erregte, war er auf dem besten Weg, ein Theateridol zu werden, und wurde von Korda unter Vertrag genommen. Er war ein berühmter Schauspieler – und recht glücklich verheiratet mit einer der hübschesten Schauspielerinnen in England.
In Hollywood, New York und London hatten sich ihm die Frauen an den Hals geworfen. Vivians Phantasien von einer großen Liebesaffäre mit ihm schienen sich kaum verwirklichen zu können.
Kurz nach der Absetzung des Stückes, in dem Vivian zum erstenmal aufgetreten war, im März 1935, wurde sie von den Associated British Film Distributors in Ealing für die Rolle einer Naiven neben Gracie Fields engagiert. Der Film hieß *Look Up and Laugh*, und Basil Dean sollte Regie führen.
Die frühere Filmtätigkeit hatte sie nicht auf die Arbeit mit Dean vorbereitet. Er war ein strenger Zuchtmeister, der die Schauspieler schlauchte und ihnen nie ein gutes Wort gab. Er zerfetzte Vivians Szenen und schrie sie vor allen Mitwirkenden an, so daß sie in Tränen ausbrach. »Mach dir nichts draus«, tröstete Gracie Fields sie, »mit dir ist etwas los.«
Aber weder Dean noch sein Kameramann gaben ihr irgendwelche Sicherheit, daß Gracie Fields recht haben könnte. Am meisten beanstandeten sie ihren Hals, den sie zu lang fanden. Diesmal wurde sie nicht zu Großaufnahmen ausersehen, und obwohl sie in dem Film recht nett sang und in der Darstellung bezaubernd und entschieden glaubhaft war, wurde sie in der im ganzen günstigen Kritik der *Times* nicht erwähnt. Aubrey Blackburn, der Besetzungsleiter in Ealing, wollte sie unter Vertrag nehmen, aber der einflußreiche Basil Dean schob einen Riegel vor.
Die Dreharbeiten für *Look Up and Laugh* hatten Vivian nur vier Wochen gekostet, aber Leigh war froh, als sie vorbei waren, und hoffte, daß es nun endlich Ruhe geben würde. Doch schon am nächsten Tag bat John Gliddon sie zu einer Besprechung in Sydney Carrolls Büro an der Charing Cross Road. Es handelte sich um eine Rolle in der Aufführung von Carl Sternheims Stück *Die Marquise von Arcy* unter der Regie von Maxwell

Wray, Kordas früherem Dialogregisseur. Gliddon erzählte ihr wenig von dem Stück und der Rolle, weil er ihr keine Hoffnungen machen wollte. Man suchte eine Darstellerin für Henriette Duquesnoy, eine Dirne, die sich als unschuldiges Mädchen ausgibt, um den Marquis von Arcy in eine Ehe zu locken, die ihm Schande einbringt. Die Rolle, der Angelpunkt des Films, war nicht leicht. Wray hatte bereits versucht, Peggy Ashcroft, Diana Churchill und Anna Neagle dafür zu gewinnen, aber keine dieser bekannten Schauspielerinnen war frei. In seiner Verzweiflung ob des Zeitdrucks rief Wray seinen alten Freund Aubrey Blackburn an und fragte ihn, ob er ihm eine verfügbare Schauspielerin vorschlagen könnte. Blackburn wußte ihm nicht zu helfen, bis Wray erwähnte, die Darstellerin müsse auffallend schön sein.
»Vivian Leigh«, lautete Blackburns unmittelbare Antwort.
Sie trug für die Besprechung ein strenges schwarzes Kleid, das ihre Schlankheit und ihre weiße Haut betonte. Zusammen mit Gliddon betrat sie Sydney Carrolls Büro. Carroll – in Wirklichkeit hieß er George Frederick Carl Whiteman – nahm im englischen Theaterleben einen Ehrenplatz ein. Viele Jahre war er der gefürchtetste Theaterkritiker bei den *Sunday Times* gewesen; jetzt veröffentlichte er daneben jeden Donnerstag einen einflußreichen Artikel im *Daily Telegraph* und gab Bücher heraus. In seiner Jugend hatte er sich als erfolgreicher Schauspieler betätigt und war 1896, mit neunzehn Jahren, im alten Standard Theatre in *The Sign of the Cross* von Wilson Barrett aufgetreten.
Im Vorzimmer saßen etwa zehn Anwärterinnen. Gliddon ließ Vivian mit den anderen zusammen warten und ging zu Wray und Carroll hinein, um allein mit ihnen zu sprechen. Er gab zu, daß sie noch Anfängerin sei, doch da vor allem Schönheit gefragt wäre, könne er Vivian entschieden für die Rolle empfehlen.
Wray verließ das Büro für ein paar Minuten, und als er zurückkehrte, sagte er: »Wenn Vivian Leigh die Schwarzgekleidete am Ende des Tisches im Vorzimmer ist, dann ist die Rolle, was mich betrifft, besetzt.«
Sie wurde für eine Wochengage von zehn Pfund engagiert. Carroll ersuchte sie, die Schreibweise ihres Vornamens in Vivien zu ändern, weil er fand, das klinge weiblicher, und sie willigte ein.
Diesmal bekam sie es mit einem Regisseur zu tun, der um des Erfolges willen alle ihre Vorteile herausstellte. Bei den Proben nahm er sie genau aufs Korn, und er entschied, daß ihre außerordentliche Anmut in der Bewegung und ihre große Schönheit ihre besten Qualitäten waren. Er ar-

beitete mit dem Beleuchter, um aus diesen Eigenschaften das meiste herauszuholen. Zum Schluß hatte sie eine sehr schwere Szene zu spielen: Da entdeckt der Marquis in der Hochzeitsnacht Henriettes Doppelspiel und bedroht sie mit der Pistole. Sie wirft sich ihm zu Füßen, bittet um Vergebung und erklärt ihm ihre Liebe. Wray nahm diese Szene immer wieder mit Vivien durch und versicherte ihr, daß ihre natürliche Intelligenz und Aufrichtigkeit sie glaubhaft machen würde.
Die Mitglieder des Ensembles – Frank Cellier, Jeanne de Casalis, Lady Tree und Douglas Matthew – waren sehr nett zu ihr. Als Leigh sie am Abend der Premiere in ihre Garderobe brachte – ihr Debüt in *The Green Sash* hatte er versäumt –, lagen hier kleine Geschenke von ihren Kollegen, die ihr alle Glück wünschten. Maxwell Wray kam herein und sagte, das Theater sei ausverkauft, und sie brauche kein Lampenfieber zu haben. Er verriet ihr nicht, daß sein Freund, der große Alexander Korda, auf sein Drängen hin der Premiere beiwohnte.
Korda, der an diesem Abend, dem 15. Mai 1935, in einer Mitteloge des Ambassadors' Theatre saß, rechnete damit, daß er dank den bekannten Darstellern eine gute Aufführung des Sternheim-Stückes zu sehen bekommen würde. Ebenso überzeugt war er, daß die Anfängerin Vivien Leigh als Prostituierte nicht aus dem Rahmen fallen, sondern stereotyp sein würde. Leigh Holman, der etwas entfernt von ihm saß, erwartete nicht viel mehr.
Die Lichter im Zuschauerraum gingen aus, der Vorhang hob sich. Von Viviens erstem Auftritt an waren Korda und die übrigen Zuschauer gebannt. Sie hatte die Ausstrahlung, die über die Rampe geht. Sie hatte einen Zauber, eine unfaßbare Elektrizität, die bei den Zuschauern zündete. Was auch auf der Bühne geschehen mochte, es war schwer, die Augen von ihr abzuwenden. Sie war so kostümiert und beleuchtet, daß ihr klassischer Hals, ihre Elfenbeinhaut und das vollkommene Gesicht zur Geltung kamen, und in Ruhestellung sah sie wie ein florentinisches Gemälde aus. Ihre Stimme drang ins Herz, obwohl sie nicht weit trug, und sie wirkte so rührend, daß sie in ihrer Rolle sofort Mitgefühl erweckte.
Korda eilte in ihre Garderobe, sobald der Beifall verklungen war. Er hatte in ihrer Darstellung die zuvor vermißte Eigenartigkeit erkannt. Sie war das leidenschaftliche Straßenmädchen, das gleichzeitig die große Dame sein konnte, oder umgekehrt die große Dame, die ein Straßenmädchen sein konnte. Ihre Persönlichkeit hatte, das war ihm aufgefallen, eine vielfältige und elektrisierende Dualität. (Korda hatte recht, in ihren erfolg

reichsten Rollen sollte sie entweder den einen oder den anderen Aspekt der Dualfrau zur Schau stellen.) In der Garderobe traf er Gliddon, den er für den nächsten Tag zu sich bestellte. Dann trat er zu Vivien und beglückwünschte sie. »Auch ein Ungar kann sich einmal irren«, sagte er gewandt.
Vivien war in einem Wirbel, aber sie behielt äußerlich die Fassung. Sie feierte die Premiere mit ihren Kollegen, ihren Eltern und Leigh im *Savoy* und dann im *Florida* mit Tanz. Um vier Uhr nachts fuhr sie mit Leigh zur Fleet Street, um die Morgenzeitungen zu kaufen. Sie standen in dem grauen Licht, Vivien in ihrem Abendkleid fröstelnd, und lasen die Schlagzeilen der Feuilletons:

> Vivien Leigh glänzt in einem neuen Stück
> Triumph einer jungen Schauspielerin
> Eine Schauspielerin ist entdeckt
> Neuer Star, der London erobern wird

Sie war außer sich vor Glückseligkeit, als sie mit Leigh im Taxi heimfuhr. Unterwegs kamen sie am Whitehall Theatre vorbei. Die Leuchtreklame war gelöscht, aber sie kannte die Ankündigung auswendig: Laurence Olivier, Cecil Parker und Greer Garson in *Golden Arrow*.
Jetzt schien ihr alles möglich, sogar ihr Name auf derselben Theaterfassade wie Oliviers Name – oder Olivier selbst. Als Beryl Samson im Laufe des Tages zur Little Stanhope Street kam, um sie zu beglückwünschen, sagte Vivien zum größten Erstaunen ihrer Freundin: »Eines Tages werde ich Laurence Olivier heiraten.«
Beryl war so fassungslos, daß sie vergaß, Vivien daran zu erinnern, daß sie beide ja schon verheiratet waren.

Sechstes Kapitel

Alle Abendzeitungen brachten auf der ersten Seite einen Artikel über die Schauspielerin, die »über Nacht berühmt geworden war«. Sie war jetzt Vivien Leigh, und ihre neue Identität stand da schwarz auf weiß. Als sie Leighs unglückliches Gesicht sah – er war verstört, weil er sich den Eintritt in sein Haus durch ein Gewühl von Reportern hatte erzwingen müssen –, da erkannte sie, was aufzugeben sie sich erkühnte. Das Bedürfnis nach Liebe und Geborgenheit war stets die Triebfeder in ihrem Leben gewesen. Sie war Leigh von Herzen zugetan, aber nicht in ihn verliebt, und die Sicherheit, die er ihr gab, machte sie letzten Endes quälend unsicher, denn mit ihr würde sie die Bequemlichkeit ihrer eigenen Identität verlieren.
Obwohl Leigh die Premiere miterlebt hatte, begriff er den Tumult nicht, der dadurch entstanden war. Er meinte, Ruhm habe für seine Frau keine Bedeutung. Kurze Zeit später fuhren sie nach Brede, und als sie eintraten, ging Frewen im Kreis um Vivien herum, schaute sie dann an und sagte: »Je nun, ich kann keine Veränderung *sehen*.«
Vivien war nahe daran, in Tränen auszubrechen.
»Es ist auch keine Veränderung eingetreten, und es wird nie eine geben«, antwortete sie.

Gliddon hielt am Tag nach der Premiere eine Besprechung mit Korda ab, und Korda bot ihm einen Vertrag mit Vivien an – siebenhundert Pfund fürs erste Jahr. Gliddon, der sich ausnahmsweise einmal in starker Position fühlte, erhob Einwände, aber Korda, dessen Schmeichelstimme plötzlich schneidend wurde, wollte nicht mit sich handeln lassen. Gliddon setzte ihm energisch zu, und schließlich einigte sich Korda mit ihm auf einen Fünfjahresvertrag, der mit eintausenddreihundert Pfund fürs erste Jahr begann und mit der üblichen Option auf eintausendachthundert

Pfund im fünften Jahr anstieg. Sie mußte für zwei Filme im Jahr zur Verfügung stehen, konnte aber zwischendurch auf der Bühne auftreten. Gliddon freute sich, doch als er die Sache mit Vivien und Leigh besprach, zeigte sich Leigh gar nicht davon angetan. Er fand, daß Korda alle Optionen hatte, Vivien hingegen überhaupt keine. Vivien schlug seinen Rat, den Vertrag nicht zu unterzeichnen, in den Wind, und drei Tage später trugen die Zeitungen Schlagzeilen wie »Filmvertrag auf 50000 Pfund für eine vorige Woche noch unbekannte Schauspielerin!«
In der Meinung, daß Viviens Name zugkräftig genug war, ein viel größeres Theater zu füllen, verlegte Carroll die Aufführung des Sternheim-Stückes ins St. James Theatre, damit doppelt so viele Theaterbesucher seine Neuentdeckung sehen konnten. Das erwies sich als Fehlspekulation. Viviens Stimme trug nicht in dem riesigen Haus, und ihre aparte Schönheit kam auf der großen Bühne nicht zur Geltung. Das Stück lief hier nur zehn Wochen. Danach schickte Carroll es auf Tournee, um es später in einem kleineren Londoner Theater wieder herauszubringen. Doch zu dieser Zeit stand kein kleineres Theater zur Verfügung.
Vivien war nicht unglücklich über ihre unerwartete Untätigkeit, da Korda inzwischen verkündet hatte, sie werde in der Verfilmung von *Cyrano von Bergerac* neben Charles Laughton die Roxanne spielen. Aber Laughton mochte das Drehbuch ebensowenig wie die für ihn geschaffene Nase und Vivien als Roxanne, und Korda lehnte es ab, die Produktion gleichzeitig auf französisch und englisch zu machen. Darum wurde der Plan fallengelassen.
Obwohl Vivien lahmgelegt war, fand sie nicht viel Zeit, mit ihrer zweijährigen Tochter im Park zu spielen. Sie hatte Geschmack am Ruhm gefunden, und ihr Ehrgeiz war geweckt. Sie hatte nur das Theater im Sinn. Sie las alles, was ihr in die Hände fiel, immerzu auf der Suche nach einer geeigneten Rolle. Sie wollte vom Publikum nicht vergessen werden. Sie aß im *Savoy* und im *Ivy*. Sie stand Cecil Beaton und der Zeitschrift *Vogue* Modell, und sie gab Interviews, wann immer sie darum ersucht wurde. Fast jeden Abend schleppte sie Leigh auf eine Party, und oft blieb sie, nachdem er längst gegangen war, bis in den Morgen hinein.
Leigh sah das alles als eine Laune an. Ihr Erfolg und ihr plötzlicher Ruhm hatten ihn überrascht, doch noch immer nahm er das Ganze nicht ernst. Sie war verwöhnt und langweilte sich leicht. Sie war entweder wild aufgeregt oder kühl und entrückt. Das genügte, Leigh in Bestürzung und Verwirrung zu treiben, aber er fand sie auch anregend und ganz unwidersteh-

lich. Er hatte, bevor er Vivien begegnet war, ein geordnetes Leben geführt, doch ihr quecksilbriges Wesen brachte ihm eine Vitalität, die er selbst nicht hatte, und er liebte sie aufrichtig.

Das große Theaterereignis in diesem Herbst war die Aufführung von *Romeo und Julia* im New Theatre, in der Olivier und John Gielgud als Romeo und Mercutio alternierten. Das war an sich schon eine Neuheit, aber Olivier brachte außerdem eine neue Interpretation des Romeo auf die Bühne, indem er ihm eine Sinnlichkeit verlieh, die man noch nie zuvor erlebt hatte. Natürlich konnte Vivien nichts davon abhalten, sich diese Aufführung anzusehen.

Sie wählte eine Nachmittagsvorstellung und ging allein hin. Oliviers rein animalischer Magnetismus sprang über die Rampe, als er in ganz sinnlicher Haltung am Balkon lehnte, und Vivien reagierte ähnlich wie damals im Royal Theatre. Sie beschloß, hinter die Bühne zu gehen und ihn zu seiner Leistung zu beglückwünschen. Es waren schon einige Menschen in seiner Garderobe, als sie eintrat; aber er gewahrte sie sofort: »Ich bin Vivien Leigh«, sagte sie. »Ich muß Ihnen einfach sagen, wie wundervoll Sie waren.«

Olivier fand sie schön: die schönste Frau, die er jemals gesehen hatte. Er fragte sie nach ihren weiteren Plänen, nachdem er ihr erklärt hatte, sie habe auf ihn als Henriette Duquesnoy großen Eindruck gemacht. Sie antwortete, ihr sei die Rolle der Jenny Mere in der Dramatisierung von Max Beerbohms Parabel *The Happy Hypocrite (Der zärtliche Betrüger)* angeboten worden, und zwar als Partnerin von Ivor Novello. »Das hört sich gut an«, meinte er dazu und schlug ihr vor, ihn vor Beginn der Proben zum Mittagessen zu treffen und mit ihm darüber zu sprechen.

Ohne es zu wissen, hatte Olivier damit den ersten Schritt zur ihrer Förderung getan; denn auf sein Anraten verpflichtete sie sich für die Aufführung. Aber gleich darauf wurde sie um Monate verschoben, und gerade in dieser Zwischenzeit machte Korda seine Option geltend und gab ihr eine Rolle in dem Spionagefilm *Dark Journey (Schwarze Reise)*. Obwohl mit den Dreharbeiten sofort begonnen wurde, erübrigte Vivien die Zeit, Olivier zu treffen. Sie aßen im *Ivy*, doch es wurde nicht das Stelldichein, das sie erhofft hatte. Gielgud war auch dabei. Olivier war charmanter und witziger, als sie gedacht hatte. Seine dunklen Augen blitzten fröhlich, während er lustige Anekdoten von sich selbst erzählte. Vivien war bezaubert und fühlte sich mehr denn je zu ihm hingezogen. Er schlug ihr vor, für eine Rolle in *Richard II.* im New Theatre vorzusprechen, den Gielgud

in Oxford aufführen wollte. Gielgud pflichtete ihm bei. Theater und die Klassiker schienen Oliviers ganzes Leben auszumachen. Die Filmerei fand er notwendig zum Geldverdienen, im übrigen hatten er und Jill keine hohe Meinung davon.
Das Treffen veränderte Viviens Denkweise. Natürlich mußte sie Klassiker spielen. Nichts anderes wäre eine wahre Leistung. An einem freien Nachmittag fand sie sich zum Vorsprechen im New Theatre ein. Olivier saß in der ersten Reihe, während Vivien Gielgud vorsprach. Stehend, ihren einzigen Zuschauer anblickend, begann sie: »Hier kommt der König her; dies ist der Weg...«
Gielgud engagierte sie auf der Stelle für die Königin. Die Proben fingen gleich nach der Beendigung des Korda-Films an.
Am 20. Januar 1936 starb König Georg V. Vivien hatte das Bild des alternden, aber immer noch imposanten Monarchen bei ihrer Präsentation nicht vergessen. Sie weinte, als sie die Nachricht von seinem Tod vernahm. Sie war und blieb königstreu, und vielleicht hing ihre neugeweckte Liebe zu den Klassikern damit zusammen.
Florence Kahn, Sir Max Beerbohms Frau, und Vivien waren die einzigen Berufsschauspieler im Ensemble des Oxforder Dramatischen Vereins, aber sie wurden von den Studenten zu all ihren Festlichkeiten eingeladen. Nach der letzten Vorstellung gab der Verein ein Bankett, bei dem Beerbohm eine Rede hielt. Das Fest endete um drei Uhr. Vivien packte John Gielgud, seinen Bruder Val und noch vier andere in ihren kleinen Zweisitzer, um mit ihnen zur Fortsetzung der Feier nach Burford in den Cotswolds zu fahren. Sie döste am Steuer, obwohl Gielgud laut rezitierte, um sie wachzuhalten. Der Wagen prallte gegen die Grasböschung, geriet ins Schleudern und wäre fast umgekippt. Gielguds Geistesgegenwart verhinderte ein Unglück: Er ergriff das Steuer und korrigierte die Richtung. Vivien erlitt einen leichten Schock und war ganz nüchtern, als sie tags darauf nach London zurückkehrte. Leigh hatte gedacht, daß sie guter Laune sein würde, aber er irrte sich. Kurz vor der Abreise von London hatte sie erfahren, daß Jill Esmond Olivier ein Kind erwartete.
Mit Gielgud zusammen sah sie sich die Vorschau von *Dark Journey* an. Ihre Rolle in dem Film, in dem Conrad Veidt die Hauptrolle spielte, war so verschwommen und die Handlung so verschlungen, daß sie den Zusammenhang nicht verstand. »Warum sage ich das?« flüsterte sie Gielgud zu. Er hob nur seine Hände. »Warum muß ich das tun?« Gielgud hatte offensichtlich keine Ahnung. »Wo bin ich jetzt?« Er war ebenso ver-

wirrt wie sie. *Dark Journey* war in der Tat eine verwickelte Spionagegeschichte, die in Schweden spielte. Vivien stellte darin eine französische Doppelagentin dar, die sich als Schweizerin tarnte. Der Film war ziemlich unglaubhaft, aber Vivien war so fotogen, daß sie von den Kritikern nicht übersehen wurde. Eitelkeit gehörte jedoch nicht zu ihren Eigenschaften, und sie schätzte es nicht, nur wegen ihrer Schönheit beachtet zu werden. So erfolgreich der Film auch war, *Dark Journey* blieb in ihren Augen eine Niete. Er stellte ihre schauspielerische Begabung nicht auf die Probe. Olivier hatte recht. Die Bühne und die Klassiker waren die wertvollste Schulung.

Enttäuscht von ihrer ersten Zusammenarbeit mit Korda, widmete sie sich den Proben zu *The Happy Hypocrite*. Ivor Novello war einer der bestaussehenden englischen Schauspieler, mit kohlschwarzem Haar, hoher Stirn, großen glänzenden Augen unter dichten Wimpern, Adlernase und festem Kinn. Er war auch Dramatiker und wurde oft, allerdings zu seinem Nachteil, mit Noel Coward verglichen. Da ihn vor allem der klingende Erfolg interessierte, schrieb er Stücke, die er für Profitmacher hielt, und übernahm Rollen, die seinen eigentlichen Fähigkeiten nicht entsprachen. Dennoch war es ihm ein Dorn im Auge, daß er als zweitrangiger Coward betrachtet wurde.

In *The Happy Hypocrite* spielte er einen aufgeblasenen, dicken, unentschlossenen Lebemann, dessen Aussehen und Verhalten sich durch das Wunder einer echten Liebe (Vivien) grundlegend wandeln. Die Aufführung war gut, und die Presse erging sich in Lob. (James Agate, früher Viviens strengster Kritiker, schrieb sogar: »Vivien Leigh als Jenny könnte aus einem Gedicht von Tom Moore getreten sein. Sie ist natürlich und ungekünstelt, und nicht die geringste Affektiertheit beeinträchtigt diese charmante Frische.«) Das Stück lief drei Monate.

Danach nahm Vivien Sydney Carrolls Angebot an, in der Aufführung von *König Heinrich VIII.* im Freilichttheater Regent's Park die Anna Boleyn zu übernehmen. Der Juni war besonders verregnet, und sie mußte auf dem feuchten Gras zwischen ihrer Garderobe und der Bühne hin- und hergehen. Während der letzten Vorstellungen fühlte sie sich schlecht, und nach Saisonschluß erkrankte sie an einer schweren Grippe. Leigh, Gertrude und Ernest sorgten sich um ihre Gesundheit. Sie war damals knochendünn, und sie hörte nicht auf zu husten. Trotzdem rauchte sie fortwährend, wobei sie einen langen schwarzen Ebenholzhalter benutzte. Korda verabredete sich eines Tages mit ihr und ermahnte sie, ihre

Gesundheit nicht zu ruinieren. Er selbst trieb zwar Raubbau an sich selbst, rauchte im Übermaß und verabscheute körperliche Bewegung, empfahl aber anderen immer eine vernünftige Lebensweise. Im Grunde lag ihm ihre Filmkarriere am Herzen. Sie sprachen an jenem Tag über vieles, auch über Olivier. »Er ist verheiratet, anscheinend glücklich«, warnte Korda sie. Einige Tage später rief er sie an und nannte ihr die Besetzungsliste von *Fire Over England (Feuer über England)*: Flora Robson als Königin Elisabeth, Leslie Banks als Leicester, Vivien und Olivier als das junge Liebespaar Michael Ingolby und Lady Cynthia.

Vivien und Olivier kamen nun täglich miteinander in Berührung, und sie verbrachten alle Drehpausen abseits der anderen zusammen. Das entging Korda nicht, denn er kam öfters, um zu sehen, wie die Arbeit fortschritt. Aber die europäischen Filmemacher kümmerten sich weniger um das Privatleben ihrer Darsteller als die Amerikaner.

Am 21. August brachte Jill einen Sohn zur Welt, der den ausgefallenen Namen Tarquin erhielt. Viele Jahre später wurde Tarquin erzählt, wie er zu seinem Namen gekommen war. Kurz vor seiner Geburt hatten seine Eltern in ihrem Heim am Cheyne Walk Gäste zum Mittagessen, und als Olivier den Braten tranchierte, fuhr er dramatisch mit dem Messer durch die Luft und verkündete: »Ich werde einen Sohn bekommen und ihn Tarquin nennen!« Tarquinius hießen mehrere römische Könige, die etruskischer Abstammung waren, und der etruskische Name bedeutete »Herr«. Der erste Tarquinius unterwarf die Sabiner, gründete den Circus Maximus und erbaute das Forum, wo die ersten Gladiatorenspiele abgehalten wurden. Er regierte glanzvoll, wurde aber mit achtunddreißig Jahren ermordet. Alle seine Nachfolger waren Tyrannen, und das Geschlecht wurde schließlich ausgerottet. Der letzte und unrühmlichste Tarquinius (den Jill und Laurence wohl am besten kannten) wurde von Shakespeare in der Versdichtung *The Rape of Lucrece (Die Vergewaltigung der Lukrezia)* unsterblich gemacht.

Nach den vierzehnwöchigen Dreharbeiten für *Fire Over England* waren Olivier und Vivien voneinander abhängig. Noch nie hatte er eine Frau wie sie kennengelernt. Sie war genau das Gegenteil von Jill, die sich stets kühl und ruhig gab, eher eine gute Freundin als eine Geliebte war. Vivien war erregend, unberechenbar. Sie hatte ausgesprochenen Sinn für Humor, war kühn, sehr leidenschaftlich und gleichzeitig nachdenklich, liebevoll, rücksichtsvoll. Sie ließ ihn fühlen, daß er für sie die ganze Welt war, daß sie für ihn lebte. Sie war aber auch die intelligenteste Frau, die er kannte, viel gebildeter und belesener als er. Und sie war in seinen Augen die schönste Frau der Welt.

Kurz nach Tarquins Geburt erkrankte Vivien wieder an Grippe, und als Oswald Frewen ihr einen Krankenbesuch machte, fand er Olivier im Hause vor, der sie pflegte.

Für Olivier war es eine schwere Zeit. Er hatte sich in eine verheiratete Frau verliebt und besuchte sie, während ihr Mann im Gericht war und ihre kleine Tochter von schweigenden, seine Besuche mißbilligenden Angestellten betreut wurde. Persönlich mochte er Leigh, obwohl sie beide wenig Gemeinsames hatten. Und Jill, der als Frau nichts vorzuwerfen war, hatte gerade eine Schwangerschaft durchgemacht und auf die Ausübung ihres Berufs verzichtet, um ihm den ersehnten Sohn zu schenken. Tatsächlich hatte er sich bis zur Filmarbeit an *Fire Over England* als glücklichen Menschen betrachtet. Jetzt war er in einem fürchterlichen Dilemma. Jill, die er sehr bewunderte und achtete, wissentlich weh zu tun, war undenkbar. Ebenso unmöglich dünkte es ihn, sich von Vivien, die ihn so wunderbar belebte, abzuwenden.

Nach dem letzten Drehtag trennten sie sich, gequält von Unschlüssigkeit und Erschöpfung. Jeder wollte anderswo Ferien machen, Larry auf Capri, Vivien mit Leigh auf dem Kontinent, und sie hofften, daß sich der innere Aufruhr in dieser Zeit legen und die Trennung ihnen beweisen würde, daß ihre Beziehung nicht auf wahrer Liebe beruhte. In letzter Minute konnte sich Leigh nicht abkömmlich machen. Vivien überredete Frewen, sie auf ihrer Ferienreise nach Sizilien und Capri zu begleiten. (Frewen schrieb in sein Tagebuch: »Sie war so natürlich, daß ich gar nicht auf den Gedanken kam, sie könnte ein Techtelmechtel im Sinn haben, und nicht ahnte, daß es von ihr eine Trotzreaktion war.«) Offenbar wählte sie Capri, weil sie sich verzweifelt nach Larry sehnte.

Von Taormina aus, dem ersten Aufenthaltsort, schrieb sie am 29. Oktober einen langen Brief an Leigh, in dem sie ihren Ausflug zum Ätna schilderte. Der Schluß lautete:

»Morgen fahren wir nach Syrakus und fliegen von dort nach Neapel. Dann geht es weiter nach Capri, wo wir Donnerstag und Freitag sein werden. Danach übernachten wir in Neapel oder Rom und dann zurück zu Dir, mein Lieber. Ich würde ungern nach Hause fahren, wenn ich nicht wüßte, daß Du allein bist, und ich möchte wieder bei Dir sein. Es wäre schön, wenn wir einmal zusammen an einem warmen, sonnigen Ort sein könnten.«

Sie erwähnte mit keinem Wort ihren Plan, Jill und Larry im *Hotel Quisisana* auf Capri zu treffen.

Oswald Frewen hatte noch nichts von Viviens tiefem Gefühl für Olivier bemerkt, und außer bei seinem Krankenbesuch hate er die beiden nie zusammen gesehen. Da er außerhalb der Film- und Theaterwelt lebte, war noch kein Gerede zu ihm gedrungen. Merkwürdigerweise hatte auch Jill nichts von dem Klatsch vernommen.

Frewens Beschreibung des Wiedersehens im *Hotel Quisisana* verrät seine Ahnungslosigkeit:

»Larry und Jill begrüßten Vivien in der Halle mit lauten Freudenrufen, und alle drei umarmten sich mit gemeinsamer Umschlingung, während ich weise und wohlwollend daneben stand. Dann stellten Larry und Viv mich gleichzeitig Jill vor. Ich bekam ein Zimmer neben den Oliviers, Viv eins auf der anderen Seite, so daß wir alle in einer Reihe waren, sozusagen miteinander verbunden. Niemand klopfte vor dem Eintreten an, und wir benutzten alle drei Zimmer. Viv fand das ganz selbstverständlich und sagte, wir seien ja Freunde. Eigentlich hätte ich mich über ihr Benehmen wundern müssen, aber wahrscheinlich bin ich altmodisch.«

Frewen und Vivien fuhren ein paar Tage später nach Rom, die Oliviers machten in Neapel halt, von wo Larry Vivien anrief. Erst da wurde Frewen aufmerksam. Er bat sie, sich Zeit zu lassen und nichts Übereiltes zu tun.

Später bekannte sie ihm, daß sie und Larry sich auf Capri über ihre Gefühle klargeworden seien. Capri bildete zweifellos den Wendepunkt in ihrer Beziehung; dort hatte Larry Vivien und Jill längere Zeit zusammen gesehen und seine Empfindungen abwägen können. Und auf Capri fanden Viviens Phantasien ein Ende. Kurz nach ihrer Rückkehr nach London wurde Laurence Olivier in Wirklichkeit ihr Geliebter.

Siebtes Kapitel

Leigh Holman wußte nichts von der Liaison seiner Frau mit Olivier. Er war kein naiver Mann, aber auch keiner, der tief unter die Oberfläche bohrt, und Vivien war eine äußerst komplizierte Frau. Die Kindheitsjahre in Indien und ihr Leben in Klosterschulen hatten das Äußere poliert und verfeinert, so daß sie über tadellose Umgangsformen verfügte. Unhöflichkeit war für sie eine ebensolche Todsünde wie Eitelkeit und Rücksichtslosigkeit. Sie war bescheiden und dankbar für jeden Gefallen, den man ihr tat, und sie überschüttete alle ihr Nahestehenden, auch Leigh, mit Zeichen ihrer Liebe. Sie pflegte und verwöhnte sich grenzenlos, fast fetischistisch. In der obersten Schublade ihrer Kommode lagen Dutzende und Dutzende von weißen Handschuhen (eine Zeitlang waren es ungefähr fünfundsiebzig Paare), alle frisch gereinigt und einzeln in Seidenpapier gewickelt, und sie hatte immer ein sauberes Paar in der Handtasche, um nie in die Verlegenheit kommen zu müssen, einmal einen beschmutzten Handschuh tragen zu müssen. Sie hatte auch stets Parfüm bei sich, das sie als persönliches Desodorant benutzte, und einen Atemzerstäuber, weil sie befürchtete, sie könnte jemandes Nase mit ihrem natürlichen Körpergeruch verletzen. Jeden Abend – ob zu Hause, zu Gast oder in einem Hotel – legte sie ihre Kleider sorgfältig gefaltet auf einen Stuhl und bedeckte sie mit einem pfirsichfarbenen, spitzenbesetzten Seidentuch, das sie eigens hatte herstellen lassen.

Sie war so belastet von schlechtem Gewissen, daß man sich fragen muß, wieso sie nicht darunter zusammengebrochen ist. Ihr Abfall von der katholischen Kirche brachte einen zusätzlichen Konflikt mit sich. Die religiöse Heuchelei in San Remo hatte bewirkt, daß sie nicht mehr zur Messe ging. Doch wenn katholische Wohlfahrtsvereine mit Bettelbriefen an sie herantraten, vermochte sie nicht nein zu sagen.

Sie war dazu erzogen worden, jedem gefällig zu sein. Warum konnte sie dann keine mütterliche Liebe für Suzanne empfinden, kein sexuelles Verlangen nach Leigh und nicht die religiöse Hingabe, auf die ihre Mutter so großen Wert legte? Jill und Tarquin hatten auch ihren Anteil an Viviens Schuldgefühlen. Sie konnte ihr Vorhandensein nur ertragen, indem sie sich (und später all ihren Vertrauten) immer wieder sagte, Larry und sie seien für eine große Liebe bestimmt.

Die Liebenden trafen sich so oft und so geheim wie möglich. Sie waren so hemmungslos und leidenschaftlich verliebt, daß es ihnen schwerfiel, ihre Gefühle vor anderen zu verbergen. Vivien suchte mehr und mehr bei Larry Rat. Er wurde bald nicht nur ihr Geliebter, sondern auch ihr Vertrauter, ihr Ratgeber, ihr Gott. Sie war fast jeden Tag im Studio, als Larry bei Kordas Produktion *Conquest of the Air (Eroberung der Luft)* mitwirkte, einem Dokumentarfilm über die Geschichte der Luftfahrt. Auf seinen Rat hin nahm sie Unterricht bei Elsie Fogerty, die sich nach Kräften bemühte, Viviens Stimme voller und tiefer zu machen, und ihr verbot, vorläufig Schuhe mit hohen Absätzen zu tragen, die, wie sie behauptete, die Körperhaltung verschlechterten und die Lungen verkrampften. Oliviers alte Lehrerin konnte ihr gar nicht genug von seiner Vergangenheit erzählen.

Zu Hause war sie Leigh gegenüber lieb und freundlich, die scheinbar vollkommene Gefährtin. Es war ihr möglich, für Leigh die vollkommene Gefährtin zu sein, weil sie wußte, daß sie Larrys Liebe gewonnen hatte. Leigh sah zu seiner Erleichterung, daß ihre Unstetheit verschwunden war, das Unberechenbare, das er ihrer Jugend zugeschrieben hatte. Sie schlief noch immer wenig, aber sie hatte das unruhige Gesellschaftsleben aufgegeben, und sie schien es zufrieden zu sein, bis in die tiefe Nacht hinein zu lesen. Der lange schwarze Zigarettenhalter trat nur noch selten in Erscheinung, sie rauchte weniger, und sie trank sehr wenig, weil sie kaum noch an einer Party teilnahm. Leigh wünschte sich manches: daß sie mit der kindlichen Bewunderung zu ihm aufblicken würde wie zu Beginn der Ehe, daß sie Suzanne mehr mütterliches Interesse entgegenbrächte, daß sie ihren Beruf aufgäbe. Aber er mußte einräumen, daß sie ja erst dreiundzwanzig war. Trotz allen Problemen schätzte er sich glücklich. Sie war schön, charmant, wohlerzogen, geistreich, liebevoll, wenn auch nicht leidenschaftlich, und eine wundervolle Gastgeberin, beliebt bei allen Bekannten.

Aber hinter der äußeren Liebenswürdigkeit verbarg sich Härte. Sie war von einer Zielstrebigkeit, über die ein so junger Mensch selten verfügt.

Diese ihre Seite sah er nicht, wie er auch nicht merkte, daß zu dieser Zeit Larry und nur Larry in ihren Gedanken war – wie sie ihn erobern, ihm gefällig sein, ihn festhalten könnte.
Fraglos bestand zwischen Jill und Vivien offene Rivalität. Jill liebte ihren Mann tief und innig, aber sie spürte, daß sie im Begriff war, ihn zu verlieren, und seit Capri wußte sie, daß Vivien die Ursache war. Doch obwohl Vivien ihre Ehe gefährdete und ihr den geliebten Mann zu nehmen drohte, war sie sonderbarerweise imstande, Viviens Gesellschaft zu dulden, ja sie war sogar von ihr fasziniert.
Vivien ging gern mit ihr essen, um unter vier Augen mit ihr zu sprechen, und Jill brachte es nicht über sich, die Einladung abzuschlagen. Sie merkte sehr wohl, daß Vivien die Gelegenheit benutzte, sie über Larry auszuhorchen und möglichst viel über ihn zu erfahren.
»Was für Bücher liest Larry am liebsten?« fragte Vivien etwa beiläufig.
»Er liest überhaupt nicht viel. *Wuthering Heights* liebt er und natürlich Shakespeare.« Die Antwort wurde ebenso obenhin gegeben.
»Warum haßt er Hollywood?«
»Es hat keine Tradition, keine Geschichte.«
Vivien tat alles, Jills Sympathie zu gewinnen, und es gelang ihr. Jill traf sich mit Vivien nicht nur zum Mittagessen, sondern Vivien wurde auch zum Abendbrot eingeladen, und dann beobachtete Jill, wie Vivien die erhaltenen Auskünfte über Larry zu ihrem Vorteil benützte.
Oswald Frewen aß eines Abends mit den Oliviers und Vivien im *Moulin d'Or* und brachte Vivien dann nach Hause. Er blieb bis halb drei mit ihr zusammen und bat sie, nicht mit Larry wegzulaufen, wenigstens nicht vor einem Jahr. Sie verhielt sich ein Weilchen still und dankte ihm schließlich für seinen »guten Rat«. Aber in bezug auf Olivier fragte sie ihn nie mehr darum.
Sie hatte sich selbst überzeugt, daß sie niemals mit Larry weglaufen könnte; ihr schlechtes Gewissen gegenüber Leigh, Jill und den beiden Kindern, Suzanne und Tarquin, würde nicht zu ertragen sein. Ein weiterer Faktor war Gertrude, die nicht so blind war wie Leigh, sondern sah, was im Leben ihrer Tochter vorging. Sie hatten lebhafte Diskussionen, die in Streit ausarteten. Gertrude kümmerte es weniger, daß Vivien ein Verhältnis hatte, ihre Hauptsorge galt einer Scheidung. Aber mit jedem Tag vertiefte sich Viviens Bindung an Larry, und die Kluft zwischen ihrer Gefühlswelt und ihren Verpflichtungen verbreiterte sich.
1936 war ein Jahr der Liebesgeschichten, denn die ganze Welt sah ge-

spannt zu, wie der ungekrönte König Eduard II. um seinen Thron und die Frau, die er liebte, kämpfte. Zu Beginn des Jahres, nach dem Tod König Georgs V., war Wallis Simpson für das englische Volk nur eine schattenhafte Gestalt, die zuerst mit ihrem Mann, Ernest Simpson, und dann allein auf der Gästeliste der Abendgesellschaften erschien, bei denen der König anwesend war. Im Frühling wußte nicht nur Großbritannien, sondern die ganze Welt, daß Eduard VII. eine geschiedene und wiederverheiratete Amerikanerin liebte. Die Tischgespräche drehten sich um Spekulationen, ob sich Ernest Simpson scheiden lassen und ob die Geliebte des Königs dann seine morganatische Frau werden würde. Vivien hegte eine Vorliebe für Klatsch; sie las jedes gedruckte Wort über den König und Mrs. Simpson, und bei Gesprächen ergriff sie immer für Mrs. Simpson Partei. Sie identifizierte sich mit dieser Frau, und in ihren Augen bestand eine Parallele zwischen der königlichen Affäre und ihrer eigenen. War Olivier nicht der Fürst der Schauspieler, auf dem Wege, König zu werden?
Kurz nach Wallis Simpsons erfolgter Scheidung wurde bekannt, man habe dem König gesagt, er könne sie nicht heiraten. Vivien nahm sich das zu Herzen und sprach mit Noel Coward über ihre Befürchtung, daß ein Skandal Larrys Karriere ruinieren könnte, wenn es bei ihm oder bei ihr zu einem Scheidungsprozeß wegen Ehebruchs käme. Eine Woche später dankte der König ab, weil er auf die geliebte Frau nicht verzichten wollte. Niemand vergoß wegen dieses Entschlusses mehr Tränen als Vivien.
Als erste Rolle in der neuen Spielzeit sollte Larry im Old Vic Theatre den Hamlet spielen. Der Regisseur Tyrone Guthrie wünschte eine ganz neue Auffassung der Rolle, aber nach den kühlen Kritiken, die Larry für seinen Hamlet erhalten hatte, hegte er Zweifel, ob Guthrie recht habe.
Bevor die Proben begannen, suchten die beiden auf Guthries Drängen hin Ernest Jones auf, einen Psychoanalytiker, der nicht nur eine Biographie seines Lehrers Freud veröffentlicht hatte, sondern auch ein Buch über die wahren Motivationen der Shakespeareschen Helden und Bösewichter. Guthrie richtete sich nach Dr. Jones' These. Der Hamlet, den er von Olivier verkörpern ließ, schob die Rache für den Tod seines Vaters auf, weil er in seine Mutter verliebt war.
Vivien sah sich die Vorstellung vierzehnmal an. Ihre Bewunderung für Oliviers schauspielerische Begabung vervierzehnfachte sich. Sie bewunderte seine »Größe« und den feurigen Geist, mit dem er Shakespeares Poesie und Pathos zur Geltung brachte, und sie glaubte, seiner Liebe erst

dann würdig zu sein, wenn sie etwas von dieser Größe auf der Bühne erreicht hätte. Aber sie mußte etwas Konkretes tun, damit das schlechte Gewissen erträglich wurde.
Untätigkeit war ihr Feind, der sie zwang, über Dinge nachzudenken, die sie am liebsten verdrängt hätte, und so war sie froh, als Gliddon ihr eine Rolle in einem Stück zusicherte, zu dem die Proben sofort beginnen sollten. *Because We Must* von Ingaret Giffard war ein ziemlich seichtes Stück, in dem Vivien als einzige eine Rolle hatte, mit der sich etwas anfangen ließ. Unter anderen Umständen hätte sie in Anbetracht der mangelnden Qualität des Stückes wahrscheinlich abgelehnt.
Die Abende waren für sie schwer zu ertragen, denn Larry ging nach der Vorstellung immer sofort nach Hause zu Jill. Vivien lag schlaflos neben Leigh. Gierig verschlang sie bis zum Morgengrauen Shaw und Shakespeare, Biographien, kunstgeschichtliche Bücher und Romane.
Obwohl Selznick die Filmrechte für den amerikanischen Bestseller *Gone With the Wind* schon längst erworben hatte, war das Buch in England erst kürzlich erschienen. Vivien war begeistert von dem Roman. Sie hatte von der amerikanischen Geschichte wenig gewußt, und sie fand den Bürgerkrieg ergreifend. Am stärksten aber fühlte sie sich unmittelbar zu Margaret Mitchells Romanheldin Scarlett O'Hara hingezogen.
Am Premierenabend von *Because We Must* schenkte sie allen Kollegen ein Exemplar des Buches, und zu John Gliddon sagte sie, sie glaube, sie sei die Idealbesetzung für Scarlett in Selznicks geplantem Film. Gliddon, der an den Enthusiasmus seiner Leute gewöhnt war, versuchte ihr klarzumachen, daß die Gestalt ebenso amerikanisch war wie Tom Sawyer.
»Lächerlich«, erwiderte Vivien. »Scarlett ist genau wie ich halb französischer und halb irischer Abstammung, und Mitte des achtzehnten Jahrhunderts waren die Leute im amerikanischen Süden größtenteils immer noch Engländer in erster oder zweiter Generation.«
Daraufhin erinnerte Gliddon sie daran, daß die Filmrechte Selznick gehörten und sie selbst bei Korda unter Vertrag stand. Ihre Aussichten seien also gleich Null.
Scarlett wurde für Vivien zu einer Besessenheit. Sie las den Roman noch einmal von Anfang bis Ende und strich die Stellen an, die ihr besonders gefielen. Dann sprach sie nochmals mit Gliddon. »Lieber John«, sagte sie schmeichelnd, »ich weiß, daß ich die Richtige für Scarlett bin und daß du mir helfen kannst, Selznick davon zu überzeugen.« Ihr Lächeln war unwiderstehlich, der Ton ihrer Rede eindringlich. Um sie zu beschwichtigen,

schickte er Bilder und Kritiken an Selznicks New Yorker Büro und versprach, einige Meter Film von *Fire Over England* nachzusenden, sobald der Film fertiggestellt sei.
Er erhielt die übliche knappe Bestätigung, aber offenbar hatte das Material auf irgend jemand in New York genügend Eindruck gemacht, um es Kay Brown, Selznicks New Yorker Vertreterin, vorzulegen. Sie empfahl Selznick in einem Telegramm, Vivien Leigh in Betracht zu ziehen, worauf er am 3. Februar 1937 zurücktelegrafierte:
»Habe keine Begeisterung für Vivien Leigh und bis jetzt nie ein Bild von ihr gesehen. Werde mir *Fire Over England* anschauen, dann werde ich sie ja sehen und vielleicht Begeisterung aufbringen.«
Im Mai 1936, einen Monat vor der Veröffentlichung des Romans, hatte Selznick gezögert, fünfzigtausend Dollar für *Gone With the Wind* zu zahlen, aber sein Teilhaber John Hay Whitney hatte ihm telegraphiert, wenn er die Filmrechte nicht für Selznick International kaufe, werde er, Whitney, sie persönlich erwerben. Daraufhin kapitulierte Selznick, bezahlte den geforderten Preis (den höchsten, der jemals für einen noch nicht veröffentlichten Roman erlegt worden war) und las ihn an Bord eines Schiffes nach Hawaii.
Metro-Goldwin-Mayer, die an der Produktion beteiligt waren, streckten Selznick 1 250 000 Dollar vor (der Film sollte 4 250 000 Dollar kosten) und verlangten, daß Clark Gable den Rhett spielen würde. Außerdem übten sie Druck auf Selznick aus, Scarlett mit Joan Crawford, Melanie mit Maureen O'Sullivan und Ashley mit Melvyn Douglas zu besetzen, mit lauter Schauspielern also, die bei MGM unter Vertrag standen. Aber Selznick sah darin Fehlbesetzungen und startete die größte Talentsuche in der Geschichte des Films.
Als Vivien Gliddon bedrängte, ihren Namen in die Rennliste einzutragen, waren Bette Davis, Joan Fontaine, Tallulah Bankhead und viele andere Spitzenschauspielerinnen schon in Betracht gezogen worden. Vivien war in Hollywood vollkommen unbekannt, und um ihre Aussichten schien es schlecht zu stehen. Sie ließ jedoch nicht locker und brachte immer wieder die Rede darauf. Zweifellos reizte sie die Gestalt der Scarlett ungemein, aber sie war auch gewitzt genug, sich darüber im klaren zu sein, daß die Errungenschaft der Rolle ihr internationalen Ruhm bringen würde. Damit wäre sie nicht nur Olivier ebenbürtig, sondern sie hätte auch bessere Bühnenrollen bekommen können.
Because We Must wurde nur einen Monat lang gespielt, und Korda machte

von seiner Option Gebrauch. In der Verfilmung von Bruno Franks Komödie *Sturm im Wasserglas*, die am Broadway unter dem Titel *Storm Over Patsy* erfolgreich gelaufen war, gab er ihr die Rolle der Viktoria, mit der allerdings nicht viel Ruhm zu ernten war.
Im Frühjahr 1937 trat sie abermals im Ambassadors' Theatre auf, und zwar in dem Lustspiel *Bats in the Belfry* von Diana Morgan und Robert MacDermot, das jedoch so seicht war, daß es unbeachtet über die Bühne ging.
Vivien Leigh schien ebenso unbeachtet zu bleiben. Sie wußte, daß Larry von ihr als Schauspielerin noch nicht viel hielt, und die Rollen, die sie in letzter Zeit gespielt hatte, waren nicht dazu angetan, ihr Image zu heben. Zwei Jahre waren vergangen, seit sie London im Sturm erobert hatte, und inzwischen war sie in keinem einzigen guten Stück aufgetreten. Von Korda hatte sie ebensowenig eine Glanzrolle erhalten. Es regte sie auf, daß Jill mit Larry zusammen in *Was ihr wollt* auftrat, das im Old Vic dem *Hamlet* folgte.
Larry glaubte jedoch an ihre Einzigartigkeit und meinte, sie müsse hart arbeiten, um ihrer Unzulänglichkeiten Herr zu werden. Vor allem fand er sie zu dünn und ihre Stimme zu klein, und er versuchte sie selbst weiterzubringen. Immer mehr drang ihre Beziehung an die Öffentlichkeit.
Im März erhielten beide von Korda eine Hauptrolle in *Twenty-One Days (Einundzwanzig Tage)*, einem Film, der auf Graham Greenes Dramatisierung von Galsworthys Erzählung *The First and the Last (Die Ersten und die Letzten)* beruhte. Regie führte Basil Dean, mit dem Olivier bei zwei früheren Inszenierungen keine besseren Erfahrungen gemacht hatte als Vivien bei *Look Up and Laugh*. Als Korda sah, daß es zwischen seinem Regisseur und seinen Hauptdarstellern nicht recht klappte, führte er selbst bei einigen Sequenzen Regie. Er fand auch, dem Drehbuch fehle ein kontinentaler Anstrich, und die Szene, die er beifügte, eine Gerichtsszene, hatte Brechtsche Qualität.
Korda war durch seinen Glauben, daß Vivien das Zeug zum Star habe, zur Produktion dieses Filmes angeregt worden, und in *Twenty-One Days* hatte sie Gelegenheit, sowohl verführerisch als auch damenhaft zu sein – genau die Mischung, die er für sie angezeigt hielt. Zudem war er ein Romantiker, und es reizte ihn, ein echtes Liebespaar in einem Film zu verkuppeln (es gab in den Londoner Film- und Theaterkreisen nur noch wenige, die nichts von dem Verhältnis wußten). Er ergriff während der Dreharbeiten stets Patei für Larry und Vivien und verhalf ihnen aktiv

1 *Oben links:* Mit Gertrude, ihrer Mutter, in Kalkutta, 1915
2 *Oben rechts:* Großmutter Yackje in Bridlington
3 *Unten:* Nach der Trauung mit Leigh Holman am 20. Dezember 1932 in der St. James Kirche am Spanish Place, London

4 *Oben:* Das Schulorchester 1925; Vivian mit Cello

5 *Links:* Das Kloster Herz Jesu in Roehampton, 1925

6 *Unten:* Klassenbild der Klosterschule Herz Jesu in Roehampton, 1925. Vivien ist die dritte von rechts in der mittleren Reihe

7 *Rechte Seite:* Als Fotomodell für die Zeitschrift *Vogue*, 1933. Aufnahme von Cecil Beaton

8 Die umgetaufte Vivien Leigh ist 1935 buchstäblich über Nacht berühmt geworden

9 Das durchgebrannte Liebespaar in Elsinore (Dänemark) während der Einstudierung von *Hamlet*, 1937. Von links: Vivien, Tyrone Guthrie, Laurence Olivier, Frau Guthrie

10 *Hamlet*-Gastspiel der Old Vic-Truppe in Elsinore, 1937. Links: Vivien und Olivier als Ophelia und Hamlet. Rechts oben: Schloß Elsinore. Unten rechts: Schloßhof während der Vorstellung.

11 Vivien Leigh und Laurence Olivier, 1937

12 *Linke Seite oben:* Mit Charles Laughton in dem Film *St. Martin's Lane (St. Martinsgasse)*

13 *Linke Seite unten:* Vivien als Gegenspionin in *Dark Journey (Schwarze Reise)*, 1937

14 *Oben:* Das romantische Liebespaar in einer Drehpause während der Arbeit an *Twenty-one Days (Einundzwanzig Tage)*

15 Scarlett O'Hara heiratet – eine Szene aus *Gone With the Wind (Vom Winde verweht)*. Von links: Thomas Mitchell, Barbara O'Neil, Vivien Leigh, Rand Brooks

16 Uraufführung von *Gone With the Wind* in Atlanta, Dezember 1939. Von links: Vivien Leigh, Clark Gable, die Romanautorin Margaret Mitchell, David O. Selznick, Olivia de Havilland.

dazu, schließlich miteinander wegzulaufen, genau wie die beiden Gestalten, die sie in dem Film darstellten. Korda, dessen erste Ehe mit dem bekannten Stummfilmstar Maria Korda 1932 in die Brüche gegangen war, lag es besonders am Herzen, das Haupt seiner männlich betonten Familie zu sein (alle drei Brüder Korda – Alex, Zoltan und Vincent – hatten Söhne). Er genoß es, eine Vatergestalt zu sein, vielleicht weil er mit dem eigenen Sohn Schwierigkeiten hatte, und er »adoptierte« gern junge Männer wie Olivier. Als wohlwollender Vater richtete er den Drehplan so ein, daß Larry und Vivien eine Woche Urlaub nehmen konnten, um in Elsinore (Dänemark) gemeinsam in *Hamlet* aufzutreten: Vivien als Ophelia.
Als Jill davon erfuhr, suchte sie Vivien auf, um sie in ihrer Verzweiflung zu beschwören, das Engagement in Elsinore nicht anzunehmen. Sie kam am späten Nachmittag, als Vivien gerade aus dem Studio zurückgekehrt war, während sich Leigh noch im Gericht aufhielt. Sie wartete in dem kleinen Wohnzimmer, umgeben von den Dingen, die Viviens guten Geschmack bewiesen, und probte im stillen, was sie sagen wollte. Vivien schwebte, untadelig gekleidet, herein und zeigte nicht die geringste Furcht vor der bevorstehenden Unterredung.
»Guten Tag, liebe Jill.« Sie lächelte, reichte Jill herzlich die eine Hand und läutete mit der anderen nach dem Mädchen.
»Champagner«, befahl sie, als Aide erschien.
Jill war nicht imstande, das auszusprechen, was sie hatte sagen wollen. Als sie das Haus verließ, wußte sie, daß sie allzu lange gewartet und Olivier verloren hatte.

Die Reise nach Elsinore blieb Vivien unvergeßlich. Ihre Liebe zu Larry war grenzenlos, sie war stolz und glücklich. Nie im Leben hatte sie etwas mehr ersehnt, als ihn zu gewinnen. Als London hinter ihnen lag, waren sie aller Zwänge enthoben und brauchten keinen Schein mehr zu wahren. In Dänemark faßten sie den Entschluß, nicht zurückzukehren.
Von Elsinore schrieb Vivien ihrem Mann, bat ihn um Vergebung und teilte ihm mit, daß sie bei Larry bleiben und nicht mehr in die Little Stanhope Street zurückkehren wolle. Oswald Frewen suchte zu vermitteln und die beiden von ihrem Entschluß abzubringen, worauf Olivier antwortete, es sei zu Viviens Bestem, mit einem Manne zu leben, der die gleichen künstlerischen Interessen habe wie sie, nicht mit Leigh, dessen Ansichten über das Theater, wie Olivier meinte, nichtswürdig seien.

Das Theater war für Olivier das Wichtigste. Vivien verstand das und huldigte derselben Muse. Sie war sich auch bewußt, daß die Zusammenarbeit im *Hamlet* – für ihn gab es keine Rolle, der er mehr Bedeutung beimaß – sie noch stärker aneinander binden würde. John Gielgud war bereits als Hamlet ihrer Generation erklärt worden, und seit der Aufführung von *Romeo und Julia* bestand zwischen ihm und Larry eine unverhohlene Rivalität. Olivier betrachtete sich als Schauspieler von anderem Schlage. Seiner Ansicht nach waren sie verschiedene Seiten derselben Münze – Gielgud durchgeistigt und abstrakt, er selbst ganz Blut und Boden, vielleicht der niedrigere Teil der Menschheit. Als er den Romeo spielte, kämpfte er um seine eigene Vorstellung von großem Theater und versuchte Shakespeares Realismus zu verdeutlichen. Die Rolle des Hamlet schien ihm wegen ihrer Länge und Tiefe ideal geeignet, seine Auffassung zu realisieren.

Hamlet wurde in Elsinore auf dem Schloßhof der alten Festung Kronborg gespielt, an deren dicken Steinmauern sich das Meer unaufhörlich brach. Es war ein kalter Juni mit Regen und Wind, und Vivien mußte unter einem Schirm proben. Sie fror dabei jämmerlich, und Larry flößte ihr Kaffee und Schnaps ein, um sie bei Kräften zu halten.

Am Tag vor der Premiere war der Himmel noch dunkler als sonst, die Wolken ballten sich. Es ging ein Sturm, der es unmöglich machte, den Text zu hören. Der Regisseur Tyrone Guthrie verlegte die Aufführung kurzerhand ins Hotel Merienlyst, wo das Ensemble wohnte. Das war für alle eine Enttäuschung, außer für Vivien, die sich ihrer Stimme wegen im geschlossenen Raum entspannter und sicherer fühlte.

Es ist schwer zu sagen, welches Drama intensiver gespielt wurde, das auf der Bühne oder das im Privatleben. Nachdem sie beschlossen hatten, ihr Heim zu verlassen und miteinander zu leben, blieben ihnen nur wenige Tage, diese äußerst schwierige Krise zu bewältigen. Angehörige und Freunde mußten benachrichtigt werden, bevor die Presse Wind davon bekam. Auch wenn Kordas Büro ihnen mit einem Artikel zur Veröffentlichung beistand, hatten sie bei der Rückkehr doch mit Belästigungen durch Journalisten zu rechnen. Es war eine heikle Lage. Die Kinder mußten bedacht werden. Vivien wußte nicht, was mit Suzanne in Zukunft geschehen sollte, aber sie wußte, daß es für die Vierjährige besser sein würde, beim Vater und unter der Obhut von Nanny Oake zu bleiben, bis ihre weiteren Pläne feststanden. Auch darauf würde die Presse nicht freundlich reagieren.

Trotz allen Problemen war Vivien in Elsinore glücklich. Die absolute Gemeinsamkeit mit Larry ließ sie die unglückseligen Arbeitsbedingungen vergessen. Die *Times* schickte zur Premiere einen Theaterkritiker, und am folgenden Morgen ließen sich Vivien und Larry die Besprechung telefonisch durchsagen. Oliviers Hamlet sei unüberbietbar, hieß es darin, Viviens Ophelia vielversprechend.
Die Sonne brach durch die dunklen ziehenden Wolken, und am zweiten Abend wurde auf dem Schloßhof von Kronborg gespielt. Dunkelheit hüllte die Stadt Elsinore ein, und nur die Lichter eines Frachtschiffes flakkerten auf dem Wasser. Zweitausend Menschen warteten auf Hamlets Auftritt. Die Produktion hatte zweimal gesiegt. Vivien und Larry faßten das als ein besonders gutes Omen auf.

Achtes Kapitel

Aide, die hübsche junge Hausangestellte in der Little Stanhope Street, verheiratete sich, während sich Vivien in Dänemark befand. Beryl Samson kam Leigh zu Hilfe und besorgte ihm einen Ersatz für Aide: Daisy Yoguel. Gleich nachdem Vivien mit Larry zusammengezogen war, begab sie sich in die Little Stanhope Street – während sich Leigh im Gericht aufhielt –, um ihre persönlichen Sachen zu holen. Ein unbekanntes Mädchen machte ihr auf. Im selben Augenblick kamen zwei Nachbarinnen, ältere Damen, angelaufen, um ihr mitzuteilen, sie hätten Nanny Oake soeben im Park gesehen, wie sie Suzanne ohrfeigte.
Aufgerührt, den Tränen nahe, machte sich Vivien daran, ihre Sachen zusammenzupacken. Aber dabei bewegten sie gemischte Gefühle und Sorgen. Sie war eine Fremde in dem Haus, das sie so liebevoll eingerichtet hatte. Das war natürlich nicht das schwerste Kreuz, das sie tragen mußte. Was für ein Recht hatte sie, Nanny Oake zu kündigen, wenn sie Suzanne tatsächlich mißhandelte? Was für Rechte hatt sie überhaupt noch, wenn sie Leigh und ihr Kind um des Mannes willen, den sie liebte, verließ? Durfte sie sich um das Kind noch kümmern, wenn es ihr nicht zugesprochen wurde?
Nanny Oake und ihr Schützling kamen endlich nach Hause. Wie sich herausstellte, hatte Suzanne mit ihrer Mutwilligkeit Nanny Oakes beträchtliche Geduld überspannt. Die Erklärung beschwichtigte Viviens Sorgen kaum, und sie verließ das Haus in großer Erregung.
Leigh litt, aber er ertrug alles äußerlich mit Fassung. In den ersten Monaten nach der Trennung war er überzeugt, daß Vivien zu ihm zurückkehren würde, und er behandelte die Angelegenheit wie die Laune eines Kindes oder die Eskapade einer Jugendlichen. Sein Beruf und die Führung des mutterlosen Haushalts hielten ihn in Atem. Er blieb in gutem Einvernehmen mit Gertrude und Ernest, und nie sprach er über Vivien mit Bitterkeit

oder Selbstmitleid. Würdevoll und beherrscht setzte er sein Leben fort. Seine Liebe zu Vivien geriet nicht ins Wanken, und er wollte die unleugbare Wahrheit, daß er und Vivien nicht zusammenpaßten, einfach nicht gelten lassen.

Olivier hatte Durham Cottage an der Christchurch Street 4 in Chelsea gekauft. Es war ein reizendes, aber bescheidenes Haus aus dem siebzehnten Jahrhundert mit einem ummauerten hübschen Garten. Da es klein war, ließ es sich leicht einrichten. Doch in Anbetracht von Viviens seelischer Verfassung hielt Larry es für angebracht, zuerst einmal Ferien in Venedig zu machen.

Sie stiegen in einem bequemen Hotel am Canale Grande ab. Es war Juli, und die Stadt glitzerte in der Sonne. Sie bot so viele Eindrücke, und die Besichtigung war ein Genuß.

Sie fütterten die Tauben auf dem Markusplatz, hielten sich in der *Chiesa della Salute* an den Händen und schlenderten im Mondschein am Meer entlang. Vivien strahlte. Das Leben gewann für sie einen neuen, tieferen Sinn. Mit Erleichterung sah Larry, daß sich ihre Ängste und Sorgen legten.

Kaum waren sie in Durham Cottage eingezogen, da erhielt Vivien eine Rolle in *A Yank at Oxford (Ein Yankee in Oxford)*, dem ersten Film, den die amerikanische Gesellschaft Metro-Goldwyn-Mayer in England drehte. Korda hatte Vivien für die kleine, aber auffällige Rolle – die ehebrecherische junge Frau eines Oxforder Buchhändlers – in der Gewißheit ausgeliehen, daß das Auftreten in einem amerikanischen Film ihrer Karriere förderlich sein würde. Louis B. Mayer war nicht angetan von dem Gedanken, eine »Unbekannte« mitwirken zu lassen; aber der englische Produzent Michael Balcon appellierte überzeugend an Mayers Finanzgenie. Vivien lebte in London, also keine Reisespesen, und die Abgabe an Korda war weitaus geringer als die Gage einer bekannten amerikanischen Schauspielerin. Vivien erfuhr die Umstände, denen sie es zu verdanken hatte, die flatterhafte Elsa Craddock zu spielen, und ärgerte sich, besonders deshalb, weil Maureen O'Sullivan die Hauptrolle innehatte.

Es war das erste Wiedersehen der beiden seit den Tagen von Roehampton. Eigentlich hätte es erfreulich sein sollen, doch für Vivien war es nicht einfach. In ihrer Kinderfreundschaft war sie immer die Führende gewesen. Jetzt war Maureen der Star. Aber Vivien hatte beim Repertoire-Theater gelernt, daß Schauspieler zuerst an die Vorstellung und in zweiter Linie

an ihr Ich denken mußten. Außerdem war ihre Rolle zwar kleiner, aber die interessantere. Es gab jedoch noch einen tieferen und schmerzlicheren Grund für Vivien, sich von Maureen fernzuhalten. Sie konnte ihrer ehemaligen Klostermitschülerin unmöglich erklären, wie sie dazu gelangt war, Mann und Kind zu verlassen, um mit einem verheirateten Kollegen zusammenzuleben, der erst kürzlich Vater geworden war. (Zu dieser Zeit war Tarquin erst ein Jahr alt.) Die Lage wurde ihr insofern erleichtert, als sie nur wenige Szenen zusammen hatten. Ihre meisten Szenen spielten sich mit Robert Taylor, Griffith Jones und Lionel Barrymore ab.
Jack Conway, der vorher bei *Arsène Lupin (Arsène Lupin, der Millionendieb), Red Headed Woman, Viva Villa!* und *A Tale of Two Cities (Eine Geschichte zweier Städte)* Regie geführt hatte, leistete anhand eines banalen Drehbuchs bewundernswerte Arbeit. Trotzdem fand Vivien seine Anschauung der englischen Eigenart ziemlich einseitig. Sie arbeitete zu Hause mit Larry an ihrer Rolle und hielt sich an seine Anweisungen. Ihre eigenwillige Interpretation führte zu Spannungen im Atelier. Sie trug jedoch viel zur Glaubhaftigkeit des Films bei. Ohne daß sie es merkte, wurde sie von Maureen sehr bewundert: Sie war stets pünktlich zur Stelle, immer vorbereitet, und ihre Arbeitsenergie ließ nie nach. Trotz der häßlichen Aufmachung, die ihr in dem Film vorgeschrieben wurde, fand Maureen sie schöner denn je.
Ihr Leben in Durham Cottage hätte kein größerer Kontrast sein können zu dem in ihrem früheren Heim. Larry drehte mit Merle Oberon und Richard Robertson *The Divorce of Lady X,* ein Remake von *Counsel's Opinion* aus dem Jahr 1932, während Vivien für Metro tätig war. Beide mußten früh aufstehen und zur selben Zeit aufbrechen, und abends sprachen sie über ihre Erlebnisse des Tages. Sie hörten sich gegenseitig ab und diskutierten über Interpretationen. Vivien graute vor der Zeit, wo das zu Ende sein würde; denn dann trat Larry wieder im Old Vic als Macbeth auf, während sie darauf warten mußte, ob und wann Korda seine Option geltend machen würde.
Nachdem sechs Monate vergangen waren, fand Larry es an der Zeit, Jill und Leigh um die Scheidung zu bitten, damit er Vivien heiraten könne. Leigh antwortete, er würde Vivien nur gezwungenermaßen freigeben (womit er offenbar meinte, wenn sie ein Kind von Larry erwartete), und Oswald Frewen vertraute er an, daß er immer noch hoffte, sie zurückzugewinnen. Der zweite Schlag kam, als Jill ebenfalls die Scheidung verweigerte.

Die Lage war trostlos, aber Vivien wollte die Tatsachen nicht gelten lassen. Sie war überzeugt, es ließen sich Mittel und Wege finden, zu heiraten, und ihre Liebe zu Larry nahm mit jedem Tage zu. Andere bemerkten, daß es ihr fast unmöglich war, die Augen von ihm abzuwenden, wenn sie sich in der Öffentlichkeit befanden.

Am 27. Dezember, nach ihrem ersten gemeinsamen Weihnachtsfest, trat Vivien im Old Vic als Titania im *Sommernachtstraum* unter Tyrone Guthries Regie auf, zusammen mit Robert Helpmann, Anthony Quayle, Ralph Richardson und Alexander Knox. Sie war entzückend – wie überhaupt die ganze Inszenierung.

Vivien hielt Olivier für den größten lebenden Schauspieler, und in dieser Zeit war sie seine gefügigste Schülerin. Sein ganzes Leben drehte sich ums Theaterspielen. Wenn sie etwa in einem Autobus fuhren, machte er sie auf einen bestimmten Fahrgast aufmerksam und sprach mit ihr über seine Bewegungen und Reaktionen. »Was glaubst du, warum hat er das getan?« fragte er beispielsweise. Dann analysierte er das Verhalten des Mannes mit einer phantasievollen Erklärung. In einer Vorstellung konnte Vivien dann später sehen, daß er die Gesten des Mannes nachahmte, die durchaus überzeugend wirkten, weil sie echt waren. Er identifizierte sich so sehr mit jeder Rolle, die er gerade spielte, daß sie sich nicht wunderte, wenn er etwas davon ins Privatleben übernahm.

Er riet ihr, immer zu ahnen, was das Publikum erwartete – und es dann nicht zu tun. Bei der Sprechtechnik griff er Schaljapins Lehre auf und ermahnte sie, niemals einzuatmen, wenn es erwartet wurde, damit das Publikum vom Atemholen nichts merkte und annahm, ein ganzer Satz sei in einem Atemzug gesungen worden.

»Du mußt es empfinden«, erklärte er ihr in bezug auf eine Rolle. »Wenn du es richtig machst, empfindest du es. Das Leid, die Leidenschaft, die Erbitterung, alles mußt du empfinden. Dabei wird etwas in dir verzehrt und aufgebraucht und gleichzeitig wird dir etwas gegeben, wie es bei allen seelischen Erlebnissen der Fall ist.«

In den nächsten Monaten sah sie ihn genau das, was er ihr vorschrieb, als Jago in *Othello*, als Vivaldi in *King of Nowhere*, einem Schauspiel von James Bridie, und als Coriolanus tun. Seine Darstellung in Shakespeares *Coriolanus* wurde als seine größte schauspielerische Leistung in seiner dreizehnjährigen Theaterlaufbahn betrachtet. Die Rolle verlangte patrizierhafte Überlegenheit und einen natürlichen Stolz, der Lob nicht entgegennahm. Olivier gestand, daß es ihm nicht schwerfalle, sich in den Mann

hineinzuversetzen. »Hineinversetzen«, das war für ihn natürlich die Hauptsache, und um das beim Jago zu können (als Gegenspieler von Ralph Richardsons Othello), suchte er wieder den hervorragenden Psychoanalytiker Ernest Jones auf. Schon bei seiner Analyse von *Hamlet* hatte Jones betont, Homosexualität sei Shakespeares Thema. In diesem Sinne sprachen sie über die Interpretation jeder Szene.
Olivier stellte Jago als einen Mann mit unbewußter Bindung dar. Darum wurde der Höhepunkt im dritten Akt, wenn Jago und Othello kniend Cassios Tod planen, zu einer richtigen Liebesszene, bei der Othellos Worte »Nun bist du mein Leutnant« und Jagos Antwort »Ich bin auf ewig Euer« neue Bedeutung erhielten. Das hätte wirken können, wenn Richardson den Othello mit Verständnis für diesen neuen Jago gespielt hätte. Richardson fand Oliviers Darstellung nur kurios und sagte jedesmal, wenn bei den Proben vom Unbewußten die Rede war: »Laß mich in Ruhe mit deiner Psychologie!« Er führte weiter aus: »Für mich besteht die Schönheit des Stückes im Rhetorischen.« Infolgedessen spielten sie aneinander vorbei, was von der Kritik übel vermerkt wurde.
Vivien ging fast jeden Abend ins Theater und achtete, wie sie selbst eingestand, nur auf Larrys Spiel. Er hätte ihr Professor Higgins sein können, aber Vivien war keine Eliza Doolittle. Sie hatte selbst Komik, Witz und Intelligenz. Olivier betrachtete sich selbst nie als Intellektuellen. Sie brachte ihn dazu, mehr zu lesen. Früher hatte er kaum etwas anderes als Stücke oder Drehbücher im Hinblick auf eine Rolle für sich selbst gelesen. Mit Viviens geistigen Interessen vermochte er nicht Schritt zu halten, da für ihn alles hinter dem Theaterspielen zurücktrat; aber er fand diese Seite von ihr höchst anregend, da sie ihm die Musik- und Kunstwelt eröffnete.
Im Frühling 1938 lieh Korda sie Charles Laughtons neugegründeter unabhängiger Filmgesellschaft Mayflower Productions für die Hauptrolle in *St. Martin's Lane (St.-Martins-Gasse)* aus. Das bedeutete, daß sie und Larry, der im Old Vic eine Glanzsaison erlebte, einen unterschiedlichen Stundenplan hatten. Wenn sie von den Dreharbeiten heimkam, lernte sie ihren Text für den nächsten Tag und holte dann Larry vom Theater ab. Sie kam infolgedessen spät zu Bett, und es blieben ihr nur wenige Stunden Schlaf, da sie um fünf Uhr aufstehen mußte. Es war ihre bisher anstrengendste Rolle, nicht nur hochdramatisch, sondern sie verlangte auch Gesangs- und Tanzfertigkeit. Die ermüdende Arbeit wurde noch durch ihre schlechte Beziehung zu Laughton erschwert.
Die Atmosphäre im Atelier war mit Feindseligkeiten geladen. Vivien und

Laughton kamen jetzt nicht besser miteinander aus als damals, als er ihre Mitwirkung im *Cyrano* abgelehnt hatte. Er fand sie außerordentlich begabt, äußerlich und innerlich geeignet, ein großer Filmstar zu werden; aber sie ging ihm auf die Nerven. Vivien ihrerseits bewunderte Laughton als Schauspieler, fühlte sich aber körperlich von ihm abgestoßen und befürchtete, er könnte ihr Avancen machen. Darum hielt sie sich möglichst in ihrer Garderobe auf. Obwohl sie sonst eine feine Witterung hatte, merkte sie sonderbarerweise nichts von Laughtons Homosexualität.

Vivien hatte neuerdings in ihren Wortschatz einige starke Flüche aufgenommen. So peinlich höflich sie stets zu anderen Menschen war, sie verwünschte oft kräftig unbelebte Gegenstände oder sich selbst. Laughton ertrug das nicht, und das wurde ein Streitpunkt zwischen ihnen.

Bis zum Sommer 1938 waren vier von Viviens Filmen – *Fire Over England, Storm in a Teacup, Dark Journey* und *A Yank at Oxford* – in New York gelaufen und sehr gut rezensiert worden. Aber nur *A Yank at Oxford* fand in den Vereinigten Staaten weitere Verbreitung. Wenn die Amerikaner überhaupt ein Bild von ihr hatten, dann sahen sie sie nur als eine oberflächliche junge Frau, die fast veranlaßt hätte, daß Robert Taylor aus Oxford vertrieben wurde.

Neuntes Kapitel

Der Sommer 1938 war für Großbritannien die letzte Friedensperiode für lange Zeit. Doch das wußten Vivien und Larry damals nicht. Erschöpft von den Dreharbeiten für *St. Martin's Lane*, ging Vivien erfreut auf Larrys Vorschlag ein, Ferien zu machen. Wo, war eine nicht leicht zu entscheidende Frage, da über dem Kontinent die Vorahnung des Krieges lag. In ihr geliebtes Österreich konnten sie nicht fahren, denn es war von Hitler geschluckt worden. Vivien hatte Sorge, das Dritte Reich könnte sich noch weiter ausbreiten; aber nun waren seit der Annektion drei Monate vergangen, ohne daß sich etwas Bedrohliches ereignet hatte.

Sie beschlossen, nach Südfrankreich zu gehen, wo viele ihrer Bekannten den Urlaub verbrachten, um die warme Sonne zu genießen. John Gielgud und Hugh Beaumont hatten in Vence eine Villa gemietet, und im stillen hoffte Vivien, durch Noel Cowards Vermittlung zu einer der Gesellschaften eingeladen zu werden, die der Herzog und die Herzogin von Windsor in Antibes gaben.

Vivien und Larry fuhren in ihrem zuverlässigen, wenn auch ein wenig abgenutzten alten Zweisitzer durch Frankreich an die Riviera. Die Bedrohung durch Hitler, der Terror des Bürgerkriegs im nahen Spanien, der Aufstieg des Faschismus unter Mussolini erschienen ihnen unwirklich unter der wärmenden südlichen Sonne. Als erstes machten sie in St. Paul halt, einer kleinen alten Festungsstadt aus dem zwölften Jahrhundert. Vence, wo Gielgud wohnte, war von hier aus in einer Viertelstunde zu erreichen. Ihr Hotel, *La Colombe d'Or*, erregte Viviens Entzücken. Hier waren Picasso, Dufy, Modigliani, Bracque, Matisse und Chagall in jungen Jahren oft abgestiegen und hatten Kost und Logis mit Bildern bezahlt. Diese wertvollen Werke hingen nun überall. Vivien fand es herrlich, einem Modigliani oder Dufy gegenüber am Eßtisch zu sitzen, und sie genoß es, von der alten Festung aus eine Landschaft zu betrachten, die wie das

Gemälde eines Impressionisten wirkte. Aber es fehlte ihnen das Meer, und nach ein paar Tagen fuhren sie weiter an der Küste entlang zu dem Dörfchen Agay, wo sich ihnen eine geschützte Bucht und ein sonniger Strand bot. Sie bezogen im *Calanque d'Or* Quartier, einem kleinen Hotel, nicht annähernd so elegant wie das Hotel in St. Paul, aber mit einem unwiderstehlichen Plus für Vivien: Der Wirt besaß achtzehn Siamkatzen.
Sie führten ein idyllisches Leben und verbrachten die Tage mit Schwimmen, Sonnenbaden, Besichtigungen und gelegentlichen Besuchen bei Gielgud, Hugh Beaumont und anderen Bekannten. Der Juni ging mit seltsamer Unwirklichkeit in den Juli über, als Larry am ersten Montag ein Telegramm von seinem Londoner Agenten erhielt: »Haben Sie und Vivien Leigh Interesse an Mitwirkung bei Verfilmung von *Wuthering Heights*, Beginn Anfang September? Baldmöglichste Antwort erbeten.«
Sie sprachen lange darüber, bevor sie ausweichend zurücktelegrafierten, sie wollten die Entscheidung nach der Rückkehr in London treffen.
Olivier hatte mit Hollywood schlechte Erfahrungen gemacht. Einmal hatte er nach ähnlichem Hinundherkabeln eine Rolle in einem Film mit Greta Garbo angenommen, doch bei seiner Ankunft feststellen müssen, daß John Gilbert engagiert worden war. Die folgende Reise mit Jill hatte ebenfalls unter einem unglücklichen Stern gestanden. Er hegte eine Abneigung gegen die Filmerei, besonders für die Art, wie in Hollywood gearbeitet wurde. In diesem Fall wurde nun Vivien die Rolle der Isabella angeboten, die sie jedoch ziemlich langweilig fand. An sich liebte sie Emily Brontës Roman *Wuthering Heights (Sturmhöhe)*, aber die Gestalt der Cathy, die Merle Oberon zugedacht war, hätte sie weitaus mehr gereizt.
Nachdem einige Kabel gewechselt worden waren, erhielten sie das Drehbuch mit der Bitte, es vor ihrer Rückkehr zu lesen, da William Wyler, der Regisseur, dann in London sein würde. Das Drehbuch hatte Niveau und war eine gute Wiedergabe des Romans; besonders Heathcliff kam vortrefflich heraus. Isabella aber blieb für Vivien uninteressant, und nach ihrer Erfahrung mit *A Yank at Oxford* mochte sie keine Nebenrolle in einem amerikanischen Film mehr spielen, zumal sie seither in vier englischen Filmen herausgestellt worden war. Da sie sich nicht trennen wollten und Olivier nicht darauf versessen war, in Hollywood zu filmen, lehnten sie ab.
Mitte Juli traten sie die Rückreise durch Frankreich an und machten wie geplant in Roanne an der Loire halt. Hier lag ein Brief von Oliviers Agent.

Er hoffe, schrieb der Agent, Olivier werde sich in Anbetracht der Bedeutung des Films und des Regisseurs anders besinnen. Olivier las das Drehbuch nochmals, und da ihm die Rolle immer besser gefiel, sahen sie sich als erstes nach der Ankunft in London Wylers Film *Jezebel* an. Warner Brothers hatten diesen Film mit Bette Davis als Star herausgebracht, um Selznick aus dem Felde zu schlagen, der mit *Gone With the Wind* noch immer nicht weitergekommen war. Vivien war sehr beeindruckt von Wylers Regie, und da sie merkte, daß Larry den Heathcliff nun doch gern spielen würde, drängte sie ihn, wenigstens mit Wyler zu sprechen.
In Hollywood hatte Samuel Goldwyn, der Produzent von *Wuthering Heights*, entschieden, daß Laurence Olivier die beste Wahl für Heathcliff sei. Wyler, der die Rolle als »Leckerbissen für jeden Schauspieler, besonder für einen in Amerika verhältnismäßig unbekannten« betrachtete, wunderte sich über Oliviers mangelnde Begeisterung und hatte – nicht ganz zu Unrecht – angenommen, daß es auf seine früheren negativen Erfahrungen mit Hollywood zurückzuführen sei. Doch sowie Wyler, ein sehr sensibler Mann, in dem kleinen Garten von Durham Cottage Vivien unter den spätblühenden Rosen stehen sah, erkannte er den wahren Grund.
Vor dem Kamin im bescheidenen Wohnzimmer trank er mit ihnen Tee. Neben Vivien lag eine Siamkatze, die sie aus Agay mitgebracht hatte. Überall standen Blumen und hübsche Porzellanfiguren. Bücherregale flankierten den Kamin, über dem ein gutes Ölbild hing, das Vivien auf einer Versteigerung erworben hatte. Das Zimmer zeigte entschieden ihre Handschrift. Sie sprach lebhaft und eindringlich; wenn sie Tee einschenkte, beugte sie sich vorsichtig vor, um die Katze nicht zu stören. Oliviers Augen verfolgten jede ihrer Bewegungen.
Sie unterhielten sich über Wylers Heimat, das Elsaß, über Betty Davis und *Gone with the Wind*. Wyler war seit kurzem in Margaret Tallichet verliebt, eine rothaarige Schönheit von einundzwanzig Jahren, die mit Filmhoffnungen von Austin in Texas nach Hollywood gekommen war und in der Werbeabteilung der Paramount als Sekretärin arbeitete, um ihren Schauspiel- und Gesangsunterricht zu finanzieren. Durch eine zufällige Begegnung mit Carole Lombard hatte sie Selznicks Werbemann Russell Birdwell kennengelernt, der sich für sie eingesetzt hatte, so daß sie nun als mögliche Scarlett unter Vertrag stand. Vivien war fasziniert von all den Hollywooder Manipulationen und von Selznicks Suche nach einer Scarlett, und sie stellte Wyler tausend Fragen. Ob Gable wirklich für den

Rhett engagiert worden sei? Ob Margaret Mitchell das Drehbuch schreiben würde? Was für ein Mensch Selznick sei? Wer sollte Regie führen? Olivier erwähnte zum Schluß, daß Viviens letzter Film, *St. Martin's Lane*, demnächst der Presse vorgeführt würde – vielleicht hätte Wyler Lust, mit ihnen hinzugehen? Wyler begriff sofort, daß die beiden hofften, er würde dann überzeugt sein, die Rolle der Cathy in *Wuthering Heights* müsse mit Vivien Leigh besetzt werden. Tatsächlich gefiel sie ihm sehr in dem Film, und er sagte sogar, sie wäre für die Cathy durchaus geeignet; aber er könne ihr leider keine andere Rolle als die Isabella anbieten.
»Ich möchte die Cathy spielen«, erwiderte sie mit nervösem Lächeln.
»Dafür ist Merle Oberon vorgesehen, die bei Sam Goldwyn unter Vertrag steht«, erklärte er.
»Ich will die Cathy spielen oder gar nichts«, beharrte sie.
»Unmöglich«, erwiderte Wyler. »Ich versichere Ihnen, Sie werden für ein Debüt in Amerika keine bessere Rolle als die Isabella bekommen können.«
Als Wyler ging, wußte er, daß Vivien keine Nebenrolle annehmen würde, und er bezweifelte, daß sich Olivier unter diesen Umständen für *Wuthering Heights* verpflichten würde. Doch trotz all seiner Sensitivität hatte Wyler nicht gespürt, wie tief ihr Verständnis für den Mann war, den sie liebte. Neben der Begegnung mit Wyler wünschte sich Olivier nun, den Heathcliff zu spielen, aber er hatte abgelehnt, weil er Vivien nicht allein zurücklassen wollte. Da sie befürchtete, daß dieses Opfer ihrer Beziehung eher schaden könnte als eine Trennung, drängte sie ihn, nach Hollywood zu gehen, und hielt ihm vor, daß sie während der dreimonatigen Trennung vollauf beschäftigt sein würde; denn inzwischen war ihr die Titelrolle in S. N. Behrmans Stück *Serena Blandish* angeboten worden, außerdem sollte in der Weihnachtszeit im Old Vic der *Sommernachtstraum* wiederaufgenommen werden.
Olivier schwankte immer noch, und er schob die Annahme von Wylers jetzt außerordentlich großzügigem Angebot auf. Er filmte mit Ralph Richardson für Korda *Q Planes*, und er sprach mit den beiden über sein Dilemma. Korda, der jetzt in Merle Oberon verliebt war und vor einer ähnlichen Trennung stand, setzte ihm auseinander, zwei Liebende müßten ihr Leben den Erfordernissen ihrer Laufbahn anpassen, nicht umgekehrt. Richardson riet ihm, nach Hollywood zu gehen, weil ihm der Ruhm nicht schaden könne.
Q Planes wurde Ende Oktober fertig, und am 5. November, Viviens fünf-

undzwanzigstem Geburtstag, brachte sie ihn nach Southampton, von wo er auf der *Normandie* nach Amerika fuhr. Sie kehrte nach London zurück, wo sie am abend im Gate Theatre spielen mußte, das am 13. September die Saison mit *Serena Blandish* eröffnet hatte. Das Stück war allerdings ohne Erfolg gelaufen und sollte nächste Woche abgesetzt werden.
Vivien hatte nichts zu tun, bis Tyrone Guthrie sie zu den Proben für den *Sommernachtstraum* holte. Inzwischen erhielt sie ein Kabel von Larry aus New York: Goldwyn habe ihn gleich nach der Ankunft der *Normandie* von Hollywood aus angerufen, ob Vivien frei sei, da sich mit Merle Oberon Probleme ergeben hätten. Doch kaum war Viviens Hoffnung geweckt, da kabelte Larry aus Hollywood, Merle Oberon werde nun doch die Cathy spielen.
Täglich erhielt sie einen Brief von Larry. Er verstand sich nicht gut mit Merle Oberon, und bei einer Liebesszene brach offener Krieg zwischen ihnen aus, weil die Oberon behauptete, er habe sie beim Dialog angespuckt. Die Szene wurde wiederholt. »Sie haben schon wieder gespuckt!« beschuldigte ihn seine Partnerin. Darauf gab er eine scharfe Antwort, und Merle Oberon ging beleidigt ab.
Ferner ergaben sich Schwierigkeiten mit Oliviers Maske. Da er die Theatralik der Bühne gewöhnt war, hatte er sich stark schminken lassen. Nach Begutachtung der ersten Positive stürzte Goldwyn zu Wyler aufs Plateau und schrie: »Dieser Mann ist der häßlichste Schauspieler aller Zeiten! Der wird mich zugrunde richten!«
Larry bereute es bitter, nach Hollywood gegangen zu sein. Um seine Verzweiflung wegen der Trennung von Vivien, wegen der Produktionsschwierigkeiten und seiner eigenen künstlerischen Unsicherheit vollzumachen, litt er an einer Dermatophytose der Füße, so daß er an Krücken gehen mußte, die er nur ablegte, wenn die Kamera lief.
Vivien fühlte sich einsam und verlassen. Mit Larry zusammen hatte sie Abwehrkraft, aber allein war sie wehrlos allem ausgeliefert. Da waren ihre Eltern, die es für eine günstige Gelegenheit hielten, über ihre Lage zu sprechen und ihr zuzusetzen, sie müsse zu Leigh zurückkehren; da waren Leigh, Suzanne und der frauenlose Haushalt in der Little Stanhope Street. Die entsetzliche Unrast befiel sie wieder. Ihr Herz schlug wild. Sie glaubte zu ertrinken und keine Luft mehr in den Lungen zu haben. Sie rauchte unaufhörlich und schien ihren Hunger nie stillen zu können. Die Nächte waren beängstigend, und sie schlief weniger denn je.
Wieder nahm sie ihr zerlesenes Exemplar von *Gone With the Wind* zur

Hand, las den Roman abermals und rief dann John Gliddon an. »Kennen Sie die Stelle«, sagte sie, »wo Scarlett erklärt, sie freue sich, daß ihre Mutter tot sei, weil die Mutter nun nicht sehen könne, was für ein schlechtes Mädchen Scarlett geworden ist? Also, das bin ich.«
Die Rolle war immer noch unbesetzt, und jeder wußte, daß bald eine Entscheidung getroffen werden mußte, sonst würde Selznick den Film niemals vor die Kamera bringen. Das Schicksal wollte es, daß Oliviers Hollywooder Agent, Myron Selznick, Davids verläßlicher Bruder war.
Vivien bat Larry in einem Brief, doch einmal mit Myron zu sprechen, aber kaum hatte sie den Brief eingeworfen, da kabelte sie ihm, sie werde am nächsten Tag mit der *Queen Mary* abreisen und dann von New York aus nach Los Angeles fliegen, wo sie allerdings nur fünf Tage verbringen konnte, bevor sie zum Old Vic zurückkehren mußte. Es schien eine verrückte, leichtsinnige Ausgabe für ein fünftägiges Zusammensein mit Larry zu sein, aber Vivien hatte das Gefühl, sie müsse so handeln.

Zweiter Akt

Dann leg ich dir mein ganzes Glück zu Füßen
Und folge durch die Welt dir, mein Gebieter.
Julia in *Romeo und Julia*
von Shakespeare

Zehntes Kapitel

Im Morgengrauen lag Vivien meistens als einzige auf dem menschenleeren Deck, mumienhaft eingewickelt in Wolldecken, die sie vor dem kalten Dezemberwind schützten. Doch trotz der Unbequemlichkeit einer Ozeanüberquerung im Winter war sie glückselig. Bald würde sie Larry wiedersehen. Im übrigen dachte sie kaum an etwas anderes, es sei denn an ihren sehnlichsten Wunsch, die Scarlett in *Gone With the Wind* zu spielen. Larry sollte bis Anfang März in Hollywood bleiben. Wenn sie die Rolle bekam, mußten sie sich nicht wieder trennen.
Von New York sah sie nichts, denn nach der Zollabfertigung eilte sie sogleich zum Flughafen, um möglichst die nächste Maschine nach Los Angeles zu nehmen. Da sie noch nie geflogen war, ahnte sie nicht, wie sie darauf reagieren würde. Sie fürchtete sich maßlos. Sie hatte eine Schlafkoje, da der Flug fünfzehneinhalb Stunden dauerte und das Flugzeug dreimal hinuntergehen mußte, um zu tanken. Sie schloß während der ganzen Zeit kein Auge. Um sich abzulenken, probte sie vor ihrem Spiegel »Scarlett-Mimik«. In ihrem Roman verglich Margaret Mitchell sie wiederholt mit einer Katze. Also übte Vivien »ein Katzenlächeln«, »Augen einer hungrigen Katze« und »pfotenhafte Handbewegungen«.
Larry holte sie am Flughafen ab, aber sie mußten sich Zwang antun, weil sie nicht allein waren. Hollywoods Moralgesetze, erklärte er ihr später, beruhten auf einem Doppelstandard. Die Bewohner hätten kein Privatleben. Sie führten ein öffentliches und ein *geheimes* Leben. Er sei von Myron Selznick, seinem Agenten, gewarnt worden, daß ganze Karrieren aus nichtigeren Gründen als einem Verhältnis zwischen zwei anderweitig verheirateten Menschen ruiniert worden waren. Er brachte Vivien zum Hotel *Beverly Hills*, wo er für sie ein Zimmer bestellt hatte. Ihre große Freude über das Wiedersehen ließ sie die Unzufriedenheit mit diesem Arrangement überwinden. Sie schäumte über vor Glück und sprudelte

Ideen und Pläne hervor. Irgendwie mußte sie David Selznick kennenlernen und ihm solchen Eindruck machen, daß er sie zu Probeaufnahmen bestellte. Irgendwie mußte sich alles so entwickeln, daß sie und Larry sich nicht mehr zu trennen brauchten.
Zuerst mußte Myron Selznick überzeugt werden, daß niemand außer ihr die richtige Besetzung für die Scarlett war. Am 10. Dezember, dem dritten Tag nach ihrer Ankunft, hatte sie eine kurze Besprechung mit ihm. »Mein Gott, Sie sind wirklich Scarlett!« rief er. »Und wenn ich meinen Bruder so gut kenne, wie ich glaube, wird er meine Ansicht teilen.« Sie verabredeten, sich mit Larry zum Abendessen zu treffen.
Fast zweieinhalb Jahre waren vergangen, seit David Selznick die Filmrechte für *Gone With the Wind* erworben hatte, eine mit Drehbuch-, Besetzungs- und Finanzierungsproblemen schwer befrachtete Zeitspanne. An dem Drehbuch hatten die besten Schriftsteller von Hollywood gearbeitet, darunter John Van Druten, Jo Swerling, Oliver H. P. Garrett, der Romancier F. Scott Fitzgerald und schließlich Sidney Howard, der wohl das meiste zur endgültigen Fassung beitrug. (Da viele Szenen während der Produktion um- und neugeschrieben wurden, gab es bis zum letzten Drehtag kein wirklich fertiges Drehbuch.)
Ursprünglich hatte David Selznick Gary Cooper für Rhett Butler ausersehen, bevorzugte aber sehr bald Clark Gable. In Betracht hatte man auch Ronald Colman, Basil Rathbone und Errol Flynn gezogen; aber Selznick schwankte nie in seiner Vorliebe für Clark Gable, der bei jeder Publikumsbefragung an oberster Stelle stand.
Leslie Howard, Hauptdarsteller in *The Petrified Forest (Der versteinerte Wald)* und *Of Human Bondage (Von der Hörigkeit des Menschen)*, in dem das Publikum einen grübelnden, poetisch intellektuellen Helden sah, wäre fraglos der geeignete Darsteller für Ashley Wilkes gewesen; aber zu Selznicks Bedauern war er nicht versessen auf die Rolle. Melvyn Douglas, Jeffrey Lynn, Ray Milland und Shepherd Strudwick wurden in Erwägung gezogen, doch keinen hielt Selznick für die richtige Besetzung. Endlich gelang es ihm doch, Howard zur Annahme der Rolle zu bewegen. Als er dann die ersten Probeaufnahmen im Kostüm sah, war er entsetzt. Howard sah wie seine fünfundvierzig Jahre aus, und in den ersten Sequenzen des Films mußte er einen Fünfundzwanzigjährigen darstellen.
Bevor die Rolle der Melanie Hamilton Wilkes mit Olivia de Havilland besetzt wurde, machte man Probeaufnahmen von Frances Dee, Andrea Leeds und Anne Shirley. Eine Zeitlang erwog Selznick, Joan Fontaine in

dieser Rolle herauszustellen, aber da sie die Bombenrolle der Scarlett erhoffte, schlug sie ihre Schwester Olivia vor, die bei Warner Brothers unter Vertrag war.
Scarlett bildete jedoch die Hauptsorge, und auf der Suche nach einer geeigneten Darstellerin wurden alle Möglichkeiten erprobt, fast sämtliche Hollywood-Stars und Anfängerinnen in Betracht gezogen und dann doch verworfen. Nach zweieinhalb Jahren wurde die Dreharbeit ohne Scarlett begonnen. Viele Kandidatinnen hatte es neben Joan Fontaine gegeben: Paulette Goddard (die die meisten Chancen zu haben schien), Susan Hayward, Norma Shearer, Miriam Hopkins, Loretta Young, Joan Crawford, Katharine Hepburn, Bette Davis, Jean Arthur, Joan Bennett, Lucille Ball, Tallulah Bankhead und Unbekannte wie Margaret Tallichet, Mary Anderson (die dann die Maybelle Merriweather spielte), Alicia Rhett (im Film India Wilkes) und Catherine Campbell (heute die Frau von Randolph Hearst).
Selznick unterstand einem ungeheuren Druck. Die Geldgeber saßen ihm auf den Fersen. Aber ohne Scarlett konnte er nicht anfangen. Da hatte William Cameron Menzies, der für Architektur, Dekorationen und Kostüme verantwortlich war, der sogenannte »Production Designer«, als Filmarchitekt berühmt geworden durch *Things to Come (Dinge, die kommen werden)* und *Conquest of the Air*, eine Glanzidee.
Mit dem Bau der Innendekors – Plantage Tara, Twelve Oaks und der Basar in Atlanta – war bereits im Studio 16 begonnen worden; aber für die Außenbauten mußte hinten auf Selznicks Filmgelände Platz geschaffen werden; hier stapelten sich Kulissen und Häuserfassaden, die noch aus der Stummfilmzeit stammten. Den notwendigen Platz für den Bau von Atlanta, wie es vor dem Bürgerkrieg ausgesehen hatte, zu schaffen, würde eine Menge kosten; aber wenn man das alte Zeug verbrannte und das Feuer als Brand von Atlanta filmte, konnte man John Hay Whitney, Metro-Goldwin-Mayer und die übrigen Geldgeber zufriedenstellen, die alle drohten, weitere Unterstützung zu versagen, wenn noch mehr Zeit verloren würde. Menzies' Plan machte es möglich, mit den Dreharbeiten anzufangen, buchstäblich mit einem Flammenmeer von Publizität und mit einer Ersparnis von Kulissen.
Ursprünglich sah der Drehplan den Brand von Atlanta als letzte Sequenz vor, doch Selznick erfaßte sofort die Vorteile von Menzies' Plan und ordnete sogleich die notwendigen Vorkehrungen an.
Myron Selznick, ein gewiefter Mann des Schaugeschäfts, hatte das Essen

mit Vivien und Olivier im *Chasen* absichtlich spät angesetzt, damit ihr Auftritt in der allgemeinen Aufregung der Brandszene nicht unterging. Vivien verzögerte es noch mehr, indem sie ihn überschüttete mit Fragen, die David Selznick, die Suche nach Scarlett und die Besetzung der anderen Filmrollen betrafen. Ihr schönes Gesicht war belebt von Erregung, als sie endlich aufstand. Sorgfältig setzte sie sich ihren breitkrempigen schwarzen Hut auf. Die Augen hatte sie grün geschminkt, damit sie noch katzenhafter als sonst wirkten, und ihr Kleid betonte das Zierliche ihrer Gestalt. Auf den ersten Blick war sie Myron als das Abbild der Scarlett O'Hara erschienen, und jetzt war er felsenfest überzeugt, damit recht gehabt zu haben.

Als sie vom Parkplatz des Restaurants wegfuhren und um die Ecke bogen, glühte der Himmel südlich von Beverly Hills rot. David Selznick hatte Atlanta in Brand gesteckt.

Später schilderte Selznick den historischen Augenblick, in dem Vivien auf der erhöhten Plattform zu ihm trat, folgendermaßen: »Als Myron mich mit ihr bekannt machte, erhellten die Flammen ihr Gesicht, und auf den ersten Blick erfaßte ich, daß sie genauso aussah, wie ich mir Scarlett O'Hara vorgestellt hatte. Das ist mir unvergeßlich geblieben.«

Obwohl er Vivien in *A Yank at Oxford* und *Fire Over England* gesehen hatte, brachte er sie in diesem Augenblick nicht damit in Zusammenhang. Er beobachtete sie aufmerksam. Ihr lebhaftes Mienenspiel beim Anblick der ersterbenden Flammen fesselte ihn. Tränen traten ihr in die Augen, als ob sie den Tod ihrer eigenen Zivilisation betrauerte.

Sofort wurden mit George Cukor, der Regie führen sollte, Probeaufnahmen vereinbart. Cukor hatte bei einem Aufenthalt in England *St. Martin's Lane* gesehen und auf die Frage eines Journalisten, ob sie nicht eine glänzende Scarlett O'Hara wäre, geantwortet: »Sie scheint mir etwas zu starr zu sein, nicht genügend temperamentvoll für die Rolle.« Das erwähnte er Selznick gegenüber nicht, sondern erklärte sich bereit, die Probeaufnahmen in der nächsten Woche zu machen. Vivien kabelte Tyrone Guthrie, ihre Rückkehr werde sich verzögern; sie hoffe, ihm und dem Ensemble dadurch keine Unannehmlichkeiten zu bereiten.

Am Montagmorgen schrieb David Selznick seiner Frau Irene nach New York:

»Samstagabend haben wir zu meiner Freude die Brandsequenz gedreht. Es war das aufregendste Erlebnis meiner ganzen Filmlaufbahn, erstens die Szene selbst und zweitens das Bewußtsein, daß wir endlich angefangen

haben. Myron kam zu spät, anderthalb Minuten nachdem das letzte Gebäude zusammengefallen und die Szene abgedreht war. Er brachte Larry Olivier und Vivien Leigh mit. Psst: Sie ist der Außenseiter im Rennen um Scarlett O'Hara und sieht verdammt gut aus. (Nur für Deine Ohren bestimmt: Es verengt sich jetzt auf Paulette Goddard, Jean Arthur, Joan Bennett und Vivien Leigh.)«
An Henry Ginsberg, seinen Generaldirektor, schrieb er gleichen Tages: »Scarlett wird nach dem Ergebnis der nächsten geplanten Probeaufnahmen endgültig entschieden. Ich hoffe, daß wir sie nächsten Montag oder Dienstag zu sehen bekommen werden. Die Kandidatinnen sind Paulette Goddard, Joan Bennett, Jean Arthur und Vivien Leigh.«
Myron gab Vivien das Manuskript der Probeszenen – dieselben wie ihren Konkurrentinnen –, sobald er konnte, und sie arbeitete daran, wobei Larry sie abhörte. Cukor wollte die Regie selbst übernehmen. Jede Schauspielerin sollte drei Szenen spielen, die so geschnitten wurden, daß Selznick bei der Vorführung alle vier hintereinander in derselben Szene sah. Vivien kam als letzte am Mittwoch, dem 21. Dezember, an die Reihe. Sie kabelte Guthrie abermals, um ihm mitzuteilen, daß sie nicht beizeiten zur Aufführung des *Sommernachtstraums* zurück sein könne. Er antwortete, das habe er sich gedacht und die Titania bereits umbesetzt.
Dann schrieb sie an Leigh:
»Liebster Leigh, hoffentlich sind die Pullover gut angekommen und passen. Es ist ein bißchen dumm, daß sie aus Schottland stammen, aber ich hoffe, so brauchst Du keinen Zoll zu bezahlen.
Du wirst niemals erraten, was sich hier getan hat – niemand staunt darüber mehr als ich – Du weißt ja, ich wollte nur für eine Woche herkommen – also, zwei Tage bevor ich abreisen wollte, lernte ich die Leute kennen, die *Gone With the Wind* verfilmen, und sie sagten, sie wollten von mir Probeaufnahmen machen – was konnte ich da tun? – und so arbeite ich jetzt angestrengt, um mich vorzubereiten, und lerne den südländischen Tonfall, den ich übrigens nicht schwer finde. Es sind die letzten Probeaufnahmen, die gemacht werden, und wir sind nur vier – anscheinend mag man mich sehr –, und ich weiß nicht, was ich denken oder erhoffen soll – es könnte bedeuten, daß ich lange hierbleiben muß (wenn ich die Rolle bekomme), und *das* würde ich nur ungern tun.
Die Rolle ist die größte Gelegenheit, die man sich vorstellen kann, und es wäre absurd, sie nicht zu übernehmen, wenn man die Möglichkeit hätte. Vor Ende der nächsten Woche werde ich es nicht endgültig wissen.

Ich hoffe, daß Du es in Hyes schön hast und daß es Suzanne gut geht. Hoffentlich habe ich für sie die richtigen Bücher als Weihnachtsgeschenk ausgesucht. Liebster Leigh, hoffentlich geht es Dir gut. Ich werde Dir schreiben und Dich wissen lassen, was aus der Sache wird. Liebe Grüße von Deiner Vivien.«

Es war ein durchaus aufrichtiger Brief, außer in bezug aufs Wesentliche, und wenn Leigh Holman hoffte, sie werde eines Tages zu ihm zurückkehren, so lag es eben an dieser merkwürdigen Haltung in Briefen und Gesprächen, daß seine Hoffnung angefacht wurde. Wenn sie in den Staaten blieb, würde sie Suzanne monatelang nicht sehen, und sie befürchtete, daß sowohl Leigh als auch ihre Eltern ihren anscheinenden Mangel an mütterlichen Gefühlen kritisieren würden.

Cukor meinte, sie brauche bei den Probeaufnahmen dem südländischen Tonfall keine Beachtung zu schenken. Die Szene mit Mammy, die Scarlett das Korsett zuschnürt, kam entzückend drollig und warmherzig heraus, zeigte Scarlett aber doch als hochnäsiges junges Mädchen, und die Gegenüberstellung mit Ashley in Twelve Oaks war glutvoll und bewegend. Niemand zweifelte mehr, daß Vivien Leigh für die Scarlett-Rolle wie geschaffen war.

Der Sonntag, der den Probeaufnahmen folgte, fiel mit Weihnachten zusammen, und Cukor lud Vivien und Larry zu einer Cocktailparty ein, die er am Nachmittag gab. Gegen Ende nahm er Vivien beiseite und sagte zu ihr mit ernster Miene und beherrschter Stimme: »Die Entscheidung ist gefallen.«

Vivien, das Schlimmste befürchtend, nahm an, eine andere habe die Rolle erhalten; aber Cukor beruhigte sie.

Die Öffentlichkeit erfuhr nicht sofort davon, daß Selznick seine Hauptdarstellerin erst von Korda loseisen mußte. Korda befand sich gerade in Hollywood wegen seiner Beziehung zu Merle Oberon (sie heirateten ein halbes Jahr später in Antibes); zuerst ließ sich schwer mit ihm verhandeln, denn er bezweifelte, daß das amerikanische Publikum eine englische Schauspielerin als Scarlett hinnehmen würden. Er war jedoch ein viel zu guter Geschäftsmann, um zu verkennen, daß es zu seinem Besten wäre, wenn er sich in diesem Punkt irrte.

Am 4. Januar 1939 schrieb Selznick an John Hay Whitney, seinen hauptsächlichen privaten Geldgeber, vertraulich:

»Korda wird unserer Wahl wohl klein beigeben. Dem glücklichen Ungar fällt etwas in den Schoß, da wir ein Vermögen für ihn machen werden.

Aber wenn die Leigh wirklich so gut ist, wie wir hoffen, können wir uns auch glücklich schätzen und dürfen einem andern etwas gönnen.«
Bevor die Presse benachrichtigt werden konnte, stellte sich noch ein Problem. Man nahm an, daß es der Einwilligung des Ehemannes bedurfte, um für Vivien die Arbeitserlaubnis zu erwirken. Vivien kabelte ihm sofort, aber zu ihrer Bestürzung lehnte Leigh ab. Dann erwies es sich, daß seine Einwilligung nicht vonnöten war. Sie konnte im Lande bleiben und um die Arbeitserlaubnis ersuchen. Sie schrieb ihm, sie sei froh über sein »Nein«, dadurch habe sie günstiger abschließen können, und sie fügte hinzu:
»Ich verstehe Deine Gründe für die Ablehnung durchaus, hoffe aber auch, daß Du Dich nun an den Gedanken einer Scheidung gewöhnen wirst. Es tut mir leid, daß ich Dich in eine so unangenehme Lage gebracht habe.« Sie führte des weiteren aus, wie sehr sie Hollywood »haßte«, und schloß: »Man hört hier immerzu schreckliche Gerüchte von einem bevorstehenden Krieg, und die Amerikaner schimpfen auf die Feigheit der Engländer und zeigen lauter Filme mit anti-britischer Propaganda – man kriegt die Wut. Mit sehr vielen Grüßen Deine Vivien.«
Masken- und Kostümproben sowie Unterricht in südländischer Aussprache wurden begonnen, aber erst drei Wochen nach Weihnachten konnte Selznick endlich der Presse mitteilen, daß Vivien Leigh engagiert worden sei. Bezeichnenderweise bestand seine Ankündigung aus 750 Wörtern und vermied alle näheren Angaben, indem er nur auf ihre »kürzliche Filmarbeit in England«, ihren »französischen Vater und ihre irische Mutter« und ihre Erziehung in England, Frankreich, Österreich und Italien hinwies. Daß sie Engländerin war, wurde überhaupt nicht erwähnt, ebensowenig ihre Beziehung zu Laurence Olivier. Selznick nannte sie »Leigh-Holman, Frau eines Londoner Rechtsanwalts«.
Über diese öffentliche Ankündigung regte sich Vivien nicht weiter auf, sondern etwas anderes beunruhigte sie. Sowie sie den Vertrag unterzeichnet hatte, ließ David Selznick sie und Olivier zu sich kommen. Er erklärte ihnen, einer der Gründe, warum Paulette Goddard nicht engagiert worden war, sei ihre undurchschaubare Beziehung zu Charlie Chaplin (niemand wußte, ob die beiden verheiratet waren oder nicht), da das amerikanische Publikum sehr empfindlich auf Liebesverhältnisse reagiere. Viviens Engagement habe sich so lange verzögert, weil die Filmgesellschaft befürchtete, ihr Verhältnis mit Olivier könnte zu einem schwierigen Problem werden, wenn das Publikum davon erfuhr. Er anerkannte ihre tiefe

und echte Liebe, aber sie seien beide verheiratet und auf jeder Seite gebe es ein Kind. Beide seien nun berühmt, aber ein Skandal zu diesem Zeitpunkt, zumal eine sensationelle Scheidung des einen oder des andern, würde ihn und Viviens Karriere in den Vereinigten Staaten zugrunde richten und einen Erfolg des Films zunichte machen.

Zum Schluß legte er ihnen dringend ans Herz, sich nie allein zusammen in der Öffentlichkeit sehen zu lassen und jeder Zeit Diskretion zu wahren.

Elftes Kapitel

Vivien hatte mit Selznick einen Siebenjahresvertrag abgeschlossen (für *Gone With the Wind* erhielt sie ungefähr dreißigtausend Dollar, aber ihre Gage sollte jährlich erhöht werden). Sie verpflichtete sich für jährlich einen Film. Der erste nach *Gon With the Wind* war für Selznick, der zweite für Korda, der dritte wieder für Selznick. Sie durfte auf der Bühne auftreten, jedoch nur mit Selznicks jeweiliger Einwilligung. Anscheinend hegte sie nicht die Absicht, diesen Vertrag einzuhalten, denn nach der Unterzeichnung schrieb sie an Leigh:
»Mein hiesiger Agent (Myron Selznick) versichert mir, daß ich im Falle eines Erfolgs meinen Vertrag ändern lassen kann . . . Von der finanziellen Seite werde ich niemals ein Aufhebens machen, aber ich bin entschlossen, um mehr Zeit fürs Theaterspielen und so weiter zu ersuchen. Ich weiß genau, daß ich hier nicht das halbe Jahr bleiben könnte.«
Korda, der sie weitaus besser kannte als Selznick, war davon überzeugt. Sie würde es nirgendwo sechs Monate ohne Olivier aushalten. Er sprach mit ihr, worauf sie mit einem Katzenlächeln Scarlett zitierte: »Lieber Alex, darüber will ich morgen nachdenken.«
Die Dreharbeiten begannen am 26. Januar 1939 mit der Eröffnungsszene, in der Scarlett als junges Mädchen auf der Veranda von Tara kokett flirtet. Sie trug ein ausgeschnittenes geblümtes Musselinkleid, das Walter Plunkett entworfen hatte. (Später ließ Selznick die Szene nochmals drehen, weil er ein hochgeschlossenes weißes Rüschenkleid bevorzugte, in dem Scarlett jungfräulicher wirkte.)
In den beiden nächsten Wochen filmte Cukor die Geburt von Melanies Kind, danach die Szene, in der Scarlett auf den Deserteur schießt, und die, in der Rhett ihr einen Pariser Hut schenkt. Vivien war begeistert von Cukors Regie und freute sich, daß er sich ganz an die Buchvorlage hielt; oft ersetzte er sogar den Dialog im Drehbuch durch den ursprünglichen

im Roman. Hätte Vivien von den Kämpfen gewußt, die sich außerhalb des Plateaus, besonders in Selznicks Büros, abspielten, sie hätte sich gewiß daran beteiligt, denn es gab jetzt erhitzte Diskussionen, und Selznick wurde unter Druck gesetzt, Cukor zu entlassen.
Clark Gable fehlte es an Selbstvertrauen als dramatischer Schauspieler, obwohl er sich seiner Wirkung auf der Leinwand bewußt war. Mit jedem Tag nahm seine Unsicherheit zu, so daß Cukor Scarlett und Melanie mehr Aufmerksamkeit schenkte und Rhett weniger herausstellte. Gable wünschte einen Regisseur, der ihn besser verstand und das meiste aus ihm hervorholte, und es schien ihm, daß Cukor dieser Mann nicht war. Er ließ seinen Agenten täglich bei Selznick anrufen und drohen, er werde Louis B. Mayer hineinziehen.
Das konnte Selznick kaum ignorieren. Hinzu kam, daß Cukor, den er als Regisseur durchaus schätzte, die Dialoge nach eigenem Ermessen abänderte. Er begann am Drehort zu erscheinen – was er sonst selten tat –, um Cukor zu überwachen.
Am 8. Februar, genau zwei Wochen nach Beginn der Dreharbeiten, diktierte er den folgenden Brief an Cukor:
»Sie werden sich erinnern, daß wir vor Beginn der Dreharbeiten lange Diskussionen hatten, weil mir daran lag, alle Punkte festzulegen, auf die es mir persönlich in jeder Szene ankam. Wir hatten beide gehofft, die Gelegenheit zu haben, das ganze Drehbuch erst einmal durchzuproben. Das war aus verschiedenen Gründen unmöglich. Dann besprachen wir den Plan, jede Szene einzeln durchzuproben, aber auch das zerschlug sich.
Jetzt erscheint mir das wichtiger denn je, weil wir wenig oder gar keine Gelegenheit haben, über jede umgeschriebene Szene zu sprechen, bevor Sie sie drehen. Darum möchte ich auf das früher Besprochene zurückkommen und sehen, ob sich ein System ausarbeiten läßt, bei dem ich jede Sequenz als Probeaufnahme zu sehen bekommen kann, bevor sie abgedreht wird.«
Darauf wollte sich Cukor nicht einlassen, und die beiden Männer setzten ihren Streit mehrere Tage lang fort. Cukor kämpfte unerschütterlich um das Recht der Selbständigkeit; zwar gab er zu, Fehler gemacht zu haben, bestand aber darauf, wenn der Film seinen Namen tragen solle, müsse er auch sein Werk sein.
Selznick erwiderte: »Wenn dieser Film ein Mißerfolg wird, muß ich die Schuld tragen, nicht Sie.«

Am 13. Februar erließ er folgendes Kommuniqué an die Presse:
»Nach mehrfachen Meinungsverschiedenheiten in bezug auf viele Szenen in *Gone With the Wind* sind wir uns einig geworden, daß so bald wie möglich ein anderer Regisseur engagiert werden muß ... George Cukors Rücktritt ist der bedauerlichste Vorfall in meiner langen Laufbahn als Produzent, zumal ich ihn als einen der besten Filmregisseure betrachte, die es je gegeben hat.
Ich kann nur hoffen, daß es uns glückt, ihn durch einen ebenso kompetenten und begabten Mann zu ersetzen.«
Cukor war darüber fast ebenso entsetzt wie Vivien, und alle Mitwirkenden meinten, Gable sei daran schuld. Cukor meinte dazu: »Vielleicht fand Gable irrtümlicherweise, daß ich, weil ich als ›Frauenregisseur‹ gelte, die Hauptwirkung Vivien Leigh zuschanzte; aber wenn das stimmt, wäre es sehr naiv und eines großen Schauspielers nicht würdig. Ein Regisseur kann keine Hauptwirkung erzwingen, und er würde niemals falschen Nachdruck legen. Das wäre ja, als sänge man bei einem Lied bestimmte Noten sehr laut und nachdrücklich, um die Aufmerksamkeit von anderen abzulenken.«
Wahrscheinlich beruhte Cukors Absetzung auf Selznicks starkem Bedürfnis, sich mit dem Film *Gone With the Wind* zu identifizieren, den er als seine größte Leistung betrachtete. Vivien war ganz erschlagen, als sie von Cukors Entlassung hörte, und sie beschloß, einzugreifen. Sie überredete Olivia de Havilland mit ihr zu Selznick zu gehen. In ihren »Witwengewändern« flehten sie ihn an, Cukor zu behalten, jedoch vergebens. Vivien überlegte sogar, ob sie streiken sollte, bis er die Entscheidung rückgängig machte; aber am Abend erklärten ihr sowohl Myron als auch Larry, daß ihr das eine hohe Konventionalstrafe einbringen würde.
Mehrere Tage ruhte die Arbeit. In dieser Zeit wurden Robert Z. Leonard, Jack Conway, King Vidor und Victor Fleming als Ersatz für Cukor in Betracht gezogen (alle unter Vertrag bei MGM); aber zweifellos wußte Selznick von Anfang an, wen er wählen wollte, denn schon am Tag nach Cukors Abgang – als letztes führte er bei der Szene im Basar von Atlanta Regie – verzichtete Victor Fleming, ein alter Freund von Clark Gable, auf die Fertigstellung des Films *The Wizard of Oz (Das zauberhafte Land)* und unterzeichnete einen Vertrag für *Gone With the Wind*.
Am 20. Februar erhielt der Produktionsleiter Raymond Klune von Selznick die folgende Anweisung:
»Am Montag nehmen wir die Arbeit wieder auf. Bitte verständigen Sie

sich sofort mit Fleming wegen des Drehplans. Wir sollten mit den Zwillingen (Tarleton) anfangen und dann zu Gerald (Scarletts Vater) und Scarlett übergehen, damit Sie Tara ändern können. Ich wäre froh, wenn nichts dagegen spräche und Fleming einverstanden wäre, danach die Szene im Basar nochmals zu drehen, bevor Rhett und Scarlett auf der McDonough-Straße an die Reihe kommen.«
Die letztgenannte Sequenz war die Szene, in der Rhett Scarlett verläßt, um mit Melanie, Prissy und dem kleinen Beau nach Tara weiterzuziehen.
Am 1. März wurden die Dreharbeiten wiederaufgenommen. Vivien mochte Fleming persönlich nicht, als Regisseur sogar noch weniger. Sooft sie konnte – bis zum Schluß der Dreharbeiten –, suchte sie Cukor zu Hause auf und arbeitete mit ihm an ihren Szenen. Selznick erfuhr davon nie etwas. Er entdeckte auch nicht, daß Olivia de Havilland dasselbe tat (wovon Vivien nichts wußte), was bedeutete, daß er das Endergebnis des Films beträchtlich beeinflußte.
Am meisten beunruhigte Vivien die Verzögerung der Dreharbeiten infolge aller kleinen Intrigen, weil sie nun länger als erwartet in Hollywood bleiben mußte. Während sie darauf wartete, daß Fleming das Steuer übernahm, zog sie in ein Haus am North Crescent Drive um. Die Liebenden waren so diskret wie möglich; trotzdem gelang es ihnen, so etwas wie ein häusliches Leben zu führen.
Aber die Fertigstellung von *Wuthering Heights* stand bevor; danach sollte Olivier am Broadway als Partner von Katharine Cornell in Behrmans Schauspiel *No Time for Comedy (Der Elfenbeinturm)* spielen. Sie war nicht glücklich, daß er diese Rolle angenommen hatte, und es graute ihr vor der Trennung. Er hingegen war überzeugt, daß sie das Alleinsein gut ertragen werde, da sie nun ihre eigene Wohnung und gute Dienstboten hatte und von ihrer Arbeit in Anspruch genommen war. Um ihr Gerechtigkeit widerfahren zu lassen: Sie verstand, daß er zur Bühne zurückkehren mußte, die für ihn nach der wenig erfreulichen Filmerei wie Luft für einen Langstreckenschwimmer war.
Nach seiner Abreise erschien Vivien jeden Morgen früher als aufgerufen im Atelier, wohl in der unbewußten Hoffnung, dadurch die Arbeit voranzutreiben. Ihr Fleiß und ihre Zuverlässigkeit ließen nie nach.
Fleming betrachtete sich als einen Mann für Männer. Früher war er Kameramann, Großwildjäger und Militärpilot gewesen, und er sprach immerzu davon, der Filmindustrie den Rücken zu kehren und wieder

Tiger zu schießen. Er fand Cukors Sensibilität und Hingabe weibisch und behandelte Vivien von Anfang an chauvinistisch. Er nannte sie »Fiddle-de-dee«, womit er seiner Verachtung Ausdruck verlieh, und sagte vor ihr zu Walter Plunkett, dem Kostümentwerfer: »Lassen Sie ja den Pudding der Superbiene sehen!« Plunkett mußte ihre Brüste hochbinden und zusammendrücken, damit der Busen größer wurde. Sie war wütend darüber.

Sie fand Clark Gable faul, nicht allzu klug und als Schauspieler unempfänglich, wenn sie auch seine Freundlichkeit und seine Höflichkeit ihr gegenüber stets lobte. Sie verstand nicht, wie er das Atelier jeden Abend Punkt sechs Uhr verlassen konnte, als wäre er ein Büroangestellter. Sie selbst ging selten vor acht oder neun Uhr abends und arbeitete sechs, oft sieben Tage in der Woche. »Was soll die Scheißwarterei?« beklagte sie sich bei Gable und Fleming, wenn sich Gable eine Ruhepause gönnte. Er bewunderte das Vokabularium seiner Partnerin ebenso wie Fleming, im übrigen aber fühlte er sich von ihrem Intellektualismus und ihrer Arbeitswut leicht abgestoßen. Trotzdem erkühnte er sich, ihr das Spiel Backgammon beizubringen. Sehr bald schlug sie ihn jedesmal. Daraufhin wollte sie ihm ein strategisches Marinekriegsspiel beibringen, wobei sie Millimeterpapier benutzte, aber Gable hatte keine Chance. Zwischen den beiden entstand so etwas wie Rivalität, die sich auch auf die Filmarbeit übertrug.

Am unangenehmsten fand Vivien die Zusammenarbeit mit Gable wegen seines Mundgeruchs, der von seinen falschen Zähnen herrührte. Ihre gute Kinderstube hielt sie davon ab, es ihm gegenüber zu erwähnen, doch ihre Feindseligkeit wurde dadurch angefacht.

Am stärksten grollte sie Selznick, der Olivier die Rolle in *No Time for Comedy* ihrer Meinung nach zugeschanzt hatte, um sie beide zu trennen und Hollywoods Klatschmühle keinen Stoff zu liefern. Vivien fühlte sich nicht nur verzweifelt einsam, sondern hatte auch gefühlsmäßig Schwierigkeiten, der psychologischen Entwicklung ihrer Filmgestalt Konsistenz zu verleihen.

Nach üblichem Verfahren wurden die Szenen selten in chronologischer Reihenfolge gedreht, und Vivien mußte sich oft binnen Stunden von einer sechzehnjährigen Scarlett in eine siebenundzwanzigjährige Scarlett verwandeln. Einmal arbeitete sie pausenlos zweiundzwanzig Stunden, und zwar an der berühmten Szene, in der Scarlett auf den Feldern von Tara niedersinkt und schwört: »Gott ist mein Zeuge, ich will nie mehr hun-

gern.« Nach vierstündigem Schlaf kehrte sie ins Atelier zurück, um die betrunkene Scarlett darzustellen, die bei Kriegsausbruch Tante Pitty besucht. Im Gegensatz zu den anderen Darstellern kam sie in den meisten Sequenzen vor und hatte selten einen arbeitsfreien Tag.
Die gelegentlichen Stunden, in denen sie in George Cukors Haus flüchten konnte, um dort im Becken zu schwimmen und in der Sonne zu liegen, brachten ihr Entspannung. Cukor hatte Vivien ins Herz geschlossen und sorgte sich wegen ihres Gesundheitszustands. Einmal war sie neben dem Schwimmbecken vor Erschöpfung in Schlaf gefallen. Sie schien den Schlaf so nötig zu haben, daß er sie nicht weckte, sondern sie zudeckte, als die Sonne unterging. Er war erleichtert, als Olivier für einen Tag nach Hollywood kam, bevor die Aufführungen in New York begannen.
Vivien war selig über das Wiedersehen. Selznick und Fleming willigten ein, Vivien einen vierundzwanzigstündigen Urlaub zu geben.
»Es erschüttert mich geradezu, festzustellen, wie übertrieben man auf der Bühne agiert, im Vergleich zum Filmen«, sagte ihr Larry. »Früher ist mir das gar nicht aufgefallen, aber jetzt scheint es mir, daß das Theaterpublikum altüberlieferte Dialogführung und eine Darstellung schluckt, die im Kino brüllendes Gelächter hervorrufen würde.«
Die Stunden mit Larry vergingen wie im Fluge, und wieder geriet sie sich mit Fleming in die Haare. Der Drehtag endete oft damit, daß Vivien in Tränen war und Fleming vor Wut schäumte. Vivien fand, daß er Scarlett auf eine eindimensionale Gestalt reduzieren wollte – ein schlaues Biest ohne motivierende Gewalten. Sie hatte Margaret Mitchells Buch immerzu bei sich und lehnte sich gegen Änderungen der Charakterzeichnung auf. Nach Flemings Dafürhalten sollte der Film ein Melodrama werden, und er konzentrierte sich mehr aufs Spektakuläre als aufs Psychologische. Als sie ihn einmal fragte, wie sie eine bestimmte Szene spielen solle, antwortete er: »Sentimental wie ein Dilettant.« Sie zitierte in scharfem Ton Cukors Anweisung.
»Frau Leigh, Sie können sich das Drehbuch in Ihren vornehmen englischen Arsch stecken!« brüllte er sie an, ging vom Plateau und ließ sich drei Tage lang nicht blicken. Es verging jedoch nur kurze Zeit, bis sie erneut in Streit gerieten, worauf Fleming mit der Drohung, sich von einer Klippe zu stürzen, zu seinem Strandhaus in Malibu fuhr und nicht überredet werden konnte, ins Atelier zurückzukehren.
Sam Wood, der Regisseur des Brüder-Marx-Films *A Night at the Opera (Skandal in der Oper)* wurde als Ersatz berufen, und William Cameron

Menzies drehte die meisten Massenszenen; aber nach Flemings zweitem Vertragsbruch übernahm Selznick in Wirklichkeit die Regie, und er ging dabei fast zugrunde. Er verlangte zuviel von sich, ließ sich auf allzu große Wagnisse ein (er war eine Spielernatur und verlor oft große Summen) und mußte zusehen, wie seine Ehe zerbrach. Am 4. April schrieb er seiner Frau Irene, die sich immer noch in New York aufhielt:
»Ich wünschte, ich könnte irgendwo mit Dir zusammen sein, fern von Geld, Arbeitsgewohnheit und dem Zwang jahrelanger Hoffnungen. Vielleicht können wir ein Programm aufstellen, acht bis zehn Monate harte Arbeit, dann irgendein Ort, wo es weder Besetzungsbüros noch Synopsen gibt. Ich glaube nicht mehr, daß Millionen und Führerschaft mein Schicksal sind. Hoffentlich nicht (als ob die Hoffnung nicht natürlich wäre!). Ich will verdammt sein, wenn ich wüßte, was man sonst erhoffen kann.«
Vivien wurde hin und her gerissen zwischen dem Arbeitsstress, ihrer Sehnsucht nach Larry und der Furcht vor einem unvermeidlichen Krieg in Europa. Im April schrieb sie an Leigh:
»Es ist schrecklich, so weit entfernt von allem zu sein. Man kann sich nur ein unbestimmtes Bild von den Dingen machen. Die Amerikaner scheinen in ihrer Einstellung ziemlich zu schwanken – vor zwei Monaten wagte man nicht, über Politik zu sprechen – sie waren so wild gegen uns – jetzt aber sind sie gottlob ein bißchen gemäßigter.«
Sie hatte sich mit Miriam Hopkins und deren Mann, dem Regisseur Anatole Litvak, angefreundet und besuchte sie manchmal in ihrer Villa am Strand; außerdem kam sie mit Ronald Colman und dessen Frau, Benita Hume, zusammen. Sie setzte die geheimen Zusammenkünfte mit Cukor fort, doch im übrigen lebte sie zurückgezogen in ihrem gemieteten Haus, betreut von zwei »sehr guten deutschen Dienstmädchen«, wie sie Leigh schrieb. »Sie sind so nett, und ich habe Gelegenheit, Deutsch zu sprechen. Auch ihre Küche ist ein Hochgenuß nach der amerikanischen Art, die nach nichts schmeckt.«
In dieser Zeit lief in New York der Film *Wuthering Heights*, und Olivier wurde nach jeder Vorstellung am Bühnenausgang von Verehrerinnen belagert. Obwohl sie oft miteinander telefonierten und Vivien ihm täglich schrieb, so übermüdet er auch sein mochte, befürchteten beide, während der Trennungszeit könnte jeder für sich Erlebnisse haben, die vielleicht beim gegenseitigen Verstehen eine Schranke bilden würden. Darum schrieb Larry ihr, sobald sie wüßte, wann ihre letzte Szene in *Gone With*

the Wind abgedreht wäre, wolle er sein Engagement aufgeben. Sie hatten vor, sich dann in New York zu treffen, nach England zurückzukehren und dort ungefähr einen Monat zu bleiben. Mitte August mußte Vivien für mögliche Nachaufnahmen in Hollywood zur Verfügung stehen, und für Olivier sollten die Dreharbeiten an *Rebecca* (auch von Selznick produziert) beginnen. Sie hofften, während ihres Aufenthalts in England Leigh und Jill die Einwilligung in die Scheidung abzuringen, um heiraten zu können. Außerdem hoffte Vivien, von Selznick die weibliche Hauptrolle in *Rebecca* zu erhalten, die bisher noch nicht besetzt war (beim Wettbewerb standen Anne Baxter und Joan Fontaine vornan).
Am 27. Juni 1939 telegrafierte Selznick an John Hay Whitney:
»Freudensprung. Scarlett O'Hara wurde heute mittag abgedreht.«
Am Nachmittag desselben Tages stand Vivien vor einer anderen Kamera zu Probeaufnahmen für *Rebecca*. Sie kamen nicht gut heraus, das merkte sie selbst. Sie hatte keine Zeit gehabt, sich in die Rolle zu vertiefen, und nichts wurde getan, sie schlichter erscheinen zu lassen. Sie war zu schön, um die Rolle ohne Maske zu spielen. Selznick ließ seinem Telegramm an Whitney abends einen Brief folgen:
»Vivien ist aus verständlichen Gründen immer noch erpicht darauf, die Rebecca zu spielen. Sie glaubt wirklich, sie könnte uns mit neuen Probeaufnahmen umwerfen, und findet die ersten ungerecht, weil sie in zehn Minuten aus Scarlett O'Hara hinaus- und in Rebecca hineinschlüpfen mußte. Meiner persönlichen Meinung nach wäre sie eine Fehlbesetzung, aber es würde, weiß Gott, viele Probleme lösen, wenn sie geeignet wäre, und ich schätze sie als Schauspielerin so hoch, bedenke auch meinen eigenen Seelenfrieden und ihre Zukunft in solchem Maße, daß ich ihr gesagt habe, die Entscheidung sollte erst in zehn Tagen gefällt werden. In dieser Zeit kann sie, wenn sie will, in New York mit Larry Olivier Probeaufnahmen machen.«
Sechs Tage später war Vivien »heimlich« in New York (ohne daß die Presse benachrichtigt worden war) und sah Larry in seiner letzten Vorstellung von *No Time for Comedy*. Das war am 3. Juli. Das Wochenende verbrachten sie bei Katharine Cornell in Sneden's Landing. Dann machte Vivien nochmals Probeaufnahmen für *Rebecca*. Sie hatte an der Rolle gearbeitet, aber sie konnte in New York niemand dazu bringen, sie ungeschminkt spielen zu lassen. Am 11. Juli fuhren sie auf der *Ile de France* über den Ozean und legten in Plymouth an. An Land sahen sie zu ihrem Schrecken, daß in den Anlagen Bunker gegraben wurden und Plakate am

Rathaus im Gebrauch von Gasmasken unterrichteten. Die Leute sprachen von einem »Notzustand«, aber keiner erwähnte offen Kriegsgefahr.
Die politische Lage überschattete ihre kurzen Ferien, die im übrigen ungetrübt verliefen. Leigh und Jill hatten noch nicht in die Scheidung eingewilligt, aber der Weg war jetzt geebnet. Ihre Liebe war gefestigter denn je, und beide hegten die Hoffnung, daß Vivien die Rebecca-Rolle erhalten würde, so daß sie zusammen filmen könnten.
Am 17. August gingen sie mit Gertrude, die Erholung brauchte, an Bord der *Ile de France*; Suzanne blieb in der Obhut von Leigh und Nanny Oake zurück. Sie waren erst zwei Tage an Bord, als die beiden folgenden Radiogramme eintrafen.

18. August 1939
»Liebe Vivien, wir haben bis heute erwogen, Ihnen die Rolle der Rebecca zu geben, aber ich bedaure, Ihnen sagen zu müssen, daß wir zu der Überzeugung gelangt sind, es wäre eine Fehlbesetzung. Sie müssen sich klarmachen, daß Sie gerade infolge dieser sorgfältigen, unablässigen Auswahl die Hauptrolle in dem Tonfilm erhalten haben, der bei allen, die ihn bisher gesehen haben, als der größte aller Zeiten gilt. Es wäre sehr einfach gewesen, Scarlett mit Bette Davis zu besetzen, wodurch Millionen befriedigt worden wären, auch Fachleute. Noch einfacher wäre es, Rebecca mit Ihnen, die Sie bei uns unter Vertrag sind, zu besetzen; das würde uns viel Mühe und Geld ersparen. Trotz der Fehlbesetzung hätten wir Sie gern gewählt, wenn wir dächten, es wäre gut für Sie, ungeachtet des Films. Aber Sie würden bestimmt schlechte Kritiken erhalten, wodurch Ihre Karriere, die mit Scarlett einen so großartigen Anfang gemacht hat, gefährdet würde. Obwohl Hitchock in diesem Punkt eine feste Meinung vertrat, ließ ich nicht locker und führte Robert Sherwood, der das Drehbuch geschrieben hatte, die Probeaufnahmen aller Kandidatinnen vor, ohne ihm irgendeine Andeutung von meiner Stellungnahme zu machen. Er hielt Sie auf Anhieb für ungeeignet. Damit gab ich mich noch immer nicht zufrieden, sondern ich zog George Cukor zurate, der Sie ja sehr hoch schätzt. Cukor teilte Sherwoods Ansicht. Ich hoffe, bald eine Rolle für Sie zu haben, die für uns beide erfreulich ist. Ich hoffe auch, Sie zweifeln nicht, daß wir bei der Wahl Ihrer nächsten Rolle ebenso umsichtig vorgehen werden wie bei *Wind* und *Rebecca*, wobei ich betonen muß, daß das nicht bei vielen Filmgesellschaften der Fall ist.
Mit besten Grüßen Ihr David Selznick.«

18. August 1939
»Lieber Larry, lesen Sie bitte mein Telegramm an Vivien. Ich weiß, Sie werden enttäuscht sein. Aber Viviens Verlangen, die Rolle zu spielen, rührt meines Erachtens großenteils von dem Wunsch her, mit Ihnen zu filmen. Als ich das erstemal mit ihr über die Möglichkeit sprach, zeigte sie nämlich kein Interesse, sondern erst, als sie erfuhr, daß Sie den Maxim bekommen sollte. Sie werden ja ohnehin beide hier arbeiten. Hoffentlich werden Sie unseren Beschluß billigen und meiner langjährigen Erfahrung vertrauen. Sicher werden wir bald etwas finden, das Ihnen die Möglichkeit zur Zusammenarbeit gibt. Mit dem Drehbuch geht es gut voran, und ich kann Ihnen zu meiner Freude mitteilen, daß Robert Sherwood dabei ist, den Dialogen den letzten Schliff zu geben. Sie können mir glauben, daß wir ein gutes Ensemble zusammenstellen: Judith Anderson als Mrs. Danvers, George Sanders als Faveli, Reginald Denny als Frank und Nigel Bruce als Major Lacey.
Herzlich Ihr David Selznick.«

Am meisten befürchtete Vivien, daß sie durch ihren Kontrakt gezwungen werden könnte, in England zu filmen, fern von Larry. »Ich will jetzt einfach nicht daran denken«, erklärte sie und genoß bewußt die Überfahrt mit Larry.

Zwölftes Kapitel

Gertrude schickte sich nun in die unabweisliche Tatsache, daß es zwischen Vivien und Leigh zu keiner Versöhnung kommen würde und eine Scheidung bevorstand. Sie beschwor Vivien nicht mehr, das Ehegelübde zu achten, aber sie konnte es sich nicht verkneifen, Vivien wegen ihrer übereilten Eheschließung mit Leigh Vorwürfe zu machen. Sie sagte nicht nur: »Ich habe dich gewarnt«, sondern außerdem: »Du wußtest, daß Scheidung eine Todsünde ist. Jetzt mußt du deinen Frieden mit dir selbst machen.« Vivien sprach darüber selten mit Larry. Trotz ihrer Ablehnung der Kirche betrachtete sie sich immer noch als Katholikin, sprach ihre Gebete und hatte auf Reisen stets eine Bibel mit. »Ich bin Katholikin im wahrsten und weitesten Sinne«, sagte sie einmal in einem Interview. Wie man diese Worte auch auslegen mag, eins steht fest: Vivien war immer noch geistig und seelisch an die Kirche gebunden, die sie angeblich ablehnte, und Gertrude war wie eine Ermahnung an ihr gebrochenes Gelübde.
Es war keine leichte Lage, und so nahm sie gern eine Einladung, die sich auch auf Larry und Gertrude erstreckte, an, das Labor-Day-Wochenende auf einer Jacht zu verbringen, die Douglas Fairbanks jun. und seine Frau für eine Fahrt nach der Insel Catalina gemietet hatten. Nigel Bruce, David Niven und Robert Coote sollten mit dabei sein.
In der vergangenen Woche waren alle ihre Landsleute von Sorgen und Befürchtungen bewegt worden, denn die Nachrichten aus der Heimat klangen nicht gut. Das deutsch-russische Bündnis war am 24. August 1939 unterzeichnet worden. Bis die Jacht am sonnigen Samstagmorgen des 2. September in See stach, hegten die Briten die Hoffnung, daß ein Wunder sie verschonen werde.
Die meisten an Bord waren Engländer. Am Sonntagmorgen scharten sie sich alle um die Funkspruchanlage und hörten, daß zwischen Großbritannien und Frankreich einerseits und Deutschland andererseits Krieg ausge-

brochen war, während sie – die Zeitverschiebung betrug neun Stunden – geschlafen hatten.
Fairbanks stellte den Apparat an. Es herrschte bedrücktes Schweigen. Das ankernde Schiff schaukelte sachte. Jeder hing seinen Gedanken nach. Dann sprach Fairbanks, um die Stille zu brechen, einen Toast auf den Sieg. Larry trank gegen seine Gewohnheit übermäßig. Vivien und Gertrude sprachen davon, so bald wie möglich nach England zurückzukehren. Sie befürchteten, daß Ernest sich freiwillig melden könnte. Larrys Verpflichtung für *Rebecca* bedeutete, daß er mindestens drei Monate in Hollywood bleiben mußte.
Mary Lee Fairbanks fiel es als erster auf, daß Larry aus dem Salon geschlüpft war. Da er sich betrunken hatte, sorgten sich alle, zumal er in seiner Kabine nicht zu finden war. Plötzlich entstand im Hafen des Jachtklubs Bewegung. Larry war mit dem Rettungsboot zu einer anderen Jacht hinübergerudert. Er stand dort in der Badehose am Heck und donnerte mit der Stimme eines Shakespearespielers: »Das ist das Ende! Ihr seid alle erledigt! Genießt eure letzten Stunden! Ihr seid verurteilt!«
Fairbanks und seine Gäste kehrten sofort zum Festland zurück.
Gleich am nächsten Morgen machten sich Vivien und Larry daran, für Gertrude einen Schiffsplatz nach Europa zu ergattern. Von ihren engsten Freunden würde David Niven wohl als erster zum Aktivdienst aufgeboten werden, da er Reserveoffizier war. Larry wäre gern mit ihm gegangen. Er rief die britische Gesandtschaft in Washington an und erhielt den Bescheid, es hätte keinen Zweck, nach England zurückzukehren, bevor er aufgeboten wurde.
Für Gertrude ergab sich eine Schiffspassage, und sie versprach ihnen, sie stets auf dem laufenden zu halten. Dann meldeten sich Vivien und Larry in Hollywood zurück, sie für die Nachaufnahme der ersten Szene in *Gone With the Wind*, er für seine ersten Sequenzen in *Rebecca*.
In der ersten Szene hatte Vivien nach Selznicks Dafürhalten zu alt und zu abgespannt ausgesehen. Scarlett sitzt darin als Sechzehnjährige auf der Veranda von Tara und sagt: »Ich habe es satt, immerzu von Krieg zu hören.« Diese Worte mußte sie nun abermals sprechen.
Leigh wurde kurz nach Kriegsausbruch aufgeboten. Gertrude nahm Suzanne zu sich, und das Haus in der Little Stanhope Street wurde vermietet. Aber England schien weit entfernt zu sein, als Vivien für die Vorbereitung der Uraufführung von *Gone With the Wind* in Anspruch genommen war, die am 15. Dezember in Atlanta stattfinden sollte. Howard Dietz (der mit

Arthur Schwartz zusammen die Schlager *Moanin' Low, Dancing in the Dark, You and the Music, I see your Face before Me* geschaffen hat) war Pressechef von Metro-Goldwyn-Mayer geworden und hatte die undankbare Aufgabe, die Riesenpremiere zu arrangieren und damit alles von Barnum und Bailey, Cecil B. De Mille und Sherman's Raiders bisher Gebotene in den Schatten zu stellen. Dietz wurde nach Atlanta geschickt, die Räder in Bewegung zu setzen. Täglich erhielt er ein Telegramm von Selznick, unter anderem eines mit folgendem Wortlaut:
»Wünsche, daß Sie das Papier fürs Programm sehr sorgfältig auswählen. Manchmal ist der Dialog wegen des Geknisters schwer zu verstehen. Versprechen Sie mir, darauf zu achten.«
Dietz, ein witziger, geistreicher Mann, telegrafierte zurück, er brauche sich auch wegen des Geknisters der Popcorntüten keine Sorgen zu machen: »Habe mit der Firma Peanut Brittle vereinbart, daß jeder Besucher beim Betreten des Kinos eine Schachtel erhält.«
Als sich die Uraufführung näherte, stieg die Nachfrage nach Eintrittskarten bis zur Tollheit. Dietz wurde in dem Hotelzimmer, wo er sein Büro errichtet hatte, förmlich belagert.
Eine ältere Dame bedrängte ihn: »Sie müssen wissen, ich bin Vorsitzende des hiesigen Frauenvereins *DAR*.«
Dietz, der am Ende seiner Geduld war und recht gut wußte, daß die Frauenvereinigung *Daughters of the American Revolution* 1890 gegründet worden war, erwiderte: »Und Sie müssen wissen, Gnädigste, daß dieser Film von einem anderen Krieg handelt.«
Der Tag der Uraufführung wurde vom Gouverneur zu einem staatlichen Feiertag erklärt, und der Bürgermeister ordnete dreitägige Umzüge und Festlichkeiten an. Die Bewohner der Stadt trugen Kostüme aus der Zeit des Bürgerkriegs, und die Fassade des Grand Theatre, wo die Premiere stattfinden sollte, wurde so umgestaltet, daß sie wie das weiße Haus *Twelve Oaks* aussah. Der Eintrittspreis betrug für jeden der 2500 Sitze zehn Dollar, aber Schwarzhändler forderten bis zu zweihundert Dollar. Leslie Howard war nach England zurückgekehrt. Clark Gable war jetzt mit Carole Lombard verheiratet, aber Oliviers Anwesenheit in Atlanta ergab ein Problem. Vivien wurde ersucht, allein zu kommen, doch das lehnte sie ab. Da es unerläßlich war, daß Scarlett O'Hara der Uraufführung beiwohnte, und Selznick wußte, daß Vivien niemals leere Drohungen machte, ersann er eine Erklärung für die Presse und besprach seinen Plan mit Kay Brown, der er schrieb:

»Heute früh telefonierte ich mit Oliviers, und er ist einverstanden, wenn wir sein Erscheinen in Atlanta als Vorankündigung für *Rebecca* hinstellen. Ich werde noch heute veranlassen, daß Bilder von Olivier und Artikel über seine Rolle in *Rebecca* abgehen ... Überlegen Sie bitte, ob es nicht schlau wäre, seine Ankunft in Atlanta vor dem Publikum geheimzuhalten – mit einem dramatischen Auftritt von Gable und Leigh beim Ball, auf dem sie in Atlanta zum erstenmal in all dem Glanz gesehen würden, mit dem wir die beiden umgeben können. Das scheint mir der wirkungsvollste Aufhänger zu sein, zumal ja noch viele Festlichkeiten folgen werden ...
Bei all dem habe ich die Leigh nicht erwähnt, weil es überflüssig wäre. Sie kennen sie ja ebenso gut wie ich, sie wird von dem, was wir ihr zumuten, nicht gerade begeistert sein. Aber in diesem Fall schuldet sie es sich und dem Film. Bei Clark Gable handelt es sich eher um eine Gefälligkeit seinerseits. Er braucht diese albernen Festlichkeiten nicht. Er ist der größte Star der Welt, und er kann jederzeit ein Vermögen verdienen, wenn er sein Gesicht nur drei Minuten lang zeigt.«
Vivien war wirklich nicht begeistert, und es beschwichtigte sie nicht, daß sie in *Waterloo Bridge (Ihr erster Mann)* die weibliche Hauptrolle erhielt, denn Robert Taylor sollte ihr Partner sein, obwohl Roy Cronin vom Drehbuchautor Behrman ursprünglich für Olivier gedacht war. Und das nach der Enttäuschung, daß sie in *Rebecca* nicht mit Larry zusammen spielen konnte. Um ihr Unglück vollzumachen, wurde Greer Garson (frisch aus Großbritannien gekommen) als Oliviers Partnerin in *Pride and Prejudice (Stolz und Vorurteil)* ausersehen, obwohl sich Vivien für die weibliche Hauptrolle, Elizabeth Bennet, im Gegensatz zu der scheuen zweiten Frau de Winter in *Rebecca*, als Typ besonders geeignet fand. Immerhin mußte der Rummel in Atlanta ihr Gelegenheit geben, mit Larry zusammen zu sein, bevor sie sich an die Arbeit mit ihren nächsten Filmen machte. Darum zeigte sie sich Selznick gegenüber gefügiger, als er erwartet hatte.
Sie trafen in Atlanta im selben Flugzeug ein wie David und Irene Selznick, Myron Selznick und Olivia de Havilland. Das Ehepaar Gable benutzte eine Privatmaschine, die MGM bezahlte, aber Vivien schien sich durch diese besondere Behandlung nicht zurückgesetzt zu fühlen.
Selznicks Ersuchen um eine stille Ankunft war ignoriert worden. Beide Flugzeuge, die kurz nacheinander landeten, wurden von einer vierzigköpfigen prächtig uniformierten Kapelle begrüßt, deren Blechinstru-

mente in der südlichen Wintersonne glänzten. Als Vivien und Olivier den roten Teppich betraten, kam ihnen Howard Dietz entgegen, und die Kapelle schmetterte die Eröffnungstakte von *Dixie*.
»Oh«, sagte Vivien, »sie spielen das Lied aus dem Film.«
Die Bemerkung wurde von einem Mitarbeiter der Tageszeitung von Atlanta gehört, doch da er nicht sicher war, wer sie gemacht hatte, erkundigte er sich bei Dietz. Da Dietz alles besser fand als die Wahrheit – nämlich daß Scarlett O'Hara die Worte in den Mund gelegt wurden –, antwortete er geistesgegenwärtig: »Olivia de Havilland.«
Dixie schien das einzige Musikstück zu sein, daß die Kapelle spielen konnte. Sie spielte es, als die Gruppe zu ihren offenen Wagen ging. Sie spielte *Dixie*, als die Parade ins Stadtinnere zog, und sie spielte *Dixie*, als die hohen Gäste ausstiegen und im georgianischen Hotel *Terrace* verschwanden, wo Hunderte von Fans Autogramme erbaten.
Der Basar von Atlanta war für einen Wohltätigkeitsball nachgebaut worden, auf dem Clark Gable am Abend die Tochter des Gouverneurs begleiten und Vivien die Schönheit preiskrönen mußte, deren Kleid am besten dem Kostüm der Scarlett entsprach. Alle Filmgrößen trugen Kostüme aus *Gone With the Wind*, die Gäste die Tracht der damaligen Zeit. Am folgenden Tage wurde mittags ein Bankett gegeben, an dem alle Gouverneure der Südstaaten teilnahmen. Zum erstenmal traf Vivien mit der winzigen Margaret Mitchell zusammen, und beide waren voneinander entzückt. Nachmittags waren die hohen Besucher zum Tee ins Haus des Gouverneurs eingeladen. Vivien war ungefähr die einzige Engländerin, die Tee nicht ausstehen konnte; aber sie nippte ihn wohlerzogen. Als nächstes fand ein Empfang für die Presse statt, und dann begab sich die Prozession der Berühmtheiten durch einen flammenden Lichttunnel zum Theater. Auf dem Vorplatz wurden sie von Zeitungs- und Rundfunkreportern belagert. Zum erstenmal erlebte Vivien die erschreckende amerikanische Publicity.
Sie trug ein duftiges Chiffonkleid; ein juwelenbesetzter Clip hielt den weichen Schleier fest, der ihre losen, in der Mitte gescheitelten Haare bedeckte, und ein langer Hermelinmantel, den das Studio ihr geliehen hatte, schleppte über den Boden, als sie das Theater betrat. Weiße Orchideen waren an ihrer Abendtasche befestigt. Mit dem einen Arm klammerte sie sich fast verzweifelt an Larry. Die Zuschauer waren gerührt und bewegt, Applaus und Ovationen waren überwältigend, und man rief nach der Autorin des Romans. Widerstrebend ließ sich Margaret Mitchell auf die

Bühne führen, wo sie ihren Dank »für mich und meine arme Scarlett« aussprach.

Vivien beklagte sich privatim, die Länge des Films »mute dem Hintern einiges zu«, aber sie freute sich offenbar über den Erfolg. Am meisten liebte sie die Szene, in der Scarlett bei Tante Pittypat zur Flasche greift und Rhetts Heiratsantrag zwischen Rülpsern annimmt.

Der Uraufführung folgte eine Party, und am folgenden Tage gab Margaret Mitchell mittags im Reitklub allen Mitwirkenden ein Abschiedsessen. Spät abends erhob sich das Flugzeug, an dem auf der Seite *Gone With the Wind* stand, zum gestirnten Firmament empor. Vivien umklammerte Larrys Hand. Sie fürchtete sich und konnte nicht hinunterschauen.

Vier Tage zuvor hatte Selznick an Kay Brown telegrafiert: »Soeben *Gone With the Wind* erledigt. Gott sei uns allen gnädig.« Damit hatte er den endgültigen Schnitt gemeint.

Aber für Vivien war Scarlett noch nicht erledigt.

Dreizehntes Kapitel

Die *New York Times* schrieb: »Vivien Leigh ist so schön, daß sie gar nicht begabt zu sein brauchte, und so begabt, daß sie gar nicht schön zu sein brauchte. Keine andere Schauspielerin würde sich so vollkommen für die Rolle eignen.«
Zum zweitenmal erlebte Vivien den Taumel plötzlichen Ruhmes, doch sie verlor den Boden unter den Füßen ebensowenig wie beim erstenmal. Sie war sechsundzwanzig Jahre alt und der berühmteste weibliche Star in englischsprachigen Filmen. »Ich bin kein Filmstar, ich bin Schauspielerin«, sagte sie den Journalisten. »Ein Filmstar sein – bloß ein Filmstar –, das ist ein falsches Leben. Man lebt dann nur für Scheinwerte und für Publizität. Schauspielerinnen entwickeln sich immerzu weiter, und immerzu gibt es herrliche Rollen zu spielen.«
Im stillen hofften sie und Larry, *Romeo und Julia* spielen zu können, wobei er auch Regie führen wollte. Um die Produktion selbst in der Hand zu behalten, beschlossen sie, eigenes Kapital zu investieren. Um es sich zu beschaffen, mußten sie sofort Filmrollen annehmen. Nach *Rebecca* ging Larry sofort zu *Pride and Prejudice* über, und Vivien übernahm in *Waterloo Bridge* die Rolle der Tänzerin, die Prostituierte wird und mit einem Sprung von der Waterloo-Brücke allem ein Ende machen will. Für diesen Film wurde Vivien von Selznick an Metro-Goldwyn-Mayer ausgeliehen, womit er sich offenbar für die finanzielle Unterstützung bei *Gone With the Wind* erkenntlich zeigen wollte. Selznick glaubte vielleicht, die Rolle des Mädchens mit den unschuldigen Augen, das vom Schicksal zur Prostituierten gemacht wird, werde ihr Gelegenheit geben, als Star hervorzutreten; aber es war kaum die richtige Rolle nach der Scarlett.
Am 17. Januar 1940 schrieb Vivien an Leigh (der Brief wurde ihm ins Feld nachgesandt):

»Ich muß für diese Rolle (in *Waterloo Bridge*) Ballettstunden nehmen und habe gebeten, mich zwischen zwei kräftige Mädchen zu postieren, die mich hochstemmen können! Robert Taylor ist der Hauptdarsteller in dem Film, der eigentlich für Larry geschrieben wurde – eine typische Fehlbesetzung. Ich fürchte, es wird eine trübselige Arbeit werden, aber ich will nicht daran denken, sondern mich auf *Romeo und Julia* konzentrieren.
Ich stricke Wollmützen, die auch Ohren und Hals bedecken; sie werden zu Hause offenbar gebraucht. Könntest Du eine brauchen und hättest Du sie gern? Ich wünschte, Du könntest mir etwas genauer sagen, was Du tust, aber vermutlich darfst Du's nicht. Hoffentlich höre ich bald von Dir. Mit sehr lieben Grüßen von Deiner Vivien.«
In dem Brief stand nichts von der Scheidungsklage, die Leigh am 5. Januar in London eingereicht hatte, und zwar wegen Viviens Ehebruch mit Olivier. Schon vor ihrer Eheschließung hatte sie sich Leigh gegenüber ein seltsames und rätselhaftes Verhalten angewöhnt: nie über heikle oder störende Dinge reden, nie ein Problem oder sonst etwas Unliebsames aufdecken. Sie schrieb Leigh, sie wolle Suzanne konservierte Butter und geräucherten Speck schicken, fragte aber nie, wie das Kind auf eine Trennung von der Mutter oder vom Vater reagieren würde. Sie äußerte sich zu den Fotos, die er ihr sandte – wie reizend die Kleine aussähe –, erkundigte sich aber nie, ob das Kind irgendwelche Gefühlsprobleme hätte. Sie schrieb Leigh zärtliche Briefe, ohne jemals zu erwähnen, daß sie ihm Leid zugefügt hatte. Sie wußte jedoch recht gut, daß seine frühere Weigerung, sich scheiden zu lassen und ihr Arbeitsgesuch bei den amerikanischen Behörden zu unterschreiben, seiner verzweifelten Hoffnung entsprungen war, die Ehe aufrechtzuerhalten.
Am 29. Januar wurde Jills Ehe mit Olivier in London geschieden (Vivien war als Scheidungsgrund aufgeführt); Tarquin wurde ihr zugesprochen. Am 19. Februar wurde Viviens Ehe mit Leigh geschieden und Suzanne ihm zugesprochen. Für Vivien und Larry war der Weg zum Standesamt somit geebnet, aber sie mußten mit der Eheschließung aus rechtlichen Gründen noch sechs Monate warten.
Für das Publikum war es kein Geheimnis mehr, daß Scarlett O'Hara und der Fürst des englischen Theaters ein Liebesverhältnis hatten. Larry mietete am San Ysidro Drive neben Sylvia und Danny Kaye ein Haus, und Vivien zog zu ihm. Sie beschäftigten sich stark mit Plänen für *Romeo und Julia*. Larry überdachte an drehfreien Tagen nur dramaturgische Fragen

für die Aufführung, und Vivien widmete alle Mittagspausen dem Zusammensein mit Dame May Whitty, die Julias Amme spielen sollte und mit Vivien Sprechtechnik übte.
Vivien schrieb an Gertrude:
»Ich habe viermal in der Woche Unterricht in Sprechtechnik, Larry hat plötzlich zu komponieren angefangen, und nichts kann ihn vom Klavier wegbringen. Er ist sehr stolz auf seine Leistungen, schreibt die Noten selbst und signiert sie! Er macht seine Sache wirklich sehr gut! Es ist seine eigene Eröffnungsmusik für Romeo. Jetzt will er mir etwas für die Julia komponieren – wenn ich es nicht selbst kann.«
George Cukor hatte ihnen den Gedanken eingegeben, mit *Romeo und Julia* einen letzten Vorstoß beim Theater zu machen, bevor sie die Vereinigten Staaten verließen. Larry schrieb an Ralph Richardson und erbat seinen Rat, worauf Richardson zurückschrieb, er fände *Romeo und Julia* ein bißchen zu luxuriös für Kriegszeiten. Larry schlug diesen Rat jedoch in den Wind, und sobald sie ihrer Filmverpflichtungen ledig waren, mieteten sie das alte Vitagraph-Studio in Hollywood und investierten ihre ganzen gemeinsamen Ersparnisse von dreißigtausend Dollar. Es wurde mit dem Bau einer komplizierten Drehbühne begonnen. Larry wollte »den Nachdruck auf die dichte, vorwärtsdrängende Tragödie legen, von der die Gestalten wie Strohhalme von einem Wirbelwind erfaßt und in ihr unvermeidliches Schicksal getrieben werden«, und seines Erachtens mußte dazu eine Drehbühne her, auf der sich der achtundzwanzigmalige Szenenwechsel des Stückes schnell vornehmen ließ.
Die Presse nannte die beiden »Amerikas berühmtestes Liebespaar«, ungeachtet der Tatsache, daß sie Engländer waren. Kein Interviewer konnte sich mit Vivien unterhalten, ohne daß sie Larry erwähnte. Die Vorstellung, daß das berühmteste Liebespaar *Romeo und Julia* spielen würde, entsprach dem Traum eines Werbemannes. Zudem war Vivien mit sechsundzwanzig Jahren die jüngste Julia der letzten Zeit. Früher hatte es beim Theater geheißen, keine Schauspielerin solle die Julia spielen, bevor sie alt genug sei, Julias Amme zu spielen. Dieser Tradition machte Vivien ein Ende.
Sie probten in jeder freien Minute. Die zwanzigwöchige Tournee sollte in San Francisco ihren Anfang nehmen und dann nach Chicago, New York und Washington führen. Doch vorher wohnten sie der Verleihung des Academy Award bei, des sogenannten *Oscar*. Vivien hatte ihn als beste Filmschauspielerin des Jahres 1939 erhalten. Sie sah wunderschön aus und

strahlte vor Freude, als sie auf dem Podest ihren Oscar von Spencer Tracy entgegennahm. Sie lächelte ihr bezauberndes Scarlett-Lächeln über das Mikrofon hinweg, aber es war Vivien, die in makellosem Englisch ihren Dank aussprach: »David Selznick, all meinen Mitarbeitern und vor allem Margaret Mitchell.«

Der Film gewann acht Oscars und mehrere Sonderpreise. Er wurde als bester Film ausgezeichnet, Victor Fleming als bester Regisseur, Hattie McDaniel als beste Darstellerin einer Nebenrolle (sie gewann als erste schwarze Schauspielerin einen Oscar), Sidney Howard für das beste Drehbuch (die Jury hatte befunden, daß er den größten Beitrag geliefert hatte), Ernest Haller und Ray Rennahan für die beste Kameraführung, Lyle Wheeler als Filmarchitekt, Hal Kern und James Newcom für den Schnitt. Ein Sonderpreis ging an William Cameron Menzies für seine Farbeffekte. Den Irving-Thalberg-Gedenkpreis für das »höchste künstlerische Niveau einer Produktion« erhielt David Selznick. Clark Gable war als bester Filmschauspieler von Robert Donat in *Goodbye, Mr. Chips (Leben Sie wohl, Mr. Chips)* ausgestochen worden. Infolgedessen war es zwischen Gable und Selznick zu Spannungen gekommen, denn Gable fand, die Werbeabteilung des Studios hätte sich nicht genügend für ihn eingesetzt und sei schuld an seiner Niederlage.

Kurz nach der Preisverteilung flogen Vivien und Larry zur Premiere von *Romeo und Julia* nach San Francisco, wo sie fast unmittelbar vor den beiden Problemen standen, die ihnen während der ganzen Tournee zu schaffen machen sollte: die Drehbühne, die es ihnen erschwerte, gehört zu werden, und die Autogrammjäger, die ihnen kaum Ruhe ließen. Die Aufnahme in San Francisco war gemischt. Die Inszenierung fand bei der Kritik nicht viel Beifall, und Larry wurde auch als Darsteller von einigen Zeitungen verrissen. Aber alle fanden Vivien hervorragend. Nach der letzten Vorstellung veranstalteten Vivien und Larry ein recht elegantes Fest für alle Mitwirkenden. Die guten Kritiken, die sie in Chicago erhielten, erfüllten sie mit hochgespannter Hoffnung auf ihr Gastspiel in New York. Eine Tageszeitung schrieb:

»Die vielgepriesene Aufführung von *Romeo und Julia* mit Vivien Leigh und Laurence Olivier als dem klassischen Liebespaar wurde zu einem persönlichen Triumph für Vivien Leigh, der sogar ihren Erfolg als Scarlett O'Hara mager erscheinen läßt. Man hat hier schon manchen ausgezeichneten Romeo gesehen, und vielleicht ist das der Grund, warum Laurence Olivier weniger hervortrat. Vivien Leigh kommt es zugute, daß sie von all den Schauspielerinnen, die eine steife, deklamatorische oder allzu alte und gar dicke Julia auf die Bühne gestellt haben, günstig absticht. Man sah diesmal ein atemraubendes junges Mädchen, eine Halbwüchsige in jeder Einzelheit des Verhaltens, heiter, der Liebe ausgeliefert und aufgewühlt im Verlauf des Dramas.«

Von Chicago aus, wo sie achtzehn Tage spielten, schrieb Vivien an Leigh: »Ich finde die Julia eine sehr anspruchsvolle und schwere Rolle. Natürlich wußte ich das schon vorher. Aber dank den anstrengenden Wiederholungen geht es immer besser, und bei der Premiere in New York müßte eigentlich alles sitzen. Das Ensemble ist ein reines Vergnügen, alle sind begeistert und eifrig bei der Sache.

Ich war zwei Tage im Bett, durch und durch erkältet, und entsetzlich, wir mußten die heutige Vorstellung absagen, weil der Arzt mir nicht erlaubte, aufzutreten. Am Sonnabend war ich so heiser und undiszipliniert, daß ich wie ein hustender Eunuch klang! Chicago hat eine gute Kunstgalerie mit ein paar feinen van Goghs. Und dann ist es ganz nett, hier am See spazierenzugehen. Abgesehen von diesen beiden Zerstreuungen gibt es hier nichts, und wir werden froh sein, wenn wir weiterziehen. Es ist immer noch kalt und vom Frühling nichts zu spüren.

In San Francisco gaben wir eine Benefiz-Nachmittagsvorstellung, die Einnahmen gingen halb und halb an die Finnen und die Briten. Das werden wir in New York hoffentlich auch tun.

Das Theater hat hier 3500 Plätze – es war nie fürs Schauspiel gedacht, nur für Konzerte. Du kannst Dir also vorstellen, was für eine Hölle es ist, hier zu spielen. Ich hoffe, daß Du Deine Unterkunft immer noch genießt. In New York ist meine Adresse 51. Straße, Theater am Broadway. Wir werden auf dem Lande wohnen (bei Katharine Cornell in Sneden's Landing), aber ich weiß die genaue Adresse nicht, und im Theater bin ich ja immer erreichbar ... Viv.

San Francisco ist einfach wunderschön. Ich stellte mir vor, wie sehr es Dir gefallen würde.«

Zu den jungen Mitgliedern des Ensembles gehörte Jack Merivale, Sohn des englischen Schauspielers Philip Merivale und Stiefsohn des schönen englischen Bühnen- und Filmstars Gladys Cooper. Jack (der in Wirklichkeit John Merivale heißt) war am 1. Dezember 1917 geboren und vier Jahre jünger als Vivien. Sie lernten sich nicht erst bei *Romeo und Julia* kennen. Nach dem Studium in Oxford hatte Merivale die Schauspielschule des Old Vic besucht und im New Theatre als Malcolm in zweiter Besetzung den Proben von *Macbeth* beigewohnt.

Diese *Macbeth*-Aufführung stand unter einem Unglücksstern. Lilian Baylis, die das Old Vic vierzig Jahre lang geleitet hatte, starb am Abend der Premiere. Bei der zweiten Vorstellung erhielt Olivier, der auf der Bühne ein realistischer und ziemlich wilder Kämpfer war, von dem MacDuff-Darsteller eine klaffende Schnittwunde an der Hand. Am folgenden Tage erkrankte der Darsteller des Malcolm kurz vor Beginn der Nachmittagsvorstellung. Merivale mußte einspringen und ohne Probe eine der längsten Shakespeare-Szenen spielen. Er war erst zweiundzwanzig Jahre alt und litt an Lampenfieber. Als er zu seinem Auftritt die Treppe hinunterging, war Vivien, die er noch nicht kannte, gerade vor ihm. Sie drehte sich um, wünschte ihm Glück und ließ ihn vorbeigehen.

In *Romeo und Julia* spielte Merivale die kleine Rolle des Balthasar und war die zweite Besetzung für den Romeo. Er war selig, wieder einmal mit Olivier und Alexander Knox (Bruder Lorenzo) zu arbeiten. Sein Traum war es, neben Vivien den Romeo zu spielen, aber Olivier versäumte keine einzige Vorstellung. Für Merivale war es die schönste Tournee seines Lebens.

Allerdings taten Vivien und Larry alles, ihre Mitarbeiter glücklich zu machen. In New York luden sie sie übers Wochenende nach Sneden's Landing ein. Durch das Zusammenspiel als Liebespaar auf der Bühne war ihre persönliche Leidenschaft noch gesteigert worden. Sie konnten die Augen nicht voneinander lassen. Ihre starke körperliche Bindung entging keinem der Mitwirkenden (darunter Dame May Whitty, Cornel Wilde und Edmond O'Brien), aber diejenigen, die schon mit Olivier zusammengearbeitet hatten, als er mit Jill verheiratet gewesen war, nahmen vielleicht Anstoß daran, weil diese Bindung für sie noch augenfälliger war.

Jill war eine anziehende, begabte, außerordentlich disziplinierte Frau, aber sie hatte nichts von einer leidenschaftlichen Persönlichkeit. In ihrer Gegenwart war Olivier zurückhaltend, kühl, ein wenig linkisch gewesen. Bei der gemeinsamen Arbeit hatte er sie wie die übrigen Ensemblemitglieder des Old Vic behandelt. Vivien hingegen weckte seinen ausgesprochenen Sinn für Humor. Er benahm sich manchmal ausgefallen. Er scheute sich nicht mehr, seine Gefühle vor anderen zu zeigen, und es schien, daß Vivien und er nur füreinander lebten. Liebe und Erotik überwältigten sie einfach. Wenn Larry früher für Vivien der Mittelpunkt der Welt gewesen war, so schien sie es jetzt auch für ihn zu sein, mehr noch als das Theater.

Jack Merivale war von beiden fasziniert, aber Vivien – und nur Vivien – fand er hinreißend. Wenn sie einen Raum betrat, hatte sie eine Präsenz, die ihn in Bann schlug, eine Ausstrahlung, die davon herrühren mochte, daß sie sich bewußt war, eine der schönsten Frauen Englands zu sein, ohne sich darauf etwas einzubilden. Sie kannte und bewunderte seine Stiefmutter Gladys Cooper, die sie schöner fand als sich selbst, und diese gemeinsame Bekanntschaft brachte sie einander näher. Er war beeindruckt von ihrem Ehrgeiz, weil das Weibliche an ihr dadurch nicht beeinträchtigt, sondern eher gesteigert wurde.

Die Aufnahme in Chicago hatte der Truppe ein falsches Gefühl der Sicherheit gegeben. Alle waren überzeugt, daß New York ihre Vorstellung bejubeln würde. Sie irrten sich, und die Kritiken brachten ihnen einen um so ärgeren Schock. Brooks Atkinsons Besprechung in den *New York Times* begann: »Viel Szenerie, kein Spiel.« Von den Hauptdarstellern sagte er: »Vivien Leigh und Laurence Olivier sind zwar schöne junge Menschen, aber sie spielen kaum ihre Rollen; besonders Olivier wirft seine Rolle weg.«

Sein Kollege Richard Watts jun. vertrat in der *New York Herald Tribune* eine ähnliche Ansicht: *Romeo und Julia* ist eine ganz undifferenzierte Aufführung ... Vivien Leigh und Laurence Olivier müssen ihr Auftreten in *Romeo und Julia* eher als ein spektakuläres persönliches Erscheinen von Heathcliff und Scarlett O'Hara aufgefaßt haben als eine ernste Verkörperung des unglückseligen Liebespaars in Shakespeares Tragödie.« Dann linderte er den Schlag, indem er hinzufügte: »Vivien Leigh, fraglos eine der reizvollsten Frauen in der Welt, trifft den Ton viel besser, obwohl Laurence Olivier als Shakespeare-Schauspieler mehr Erfahrung hat. Sie ist entschieden eines der Glanzlichter in der Aufführung.«

Das genügte für den Mißerfolg in New York. Die Drehbühne, die weit entfernt von den Rampenlichtern angebracht war, damit sie mechanisch in Bewegung gesetzt werden konnte, zerstörte jeglichen Kontakt zwischen den Schauspielern und dem Publikum. Sie war auch schuld, daß der Dialog oft nicht zu verstehen war. Aber das eigentliche Problem bildete Oliviers gleichzeitige Tätigkeit als Produzent, Regisseur und Hauptdarsteller. Er wollte der Welt unbedingt zeigen, daß Vivien eine große Bühnenschauspielerin sein konnte und daß ihre Zusammenarbeit ein Ereignis fürs Theater bedeutete. In den Szenen, wo Vivien allein oder mit Dame May Whitty auf der Bühne stand, gelang ihm das. Aber er vermochte seinen Romeo nicht mit derselben Objektivität zu führen.

Selbst wenn sie *Romeo und Julia* in *Laurence und Vivien* geändert hätten, wäre es in Anbetracht der Umstände – schlechte Kritiken, ein sehr großes Theater, Verschuldung bis über die Ohren – unabdingbar gewesen, daß sie das hineingesteckte Kapital zum großen Teil verloren. Wie hoch sich der Verlust belief, wußte sie selbst nicht. Vivien, die guten Wein liebte und vor dem Erscheinen der Kritiken kistenweise die besten Jahrgänge bestellt hatte, ging sofort zum Telefon und machte die Bestellung rückgängig. Dann zogen sie aus dem Hotel aus und fuhren allabendlich nach Sneden's Landing, etwa fünfzehn Kilometer außerhalb der Stadt. Beide machten sich Sorgen über ihre finanzielle Lage in unmittelbarer Zukunft. Am Wochenende fanden sich immer Mitglieder des Ensembles in Sneden's Landing ein.
»Was wirst du tun, wenn wir Schluß machen?« fragte Vivien Jack Merivale einige Tage vor der letzten Vorstellung.
»Ich bin in Ridgefield in Connecticut für eine Wiederaufnahme von *Journey's End* engagiert.«
»Wie lange wird das dauern?«
»Eine Woche wird geprobt und eine Woche gespielt«, antwortete er.
»Und danach?«
»Was dann wird, weiß ich nicht.«
»Weißt du was, ruf uns hier an und komm zum Wochenende her.« Zum erstenmal deutete sie an, daß sie und Larry nicht sofort nach Kalifornien zurückzukehren gedachten.
Nach der letzten Vorstellung in Ridgefield rief Merivale an. »Mein Gastspiel ist zu Ende«, meldete er.
»Oh, fein«, sagte Vivien. »Wann kannst du zu uns kommen?«
»Morgen?« fragte er zaghaft.
»Sehr schön.«
Das Haus in Sneden's Landing war eine umgebaute Scheune, aber diese Erklärung ist irreführend. Hoch und majestätisch thronte es über dem Hudson und bot einen eleganten Anblick. Vom ursprünglichen Äußeren waren nur die verwitterten Dachziegel übriggeblieben. Drinnen waren die hohen Wände zwischen den rohbehauenen Dachbalken tapeziert, und die Einrichtung bestand aus prachtvollen Antiquitäten. Von dem riesigen Wohnzimmer gelangte man durch eine gläserne Schiebetür auf eine Terrasse mit herrlicher Aussicht auf die Landschaft und den Hudson. Auch vom Hauptschlafzimmer aus hatte man diesen Blick.
Vivien und Larry empfingen gern Gäste im salonartigen Arbeitszimmer,

wo Bücherregale an den Wänden standen, sonst aber Rot vorherrschte, rote Decken und Kissen auf Diwanen und Sesseln, ein roter Perserteppich und chinesische Kunstgegenstände aus rotem Porzellan. Wo der Platz es erlaubte, hingen Fotos von Filmgrößen; die bekannten Gesichter lächelten. Es war ein imponierender Raum, aber Vivien und Larry beherrschten ihn mit Leichtigkeit und bewirkten, daß ihre Gäste es hier sofort gemütlich fanden.

An dem Abend, an dem Merivale zum Wochenende kam, waren die beiden allein. Nach dem Essen begaben sich alle in den Salon, wo sich Larry ein wenig schwerfällig in einem Sessel niederließ und sich in ein Buch über Luftfahrt vertiefte. (Er war bestrebt, den Pilotenschein zu erwerben, um einigermaßen qualifiziert zu sein, wenn er nach England zurückkehrte.)

»Na gut, wenn Larry das tut, wollen wir Twixt spielen«, sagte Vivien zu Merivale. Sie setzten sich an den Spieltisch, aber Vivien, die sonst kaum zu schlagen war, schien nicht bei der Sache zu sein.

»Gib acht, wenn du mich noch einmal dorthin läßt, wirst du verlieren«, warnte Merivale sie.

»Dummes Zeug«, fuhr sie ihn an. »Du mußt mich irgendwann einmal hinauslassen.«

»Bestimmt nicht«, erwiderte er. »Wenn ich dorthin ziehe und dort bleibe, bis ich mit allen Figuren über das Brett bin, hast du keine Leiter, und ich gewinne haushoch.«

»Reiner Unsinn«, wiederholte sie. »Spiel du nach deiner Methode. Mir brauchst du nicht zu sagen, wie ich spielen muß.« Ihr Ton war scharf, und sie trommelte nervös auf den Tisch. Sie war ganz anders als die heitere, sprühende Vivien, die er so sehr verehrte. Merivale fühlte sich unbehaglich und bedauerte, die Einladung angenommen zu haben. Er wußte, daß die beiden bei *Romeo und Julia* viel Geld zugesetzt hatten. Vielleicht nahm Vivien es ihm übel, daß er davon nicht betroffen war. Doch das hätte der großzügigen Vivien, die er kannte, nicht ähnlich gesehen. Er blickte zu Larry hinüber, der immer noch in sein Buch vertieft war und von Viviens Veränderung nichts zu merken schien. Für Merivale stand es fest, daß sich eine Veränderung vollzogen hatte. Er setzte das Spiel fort, wie er es vorausgesagt hatte, und gewann.

»Wie kannst du dich unterstehen, dich hier einzunisten und dann beim Twixt zu mogeln?« schrie Vivien ihn an.

»Ich soll gemogelt haben?« versetzte er gekränkt. »Ich habe nicht gemogelt, sondern dir genau gesagt, was geschehen wird.« Sie sah böse auf den

Tisch und murmelte etwas Unverständliches. Er suchte Hilfe bei Olivier: »Larry, beruhige sie doch.«
Endlich merkte Larry etwas von dem Streit. Er legte sein Buch nieder und fragte: »Was ist denn los?«
Sie machte ein erschrockenes Gesicht und war den Tränen nahe. »Versuch ja nicht, uns auseinanderzubringen«, funkelte sie Merivale an. »Wir sind seit vier Jahren zusammen, und niemand wird uns auseinanderbringen.«
»Ich reise ab«, sagte Merivale und stand auf.
»Vor neun Uhr morgens geht kein Zug«, belehrte sie ihn.
»Ist das nicht ein bißchen früh, Liebling?« mischte sich Larry ein.
»Gut, der nächste geht um halb zehn«, gab sie nach.
»Ich werde ihn nehmen«, sagte Jack Merivale.
»Gut«, stimmte sie zu.
Er entschuldigte sich und ging schnurstracks auf sein Zimmer, aber er konnte nicht schlafen. Er war beunruhigt. Viviens Stimme, der sonderbare Ausdruck in ihren Augen, ihre plötzliche Reizbarkeit – es war, als ob die Frau, mit der er vorhin Twixt gespielt hatte, nicht mehr der Mensch wäre, den er kannte, die liebenswürdige, stets höfliche, wohlerzogene Vivien.
Am folgenden Morgen war er früher wach als die andern. Er sagte sich jetzt, daß sie am vergangenen Abend alle drei ziemlich viel getrunken hatten, und nahm an, daß seine Gastgeber sich an den Streit vielleicht mehr erinnern würden. Doch damit war nicht unbedingt zu rechnen, und so stahl er sich so leise wie möglich aus dem Haus, um weitere Spannungen zu vermeiden.

Vierzehntes Kapitel

Viviens glühendster Wunsch war es, wie Larry zu sein und alle die Eigenschaften zu entwickeln, die ihn zu dem machten, was er war. Er bezauberte sie so sehr, daß sie ihn für einzigartig, für ein Genie hielt. Früher waren alle ihre Freundinnen und Freunde ihre Anhänger gewesen. Bei Larry war sie die Anhängerin. Nie, nie zweifelte sie an seiner Überlegenheit. Das Bestreben, ihm ebenbürtig zu sein, versetzte sie manchmal in einen Zustand panischer Angst. Sie verstand selbst nicht, was ihr widerfuhr. Sie stellte fest, daß sie ihre Freunde nicht mehr ertrug, und sie wandte sich wild gegen die Menschen, die sie gern hatte, aber nie gegen Larry. Larry schrieb ihre kurzen, unvernünftigen Ausbrüche dem Alkohol, den sie nicht vertrug, und einer nervösen Erschöpfung zu. Sie beunruhigten ihn nicht, wenn auch nur, weil er zu tun hatte. Nichts schien ihr zuviel zu werden, wenn es galt, ihm gefällig zu sein. Sie war weiterhin die charmante Hausfrau, der rücksichtsvolle Gast, und solche Szenen wie an dem Abend mit Jack Merivale bildeten eine bizarre Ausnahme. Der Reinfall mit *Romeo und Julia* war für sie beide eine große Enttäuschung. Sie hatten ihre gesamten Ersparnisse eingebüßt, aber mehr als darüber grämte sich Larry wegen des schlechten Dienstes, den sie Shakespeare geleistet haben mochten, gerade Shakespeare, den er als einziges annäherndes Abbild Gottes betrachtete.
Keiner von ihnen wollte nach Hollywood zurückkehren. Für Olivier hatte nur das Theater Tiefe, richtige physikalische Tiefe, und nur auf der Bühne konnte man seiner Ansicht nach eine Menschengruppe so darstellen, wie sie wirklich war. Das Theater hatte etwas, das Zuschauer mitreißen und einen Schauspieler fast verzehren konnte. Es war ein gefährliches und aufregendes Glücksspiel, dem nichts gleichkam. Am meisten liebte er am Theater die Herausforderung durch große Rollen wie Heinrich V., Macbeth, Coriolanus und Hamlet. Große Rollen waren »wie Kanniba-

len«, und sie zu überwinden, das war ein unvergleichliches Erlebnis. Dieses Erlebnis, wünschte er, sollte Vivien mit ihm teilen.
Sie blieben in Sneden's Landing, während er ein Stück suchte, in dem sie beide spielen konnten. *Cäsar und Cleopatra* wäre geeignet gewesen, aber nach dem Fiasko mit *Romeo und Julia* würde es nicht leicht sein, Geldgeber für die Produktion zu finden. Da erhielt Vivien von der Theatre Guild das Angebot, in *Marie Adelaide* die Titelrolle zu spielen. Die Rolle war eine Glanzleistung für jede Schauspielerin, die sie spielte, und man hatte sie in der vorigen Spielzeit Ingrid Bergmann angeboten. Aber wie Vivien stand die Bergmann bei Selznick unter Vertrag, und der Theatre Guild war es nicht gelungen, von Selznick die Erlaubnis zu erwirken. Nun wandte sie sich an Vivien, die sofort an Selznick schrieb, nachdem Larry das Stück gebilligt hatte. Selznick antwortete:
»Verzeihen Sie mir, Vivien, wenn ich Sie darauf aufmerksam mache, daß wir die Frage Ihrer Mitwirkung am Theater bei Vertragsabschluß bereinigt haben. Damals sicherten Sie sich in Anbetracht Ihrer Bereitwilligkeit, das Theater aufzugeben, wichtige Konzessionen. Trotzdem erlaubte ich Ihnen das Auftreten in *Romeo und Julia*, allerdings nur, weil ich zu Ihrem persönlichen Glück beitragen wollte. Auch jetzt bereue ich es nicht, weil ich weiß, daß Sie trotz dem schlechten Endergebnis, das Ihnen sicher viel Kummer gemacht hat, bei der Arbeit glücklich waren. Aber um offen zu sein, ein so baldiges neuerliches Ersuchen habe ich nicht erwartet.«
Er sagte sowohl der Theatre Guild als auch Vivien nein, und in dem Brief an Vivien fügte er hinzu: »Sie müssen erst drei oder vier Filme machen.«
Sie erwogen allen Ernstes die Rückkehr nach England, da die Kriegsnachrichten entmutigend waren und Larry fand, er müsse mehr sein als ein Werkzeug der britischen Propaganda in Amerika. Im kurzen Zeitraum von drei Monaten waren die Deutschen in Dänemark, Norwegen, Belgien, Holland, Luxemburg und Frankreich eingedrungen. Holland und Belgien hatten kapituliert, Frankreich hatte in Compiègne einen Waffenstillstand mit Deutschland geschlossen und Italien sich zu den Deutschen geschlagen.
Doch da erhielt Olivier die Nachricht, der dreieinhalbjährige Tarquin sei an Spinalmeningitis erkrankt und von der Brust abwärts gelähmt. Zehn Tage kämpfte das Kind gegen die gefährliche Krankheit, bis die Lähmung verging, aber dann befürchteten die Ärzte immer noch Komplikationen in Form einer Gehirnschädigung. Sie rieten Jill, mit ihm nach Amerika zu

gehen, wo er vor Luftangriffen und den damit verbundenen schädlichen Ängsten sicher sein würde.
Da Gertrude ebenfalls beschlossen hatte, Suzanne nach Amerika zu bringen, brauchten Vivien und Larry dringend Geld, weil sie alle vier nach ihrer Ankunft unterstützen mußten. Die Vorsehung erschien in Gestalt des liebenswerten Ungarn Alexander Korda. Er war nach New York zurückgekehrt, nachdem er den britischen Propagandafilm *The Lion Has Wings (Der Löwe hat Flügel)* gemacht hatte. Vivien und Larry vertrauten ihm ihre Sorgen an, und nicht lange danach rief er sie von Kalifornien aus in Sneden's Landing an.
»Sie kennen doch Nelson und Lady Hamilton, wie?« fragte er aufgeregt.
Larry dachte, er spräche von irgendwelchen Bekannten oder Gestalten der Gesellschaft, und verneinte.
»Doch, Larry, Sie kennen sie!« rief Korda und erklärte, daß er Lord Horatio Nelson und Lady Emma Hamilton meinte. »Die Seeschlacht bei Trafalgar, ich bitte Sie!«
Das war die Lösung all ihrer finanziellen Probleme. Es war jetzt Mitte Juli, und der Film sollte im Oktober in Hollywood produziert werden. Korda gab ihnen die Hälfte ihrer Gage im voraus, so daß sie Tarquin und Suzanne herüberkommen lassen konnten. Der Film sollte in sechs Wochen gedreht werden, so daß es ihnen möglich war, Ende des Jahres nach England zurückzukehren. Larry wollte sich dann bei der Luftwaffe melden, und Vivien konnte von dem Rest der Gage zu Hause ohne finanziellen Druck leben, jedenfalls eine Zeitlang. Als Zugabe hinterlegte Korda in Kanada Geld zugunsten der Kinder.
Schon in der nächsten Woche waren sie wieder in Hollywood, und Vivien schrieb am 9. August an Leigh:
»Mein geliebter Leigh, Larry und ich sollen einen Film über Nelson und Lady Hamilton machen. Ich hege deswegen starke Zweifel. Aber jetzt denkt man nicht mehr an eine Karriere, da es vergeblich zu sein scheint, und wir tun es nur wegen des Geldes, das heutzutage wichtig ist.«
Sie sagte nichts von Tarquins Krankheit, von ihren Plänen, die Kinder zu evakuieren, und von der Tatsache, daß genau an diesem Tage ihre Scheidung von Leigh rechtsgültig geworden war. Sie konnte sich nun wieder verheiraten, und am 28. August sollte es bei Olivier soweit sein.
Beide vertieften sich in die Lebensgeschichte Nelsons und der Lady Hamilton, während R. C. Sherriff, Drehbuchverfasser von *Journey's End (Das Ende der Reise)*, und Walter Reisch, Kordas Autor für *Men are not*

Gods (Männer sind keine Götter) an dem Drehbuch arbeiteten. Korda hatte seine Autoren angewiesen, daß der Film als Propaganda für die Erregung pro-britischer Gefühle in Amerika gedacht war. Es bestanden offensichtliche Parallelen zwischen dem Krieg gegen Hitler und den napoleonischen Feldzügen. »Propaganda braucht Zuckerguß«, sagte er zu ihnen. Das Liebesverhältnis zwischen Lord Nelson und Lady Hamilton sollte diesen Zuckerguß bilden.

Wie erwartet, wurde Oliviers Scheidung am 28. August 1940 rechtsgültig. Er befolgte den Rat, den Ronald Colman und dessen Frau, Benita Hume, ihm gegeben hatte, und beschloß, mit Vivien nach Santa Barbara zu fahren und sich dort vom Standesbeamten eintragen zu lassen – von einem Mann, der kein Interesse daran hatte, die Presse zu benachrichtigen. Drei Tage später, nach der gesetzlichen Wartefrist, wollten sie wieder hinfahren und sich von einem Richter trauen lassen. Benita Hume erbot sich, die Eheringe zu besorgen, damit das Geheimnis bewahrt blieb.

Die Colmans wollten sie nach der Zeremonie in San Pedro treffen, wo Ronalds Jacht *Dragoon* vor Anker lag, auf der eine kurze Hochzeitsreise unternommen werden sollte. Bevor sie zum zweitenmal nach Santa Barbara fuhren, feierten sie ihren Polterabend mit Kollegen, darunter Katharine Hepburn und Garson Kanin. Sie wurden am 31. August eine Minute nach Mitternacht (dem frühestmöglichen Termin) im Wohnzimmer des Ehepaars Alvin Weingand, alter Freunde von Larry aus früherer Zeit, von Richter Fred Harsh getraut.

Es war eine ungewöhnlich kurze Zeremonie, sie dauerte nur drei Minuten vom Beginn bis zu den Worten: »Hiermit erkläre ich euch als Mann und Frau.« Sie gaben sich einen Kuß, und der Richter beglückwünschte sie. Vivien war nun Frau Laurence Olivier.

Die Neuvermählten kamen gegen vier Uhr nachts auf der Jacht *Dragon* an, und Colmans Kapitän lichtete gleich den Anker. Sie standen auf dem Bug des Schiffes, als die Dämmerung anbrach, und fuhren auf die Insel Catalina zu.

Rein zufällig hatte es sich ergeben, daß Jill mit Tarquin und Gertrude mit Suzanne für die Reise nach Kanada denselben Dampfer benutzten, die *Cynthia*. Jill war darüber keineswegs erfreut. Vor der Abfahrt hatte sie einen schrecklichen Traum gehabt: Vivien war nahe daran, von einer Dampfwalze überfahren und getötet zu werden, und sie selbst mußte auf sie springen, um sie zu retten. Das hatte sie mehrmals geträumt. Sie vermochte den Traum nicht zu deuten, aber er hinterließ bei ihr ein starkes Feindschaftsgefühl gegen Vivien. Sie vermied es, mit Gertrude zusammenzutreffen, und hielt die Kinder möglichst voneinander entfernt. Aber bei einer Rettungsübung wurden die Kinder nebeneinander aufgestellt und mußten sich an der Hand halten. Jill wollte mit Tarquin von Toronto aus mit der Eisenbahn nach New York fahren; Gertrude hingegen hatte vor, Suzanne nach Vancouver zu bringen, wo das Kind in eine Klosterschule eintreten sollte, und dann nach London zu Ernest zurückzukehren.

Vivien und Larry flogen nach Kanada zur Ankunft des Schiffes. So peinlich die Begegnung zwischen Vivien und Jill auch sein mochte, die Rührung über das Wiedersehen mit den Kindern überwog die persönliche Verlegenheit. Tarquin war in elendem Zustand, blaß, dünn und für sein Alter klein. Jill erklärte Larry, daß die Beine des Knaben nicht recht wuchsen, er müsse sich einer besonderen Behandlung unterziehen, die es in New York gebe. Suzanne war nicht viel älter als Vivien zu der Zeit, wo sie allein in der Klosterschule von Roehampton zurückgelassen worden war.

Schweren Herzens kehrten sie nach Hollywood zurück; Vivien wußte nicht, ob es richtig war, Suzanne in ein Internat zu schicken, aber es bot sich kein Ausweg; und Larry machte sich Sorgen wegen Tarquins Gesundheit. Die Filmarbeit, die kurz darauf begann, lenkte sie von ihren persönlichen Problemen ab.

That Hamilton Woman (Lord Nelsons letzte Liebe) wurde mit knappem Budget in Schwarzweiß hergestellt. Korda verlegte den Nachdruck auf die persönlichen Schwierigkeiten der Hauptgestalten, wodurch er den Qualitäten seines Films *The Private Life of Henry VIII* nahe kam. Vincent Korda stellte alle Bauten im General Service Studio her. Das Drehbuch war noch nicht fertig, als mit den Dreharbeiten angefangen wurde. R. C. Sherriff schreibt darüber:

»Nur die Dialoge der ersten Sequenzen standen auf dem Papier, als die Dreharbeit begann. Von da an war es ein verzweifelter Wettlauf mit der Zeit. Es war, als schriebe man einen Fortsetzungsroman, bei dem die nächste Fortsetzung in einer Woche für die Zeitschrift fertig sein mußte. Wir schlugen uns den ganzen Tag mit Szenen herum, die verlangt wurden, ehe die Woche um war. Ich nahm das Manuskript ins Hotel mit und arbeitete die halbe Nacht weiter, um den Dialog zu glätten. Es blieb keine Zeit für die gründlichen Vorbesprechungen, an die ich gewöhnt war. Wir saßen

in der Mittagspause bei Sandwich und Kaffee und hechelten die Szenen durch, die Reisch und ich soeben gebracht hatten. Manchmal entsprach unser Material nicht dem, was Korda und die andern wünschten. Dann mußten Reisch und ich nachmittags alles umschreiben.«
Selznick hätte für Scarlett O'Hara keine bessere Nachfolgerin finden können als Korda mit Lady Emma Hamilton. Der »ungarische Glückspilz« hatte, wie von Selznick vorausgesagt, von dessen harter Arbeit schön profitiert. Aber Selznick grollte deswegen nicht; statt dessen sah er sich fieberhaft nach einem Stoff um, der Viviens geldbringendes Potential verstärken würde. Er wußte, daß Olivier nach England zurückkehren wollte, doch seltsamerweise fehlte es ihm an Einsicht in Vivien. Infolgedessen war er auf ihren Vertragsbruch und ihre Abreise nicht vorbereitet.
Am 4. November schrieb sie an Leigh:
»Ich bin selig, weil wir Weihnachten daheim sein werden. Ich habe es durchgesetzt, aus dem Vertrag entlassen zu werden, sobald der Nelson-Film fertig ist. Wir haben ihn durchgejagt, weil das Geld anscheinend nächsten Donnerstag aufgebraucht ist – Kordas übliche Notlage.
Ist das Haus in der Little Stanhope Street immer noch vermietet? Ich habe Papa nichts von meiner Rückkehr gesagt, weil sie noch nicht feststeht. Ich muß eine zugelaufene Katze zurücklassen, die ich gern behalten hätte (Old Tom).«
Kurz nach der Absendung dieses Briefes wurde das Haus in der Little Stanhope Street von einer Bombe getroffen und vollständig zerstört.
Da sich Vivien darüber klar war, daß sie ohne Larry niemals nach Amerika zurückkehren würde, flog sie vor der Abreise, die nun auf den 27. Dezember festgesetzt war, zu Suzanne. Damit von dem Besuch bei Suzanne nichts an die Öffentlichkeit drang, buchte sie die Überfahrt als Frau Holman; aber die Presse bekam doch Wind davon, und so wurde sie in Vancouver von einer ganzen Schar von Journalisten empfangen, die hinter das Geheimnis ihrer Geheimhaltung zu kommen trachteten. Die Äbtissin des Klosters wollte Suzanne nun nicht mehr behalten, weil sie angeblich eine Entführung befürchtete. Vivien vermutete, daß diese Weigerung mit ihrer Scheidung und Wiederverheiratung zusammenhing; aber sie konnte die Äbtissin nicht von ihrem Entschluß abbringen. Das hatte zur Folge, daß Suzanne eine Tagesschule besuchen mußte, wenigstens für den Rest des Quartals, und daß Gertrude gezwungen war, sich für lange Zeit von Ernest zu trennen. Gertrude versäumte es nicht, ihre Tochter mit Vorwürfen zu überhäufen und ihr an allem die Schuld zu geben.

Das kleine Haus am Cedarbrook Drive, das Vivien und Larry seit August bewohnt hatten, wurde verschlossen. Außer Old Tom ließen sie einen zottigen Schäferhund zurück, der zu dem Haus gehörte. Sie flogen nach New York und bestiegen, wie geplant, am 27. Dezember den amerikanischen Dampfer *Excambion*, der soeben vierhundert Passagiere aus Europa gebracht hatte und mit dreiundzwanzig (darunter das Ehepaar Olivier) zurückfuhr. Das Schiff galt als neutral, aber auf der Fahrt durch das schwierige Gewässer nach Lissabon herrschten an Bord Spannung und Furcht.

In Lissabon ergatterten sie einen Flug nach Bristol. Bei ihrer Ankunft war die Stadt in tiefe Dunkelheit gehüllt. Sie war gerade bombardiert worden, und alle Fenster des Hotels waren zerbrochen. In der bitteren Kälte krochen sie vollbekleidet ins Bett, Vivien trug sogar Handschuhe.

Die Bomben begannen zu fallen. Man hörte Sirenen, Abwehrfeuer und das Krachen zusammenfallender Häuser. Hollywood und der Broadway schienen Jahrtausende zurückzuliegen.

Fünfzehntes Kapitel

Der Krieg entfachte in Vivien keinen Kampfgeist. Sie war meistens unbeschreiblich niedergeschlagen. Es fiel ihr schwer, sich an Zerstörung und Ruinen zu gewöhnen. Wenn sie an den Trümmern eines ihr bekannten Gebäudes vorbeikam, zuckte sie innerlich zurück, als sähe sie vernichtetes Leben. Sie vermochte es nicht zu fassen, daß das Haus in der Little Stanhope Street zerstört war, selbst wenn sie an der Ecke von Pitt's Mews stand und die Straße entlang auf das gähnende Loch blickte, wo es einst gewesen war. Tod konnte sie eher hinnehmen als Zerstörung. Die Vernichtung der Erinnerungsstätten (hier träumte ich zum erstenmal vom Ruhm, hier sah ich zum erstenmal eine Theatervorstellung, unter dem Torbogen hielt Larry mich in den Armen, als wir im Regen unterstanden, und ich fühlte mich sicher, ganz sicher . .), diese Vernichtung kündete auf schreckliche Weise von der Vergänglichkeit des Lebens.
Sie hatte schon immer schlecht geschlafen, jetzt schlief sie weniger denn je. Es schien leichter zu sein, wach im Bett zu liegen und dem Geräusch der Flugzeuge zu lauschen, als davon geweckt zu werden. Und dann die Kälte. Sie wurde ganz steif davon, konnte nie ihre Hände und Füße wärmen. Wie sie sich das Leben im Krieg auch vorgestellt haben mochte, mit Kalkstaub, eisiger Kälte und ranzigem Speckgeruch hatte sie nicht gerechnet.
Durham Cottage war während ihrer Abwesenheit durch Druckwellen beschädigt worden, und ihre erste Aufgabe bestand darin, die notwendigen Instandsetzungen vornehmen zu lassen und alles wieder in Ordnung zu bringen. Olivier hatte sich gleich nach der Ankunft zur Luftwaffe gemeldet, war aber zu seinem Schrecken zurückgewiesen worden, weil er auf dem einen Ohr nicht gut hörte. Er wußte, daß der Nerv beschädigt war, hatte aber das leichte Leiden nie als Ursache für eine Disqualifikation in Betracht gezogen. Einen Monat lang ging er von einem Spezialarzt zum

andern, bis er die Entscheidung endlich gelten ließ. Er wurde für den Bodendienst zurückgestellt.
Drei Monate war er in London stationiert, ohne beansprucht zu werden. Er übernahm eine Rolle in dem Film *49th Parallel (Neunundvierzigster Breitengrad)*, der von einem französisch-kanadischen Pelzjäger handelt; mit ihm spielten Leslie Howard und Raymond Massey unter Michael Powells Regie. Die Arbeit nahm nur ein paar Wochen in Anspruch, und allzu bald war er wieder untätig, da die Reserve der Britischen Marinefliegertruppe für seine Dienste keine Verwendung zu haben schien. Seine Hauptsorge galt jedoch Vivien. Ihre merkwürdigen »Nervenanfälle« kamen und gingen jetzt recht häufig. Sie hatte sich eine streunende schwarzweiße Katze zugelegt, die sie Tissy nannte und übertrieben betreute. Larry meinte, sie brauche Beschäftigung, und drängte sie, Tyrone Guthrie aufzusuchen, in der Hoffnung, er könnte sie für die kommende Saison engagieren. Obwohl Guthrie sie als Schauspielerin schätzte und wußte, daß ihr Name Zugkraft haben würde, mußte er sie ablehnen, weil das Old Vic mit einem festen Ensemble einen Repertoire-Spielplan hatte und keine Vakanz für einen Star aufwies.
Larry ließ ihr keine Zeit, über der Enttäuschung zu brüten, sondern entwickelte einen Plan, der sie beide auf die Bühne zurückbringen sollte. Mit Constance Cummings, John Clements, Ben Levy und Jack Melford zusammen veranstalteten sie eine Tournee, die zu den Flugplätzen führte. Hier gaben sie Vorstellungen zugunsten des Sozialfonds der Luftwaffe. Sie spielten die Werbeszene aus *Heinrich V.* und Sketche.
Mitte April wurde Larry einberufen, und zwar nach Lee-on-the-Solvent zu einem dreiwöchigen Umschulungskurs, der ihn mit den britischen Flugzeugen vertraut machen sollte. Vivien wollte um keinen Preis in London zurückbleiben.
Sie kauften einen offenen Gebrauchtwagen, der sich nicht heizen ließ. Daran wurde Viviens vollgepackter Zweisitzer gekoppelt, der nicht mehr zugelassen werden konnte, da der Zahn der Zeit allzu sehr an ihm genagt hatte. So fuhren sie los. Larry, jetzt aktiver Offizier der Marinereserve, saß in dem offenen Wagen, während Vivien, neben sich Tissy, mit großer Würde ihren ins Schlepptau genommenen Zweisitzer steuerte.
In Warsash, unweit von Lee-on-the-Solvent, fand sie ein viktorianisches Haus mit Garten, das nur spärlich eingerichtet war, so daß sie froh war, ein paar eigene Sachen mitgenommen zu haben. Die Bilder wurden im Wohn- und im Schlafzimmer aufgehängt, der kleine Aubusson-Teppich

schmückte das Wohnzimmer, Bücher und Fotos belebten den alten Sekretär.
Die drei Wochen vergingen schnell. Danach wurde Larry nach Worthy Down bei Winchester versetzt, aber er konnte abends in einstündiger Fahrt nach Hause zurückkehren. Die meiste Zeit war Vivien in Warsash allein. Die Luftangriffe im vorigen Sommer hatten aus London eine tote Stadt gemacht. Die Theater waren größtenteils geschlossen; die Schauspieler hielten sich mit Provinztourneen am Leben. Aber die Garten- und Hausarbeiten in Warsash genügten Vivien als Beschäftigung nicht. Sie sehnte sich danach, zu spielen, und ein Angebot der Theatre Guild in New York, mit Cedric Hardwicke *Cäsar und Cleopatra* zu spielen, regte ihr Verlangen nur an.
Larry erkannte, wie wichtig es für sie gewesen wäre, sich künstlerisch zu betätigen, und er suchte eifrig eine geeignete Rolle für sie. Schließlich schlug er ihr die Jennifer Dubedat in Shaws Schauspiel *The Doctor's Dilemma (Der Arzt am Scheideweg)* vor. Vivien war zuerst weder von der Rolle noch von dem Stück angetan. Sie fand es nicht leicht, aus Jennifer Dubedat eine interessante Gestalt zu machen, und sie mißbilligte das Thema (den medizinischen Mord an einem amoralischen, aber genialen Künstler). Obwohl das Stück als Satire gemeint war, sah sie darin eher eine ziemlich herabwürdigende und kaltblütige Aussage zu der Frage, welchen Wert der Künstler für die Gesellschaft hat.
Sie wollte lieber die Cleopatra spielen, und sie hörte, daß Gabriel Pascal die Verfilmung des Shawschen Schauspiels plante. Vielleicht würde er sich überreden lassen, es erst auf der Bühne zu produzieren. Larry stellte Nachforschungen an, aber Pascal ging auf den Vorschlag nicht ein. Er wollte *Cäsar und Cleopatra* auf der Leinwand bringen und hatte von Shaw bereits die Bewilligung erlangt. Allerdings hatte sich der Autor das Mitspracherecht bei der Besetzung vorbehalten, so daß er selbst keine Versprechungen machen konnte.
Daraufhin beschloß Vivien, doch die Jennifer Dubedat zu übernehmen. Sie meinte, wenn es ihr gelänge, der Rolle Leben zu verleihen, würde Shaw vielleicht einwilligen, daß man die Cleopatra mit ihr besetzte. Diese Rolle hätte sie liebend gern gespielt, wenn auch nur im Film. Larry sprach mit Hugh Beaumont, dem kaufmännischen Leiter der Firma H. M. Tennent, die die Produktion übernommen hatte. Da London immer noch bombardiert wurde, plante man eine Tournee. Erst später sollte in London gespielt werden. Im August fanden die Proben für *The Doctor's Dilemma*

unter der Regie von Irene Hentschel statt – Viviens Partner war Cyrill Cusack –, und im September 1941 war die Premiere in Manchester. Das war der Beginn einer sehr langen und erfolgreichen Tournee. Am 14. Oktober schrieb Vivien von Leicester aus an Leigh:
»Mein Liebster, vielen Dank für den Scheck, den ich vorige Woche erhielt. Jetzt hast Du aber wirklich genug geschickt! (Leigh ersetzte ihr in Raten die Auslagen für Suzannes Erziehung.) Zum erstenmal seit vier Jahren habe ich neulich in Blackville geritten, mit dem Ergebnis, daß ich mich kaum mehr bewegen kann! Und ich spiele nicht gerade anmutig! Ich danke Dir auch noch für die Kritiken über das Stück – sie sind alle zutreffend – natürlich muß man mit Dubedat Mitleid haben – in diesem Punkt versagt Cyril ein bißchen, aber er ist ein so guter Schauspieler, daß er wahrscheinlich immer besser wird. Im ersten Akt spreche ich langsam, weil ich denke, das verleiht der Jennifer das Gewicht und die Reife, die sie erfordert.
In Blackpool haben wir den Rekord gebrochen – was befriedigend war –, dort ist das Theater sehr schön.
Ich möchte *Citizen Kane* brennend gern sehen.
Viel Liebes von Deiner Vivien.«
Von dem knarrenden viktorianischen Haus in Warsash zog das Ehepaar Olivier – wieder wie mit einem Wohnwagen – in einen gemütlichen kleinen Bungalow in Worthy Down um. Vivien hatte sich einen Husten geholt, der nach Larrys Meinung von dem Zug in den großen alten Häusern herrührte. Sie war blaß und erschreckend dünn, aber sie wischte Larrys Sorge um ihre Gesundheit beiseite, fuhr jeden Abend, als das Stück in London gegeben wurde, nach der Vorstellung in einem schlecht geheizten, verdunkelten Zug nach Hause und las bis spät in die Nacht hinein Dikkens' Romane, die sie kürzlich wiederentdeckt hatte. Larry stand morgens sehr leise auf, um sie ja nicht zu wecken, machte sich sein Frühstück selbst und knatterte dann auf einem Motorrad zum Flughafen.
Sechs kalte Monate war Vivien auf Tournee gewesen, bevor die Londoner Premiere am 4. März 1942 im Haymarket Theatre stattfand. Zwei Wochen später erkrankte Cyril Cusack. Eine Woche lang spielte Vivien mit seinem Double, dann sprang Peter Glenville ein, der aber kurz darauf auch an Gelbsucht erkrankte, worauf John Gielgud die Rolle übernahm.
Shaw hielt sich während der dreizehnmonatigen Laufzeit des Stückes oft in seiner Londoner Wohnung in Whitehall Court auf, aber er sah sich keine Vorstellung von *The Doctor's Dilemma* an, getreu seinem Grund-

satz, sich nach den Proben nie seine Stücke anzusehen. Hugh Beaumont gelang es jedoch, für Vivien eine Einladung in Shaws Wohnung zu erwirken. Inzwischen war sie mit Pascal übereingekommen, in seinem Film die Cleopatra zu spielen, wenn Shaw damit einverstanden wäre.
Noch nie hatte Vivien eine Unterredung besser gehandhabt. Kein einziges Mal erwähnte sie die Rolle der Cleopatra, doch sowie sie Shaws Wohnzimmer betrat, spielte sie Perserkätzchen. Gegen Ende des Gesprächs schlug Shaw »scherzhaft« vor, sie solle die Cleopatra spielen, und wartete mit versonnenem Ausdruck ihre Reaktion ab. Sie senkte demütig den Kopf, blickte dann ebenso demütig zu ihm auf und fragte, ob er wirklich glaube, daß sie einer so großen Rolle gewachsen sei. Shaw lehnte sich zurück, strich sich den Bart und erklärte, das habe kaum etwas zu besagen, da sich die Cleopatra von selbst spiele.
Da sich Pascal mit vielen Produktionsproblemen herumschlagen mußte, hatte Vivien nach der letzten Vorstellung mehrere Monate nichts zu tun. Abermals zogen sie um, diesmal in das Dörfchen Fulmer in Buckinghamshire in ein Haus, das Noel Coward früher bewohnt hatte. Zu Larrys großer Enttäuschung wurde er von seinem Militärdienst außerordentlich wenig beansprucht. Doch sein Gewissen erlaubte ihm nicht, um Entlassung zu ersuchen, wenn es nicht um einer lohnenden Sache willen geschah. Nach langem Überlegen und vielen Besprechungen mit Filmleuten entschloß er sich zu einer Verfilmung von *Heinrich V.*, unter dem Vorbehalt, daß er sowohl die Produktion als auch die Titelrolle übernehmen konnte. Von Anfang an stand es für ihn fest, daß Vivien die Prinzessin Katherine spielen würde. Er erbat telegrafisch Selznicks Einwilligung, worauf Selznick zurückkabelte, das komme überhaupt nicht in Frage.
Seit über einem Jahr hatte Selznick Vivien verschiedene Rollenvorschläge gemacht, die sie alle abgelehnt hatte, darunter eine Verfilmung von Charlotte Brontës autobiographischem Roman *Jane Eyre*, und das, obwohl er angedeutet hatte, Suzanne könnte als die junge Jane auftreten.
Olivier besetzte die Rolle der Katherine mit Renée Asherson, und im Frühjahr 1943 nahm Vivien Hugh Beaumonts Angebot für eine Tournee in Nordafrika an, wo das Ensemble, dem Beatrice Lillie, Dorothy Dickson und Leslie Henson angehörten, die Achte Armee unterhalten sollte. An sich mochte sie Larry nicht verlassen, aber er war von seiner Filmarbeit vollständig in Anspruch genommen und mußte sich für Außenaufnahmen lange Zeit in Irland aufhalten. Sie war gesundheitlich nicht auf der Höhe, was der Feuchtigkeit in England zuzuschreiben war, und es hieß, in Irland

17 Vivien Leigh als Scarlett und Clark Gable als Rhett in dem Film *Gone With the Wind*

Cecil Beaton

18 In der Garderobe während der Aufführung von *The Doctor's Dilemma (Der Arzt am Scheideweg)* von Shaw; auf Tournee, während Bomben fallen und Olivier Militärdienst leistet

19 *Rechte Seite:* Vivien als Cleopatra und Flora Robson als Ftatateeta in Gabriel Pascals Verfilmung von Shaws *Cäsar und Cleopatra*, 1943

Eagle-Lion / United Artists

20 Abtei Notley, 1945

21 Das Wohnzimmer in Notley

22 Vivien als Sabina in *The Skin of Our Teeth (Wir sind noch einmal davongekommen)* von Thornton Wilder, 1944. Damals wußte niemand, daß sie an Tuberkulose litt

23 Sir Laurence und Lady Olivier. Der frischgeadelte Larry hat blondgefärbte Haare für den Film *Hamlet*

24 Drehpause während der Filmarbeit an *Anna Karenina*. Von links: Harold Keel, Maxwell Coker, Vivien Leigh, Vincent Korda, Sir Alexander Korda, Gemze de Lappe

25 Als Anna Karenina, 1947

26 Vivien als Blanche DuBois in Oliviers Londoner Aufführung von *A Streetcar Named Desire (Endstation Sehnsucht)*, 1949

Das berühmteste Bühnenliebespaar – Laurence Olivier und Vivien Leigh – in:

27 *Antonius und Cleopatra* von Shakespeare, 1951

28 *Cäsar und Cleopatra* von Shaw, 1951

29 *The Sleeping Prince*, 1953

30 *Macbeth*, 1955

31 *Titus Andronicus*, 1955

sei sie noch schlimmer. Sechs Wochen Sonne würden ihr guttun, abgesehen davon, daß sie beschäftigt war.
Die Revue hieß *Spring Party*. Vivien rezitierte Clemence Danes Heldengedicht *Plymouth Hoe* sowie Lewis Carrolls *You are old, Father William* und sang ein satirisches Lied auf Scarlett O'Hara. Die Soldaten liebten sie, und sie schwitzte unter der nordafrikanischen Sonne von Gibraltar bis Kairo, da manchmal drei Vorstellungen am Tage stattfanden, und trat in Algier vor General Eisenhower, in Tripolis vor General Montgomery, in Constantine vor General Spaatz und General Doolittle auf, außerdem in Tunis auf der Terrasse von Admiral Cunninghams Villa am Mittelmeer vor König Georg VI.
Sie liebte die Basare und durchstöberte sie zwischen den Vorstellungen. In Tripolis lag das Theater Miramare nahe beim arabischen Viertel. Einmal kam sie vor der Vorstellung mit einem Ballen dunkelrotem Stoff angelaufen, den sie stolz vor ihren Kolleginnen ausbreitete. Niemand war beeindruckt. »Na, schön«, sagte sie schulterzuckend, »ich kann den Stoff ja Pascal für *Cleopatra* verkaufen!«
Aber die Sonne tat ihr nicht so gut, wie sie gehofft hatte. Nach Beendigung der Tournee hatte sie fünfzehn Pfund abgenommen, doch wenigstens war der Husten vergangen. Larry kabelte ihr, Pascal sei nach Hollywood abgedampft, um den männlichen Hauptdarsteller für *Cäsar und Cleopatra* zu suchen, und als sie heimflog, war sie in besserer seelischer Verfassung als seit langem.
Das Wiedersehen war eine einzige Freude. Larry war höchst zufrieden mit der Arbeit an *Heinrich V.*, und endlich hatte sie Zeit, einfach Frau Laurence Olivier zu sein. In Großbritannien ging es auf den Sommer zu. Sie arbeitete im Garten und war umgeben von den Kätzchen, die Tissy inzwischen zur Welt gebracht hatte. Es schien sicher zu sein, daß Larry keiner ernsten Gefahr ausgesetzt würde, Leigh war in Sicherheit, ihrem Vater ging es gut, auch Gertrude (obwohl sie dauernd klagte), Suzanne kam voran, und Tarquin sprach auf die Behandlung in Los Angeles, wo er und seine Mutter jetzt lebten, vortrefflich an. Dazu kam, daß Vivien zu ihrer Freude schwanger wurde. Der Arzt meinte, sie solle in dieser Zeit nicht filmen, aber sie entgegnete, noch nie im Leben habe sie sich kräftiger, glücklicher und zuversichtlicher gefühlt.
Am 12. Juni 1944, genau sechs Tage nach der Invasion der Alliierten in der Normandie, begannen die Kameras im Denham-Atelier zu rollen, mit Claude Rains als Cäsar. Shaw kam eines Tages, um zuzuschauen. »Der

Produzent tut mir leid. Der arme Arthur Rank«, sagte er. »Der Film muß ja eine Million kosten.« Er hatte mit seiner Prophetie nicht so unrecht, denn der Film kostete schließlich über 1 300 000 Pfund (1944 waren das 5 200 000 Dollar). Shaw erlaubte keine Änderungen am Drehbuch, nur wenn er sie selbst vornahm. Als er Claude Rains sah, entschied er, daß Cleopatra ihn unmöglich dünn und sehnig nennen konnte. Er schrieb Vivien von Ayot St. Lawrence aus, wo er wohnte, eine Karte:
»Ihr Claudius Cäsar ist nicht gerade dünn und sehnig, wie ich festgestellt habe. Sagen Sie statt dessen: ›Du bist hundert Jahre alt, aber du hast eine schöne Stimme.‹ Ich glaube, das ist die einzige persönliche Bemerkung, die geändert werden muß. Andernfalls lassen Sie es mich wissen. G.B.S.«
Vivien antwortete, sie könne den ursprünglichen Text durch die Art, wie sie ihn spreche, bestimmt glaubhaft machen. Umgehend schrieb ihr Shaw ärgerlich:
»Nein. Rains ist nicht sehnig, er würde jeden Versuch, ihn so erscheinen zu lassen, lächerlich finden. Außerdem ist ›Du bist hundert Jahre alt‹ ein viel besserer Text, da er Cleopatras Kindlichkeit in der ersten Hälfte des Stückes entspricht.
Ich ändere nie eine Zeile, außer zum Besseren.
Seien Sie nicht dumm.
G.B.S.
Warum geben Sie in Ihren Briefen Ihre Adresse nicht an?«

Die Dreharbeiten wurden immer schwieriger. Das Wetter war ungewöhnlich kalt geworden, und Vivien mußte von der Wärme eines kleinen elektrischen Ofens, den sie in ihrer Garderobe hatte, in Cleopatras Gewändern über einen eisigen offenen Platz gehen und dabei den Eindruck erwecken, als bewegte sie sich in der sengenden Hitze eines ägyptischen Sommers. Sechs Wochen nach Beginn der Dreharbeiten bekam sie starke Blutungen. Eiligst wurde sie in die nächste Klinik geschafft, aber es nützte nichts. Sie verlor das Kind. Nach einigen Tagen nahm sie die Arbeit wieder auf. Sie spielte die Bankettszene, in der Cleopatra befiehlt, Pothinus zu ermorden, mit neuer Reife, und bei den Großaufnahmen war Pascal verblüfft von der unerwarteten Leidenschaft in ihrem Gesicht.

Sechzehntes Kapitel

Larry und Vivien galten als das goldene Paar. Sie bewahrten jugendliche Schönheit, und sie waren in den Kriegsjahren die Hoffnung. England war in dieser schlimmen Zeit trübe und grau. Die Gesichter der Leute zeigten einen grimmigen Ausdruck. Die Frauen kleideten sich wie Männer. Vorbei waren Glanz und Pracht der Krone, vorbei die rauschenden Bälle, von denen man in der Zeitung hatte lesen können, vorbei die prächtigen Militärparaden. Bei vielen Engländern bestand das Weihnachtsessen aus amerikanischem Büchsenfleisch. Doch gerade jetzt, als die goldenen Tage vor dem Krieg für immer verloren zu sein schienen, fielen Larry und Vivien der Öffentlichkeit ins Auge: als die beiden schönsten Menschen der Welt. Sie strahlten Vitalität und Charme aus. Jeder wollte von ihnen lesen, ihre Bilder in der Zeitung sehen und am liebsten ihrem Bekanntenkreis angehören. Nach außen hin blieb Vivien heiter. Für den oberflächlichen Betrachter war sie wie ein Traum, wie eine Erscheinung aus der Vergangenheit. Pascal aber hatte auf der Leinwand die nackte Wahrheit gesehen, und sie erschütterte ihn. In ihren Augen war etwas Erschreckendes, etwas, das einen mehr für sie als für sich selbst befürchten ließ.
Nach Beendigung der Dreharbeit litt Vivien an akuten Depressionen. Larry verstand das nicht, schrieb es aber der anstrengenden Filmerei, dem Verlust des Kindes und der allgemeinen Weltlage zu. Er zeigte Mitgefühl, nahm die Depressionen jedoch nicht ernst. Dann schlug ihre Stimmung eines Abends, als sie zu Hause aßen und ganz harmlos plauderten, plötzlich auf erschreckende Weise um. Sie lief hin und her wie eine Löwin im Käfig, der man soeben ihr Junges weggenommen hat. Ihre Stimme wurde hart und schrill, und als er sie beschwichtigen wollte, fiel sie über ihn her, zuerst mit Worten, dann mit den Fäusten. Er war ratlos. Sie war ihm auf einmal fremd, und er wußte nicht, wen er zu Hilfe holen sollte. Nach einer Weile, die ihm wie eine Ewigkeit vorkam, sank sie auf dem Boden zusam-

men und schluchzte erregt, ließ ihn aber nicht an sich heran. Als der hysterische Anfall vorbei war, konnte sie sich nicht erinnern, was sie gesagt und getan hatte. Beide waren erschrocken, und gleich darauf bemühte sie sich geradezu kindlich, es wieder gutzumachen.
Vivien behauptete steif und fest, keinen Nervenzusammenbruch erlitten zu haben, und weigerte sich, mit einem Arzt über ihr Benehmen zu sprechen. Dem Ahnungslosen erschien sie weiterhin bezaubernd, und als Paar wirkten sie immer noch wie in Goldstaub getaucht, obwohl es der trübste, kälteste, grimmigste Winter seit Kriegsanfang war. Reisen war bestenfalls ungemütlich, schlimmstenfalls fast unmöglich. Die Steuern stiegen astronomisch. Es gab wenig Luxus, und jedermann litt. Spannung, Aufregung, Rationalisierung der Lebensmittel, das Anstehen vor den Läden und der Mangel an Freiheit waren nicht leicht zu ertragen, auch wenn sich die Menschen geeinigt fühlten. Der Krieg mit Deutschland näherte sich dem Ende, und es sah aus, als ob sich das Leben bald normalisieren würde. Aber Vivien war unsicher, was die Rückkehr zum Normalen für sie persönlich bedeuten mochte.
Selznick ließ von seiner Barrikade nicht ab und forderte ihre Rückkehr nach Hollywood und Einhaltung des Kontrakts; aber kein Angebot verhalf ihr zur Überwindung des Minderwertigkeitsgefühls, das sie jetzt Olivier gegenüber hatte. Er war ein Genie, vielleicht der größte lebende Schauspieler, und er verachtete den kommerziellen Film. *Heinrich V.* war eine ganz andere Kunstform. Er verehrte die großen Persönlichkeiten – Shakespeare, Tschechow, Sheridan und Männer wie Wellington und Winston Churchill. Immer Männer, immer Führer, Schöpfer, Leidende. Sie war überzeugt, einen Status der Größe erreichen zu müssen, damit Larry sie verehrte. Nichts, was er sagte oder tat, konnte sie überzeugen, daß er sie liebte oder sie einfach um ihrer selbst willen verehrte. Sie war besessen von dem Gedanken, daß sie seiner Ergebenheit und Bewunderung nur wert sein würde, wenn sie auf der Bühne zu Größe aufsteigen, wenn sie in seiner Arena mit ihm wetteifern und seine Krone teilen könnte. Sie beachtete Selznicks Kabel nicht oder erteilte ihm eine kurze, höfliche Absage. Pascal und Arthur Rank hatten ihm eine schöne Abfindungssumme für ihr Auftreten als Cleopatra bezahlt, und Scarlett hatte alle reich gemacht außer ihr selbst. Sie hatte kein schlechtes Gewissen und fühlte sich nicht weiter verpflichtet.
Jemand schickte ihr Thornton Wilders neues Stück *The Skin of our Teeth* (*Wir sind noch einmal davongekommen*), in dem Tallulah Bankhead in

New York aufgetreten war. Vivien begeisterte sich für das Schauspiel und war versessen darauf, die Sabina in London zu spielen. Wenn Larry Regie führte, meinte sie, konnte sie in dieser Rolle der Welt endlich beweisen, daß sie eine geborene Bühnenschauspielerin war. Mit *Heinrich V.* war Larry fertig, und ihm gefiel *The Skin of our Teeth* fast ebensosehr wie Vivien, aber er sah in dem Plan hauptsächlich eine Möglichkeit, sie aufzumuntern. Sie geriet in Ekstase bei ihren Gesprächen über die Sabina, eine Frau, die in Viviens Augen – mochte sie in der Küche stehen, einen Schönheitswettbewerb gewinnen oder einem Heer als Marketenderin folgen – die ewige Cleopatra war, eine überlegene Überlebende des Eiszeitalters, der Sintflut und blutiger Kriege. Gemeinsam planten sie, das Stück in London aufzuführen.

Am 19. Februar 1945 schickte Selznick mit dem Vermerk »Dringend« das folgende Memorandum an Daniel T. O'Shea, den Generaldirektor der David O. Selznick Productions, Inc.:

»Unsere Geschäftsverbindung mit Vivien Leigh sollte überprüft werden. Wir erklärten uns auf ihr und Oliviers Drängen mit ihrem Auftreten in *Romeo und Julia* einverstanden, obwohl wir dadurch auf Scarlett O'Haras Auftreten in anderen Filmen verzichten mußten. Dieses Unternehmen schadete ihrer Karriere sehr, die Kritiken waren schlimm. Darum sind wir so gegen ein weiteres Theaterengagement, an dem Olivier teilhat. Es besteht die Möglichkeit, daß unser Eigentum wieder Schaden leidet.

Wir gaben Vivien Leighs Bitten um einen zwölfwöchigen Urlaub nach, weil wir fanden, eine Engländerin gehöre während des Krieges nach England, und auch wegen ihres Hauptarguments, daß sie Olivier vielleicht nie wiedersehen würde, da er zum Militär gehen wollte. Wir machten diese Geste in gutem Glauben und zu unserem eigenen Verlust, und wir gingen in unserem Entgegenkommen sogar so weit, daß wir den Urlaub verlängerten.

Olivier ist nicht mehr im Dienst, und es besteht kein Grund, weshalb er nicht nach Amerika zurückkehren oder sich wenigstens darum bemühen sollte. Es muß betont werden, daß sie sich hartnäckig geweigert hat, einen solchen Versuch auch nur zu bedenken, obwohl wir bereit waren und immer noch bereit sind, mit ihr Filme zu machen, die sich auf die britischamerikanischen Beziehungen ungeheuer günstig auswirken, mit einer Zuschauerschaft von fünfzig bis hundert Millionen Menschen in der ganzen Welt im Vergleich zu der kleinen Zahl, die ein Theaterstück erreicht.«

Es war wirklich dringend zu handeln. Binnen drei Tagen erwirkte Selznick durch seinen britischen Konsul, Sir Walter Monckton, eine Verfügung, die verhindern sollte, daß Vivien auf der Bühne auftrat. Selznick verglich sie mit einer »exotischen Pflanze«, die weit verbreitet werden müßte, und berief sich auf sein vertraglich verbürgtes Recht. In dem Kontrakt, der 1939 abgeschlossen worden war, stehe ausdrücklich, daß die Entscheidung, welche Rollen Vivien spielen dürfe, bei ihm liege. Vivien machte vor Gericht geltend (sie erschien zwar nicht persönlich), als britische Staatsangehörige könnte sie für Fabrikarbeit abkommandiert werden, wenn sie nicht auf einer britischen Bühne auftrete. Selznick verlor den Prozeß, und die Proben für *The Skin of our Teeth* wurden angesetzt.

Der Frühling kam plötzlich und frühzeitig Anfang März. Vierzehn Tage lang brachte sommerliche Hitze die wenigen Blumen, die wild zwischen Kartoffeln wuchsen, zum Blühen, und die Bäume wurden mit grünen Knospen lebendig. Mit der Sonne, den Blüten und dem Grün kamen auch gute Nachrichten. Am 5. März 1945 zogen amerikanische Truppen in Köln ein, am 8. überquerten sie bei Remagen den Rhein. Britische Truppen überquerten den Rhein am 23. März bei Wesel. Am 14. April eroberten die Russen Wien. Sieben Tage später erreichten sie Berlin. Am 28. April wurde Mussolini erschossen, und am 30. April begingen Adolf Hitler und Eva Braun Selbstmord.

Am Tag des Sieges, dem 8. Mai 1945, befand sich Vivien in Blackpool, wo *The Skin of our Teeth* probiert wurde, bevor die große Premiere in London stattfinden sollte. Zu dieser Zeit war Jack Merivale bei einer RAF-Basis in der Nähe stationiert. Seine letzte Begegnung mit Vivien vor vielen Jahren in Sneden's Landing war unerfreulich gewesen. Das Stück hatte in Nordengland schlechte Aufnahme gefunden, aber Jack, der am Tag des Sieges die Nachmittagsvorstellung besuchte, war begeistert. Das Theater war ausverkauft. Die Leute hatten eine Monatsration Benzin verbraucht, um Scarlett O'Hara in Fleisch und Blut zu sehen. In der Pause machten sie ihrem Unwillen über das Geschaute und nicht Verstandene Luft. Jack hörte einen Mann in ländlichem Dialekt sagen: »Ha, ich wünschte, ich hätte für den Quatsch nicht mein Geld ausgegeben!«

Mit einigem Bedenken wagte Jack ein Wiedersehen mit Vivien und begab sich nach der Vorstellung ziemlich nervös hinter die Bühne. Sie hätte ihre Freude über das Wiedersehen nicht offener zeigen können. Über ihre letzte Begegnung wurde kein Wort verloren. Sie fragte ihn, was er nun, nach Kriegsende, vorhabe, da er ja bald die Uniform ausziehen werde.

»Oh, ich würde wieder zum Theater gehen, wenn man mich haben will«, antwortete er. Sie versprach ihm ihre Hilfe, soweit es in ihrer Macht liege. Sie sprachen von persönlichen Dingen; er erzählte, daß er inzwischen mit der Schauspielerin Jan Sterling verheiratet gewesen und jetzt geschieden sei, daß es seiner Stiefmutter gut gehe und daß seine Stiefschwester den Schauspieler Robert Morley geheiratet habe. Er war von Vivien bezaubert wie eh und je. Vor dem Bühnenausgang verabschiedeten sie sich voneinander. Tags darauf reiste das Ensemble nach London ab.

Die Hauptstadt war beflaggt, aber der Tag des Sieges hatte keine spontanen Freudenausbrüche gebracht. Eher schien die Erleichterung Benommenheit ausgelöst zu haben, als ob jeder viel zu erschöpft wäre, um starke Gefühle auszudrücken. Am vergangenen Abend war nur wenig gefeiert worden. Statt dessen seufzte man dankbar auf, daß man keine Luftangriffe mehr zu befürchten hatte und die Kinder endlich heimkommen konnten.

Aber für den knapp neunjährigen Tarquin Olivier war es, als komme er von den Staaten in ein fremdes Land. Er hatte England mit dreieinhalb Jahren verlassen, und seine Erinnerungen daran waren verschwommen, nur impressionistischer Art, und von seinem Vater konnte er sich gar kein Bild machen, da er ihn ja bloß ein paarmal gesehen hatte. Seine Mutter hatte Wert darauf gelegt, daß er den Vater kannte und die Tatsache achtete, daß Olivier ein bedeutender Schauspieler war. Sie hatte ihn sogar mit diesem Beruf vertraut gemacht und dem Siebenjährigen in einem Kriegsfilm, in dem sie mitwirkte, eine kleine Rolle zugeschanzt. Sie hatte ihm auch gesagt, seine Stiefmutter sei »die schönste Frau der Welt« (vielleicht um damit zu erklären, daß Olivier sie verlassen hatte). Aber der kleine Junge war nicht glücklich über die Rückkehr. Er hatte in Los Angeles in einem Wohnviertel der oberen Mittelklasse gelebt, wo es wohlgepflegte Rasenflächen, eine wunderschöne Flora und meistens Sonnenschein gab. London fand er trübselig und ärmlich, und die Menschen waren gar nicht so fröhlich, wie sie taten. Das Essen war scheußlich, das Haus kalt, und was am schlimmsten war: Er sah nicht aus wie die andern. Er war braungebrannt und gesund, die andern Kinder waren blaß und abgezehrt. Seine Beine hatten sich gebessert, nur fehlte es ihm noch an Koordination. Einem sensiblen Kind wie Tarquin fiel es schwer, sich im Nachkriegs-London einzuleben.

Es wurde vereinbart, daß er seinen Vater im Phoenix Theatre treffen sollte. Als er verfrüht hinkam, war die Probe noch in Gang. Der Zuschau-

erraum war dunkel, nur die Bühne erhellt. Der Theaterdiener sagte: »Dort ist er«, und gab dem Kind einen leichten Stoß.
Ein Mann saß in einer der hinteren Reihen, kaum sichtbar in dem Halbdunkel. Der Junge ging langsam, zaghaft auf ihn zu und blieb ein paar Schritte entfernt stehen.
»Tarquin?« fragte Olivier leise. Das Kind nickte verlegen. Olivier streckte die Hand aus, zog ihn zu sich und küßte ihn. Tarquin spürte den weichen Mund, aber der Mann war für ihn ein Fremder.
»Setz dich und schau zu«, flüsterte Olivier. »Da oben spielt Bibs gerade.« (»Bibs« war Viviens Kosename.)
Tarquin setzte sich verlegen und starrte die Frau auf der Bühne an. Sie war grotesk geschminkt, trug ein kurzes Kleid und schob die Möbel auf der Bühne herum, während sie laut mit häßlicher, krächzender Stimme redete. Sie war schrecklich dünn und hatte große Augen. Der Mann, der sein Vater war, hatte nur Augen und Ohren für sie. Tarquin wagte sich nicht zu rühren; er befürchtete, der Sitz könnte knacken. Als die Schauspielerin fertig war, blickte sie angestrengt in den Zuschauerraum, kletterte dann vorsichtig von der Bühne hinunter und eilte zu der Reihe, wo die beiden saßen.
»Das ist Bibs. Du erinnerst dich wohl an sie«, sagte Olivier und bedeutete ihm mit einem Stoß in die Seite, aufzustehen.
Vivien wartete nicht auf die Antwort des Kindes. Sie beugte sich zu ihm, umarmte und küßte es liebevoll. »Laß gut sein, Jungchen«, sagte sie, und jetzt hatte sie eine weiche, freundliche Stimme. »Ich erinnere mich an dich.«
Sie nahm Tarquin an der Hand und führte ihn in eine Garderobe, wo sie vergnügt mit ihm plauderte. Während sie sich abschminkte, sprach sie davon, was sie alles zusammen unternehmen könnten, erkundigte sich nach seinen Interessen, drehte sich zu ihm um und hörte ihm aufmerksam zu. Sie ließ Tarquin fühlen, daß er für sie das kostbarste Geschöpf sei. Er verschlang sie mit den Augen und fand nun selbst, daß sie die schönste Frau auf der Welt war, und er wünschte sich sehnlichst, von ihr geliebt zu werden. Vor seinem Vater fürchtete sich Tarquin, aber seine Stiefmutter schloß er sofort ins Herz.
Am 16. Mai wurde *The Skin of our Teeth* zum erstenmal in London gespielt. »Vivien Leigh stellt das Dienstmädchen Sabina entzückend dar, halb als Steißfuß, halb als Libelle«, schrieb James Agate. Bei der Premiere war Agate zehn Minuten zu spät gekommen, und Olivier war so wütend

gewesen (die erste Szene war wichtig für ein gründliches Verstehen des Stückes), daß er Agate nach dem Fallen des Vorhangs tatsächlich einen Kinnhaken versetzt hatte. Darum erwarteten sie keineswegs die gute Kritik, die er jedoch nicht nur Vivien spendete, sondern auch Oliviers Regie und den übrigen Mitwirkenden. Seinen »Faustkampf« mit Olivier erwähnte er mit keinem Wort.

Vivien betrachtete den Erfolg als einen großen Schritt zur Schaffung des Bildes, das Larry und die ganze Welt von ihr haben sollten. Was sie nicht ergründen konnte oder wollte, das waren die sonderbaren Zustände, die immer häufiger auftraten, die abwechselnden Anfälle von Erschöpfung und überschäumender Lebenslust, die ihr seit Beginn der Proben zu schaffen machten. In Liverpool hatte sie ein schrecklicher Husten befallen, und seither nahm sie auf beunruhigende Weise ab. Sie weigerte sich, zu einem Arzt zu gehen, und nahm es Larry gegenüber auf die leichte Schulter.

In dem Glauben, daß Vivien nur wieder an einer der häufigen Erkältungen litt, zu denen sie neigte, reiste Larry, ganz von seiner Arbeit in Anspruch genommen, mit dem Ensemble des Old Vic Theatre ab, um die Truppen auf dem Kontinent zu unterhalten.

Siebzehntes Kapitel

Kurz vor Beginn der Proben für *The Skin of our Teeth* hatte sich Larry in ein Haus aus dem dreizehnten Jahrhundert verliebt, das von Heinrich V. gestiftet worden war, und beschlossen, es zu kaufen. Aber als Vivien es sah, widersetzte sie sich energisch dem Umzug. Sie fuhren an einem kalten Februartag zu dem Haus, der Abtei Notley, das rund sechzig Kilometer in Long Grendon in der Grafschaft Buckinghamshire lag. Die Abtei Notley erhob sich grau und abschreckend in der eisigen Winterkälte. Für Vivien war der Anblick beklemmend.
Zu dem Steinhaus, das zweiundzwanzig Zimmer hatte, gehörten neunundsechzig Morgen Land, ein Pförtnerhäuschen, ein scheunenartiges Refektorium, eine Garage, die sechs Wagen faßte, und landwirtschaftliche Gebäude (ein Stall für fünf Kühe, ein Hühnerhaus für vierhundert Hennen, ein Schweinestall mit vierundzwanzig Boxen und vier Gewächshäuser). Vivien konnte die eingelassenen Fenster, das rote Ziegeldach, die alten Kamine bewundern, auch den Mittelturm, der im sechzehnten Jahrhundert hinzugefügt worden war; aber sie hielt es für undenkbar, die alte Abtei zu einem behaglichen Heim zu machen. Larry hegte andere Gefühle. Er war besessen von der Geschichte der Abtei Notley.
Nicht nur war es eine Stiftung Heinrichs V., sondern die Abtei war während der Regierungszeit Heinrichs II. für die Augustiner Kanoniker erbaut worden, und Heinrich VIII. und Kardinal Wolsey hatten hier mehrmals gewohnt.
Vivien vermochte seine Begeisterung nicht einmal zu dämpfen, als sie auf die geborstenen Rohre, die fehlende Heizung, die Zahl und das Ausmaß der Räume hinwies, ganz zu schweigen von der altmodischen Küche und der Tatsache, daß keine Badezimmer vorhanden waren. Welche Schwierigkeiten, die Mängel zu beheben, welche Ausgaben für Instandsetzung und Restaurierung! Er erklärte, man könne das alles langsam vornehmen,

ein Zimmer nach dem andern, einerlei, wie viele Jahre es dauerte, denn die Abtei Notley sollte ihr Heim, ihr Zufluchtsort für den Rest ihres Lebens sein.

Es wäre zwecklos gewesen, deswegen zu streiten. Larry war nun einmal besessen von dem Gedanken, Herr der Abtei zu werden. Vivien fügte sich widerwillig, und ein paar Wochen später war Notley das Eigentum der Oliviers auf Kosten fast all ihrer Ersparnisse. Mit Hilfe von Lady Colefax, die Restaurierungen liebte, ging Vivien daran, aus dem alten Haus ein Heim zu machen, während sie zur gleichen Zeit *The Skin of our Teeth* probte. Nachdem Larry abgereist war, lastete alles allein auf ihr, und es wurde ihr zuviel. Sie nahm weiter ab, war übermüdet, und der Husten wurde immer schlimmer. Die Kollegen sorgten sich wegen ihres fiebrigen Aussehens. Eines Abends fanden sie ihre Stimme, ihren Ausdruck und ihre Bewegungen besonders merkwürdig. Ihre Garderobiere drang in sie, zum Arzt zu gehen.

Der Arzt erkannte die Symptome sofort, und die Röntgenaufnahme bestätigte seine Diagnose: Die eine Lunge wies einen tuberkulösen Herd auf. Er wollte sie sofort ins Krankenhaus schicken, riet ihr zu einem Sanatoriumsaufenthalt in Schottland oder in der Schweiz und legte ihr nahe, Larry zu benachrichtigen. Auf jeden Fall müsse sie sich darein fügen, ihre Tätigkeit für längere Zeit zu unterbrechen. Er versicherte ihr auch, daß ihre »Wahnsinnsanfälle« (an die sie sich nach dem Abklingen nie erinnerte) in solchen Fällen vorkommen könnten. Aber Vivien glaubte ihm nicht. Am Abend spielte sie schlecht und recht, und am folgenden Morgen suchte sie einen anderen Spezialarzt auf. Er bestätigte die Diagnose, sah ihren Zustand aber nicht als gefährlich an. Jedenfalls erlaubte er ihr, bis Ende Juli zu spielen (noch zwei Wochen lang), und erteilte ihr nur strenge Verhaltensmaßregeln: kein Alkohol, nicht rauchen, Bettruhe in der freien Zeit.

Sie schrieb Larry nichts von ihrem Zustand. In Hamburg, gerade auf dem Sprung, nach Paris zu fliegen, traf er zufällig Anthony Bartley, einen jungen Piloten, mit dem sie beide befreundet waren. Bartley hatte Vivien kurz zuvor gesehen und beantwortete Larrys Frage, wie es ihr gehe, ein wenig ausweichend. Nach der Ankunft in Paris setzte er sich mit Lynn Fontanne und Alfred Lunt in Verbindung, die soeben von London gekommen waren und für die amerikanischen Truppen *Love in Idleness* von Terence Rattigan spielten. Tatsächlich waren sie ein paar Tage zuvor mit Vivien zusammen gewesen, und sie hatte ihnen erzählt, sie habe Tuberkulose, aber es sei nichts Ernstes. Der Arzt habe ihr ja erlaubt, weiterzuspielen und erst nach Saisonschluß in die Universitätsklinik zur Beobachtung zu gehen. Auf diese Weise erfuhr Larry zu seinem Schrecken davon; doch er sagte sich, daß der Arzt (der nach Lunts Erklärung einen sehr guten Ruf haben sollte) ihr niemals erlaubt hätte, jeden Abend zu spielen, wenn ihr Zustand ernst wäre. Er schrieb Vivien, er werde vorzeitig zurückkommen und bei ihr sein, wenn sie ins Krankenhaus komme.

Getreu seinem Wort holte er sie nach der letzten Vorstellung im Theater ab und brachte sie in die Klinik. Nach sechs Wochen schien der Primärkomplex ausgeheilt zu sein. Der Arzt legte Vivien nahe, sich sechs bis zwölf Monate in einem Sanatorium auszukurieren, aber sie ließ nicht mit sich reden, und Larry kam dagegen nicht an. Schließlich willigte sie ein, ein Jahr lang auf die Ausübung ihres Berufs zu verzichten und sich in Notley von einer Krankenschwester pflegen zu lassen.

Ein längerer Aufenthalt in einem Sanatorium schreckte Vivien ab. Sie wollte unbedingt an einem Ort sein, wo sie Larry oft sehen konnte, und das Leben in Notley würde wenigstens den Anschein des Normalen haben, auch wenn sie zu Bett liegen mußte. Lange Zeit hatte ihr Nervenzustand sie weitaus mehr geängstigt als ihr körperliches Befinden, und sie war nie zu einem Arzt gegangen, weil sie befürchtet hatte, er könnte bei ihr irgendeine Geisteskrankheit feststellen. Ein Sanatorium bedeutete für sie das gleiche wie eine Irrenanstalt, und es erfüllte sie mit panischer Angst, dort abseits leben zu müssen. Weder der Arzt noch Larry durchschauten ihre wahren Beweggründe, doch da beide meinten, daß sich ihr Gesundheitszustand kaum bessern würde, wenn sie unter einem seelischen Druck stünde, gaben sie ihr nach.

Larry half ihr beim Einzug in Notley, wo einige Zimmer nun bewohnbar waren, und ließ sie in der Obhut der Krankenschwester und guter Hausangestellter zurück, während er für die Spielzeit 1945 die Sophokles-Tragödie *Ödipus auf Kolonos* (in der englischen Übersetzung von W. B. Yeats) probte, außerdem Sheridans Komödie *The Critic, or a Tragedy Rehearsed (Der Kritiker oder eine Tragödie wird geprobt)*, in der er den Dichter Puff spielte.

Die einlaufenden Rechnungen häuften sich. Vivien konnte mindestens ein Jahr lang nicht arbeiten, und ihre Pflege kam teuer zu stehen. Restaurierung und Erhaltung der Abtei Notley kosteten viel, und Larry hatte neben seinem eigenen Lebensunterhalt Alimente für Jill und Tarquin zu zahlen. Seine Gage im Old Vic belief sich auf hundert Pfund die Woche, kaum genug für alles. Er arbeitete nicht nur angestrengt, sondern hatte auch die Sorge um Vivien und fuhr fast täglich zwischen London und Buckinghamshire hin und her. Dann entging er in seiner Rolle als Puff nur knapp einem ernsten Unfall.

Am Ende des Stückes geht Puff in einem verblüffenden akrobatischen Höhepunkt ab, indem er auf einer Wolke von der Bühne entschwebt, doch dann erscheint er wieder, sich oben am Vorhang anklammernd, der langsam fällt. Bei einer Vorstellung verfehlte Larry das Seil. Verzweifelt griff er nach irgendwelchen Drähten, die an der Wolke befestigt waren, und stürzte zehn Meter tief, bevor die Bühnenarbeiter ihm zu Hilfe kommen konnten. In der Folge wurde er von Träumen gequält, in denen er mit einem Flugzeug abstürzte.

Es war ein grimmiger und schwieriger Winter. Vier Monate lang mußte Vivien das Bett hüten. Ihr Leben spielte sich in dem Raum ab, den sie zu ihrem Schlafzimmer gemacht hatte. Er war L-förmig, mit einem schönen Kamin ausgestattet, und lag im ersten Stock. Die Fenster gingen nach Süden hinaus, und man blickte auf den Garten. Im Frühling 1946 sah sie die Kastanien blühen, und sie schaute dem Gärtner zu, der die Reben und Blumen pflegte. Sie las viel, entwarf Pläne für das Haus und ließ den Gärtner keine einzige Pflanze ohne ihre Einwilligung setzen. Als die Blumen blühten, war Notley ihr Heim geworden, das sie jetzt vielleicht noch mehr liebte, als es Larry möglich war.

Sie durfte endlich zeitweise aufstehen und Besuch haben. Auch Tarquin kam. Als er die Abtei zum erstenmal sah, war er sofort begeistert. Er schrieb später:

»Die Erinnerung daran bewegt mich tief. Sie liegt in einem breiten Tal, im Herzen der grünen Landschaft von Buckinghamshire, wo sich die Themse durch Ulmenwälder und mit Weiden bestandene Felder windet. Dieses Haus, in dem sich Heinrich V. einst aufgehalten hat, sprach von Pomp und feierlichen Zeremonien. Im Obergeschoß waren kostbare Fresken mit dem Enblem von Notley: Haselnuß und Liebesknoten. Es hatte etwas von erschöpfter Geschlechtlichkeit – kummervolle Türme hoch außer Reichweite, abschirmende Pappeln, die sich in leichten silbernen Kaskaden vom Himmel erhoben, Grausamkeit, ans Tageslicht gebracht durch die Leichen der Mönche, die vor der Auflösung der Klöster durch Heinrich VIII. hier begraben worden sind.«

Für ein fantasievolles und sensibles Kind wie Tarquin war es ein herrliches Haus. Es schien in der Tat allen Bedürfnissen seiner Bewohner gerecht zu

werden. Es nährte Larrys Sinn für Geschichte und Viviens Schönheitsliebe. Das Haus nahm Form an, als sie es mit wertvollen Stücken ausstattete – eine wunderbare Mischung von Brokat und Gemütlichkeit.
Es war ein Haus, das seine Bewohner besaß, ein anspruchsvolles Haus; es schien zu fordern, daß man sich im Abendkleid zu Tisch setzte. Vivien verließ dieses Refugium neun Monate lang nicht. In dieser Zeit hatte sie fünfzehn Pfund zugenommen, und sie ermüdete nicht mehr so leicht.
Im Mai 1946 sollte das Old Vic mit seinem jetzigen Spielplan nach New York auf Gastspielreise gehen, und natürlich mußte Larry mit. Vivien war hin und her gerissen zwischen ihrem Wunsch, in Notley zu bleiben, und der unvorstellbaren Aussicht, einen ganzen Sommer lang von Larry getrennt zu sein. Außerdem sorgte sie sich um ihn. Er sah abgespannt aus, war sehr mager und nervös. Sie ängstigte sich, er könnte sich bei ihr angesteckt haben. Der Arzt versicherte ihr, das sei nicht der Fall, aber er meinte, Olivier wäre einem Nervenzusammenbruch nahe, wenn er sein Tempo nicht mäßigte.
Das gab den Ausschlag. Vivien wollte mit ihm gehen und ihn in New York betreuen.

Achtzehntes Kapitel

Sogar während der neun friedlichen Monate in Notley hatten sich Viviens hysterische Anfälle ergeben, allerdings weniger häufig. Larry stand ratlos und erschrocken da. Allmählich bildete sich ein Schema heraus. Einige Tage vor dem Anfall wurde Vivien außergewöhnlich nervös; alle ihre Reaktionen – Sprechweise, Lachen, Bewegungen – waren übertrieben. Dann kam der Wahnsinnsausbruch, der einige Stunden dauerte. Darauf folgte eine tiefe Depression und schließlich demütige, verlegene Zerknirschung. Er hatte gedacht, es hinge irgendwie mit dem Alkohol zusammen. Schon eine kleine Menge konnte sie außer Rand und Band bringen. Aber während ihrer Ruhekur hatte sie, soviel er wußte, keinen Tropfen Alkohol und keine Zigarette angerührt. Doch die Bande, die sie aneinander ketteten, waren so stark wie eh und je. Er liebte Vivien innig, und für sie war er weiterhin der Mittelpunkt ihrer Welt. Auf ihrem Nachttisch stand nicht nur sein Bild, sondern hier lagen auch Schachteln mit Geschenken, die sie von ihm erhalten, und Briefe, die er ihr geschrieben hatte. All das blieb auch da, wenn sie zusammen waren.
Irgendwie fühlte er sich schuld an ihrem Zustand. Mit der körperlichen Krankheit konnte er fertig werden, aber die hysterischen Ausbrüche waren ihm unerfindlich, entzogen sich seinem Zugriff und machten ihn ratlos. Viviens Entschluß, nach New York mitzukommen, bedeutete für ihn ein Dilemma. Einerseits war er froh, daß er sie im Auge behalten konnte; andererseits wußte er nicht, wie er seine Arbeit und die Sorge um Vivien vereinbaren sollte.
Sie flogen nach New York, beide mit gemischten Gefühlen. Seit dem Krieg waren sie nicht mehr dort gewesen, seit den Tagen von Romeo und Julia, Scarlett und Heathcliff, als sie das berühmteste Liebespaar waren. Viel war seither in Amerika geschehen. Präsident Roosevelt war gestorben, als sein Nachfolger amtierte Harry Truman. Die Bombe hatte Hiroshima ver-

nichtet, viele Amerikaner waren im Krieg gefallen. Es war anzunehmen, daß man ihnen infolge der politischen Entwicklung nicht mehr viel Beachtung schenken würde, sie vielleicht sogar vergessen hatte. Doch sie wurden im Flughafen von einer Menschenmenge jubelnd begrüßt, und vor ihrem Hotel und vor dem Theater standen die Leute Spalier.

Vivien strahlte und war schöner denn je. Wie stets, trug sie einige persönliche Dinge mit, um den Hotelzimmern einen Anstrich von Häuslichkeit zu verleihen. Hier fand sie massenhaft Blumensträuße vor, die sie selbst arrangierte. Sowie sie am Morgen erwachte, stets frühzeitig, auch wenn sie erst spät zu Bett gekommen war, schien sie von Vitalität geladen zu sein.

Den ganzen Tag strotzte sie von Tatkraft und ging stundenlang einkaufen. Schönen Dingen konnte sie nun einmal nicht widerstehen, und sie wollte jedem zu Hause etwas mitbringen. Sie begleitete Larry jeden Abend zum Theater und bestellte das Nachtessen im voraus. Wenn er sich wegen Müdigkeit entschuldigte und vom Tisch aufstand, plauderte sie weiter angeregt mit Freunden bis drei oder vier Uhr. Um acht war sie morgens auf, vergewisserte sich, daß der Zimmerdienst das genau richtige Frühstück brachte, und machte um neun, makellos angezogen, Pläne für den neuen Tag.

Larry war fortwährend in Sorge, daß die Spannung plötzlich reißen und Vivian wie eine zerbrechliche Porzellanfigur in Stücke gehen würde. Seine Neurose und die schlimmen Träume vom Todessturz verstärkten sich. Er machte sich mehr denn je Geldsorgen und übernahm eine wöchentliche Radiosendung, um die ungeheure Hotelrechnung bezahlen zu können. In der letzten Vorstellung fiel er als Puff kopfüber vom Vorhang zu Boden. Trotz unerträglicher Schmerzen raffte er sich zum Verbeugen auf und humpelte dann in seine Garderobe. Der herbeigerufene Theaterarzt stellte eine Zerrung der Achillessehne fest.

Er konnte kaum gehen, aber irgendwie nahm ihm der Unfall einen Stein vom Herzen. Da er nun aus der Höhe gestürzt war, würde seiner Überzeugung nach nichts mehr geschehen. Deshalb bestand er darauf, am folgenden Tag nach Boston zu fliegen, wo er vom Tufts College als »bester Shakespeare-Darsteller unserer Zeit« mit einem akademischen Ehrentitel ausgezeichnet werden sollte. Die Zeremonie dauerte länger als erwartet, so daß er befürchtete, den Rückflug zu verpassen. Er schickte Vivien zum Flughafen voraus, damit sie die Formalitäten am Schalter erledigte, falls er sich verspätete.

Es gelang ihr tatsächlich, den Abflug aufzuhalten und dafür zu sorgen, daß er ohne weiteres einsteigen konnte. Sie selbst ging an Bord. Schließlich konnte der Pilot nicht länger warten, die Rampe wurde entfernt, die Tür geschlossen. In diesem Augenblick traf Larry im Flughafen ein, seinen braunen, hellblau gefütterten Talar über dem Arm. Panik erfaßte ihn bei dem Gedanken, daß Vivien allein im Flugzeug saß. Er humpelte unter Schmerzen auf den Platz und schrie dem Flugzeug, das gerade über die Piste rollte, zu, es solle doch warten. Zum erstenmal im Leben verlor er die Selbstbeherrschung und stand schluchzend da. Eine Bodenhosteß half ihm ins Terminalgebäude zurück und in ein Privatbüro, wo er auf die nächste Maschine nach New York wartete.

Nach der Rückkehr ruhte er sich zwei Tage lang im Hotel aus, doch obwohl weder sein Fuß noch seine Nerven geheilt waren, beschloß er, heimzufliegen und einen Monat in Notley zu verbringen, angeblich um sich auszuruhen. In Wirklichkeit traf er diese Bestimmung, weil er, nach Viviens Verhalten zu urteilen, mit einem neuerlichen Anfall bei ihr rechnete, und er wollte nicht, daß etwas davon an die Öffentlichkeit drang. Später behauptete er, es sei ihm ohnehin nichts anderes übriggeblieben, da sie beide zusammen weniger als zwanzig Dollar besessen hätten.

Am Spätnachmittag des 19. Juni 1946 bestiegen sie mit einundvierzig anderen Passagieren und zehn Besatzungsmitgliedern einen riesigen Pan American Clipper. Sie waren erst kurze Zeit in der Luft, da stieß Vivien einen Angstschrei aus und erhob sich von ihrem Fensterplatz. Larry wollte sie beruhigen und sah dann, daß der eine Flügel des Flugzeugs brannte. Den Passagieren wurde mitgeteilt, ein Motor sei ausgefallen und der Flügel habe Feuer gefangen, aber man befände sich in der Nähe eines Feldes, wo eine Landung versucht werden sollte.

Das große Flugzeug machte um achtzehn Uhr zehn eine Bruchlandung auf dem kleinen Feld Windham bei Willimantic im Staat Connecticut. Der Flügel brannte immer noch, als die Maschine aufprallte. Wie durch ein Wunder wurde niemand verletzt. Die Passagiere wurden nach Hartford gefahren und saßen knapp drei Stunden später in einer Constellation, die sie sicher nach England brachte.

Es war ihr erster gemeinsamer Sommer in Notley, und das Schicksal zeigte sich ihnen günstig gesinnt. Die Sonne schien, die Rosen blühten, und Vivien erlitt nicht den Anfall, den Larry befürchtet hatte. Auf dem schönen Sitz entwickelte sich ein Lebensstil, der an die goldenen Tage in Pickfair erinnerte, als Mary Pickford und Douglas Fairbanks noch miteinander verheiratet gewesen waren. An den Werktagen jätete Vivien die Blumenbeete, während Larry in seiner Eigenschaft als Gutsbesitzer den landwirtschaftlichen Betrieb leitete. Aber am Wochenende spiegelten die Säle der Abtei den Glanz der Aristokratie des englischen Theaters und der Filmwelt wider. Cecil Beaton, Noel Coward, John Gielgud, die Redgraves und die Mellses, die Kordas und die jüngeren Fairbanks, David Niven, Tyrone Guthrie, Alec Guiness und Margaret Leighton – das Gästebuch von Notley war ein *Who is Who* des Theaters. Man ging an der Themse spazieren, picknickte am Ufer, spielte Krocket und Tennis, radelte durch die Gegend (ohne Vivien, die das Gleichgewicht nicht halten konnte), frühstückte und aß mittags auf der Terrasse, trank im Gartenzimmer Tee, saß beim Aperitif im Wohnzimmer und genoß im Speisesaal ein lukullisches Abendessen. Danach wurden Spiele veranstaltet. Vivien spielte immer noch gern und hervorragend Kartenspiele, Brettspiele, Rätselspiele, und Noel Coward ersann immerzu neue Spiele.

Vivien war am glücklichsten, wenn sie für Gäste sorgen konnte, und sie scheute keine Mühe, wenn es galt, die Mahlzeiten zu überwachen, Tischdecken, Silber und Porzellan auszusuchen und die Blumen, die sie selbst pflückte, zu arrangieren. Sie hatte das Rauchen eingeschränkt und trank nur Rotwein in kleinen Mengen. Nach Aussage des Arztes war ihre Lunge geheilt. Warum also sollte sie in diesem guten seelischen und körperlichen Zustand nicht zum Theater zurückkehren?

Larry trug sich mit dem ehrgeizigen Plan, im September im Old Vic *König Lear* zu inszenieren und die Titelrolle selbst zu spielen. Demnach konnte er im Herbst nicht viel Zeit in Notley verbringen, und die Gästeliste am Wochenende mußte zusammenschrumpfen. Für Vivien stand es fest, wieder nach Durham Cottage zu ziehen, und auch Larry fand, daß es gut für sie wäre, ihren Beruf wiederaufzunehmen. Er beschloß, im September mit einer Neuaufführung von *The Skin of our Teeth* den Anfang zu machen. Das war ein kluger Kompromiß, denn Vivien hatte ja die Rolle studiert, und das Stück mußte nicht erst in der Provinz erprobt werden.

Die Premiere fand am 11. September im Piccadilly Theatre statt, die von *König Lear* im New Theatre mit Alec Guiness, Margaret Leighton, Pamela Brown, Hoyce Redman und George Relph in gutem Zusammenspiel mit Olivier, der glänzende Kritiken erhielt.

»Wenn es jemals einen besseren, eindrucksvolleren Lear gegeben hat, so ist mir davon nichts bekannt«, schrieb Alan Dent im *News Chronicle*, und

die Besprechung in den *Times* begann: »Laurence Olivier, jetzt auf der Höhe seines Könnens, spielt die Rolle mit der wunderbaren Leichtigkeit, die beweist, daß sie für ihn ein restlos gelöstes Problem ist.« Er wurde nicht nur als ein großartiger Lear gepriesen, sondern auch als Englands größter zeitgenössischer Schauspieler.
Genau das hatte Vivien von jeher geglaubt. Larry war der Fürst der Schauspieler gewesen. Jetzt war er der König. Doch das machte es ihr noch schwerer, Königin zu werden.

Gertrude war im vergangenen Sommer mit Suzanne nach London zurückgekehrt. Als Dreizehnjährige war Suzanne in einem Schulinternat und hielt sich in den Ferien bei Leigh auf. Vivien fühlte sich ihrer Tochter merkwürdig entfremdet. Suzanne war ein warmherziges, blondes Mädchen, ein bißchen ungelenk, aber fröhlich und gutartig, ganz und gar nicht verwöhnt. Es läßt sich schwer sagen, woran Viviens damalige Kontaktlosigkeit lag. Es könnte viele Gründe gegeben haben – schlechtes Gewissen und das Gefühl, als Mutter versagt zu haben, die lange Trennung, während der sie nichts zusammen erlebt hatten, natürlich Rivalität, die oft zwischen Mutter und Tochter vorkommt – Vivien fühlte sich ja selbst noch jung, als sie auf einmal einer dreizehnjährigen Tochter gegenüberstand – oder vielleicht einfach die Tatsache, daß Suzanne in diesem Alter mit der Mutter nichts gemeinsam hatte.
Leigh hatte den Krieg unversehrt überstanden, und Vivien war mit ihm in Kontakt geblieben. Sie waren in der Tat recht gute Freunde, und seine Zustimmung zu allem, was sie tat, hatte für sie große Bedeutung. Nie äußerte Leigh ein Wort des Vorwurfs über die Vergangenheit. Er blieb Vivien zugetan und sorgte sich um ihre Gesundheit, ihre Karriere, ihre Sicherheit. Der Herbst 1946 war für sie eine besonders schwierige Zeit, denn nach achtundvierzig Vorstellungen ging Larry für ein Lear-Gastspiel nach Paris. Leighs Anwesenheit wirkte auf Vivien beruhigend.
Ihr Erfolg in *The Skin of our Teeth* ließ sich ihres Erachtens nicht mit dem vergleichen, was Larry erreicht hatte. Was sie auch tat, ob sie als Cleopatra einen Triumph feierte oder als Sabina gute Kritiken erhielt, er schien ihr immer voraus zu sein.

Kurz vor Weihnachten hatte Vivien wieder einen hysterischen Anfall. Zum erstenmal versuchte Larry sie zu bewegen, zu einem Psychiater zu gehen; aber sie wollte nichts davon wissen. Als Ausweg hielt er es für angebracht, daß sie Ferien machte. Aus Hollywood kam ein Angebot für *Cyrano de Bergerac* – Olivier als Cyrano und Vivien als Roxanne –, doch mittlerweile war er von dem Gedanken besessen, *Hamlet* zu verfilmen, und hatte schon mit den Vorbereitungen begonnen. Er überredete den Produzenten Filippo del Giudice, der den Film zusammen mit Rank finanzieren wollte, ins Budget Arbeitsferien an der italienischen Riviera einzusetzen.

England erlebte in diesem Jahr den kältesten Winter seit Menschengedenken. Gas und Kohle waren knapp, und Vivien ging in Durham Cottage mit Pelzmantel und Handschuhen herum. Larry befürchtete, sie könnte sich wieder erkälten.

Zum Glück ging del Giudice auf seinen Vorschlag ein, und einen Monat später waren sie unterwegs nach Santa Margherita Ligure, einem reizenden Dorf am Meer in der Nähe von Portofino. Es war eine lange Eisenbahnfahrt in einem schlechtgeheizten Abteil. Am Mittelmeer aber schien die Sonne, obwohl es Februar war, und sie hatten zehn Tage für sich, bevor Alan Dent kam, um mit Larry an dem Drehbuch zu arbeiten. Sie gingen unter den Oliven und Pinien spazieren und machten Ausflüge nach Portofino mit seiner Künstlerkolonie und den von Leben wimmelnden Cafés.

Was Larry jedoch fürchtete, das war die bevorstehende Diskussion über die Besetzung der Ophelia, denn er wußte, daß Vivien von dieser Rolle träumte. Sie war jetzt dreiunddreißig Jahre alt, zwar immer noch eine der größten Schönheiten der Welt, doch mußte bezweifelt werden, daß sie auf der Leinwand von Ophelias jugendlicher Mädchenhaftigkeit überzeugen würde. Das war nicht der einzige Grund, warum man ihr die Rolle nicht gut geben konnte. Sie war ein internationaler Filmstar, der immer und überall als Scarlett O'Hara geprägt war.

Für Vivien sollte es allerdings ein harter Schlag sein, als die Entscheidung fiel. Neunundvierzig junge Schauspielerinnen wurden für die Ophelia in Betracht gezogen und geprüft. Schließlich wählte man eine begabte achtzehnjährige Anfängerin. Sie hieß Jean Simmons und sah Vivien zufällig ein bißchen ähnlich.

Nach Alan Dents Ankunft blieb Vivien sich viel selbst überlassen, wenn sie auch an manchen Besprechungen teilnahm. Kurz danach kam del Giudice, der Larry sehr verehrte und wie ein hingerissener Schuljunge zuhörte, wenn Larry die Produktionspläne entwarf und mit seiner vollkommenen Sprechtechnik Erklärungen abgab.

Die Sonne tat Vivien gut, aber da sie sich nur als Larrys Anhängsel fühlte, litt sie seelisch. *Hamlet* erweckte zudem Erinnerungen in ihr, gewiß, Erinnerungen an glückliche Zeiten, aber an Zeiten, wo sie noch jung genug gewesen war, die Ophelia zu spielen, und auch hoffnungsvoll genug zu glauben, daß sie vielleicht eines Tages neben Olivier auf der Bühne bestehen könnte.
Sie kehrten vor dem Frühling nach London zurück. *Hamlet* sollte am 1. Mai im Denham-Studio in Produktion gehen. Es handelte sich um einen langen Drehplan, der Larry monatelang in Anspruch nehmen mußte. Vivien war gerade außerordentlich niedergeschlagen, als Alexander Korda zu ihr kam, um mit ihr die Möglichkeit ihres Auftretens in einer Neuverfilmung von *Anna Karenina* zu besprechen.
Es reizte sie ungemein, die Anna zu spielen, obwohl sie anfangs den Vergleich mit Greta Garbo fürchtete, die erst vor zwölf Jahren mit dieser tragischen Heldin einen ihrer größten Erfolge errungen hatte. Sie freute sich auch, wieder einmal mit Korda zu arbeiten. Das neue Drehbuch stammte von dem französischen Dramatiker Jean Anouilh und dem französischen Regisseur Julien Duvivier – berühmt geworden durch *Pépé-le-Moko (Im Dunkel von Algier), Un carnet de bal (Spiel der Erinnerung)* und Kordas *Lydia (Ein Frauenherz vergißt nie)*. Die Handlung war nach Südfrankreich verlegt worden. Korda hing Tolstoi in leidenschaftlicher Treue an und zog einen jungen Schriftsteller, Guy Morgan, zu, der die Geschichte zusammen mit Duvivier auf ihren ursprünglichen russischen Schauplatz zurückversetzen sollte.
Morgan war unerfahren, aber Korda verteidigte seine Wahl mit der Begründung, daß der junge Mann gerade deswegen so schreiben würde, wie man es von ihm verlangte. Nachdem Vivien den Vertrag unterzeichnet hatte, setzte Korda den Film zur sofortigen Produktion an.
Cecil Beaton, der die Kostüme entwerfen sollte, konnte in London weder geeignete Schneider noch die richtigen Stoffe finden, und so entsandte Korda ihn und Vivien nach Paris, um die Kostüme für Anna dort herstellen zu lassen. Vivien, Gertrude (die auf Larrys ausdrücklichen Wunsch mitkam) und Beaton waren in Paris bei dem britischen Gesandten Alfred Duff Cooper und Lady Diana Cooper zu Gast und wohnten in der pompösen britischen Gesandtschaft an der Rue Faubourg St. Honoré. Die beiden Frauen hatten viel gemeinsam. Lady Diana war jahrelang Englands berühmteste Schönheit gewesen. Als perfekte Gastgeberin liebte sie Gesellschaften, geistreiche Spiele und Einkaufsexpeditionen – eine an-

scheinend extrovertierte Frau, die im Grunde ein ernster Mensch war und hauptsächlich für ihren Mann lebte.

Larry kam für eine Woche herüber; er wollte Beaton für die Ausstattung der Komödie *The School for Scandal (Die Lästerschule)* von Sheridan gewinnen, mit der er fürs nächste Frühjahr eine Tournee in Australien plante. Außerdem wollte er Jean-Louis Barrault in einer Pariser Aufführung als Hamlet sehen und sich vergewissern, daß es Vivien gut ging.

Während Larrys Besuch war Vivien wieder die alte, heiter und sprühend. Dann aber, als er nach London zurückgekehrt war, wurde sie still und in sich gekehrt.

Im Mai ging *Anna Karenina* in Shepperton in Produktion. Es herrschte eine ungewöhnliche Hitzewelle. Die Darsteller mußten Pelze tragen und durch künstlichen Schnee stapfen, während die Techniker Eiszapfen an die Fensterrahmen nagelten. Vivien litt an einer Depression und wurde schwierig. Sie nörgelte und beschwerte sich bei Beaton, ihre Handschuhe seien zu klein. Ihm riß die Geduld, und er entgegnete gereizt: »Es liegt nicht an den Handschuhen, sondern deine Hände sind zu groß.«

Laut Beaton wurden die Schwierigkeiten unerträglich und nahmen überhand. Eines Tages begab er sich in ihre Garderobe, voller Zuversicht, daß er sie bei guter Laune antreffen werde, denn es war gerade verkündet worden, daß Laurence Olivier geadelt werden sollte. Er schreibt:

»Ich mache die Tür auf. ›Oh, ich freue mich für dich über die gute Nachricht!‹ Ein wütendes Gesicht blickt mir aus dem Spiegel entgegen. ›So etwas Dummes! Ist es zu glauben – die Pariser Schneiderin hat gestern den ganzen Tag in ihrem Hotel gewartet, und das Studio vergaß, einen Wagen für sie zu bestellen. Noch nie habe ich bei einem solchen Film mitgewirkt!‹ Später fährt sie mich an: ›Richte Clarissa bitte aus, wie sie sich verhalten soll, wenn sie Journalisten aufs Plateau bringt. Ich will sie nicht ablehnen, aber ich verlange, daß sie vorher angemeldet und mir vorgestellt werden.‹ Als ich es Clarissa sagen wollte, hatte sie es schon von einem halben Dutzend anderen Leuten zu hören bekommen.«

Die *London Gazette* hatte die Ehrenliste zum Geburtstag des Königs veröffentlicht, aus der zu ersehen war, daß Olivier wegen seiner »Verdienste um Bühne und Film« in den Ritter-Adelsstand erhoben werden sollte. Die Investitur war für den nächsten Monat angesetzt, Vivien, die das Königtum ihr Leben lang leidenschaftlich verehrt hatte, reagierte absonderlich auf die Aussicht, nun Lady Olivier zu werden. Die Nachricht löste bei ihr

einen manischen Schub aus, der länger als sonst dauerte und dem eine qualvolle Depression folgte.
Es erwies sich, daß sich mit dem Regisseur Duvivier nicht leicht arbeiten ließ, und sie war oft mit ihm aneinandergeraten. Korda befand sich wegen der Regelung einer Rechtsfrage in Kalifornien, und niemand hatte genügend Autorität, mit der Lage fertig zu werden. Die Techniker kamen weder mit Vivien noch mit Duvivier aus, und sie lehnten sich auf. Zum Glück kam Korda beizeiten aus Kalifornien zurück, so daß die Kameras weiterrollten. Vivien war nie so recht bei der Sache; sie ließ es an Gefühl fehlen, und Korda konnte sich die mangelnde innere Anteilnahme nicht erklären. Der Film wurde vortrefflich geschnitten und in Anbetracht der Grenzen, die die Schwarzweißfotografie setzte, glänzend produziert; aber er schien leider kein eigentliches Leben zu haben. Der irische Romancier George Moore hatte einmal geäußert: »*Anna Karenina* wurde geschrieben, um zu beweisen, daß eine Frau, die mit ihrem Mann unglücklich ist und ihn um eines Geliebten willen verläßt, moralisch zugrunde geht.« Vivien liebte Tolstoi und konnte sich an und für sich mit Anna identifizieren. Wenn man diese beiden Faktoren bedenkt, dazu ihre Fähigkeit, sich ganz in eine Rolle hineinzuversetzen, ist es klar, wieso sie während der Dreharbeiten in eine Depression fiel.
Sobald der Film fertig war, besuchte sie Leigh in seinem Landhaus, während Larry in Notley blieb. Beim Zusammensein mit Leigh zeigte sie nie ein »schlechtes Benehmen«, als ob sie es auf keinen Fall mit ihm verderben wollte. Nach kurzem Zusammensein mit ihm, pflegte die Depression zu vergehen, aber sie kam wieder, sobald sie von ihm getrennt war.
Am Dienstag, dem 8. Juli 1947, begleitete sie Larry zum Buckingham-Palast. Im Gegensatz zu ihrer Vorstellung bei Hof vor vierzehn Jahren trug sie ein einfaches schwarzes Kostüm und einen breitkrempigen schwarzen Hut, keinen Schmuck. Sie sah sehr schön, aber traurig aus – eine auffallende Leidtragende, ein unterdrückter Schmetterling. Larry hatte sich von Ralph Richardson, der im vorigen Jahr geadelt worden war, einen schwarzen Rock ausgeliehen; seine Haare waren für den Hamlet blondgefärbt. Sie mußte allein zurückbleiben, als er im Großen Saal vortrat und auf König Georg zuschritt. Dann beugte er den Kopf, ließ sich mit einem Knie auf einen roten Plüschschemel nieder, und der König berührte seine Schulter mit einem Schwert. Als er sich nach dem Ritterschlag erhob, war er Sir Laurence Olivier, mit vierzig Jahren der jüngste Ritter.
An diesem Wochenende besuchte Ivor Novello sie in Notley und titulierte

Vivien scherzhafterweise immerzu als Lady Olivier. Schließlich fuhr sie ihn an: »Du verdammter Narr, so trink doch deinen Scheißtee!« Beide brachen in Gelächter aus. Ihr neuer Status schien ihr keinen Eindruck zu machen; sie hatte einmal sogar Verwunderung geäußert, daß Larry die Ehrung angenommen hatte. Etwas anderes wäre es gewesen, wenn sie zur Lady erhoben worden wäre. Aber Larrys Ritterschaft bedeutete, daß er sie wieder einmal überrundet hatte.

Hamlet wurde im November beendet, einem bitterkalten Monat. Larry und der Arzt machten sich Sorgen wegen Viviens Gesundheit. Leigh Holman bot ihnen sein Haus in Cannes an. Sie nahmen Gertrude und beide Kinder mit, um Familienferien zu machen. Vivien war bald wieder die alte, sprudelnd wie Champagner, von gewinnendem Lächeln und rücksichtsvoll gegen jedermann. In solchen Zeiten war es Larry ein leichtes, alle Sorgen um sie beiseite zu schieben.

Sie hatte sich sehr bemüht, Tarquin und seinen Vater einander näherzubringen. Noch immer trennte die beiden eine Kluft, die kein Vertrauensverhältnis erlaubte. Tarquin hegte eine schmerzhafte Liebe zu seinem Vater, der für ihn, wenn er in Notley zu Besuch weilte, der »Schloßkönig« war. Obwohl sich Larry ihm gegenüber freundlich verhielt, spürte Tarquin, daß sein Vater sich vor ihm fürchtete. Als er einmal aus Notley zurückkehrte, sagte er zu Jill: »Diesmal war Papa nicht so scheu.« Tarquin schien seinen Vater zu hemmen, wohingegen Vivien ihm ganz ungezwungen Liebe und Verständnis zeigte. Sie ermunterte ihn oft, Larry kritisierte ihn. Sie war begeistert, wenn er Klavier spielte. Mit ihr konnte er über alles sprechen. Sie erkundigte sich nach seiner Mutter, was Larry nicht über sich brachte. Vivien wurde ihrer Rolle als Vermittlerin zwischen Vater und Sohn gerecht. Weniger leicht fiel es ihr, die Fremdheit in ihrer Beziehung zu Suzanne zu überbrücken. Dafür kamen die beiden Kinder trotz dem Altersunterschied von drei Jahren gut miteinander aus.

Vivien blühte auf unter diesen glücklichen Umständen, und Larry fühlte sich der Sorge um ihre Gesundheit enthoben, so daß auch er sich erholte. Er war sicher, daß *Hamlet* ein schöner Film geworden sei, ebenso gut wie *Heinrich V.*, vielleicht sogar noch besser. Die Tournee durch Australien, die für Anfang 1948 geplant war, wurde abgeschlossen. Beiden schien es, daß die dunklen Tage der Krankheit und Hoffnungslosigkeit überstanden seien.

Neunzehntes Kapitel

Siebzig Freunde nahmen an dem Abschiedsfest teil, das am Abend vor der Abreise nach Australien in Durham Cottage stattfand. Um fünf Uhr morgens gingen Danny Kaye und Roger Furse als die letzten Gäste, immer noch so vergnügt und angeheitert, daß sie bei der Abfahrt etwas vom Farbanstrich des Gartentors mitnahmen. Drei Stunden später stand Vivien in dem unordentlichen Wohnzimmer und nahm tränenreichen Abschied von ihrer Siamkatze, die sie nach dem Theater »New« getauft hatte.
Auf dem Bahnhof Euston, wo der Bootszug nach Liverpool abging, trafen sie sich mit den rund vierzig Mitgliedern der »Old Vic Company«, die Larry für die Tournee engagiert hatte. Eine Unmenge von Reportern und Fotografen, Bekannten, Verehrern sowie die beiden Oberkommissare von Australien und Neuseeland hatten sich eingefunden und brachten sie zum Zug. Es war Samstag, der 14. Februar, Valentinstag, und die Oliviers sahen wie das vollkommene Liebespaar aus, als sie Arm in Arm am Fenster standen. Um drei Uhr erreichten sie Liverpool, wo sie von einer fast ebenso großen Menge begrüßt wurden. Blitzlichter flammten auf, und in der Kabine erwarteten sie massenhaft Blumen und an die hundert Glückwunschtelegramme. Um Viertel nach vier stachen sie in See. Vivien winkte nur kurze Zeit von der Reling aus, dann ging sie erschöpft in ihre Kabine hinunter, wo sie den ganzen Abend blieb. Sie nahm kaum etwas von dem Essen, das ihr gebracht wurde; sie war niedergeschlagen, hatte ihre für die Öffentlichkeit bestimmte Maske abgelegt. Larry sah sich das Schiff an. In einem Dufflecoat schritt er die Decks ab, die Hände in den Taschen vergraben, tief in Gedanken versunken, ohne aufzublicken, wenn er an einem Kollegen vorbeikam. Er hoffte, daß die vierwöchige Seereise Viviens Erholung vervollständigen würde. Er wußte, daß sie sich auf die Tournee freute und mit ihren Rollen – Lady Teazle in *The School for Scandal*,

Sabina in *The Skin of our Teeth* (ein etwas gewagtes Unternehmen von Larry, in diesem Stück Lord Peter zu spielen) und Anna in *Richard III*. – zufrieden war. Sie reiste gern mit dem Schiff, sah mit Vergnügen neue Orte und liebte die Abwechslung. Das war eine ihrer wunderbaren Eigenschaften: Sie hatte Abenteuergeist. Alles Neue entzückte sie.
Das winterliche Meer war grau, kalte Winde bliesen in die geschütztesten Deckwinkel. Aber in wenigen Tagen sollten sie wärmeres südliches Gewässer erreichen, und Larry hoffte, daß Vivien unter goldener Sonne ihre Depression verlieren und wieder das strahlende Geschöpf werden würde, das er liebte, übersprudelnd von Unternehmungslust, jede Gelegenheit wahrnehmend, Charme, Witz und Intelligenz zu entfalten. Früher war sie ihm nie kompliziert erschienen. Er rief sich die Ferien in Venedig im Jahr 1937 ins Gedächtnis zurück, ihre kindliche Freude an der Schönheit der Stadt, die erholsamen Tage am Strand von Malibu, die Autofahrt durch Frankreich vor dem Krieg und die ersten Gesellschaften, die sie in Durham Cottage gegeben hatten. Vielleicht war es unmöglich, herauszufinden, wann ihre Veränderung begonnen hatte. Ihr Ruhm als Scarlett O'Hara durfte nicht vergessen werden. Damals hatte sie in der berühmtesten Filmfrauenrolle den Gipfel des Künstlerdaseins erreicht, doch das schien ihr nicht genügt zu haben. Jetzt war es ihr wichtiger, auf seinem Gebiet neben ihm zu bestehen. Ihre Begabung und ihr Können waren nicht zu bestreiten, aber ihre außergewöhnliche Schönheit und ihre hohe Stimme hinderten sie, als Shakespeare-Darstellerin zu Größe zu gelangen. Um sie möglichst vorteilhaft herauszustellen, hatte er bei der Auswahl ihrer Rollen besondere Sorgfalt walten lassen, er wollte sichergehen, daß sie ihnen äußerlich und stimmlich gewachsen war.
In letzter Zeit hatte er mit einem neuen schwierigen Problem zu tun bekommen. Sie legte es offenbar darauf an, ihn eifersüchtig zu machen.
Als er endlich in seine Kabine ging, tat ihm der eine Fuß sonderbar weh. Er litt an einem »brennenden Schmerz, als ob eine glühende Nadel in seinen rechten Zeh steche«. Er ließ sich ein Bad ein, kroch dann ins Bett und las Logan Pearsall Smiths Aphorismen.
Am dritten Tag auf See bewegte sich Vivien endlich auf dem Schiff und aß am Kapitänstisch. Jemand hatte Larry ein Reisetagebuch geschenkt, in das er am 17. Februar abends eintrug: »Beim Essen am Kapitänstisch sah mich Vivien plötzlich mit beunruhigend wildem Gesichtsausdruck an und sagte: ›Heute abend möchte ich Domino spielen.‹«
Am 21. Februar war sie wieder ganz normal geworden und zeigte sich von

ihrer liebenswürdigsten Seite. Das Ensemble probte von halb elf bis Viertel vor zwölf im Speisesaal; dann mußten die Schauspieler das Feld räumen, damit fürs Mittagessen gedeckt werden konnte. Die Arbeit wurde von Viertel vor drei bis zur Teestunde fortgesetzt, danach zogen sie in den vorderen Salon um. Vivien arbeitete lange und hart an ihrer Lady Teazle in *The School for Scandal*. Die Streitszene zwischen Lady Teazle und Sir Peter fielen ihr schwer. Sie war so zerknirscht wegen ihrer »Launen« in den vergangenen Wochen, daß sie nicht einmal im Spiel böse Worte mit Larry wechseln mochte.

»Sonne senkrecht über uns«, schrieb Larry am 27. Februar, »kein Schatten.« Sie sollten in drei Tagen in Kapstadt landen, wo das Schiff zweitägigen Aufenthalt machte. Vivien sprudelte über vor Glückseligkeit. Sie bezauberte den Kapitän, die Besatzung und Mitreisenden und behandelte ihre Kollegen, als befänden sie sich alle auf der fahrenden Abtei Notley. Larrey entspannte sich derweil und widmete sich seiner Arbeit.

In Kapstadt wurden sie von Blumen, Nachrichten, Presse und Verehrern begrüßt, auch von Ivor Novello, Gwen Ffrangcon-Davies (mit der zusammen Larry in den zwanziger Jahren in Birmingham engagiert gewesen war) und Vanessa Lee, die alle im Alhambra Theatre in einem Stück von Novello – *Perchance to Dream* – auftraten. Vivien freute sich über das Wiedersehen und war in Hochform.

»Vivien steht der New Look in Schwarzweiß wunderbar«, trug Larry in sein Tagebuch ein. »Ivor brachte uns in seinem Wagen zum Alhambra, wo wir uns die Vorstellung ansahen. Unwahrscheinlich, die lange Reise nach Kapstadt gemacht zu haben, um das Stück zu sehen. (Es war in der vergangenen Saison in London gelaufen.) Beim Betreten des Zuschauerraums mächtiger Applaus für uns.«

Wohin sie ging, da wurde Scarlett O'Hara erkannt. Autogrammsammler folgten ihnen. Anhänger umringten sie. Es war eine Andeutung dessen, was sie in Australien zu gewärtigen hatten. *Gone With the Wind* war mit zunehmendem Erfolg so etwas wie ein Klassiker geworden. Erst kürzlich war der Film in den befreiten Städten Europas, in Paris, Amsterdam, Wien, zum erstenmal gezeigt worden. Überall sonst lief er immer wieder im Kino. Vivien genoß ihre Berühmtheit, die Wiedereinsetzung zum Star.

Während ihres zweitägigen Aufenthalts in Kapstadt war der flache Gipfel des Tafelbergs von dem weißen Nebel umwalt, den man »Tischdecke« nennt; aber sie ließen sich deswegen keine Sehenswürdigkeit entgehen.

Der Fuß schmerzte Larry immer noch; dennoch begleitete er Vivien zum Botanischen Garten, zum Aquarium, zu den Kathedralen, der Nationalgalerie, zu der alten Burg und freute sich an ihrem eifrigen Interesse.
Im Hause des Oberkommissars wurde für sie ein Abschiedsfest veranstaltet, bevor die *Corinthia* weiterfuhr nach Perth, wo sie am Montag, dem 15. März, fahrplanmäßig um acht Uhr morgens anlegte. Hier herrschte eine unvorhergesehene Hitzewelle.
Vivien lächelte gewinnend in die Kameras und begrüßte die Journalisten herzlich. Die Australier verliebten sich sofort in sie.
In Perth spielten sie in einem Kino, wo zum erstenmal eine Theatervorstellung stattfand. Garderoben gab es nicht. Sie schirmten die Bühne auf beiden Seiten ab. Vivien beschwerte sich nicht, sie half sogar beim Ausbügeln der Kostüme. Als Larry den ungeheuer großen Zuschauerraum sah, sagte er: »Am besten kostümieren wir uns als Christen und werfen uns den Löwen vor.« Während er in der unerträglichen Hitze spielte, schmerzte ihn der Fuß, aber Larry wirkte Wunder auf der engen Bühne. Wieder wurden sie überall, wohin sie gingen, gefeiert, weniger als Filmstars, sondern wie königliche Hoheiten.
Bei der Eröffnungsvorstellung am 20. März des Stückes *The School for Scandal* ernteten sie überwältigenden Applaus. Erst am 27. war Larrys Fuß so weit gebessert, daß er in dem Stück einige Tanzschritte machen konnte. Er fühlte sich in seiner Rolle als Sir Peter nicht recht wohl und empfand sich eher als Fehlbesetzung, obwohl er sich ehrlich bemühte, den alten, eigensinnigen Mann glaubhaft darzustellen.
Er begann, seine neue Würde als Leiter einer Theatertruppe und als Sir Laurence als Last zu empfinden. Seinem Freund Peter Cushing, mit dem er schon im *Hamlet* zusammen aufgetreten war, vertraute er an: »Niemand hat den Mut, mir ehrlich zu sagen, ob meine Leistung meinem Ruf entspricht. Ich wünschte, die Kollegen täten es, denn wir brauchen ja alle ein Echo, und es hilft mir nicht weiter, wenn mir gesagt wird, ich sei heute abend glänzend gewesen. Das kann man ja gar nicht immer sein.«
Bei der letzten Vorstellung in Perth herrschte unglaublicher Jubel. Mehr Leute als je zuvor standen am Bühnenausgang, und eine Polizei-Eskorte auf Motorrädern mußte den Weg zum Flughafen bahnen, wo dann eine riesige Menschenmenge der Truppe nachwinkte, die nach Adelaide weiterflog.
In *The Skin of our Teeth* war Larry als Mr. Antrobus Viviens Partner, und die Presse führte einen kleinen Privatkrieg für und wider seine Darstel-

lung. Aber Vivien eroberte Adelaide uneingeschränkt. Die Presse nannte sie »Miß Vivien B«, weil sie so voll von lächelnder Energie war. Larry trug in sein Tagebuch ein: »V ist wundervoll, besser denn je.«
Sie waren wieder das weltberühmte Liebespaar. Keiner konnte die Augen vom andern abwenden. Sie unternahmen Ausflüge zu zweit. Vivien war begeistert von der Umgebung und schrieb an Hugh Beaumont: »Wir fuhren durch die denkbar schönste Landschaft... große, seichte blaue Seen, umgeben von glitzerndem weißem Sand, schwarzen und weißen Zweigen, die ins Wasser hinausragen, und überall Vögel aller Arten. Dann durch große Wälder zum Mount Gambier, wo wir in einem sehr sonderbaren Hotel übernachteten. Um Mitternacht schlug die Uhr achtzehnmal, und alle zwei Stunden wurde Feueralarm gegeben, nur um zu sehen, ob das arme alte Ding noch stand (und damit wir es wußten).«
Am 19. April trafen sie in Melbourne ein, und abermals bereiteten ihnen Presse und Publikum einen herzlichen Empfang. Allerdings mußten sie eine Pressekonferenz geben. »V schmiß die ganze blödsinnige Zeremonie mit unüberbietbarem Charme«, notierte Larry. Als Vivien, die steife Förmlichkeit nicht ausstehen konnte, beim Betreten des Konferenzzimmers die aufgestellten Stuhlreihen sah, schob sie alle Stühle durcheinander, so daß die Teilnehmer stehen und herumgehen mußten, als ob sie Gäste bei einer Cocktailgesellschaft wären.
In Canberra war es ungefähr das gleiche, allerdings mit einem noch schrecklicheren Benefizauftritt im Kino Capitol zugunsten der Sammlung »Nahrung für Großbritannien«, mit »Bogenlampen, zwei Wochenschau-Kameras, vier Mikrofonen, 2000 Leuten. Vivien sah wunderschön aus in Hellgrün und einer roten Rose am Gürtel. Im 116. Sonett blieb sie stecken, fand sich aber rasch zurecht«.
In Melbourne waren sie zwei Monate engagiert, und die drei Stücke wurden abwechselnd gespielt. Danach kamen Sydney, dann Brisbane an die Reihe. Sie waren sechs Monate unterwegs, und Vivien bekam Heimweh, übrigens das ganze Ensemble. Die Menschenmengen, die Empfänge und Reden hörten nicht auf. Von Brisbane flogen sie nach Auckland, wo sie in elf Tagen neun Vorstellungen gaben. Nach der letzten Vorstellung flogen sie am folgenden Tage zweitausend Kilometer nach Christchurch, wo am nächsten Abend die erste Vorstellung stattfand. Das Knie, das Larry sich in Sydney bei der Duellszene in *Richard III.* verletzt hatte, wurde ihm hinderlich. Acht Tage später, nach zwölf Vorstellungen, ging es weiter nach Duneden, wo sie schon am Tage ihrer Ankunft spielen mußten.

Inzwischen litt Larry große Schmerzen. Als er nach der Premiere, gestützt von Vivien, vor einem Reporter stand, sagte er: »Sie wissen es vielleicht nicht, aber Sie sprechen mit zwei lebenden Leichnamen.«
Tags darauf wurde er am Knie operiert, und er blieb im Krankenhaus, während die Truppe ihr Engagement in Neuseeland absolvierte, wo Larrys Rollen in zweiter Besetzung gespielt wurden. Der Oktober kam und mit ihm die Regenzeit. Die *Corinthia* lag in der Werft in Wellington auf Dock und wartete darauf, die siegreiche und erschöpfte Old-Vic-Truppe nach Hause zu bringen. Vivien stand in ihrem nassen Regenmantel am Pier und sah zu, wie Larry auf einer Bahre aus dem Krankenwagen gehoben und in einer Segeltuchschlinge von einem Kran an Bord gehißt wurde.

Die Heimfahrt verlief im Gegensatz zu der ersten fröhlichen Seereise unter ungünstigen Umständen. Das Schiff rollte und schlingerte fortwährend. Es schien fast keine Sonne, und was am schlimmsten war: Vivien erhielt die Nachricht, daß ihre Katze New überfahren worden war. Aber Larrys Knie heilte, sie brachten dem Regierungsrat rund zweiundvierzigtausend Pfund mit, und es wurde geplant, das New Theatre im Januar 1950 wiederzueröffnen. *The Skin of our Teeth* sollte durch *Antigone* ersetzt, *Richard III.* und *The School for Scandal* auf dem Spielplan beibehalten werden.
Vivien hatte sich schon längst gewünscht, die Antigone zu spielen, aber Larry nicht dazu überreden können, das Stück für die australische Tournee anzusetzen. Sie war überglücklich, daß es nun doch auf den Spielplan kam.

Neuerdings beschäftigten sie tragische Heldinnen in besonderem Maße. Am 3. Dezember 1947, nicht lange vor der australischen Tournee, war in New York Tennessee Williams' Schauspiel *Streetcar Named Desire (Endstation Sehnsucht)* uraufgeführt worden. Cecil Beaton hatte das Stück gesehen und sie angerufen, um ihr zu sagen, darin sei eine ideale Rolle für sie. Kurz vor der Abreise hatte sie sich ein Exemplar beschafft und das Stück unterwegs mehrmals gelesen, so daß das Buch ebenso zerfleddert war wie damals der Roman *Gone With the Wind*.
An einem grauen Herbsttag fuhren sie vom Hafen nach Durham Cottage. Zu Viviens großer Freude hatte Larry es so eingerichtet, daß zu Hause ein neues Siamkätzchen sie erwartete. Vivien ließ die Kisten und Koffer

mit den mitgebrachten Bumerangs, Bildern, geschnitzten Messern und Teddybären stehen, nahm das scheue Geschöpfchen in die Arme und streichelte es, bis es zufrieden schnurrte. Dann trug sie es in ihr Schlafzimmer, zusammen mit der einzigen Neuerwerbung, die für sie Bedeutung zu haben schien – dem zerlesenen Rollenbuch von Tennessee Williams' Stück.

Außer Scarlett O'Hara hatte sie sich noch nie eine Rolle so glühend gewünscht wie die der Blanche DuBois.

Zwanzigstes Kapitel

Die übergroßen Betten in Durham Cottage und in Notley, deren Kopfbrett mit Amoretten bemalt war, könnte man als Heiligtum bezeichnen. Die Satinbezüge durften keine Falte aufweisen, die polierten Holzrahmen kein Stäubchen. Aus den Gegenständen auf Viviens Nachttisch war zu ersehen, ob sich Vivien zu Hause aufhielt oder nicht, denn Larrys Bild und die Schachteln mit den Andenken waren für sie heilig und begleiteten sie überallhin. Ihren »Oscar« für *Gone With the Wind* hatte sie ursprünglich auf dem Kaminsims im Wohnzimmer von Durham Cottage aufgestellt, bis sie merkte, daß Larry ihn nicht gern sah, weil er ihn daran erinnerte, daß er keinen errungen hatte. Doch seit er für *Hamlet* ebenfalls einen »Oscar« und für *Heinrich V.* einen Sonderpreis gewonnen hatte, standen die drei Statuetten nun im Schlafzimmer von Durham Cottage in einer Vitrine.
Wieder einmal waren sie das leidenschaftliche Liebespaar. Australien war heilsam gewesen. Die überwältigenden Ovationen, die prunkvollen Empfänge und die gezollten Tribute hatten Viviens Selbstvertrauen ebenso erneuert wie ihren Glauben, daß Larry nun der König der Schauspieler geworden war. In gewisser Weise betrachtete sie sich als seine Königin, aber in Wirklichkeit spielte sie die Rolle einer treuen Magd. Larry behandelte sie mit neuem Kollegenrespekt, zweifellos weil sie sich in *Antigone* als überzeugende Tragödin erwies.
Vivien hatte sich dafür eingesetzt, daß Jean Anouilhs Dramenfassung des Sophoklesschen Klassikers in den Spielplan des Old Vic für die Saison 1949 aufgenommen wurde. Auch mit diesem Stück hatte Anouilh einen antiken Stoff für die moderne Dramatik fruchtbar gemacht und den Schauplatz nach Frankreich zur Kriegszeit verlegt. Wenn der Vorhang aufging, saß Vivien mit blassem Gesicht und wilden Augen im Hintergrund der Bühne, während Olivier als Sprecher, der den Chor vertrat, in

moderner Abendkleidung vorn stand und das tragische Schicksal beschrieb, das die Götter ihr zugedacht hatten. Sie spielte die Rolle sehr kraftvoll, und Larry mußte ihre Eignung zur Bühnenschauspielerin anerkennen. Zwei Monate nach ihren ersten Auftreten als Antigone willigte er begeistert ein, *A Streetcar Named Desire* zu inszenieren und Vivien die Rolle der Blanche DuBois anzuvertrauen.

Vivien hatte sich von jeher zu Gestalten weitgespannten Ausmaßes hingezogen gefühlt – Scarlett, Emma Hamilton, Cleopatra, Antigone und jetzt Blanche, lauter Frauen, deren Leidenschaften Stoff für Dramatik auf Bühne oder Leinwand boten. Tennessee Williams sagt von Blanche: »Sie ist ein dämonisches Geschöpf, ihre Gefühle sind zu stark für sie, um sie ohne Furcht in Wahnsinn zu bewältigen.« Vivien wurde zunehmend besessen von Blanche, die sie noch intensiver verstehen konnte als Scarlett. Blanche unterschied sich von allen Gestalten, die sie bisher verkörpert hatte, und war eine ganz andere Frau als Scarlett. Aber beide waren echte Töchter einer romantischen Tradition, die nostalgische Trauer um den Verlust der Vergangenheit hegten. Wie Vivien selbst lebte Blanche in einem Dämmerraum zwischen sich und der Wirklichkeit mit gespannten Nerven – eine Frau, die um ihren Wahnsinn weiß, aber außerstande ist, die weißen Säulen und die gepflegten Rasenflächen der Vergangenheit heraufzubeschwören, während sie Qualen leidet.

»Jeder Mensch«, sagt Blanche zu ihrem bulligen Schwager Stanley Kowalski, »hat etwas, das andere nicht berühren dürfen, weil es dem persönlichen Bereich angehört.«

Da Vivien Jessica Tandy in der New Yorker Vorstellung nicht gesehen hatte, entsprang das Bild, das ihr von Blanche vorschwebte, ihrer eigenen Interpretation des Stückes. Tennessee Williams' Regieanweisungen und die Aufführung in New York unterschieden sich stark in einem Punkt, nämlich in den Kostümen. Williams schreibt für Blanche ziemlich schlampige Kleider vor (ein abgetragenes Fastnachtskostüm, einen dunkelroten Seidenkimono), aber Lucinda Ballard, die New Yorker Kostümentwerferin, hatte Blanche als zarte, unsichere Frau gesehen und in mottenweißen und geblümten Organdy gekleidet. Zu Larrys ersten Entscheidungen gehörte die Bestimmung, sich an die Kostümbeschreibungen des Autors zu halten. Das war natürlich ein ganz anderes Blanche-Konzept als in New York und mag vorwiegend zu den Angriffen beigetragen haben, mit denen das Stück bei der Erstaufführung im Aldwych Theatre am 11. Oktober aufgenommen wurde.

Die Kritiker bezeichneten Blanche als Nymphomanin und Dirne; im Unterhaus wurde das Stück als »niedrig und widerlich« gebrandmarkt und vom öffentlichen Dienst für Moral verurteilt. Die *Times* gelangte zu dem Schluß: »Das Stück bezweckt, die Vergangenheit einer Prostituierten in der Gegenwart zu enthüllen.« Aber Vivien war nie der Meinung gewesen, Williams habe über eine Prostituierte geschrieben. Für sie war Blanche eine tragische Frau, deren einsame und liebeleere Vergangenheit es ihr nicht ermöglicht, mit ihrer verblassenden Schönheit fertigzuwerden, eine Frau, die verzweifelt um eine letzte Gelegenheit zu Lebensfreude kämpft, und deren Phantastereien sie schließlich in den Wahnsinn treiben.

Das Stück enthält nur eine einzige Anspielung auf Blanches mögliche amoralische Vergangenheit. Stanley erklärt: »Schwesterchen Blanche ist keine Lilie«, und ergeht sich dann in ein wenig Klatsch, den ihm ein Arbeitskollege geliefert hat, der angeblich oft in ihre Heimatstadt gereist ist. Dort soll sie als Nymphomanin und Alkoholikerin verschrien gewesen und deshalb von der Schule und aus dem Ort gewiesen worden sein. Er schmückt den Bericht aus: »Sie wurde vor dem Ende des Quartals ihres Lehramts enthoben, weil sie sich mit einem Siebzehnjährigen eingelassen hatte.«

Larry fand die Inszenierung sein schwierigstes Unternehmen. Irene Selznick, jetzt von David geschieden und selbständige Produzentin, die *Streetcar* in New York produziert hatte, kam nach London und geriet sofort mit Larry in Streit wegen der Streichungen, die er vorgenommen hatte, um die Handlung des Stückes voranzutreiben. Er hatte auch Auseinandersetzungen mit der Zensur, die sich dagegen verwahrte, daß Blanche ihren jung verstorbenen Ehemann als homosexuell bezeichnet, obwohl gerade dieser Punkt wichtig ist zum Verständnis der ganzen Gestalt. Schließlich durfte Vivien nur andeuten, es habe da ein Problem gegeben, und dann schluchzend zusammenbrechen, worauf es jedem Zuschauer überlassen blieb, das Problem zu erraten. Weitere Konflikte ergaben sich, als Elia Kazan, der die Uraufführung inszeniert hatte, nach London kam, um hier Arthur Millers neuestes Stück *Death of a Salesman (Der Tod eines Handlungsreisenden)* einzustudieren. Larry hatte Kazans Regiebuch mit allen Eintragungen erhalten. Er wollte sich nicht danach richten, aber man setzte ihm fortwährend zu, Kazans Regieanweisungen seiner eigenen Inszenierung einzuverleiben. Das belastete sein Gewissen, und schließlich ließ er im Programm unter seinem Namen als Regisseur eintragen: »Nach der Aufführung in New York.«

»Vivien Leigh treibt auf einer Flut von starken Worten dem Untergang entgegen«, schrieb der *Times*-Kritiker. »Ihre Leistung ist in Anbetracht der Gedächtnisarbeit eindrucksvoll. Sie ist auch eindrucksvoll wegen der eindringlichen Gestaltung eines langsam zerrüttenden Geistes. Sie ist absurd, sie ist unzähmbar, sie ist verloren. Ihr Spiel gewinnt an Intensität, während sich das Gewaltsame der Handlung vertieft.«
Die Aufführung wurde zwar sehr gelobt, aber viele Zuschauer fanden die Handlung obszön und äußerten ihre Enttäuschung, daß Vivien in einem so »schmutzigen« Stück auftrat. Vivien ließ sich davon nicht anfechten und erzählte gern, was sie von einer der Teeverkäuferinnen gehört hatte. Als das Mädchen in der Pause durch die Reihen ging, um Tee zu verkaufen, erhob sich eine Zuschauerin und sagte laut: »Nein, für dieses Stück gebe ich keinen Penny mehr aus!«
Inzwischen kauften Warner Brothers die Filmrechte. Sowohl Kazan als auch Irene Selznick fanden, Vivien müsse die Blanche auf der Leinwand darstellen. Aber wenn Larry nicht das Angebot angenommen hätte, neben Jennifer Jones (jetzt Frau David O. Selznick) die männliche Hauptrolle in William Wylers Verfilmung von Theodore Dreisers Roman *Sister Carrie (Schwester Carrie)* zu übernehmen, hätte sich Vivien sicher nicht für den Film verpflichtet. So aber konnten sie in Hollywood zusammen sein.
Kurz nach Unterzeichnung des Vertrags flog Lucinda Ballard nach London, um mit Vivien die Kostüme zu besprechen. Kazan, der Regie führen sollte, sah das als eine etwas heikle Angelegenheit an (Olivier hatte ja Lucindas Kostüme für die Londoner Aufführung eisern abgelehnt) und wollte sie regeln, bevor Vivien nach Hollywood kam.
Lucinda und Vivien trafen sich zum erstenmal auf einer Gesellschaft, die Ivor Novello gab. Als Lucinda Vivien sah, saß Vivien mit Danny Kaye auf einem karminroten Sofa. Die beiden tuschelten und lachten miteinander, doch sowie Ivor sagte: »Das ist meine liebe Lucinda«, blickte Vivien auf und erhob sich »wie ein braves kleines Mädchen«, und Lucinda Ballard, eine Nachfahrin des Präsidenten Jefferson Davis, war sofort beeindruckt von ihren tadellosen Umgangsformen und ihrer außergewöhnlichen Schönheit. Vivien lächelte bei der Begrüßung ganz ungezwungen – ein so bezauberndes Lächeln hatte Lucinda noch nie gesehen. Es verlieh Vivien etwas Eifriges und gleichzeitig süß Unschuldiges, das sie im Verein mit ihrer auffallenden Schönheit einzigartig machte.
Noch mehr als von der Schönheit wurde Lucinda von Viviens heiterem,

temperamentvollem Wesen angezogen, von der Art, wie sie so spannend erzählen konnte. An der Gesellschaft nahm auch Robert Helpmann teil, und Vivien brachte alle zum Lachen, als sie eine Anekdote von ihrem gemeinsamen Auftreten im *Sommernachtstraum* erzählte: Eines Abends besuchte die königliche Familie mit den beiden kleinen Prinzessinnen die Vorstellung, und Vivien und Helpmann wandten sich ihrer Loge zu, um sich vor ihnen zu verneigen. Zu ihrem großen Schrecken verhakten sich ihre wunderbaren Kopfputze, und sie konnten sich nicht voneinander lösen. Vivien lächelte der königlichen Familie krampfhaft zu, während sie sich enger an Helpmann schmiegte, und beide gingen rückwärts von der Bühne ab, Vivien in einer Haltung, die so wirkte, als wüchse ihr gekröntes Haupt aus dem Hinterteil hervor.

Lucinda mit ihren kupferroten Locken und ihrer sommersprossigen hellen Haut hatte eine kindliche Offenheit und Begeisterungsfähigkeit, womit sie Vivien gewann, und es dauerte nicht lange, bis die beiden Frauen gute Freundinnen wurden. Lucinda brachte ihre Kostümentwürfe nach Notley. England unterstand immer noch der Rationierung, aber das Essen, die Bedienung und die Atmosphäre in Notley waren so auserlesen, daß sie sich in die Vorkriegszeit zurückversetzt fühlte. Ohne jemals vom Schwarzmarkt Gebrauch zu machen, verstand Vivien es, allerdings mit Einfallsreichtum und unter großer Mühe, es so einzurichten, daß es ihren Gästen an nichts fehlte. Bevor Lucinda in die Vereinigten Staaten zurückkehrte, hatte sich Vivien mit allen Kostümentwürfen einverstanden erklärt.

Bei allem Einvernehmen verstand Lucinda Viviens Beziehung zu Larry nicht. Man merkte, daß Vivien sich ihm unterlegen fühlte, daß sie ihn vergötterte und von der Befürchtung gequält wurde, sie könnte ihm nicht gefallen. Es war Lucinda unbegreiflich, daß eine Frau, die sogar ohne Aufmachung von hinreißender Schönheit war, kummervoll sagen konnte: »Larry findet meine Beine zu dick.« Lucinda fand das unverständlich.

Die Geldfrage war bei der Annahme der beiden Filmangebote in erster Linie bestimmend gewesen. Larry hatte kürzlich die Laurence Olivier Productions gegründet und damit seinen lebenslänglichen Wunsch verwirklicht, sein eigener Theaterdirektor zu sein. Dem Vorstand gehörten Vivien, Alexander Korda, Anthony Bushell und der Bühnenbildner Roger Furse an. Nach langer Suche wurde das St. James' Theatre übernommen, einst ein Juwel unter den Londoner Theatern, das im Verlauf der Jahre seine Vormachtstellung eingebüßt hatte. Larry wollte ihm den früheren Glanz wiedergeben. Zu diesem Zweck scheute er keine Ausgaben für die Restaurierung. Seine erste Aufführung, Christopher Frys Verskomödie *Venus Observed (Venus im Licht)* mit Olivier als Herzog von Altair, ging 1950 sieben Monate lang erfolgreich über die Bühne (zur selben Zeit wie *Streetcar*). Aber die Produktionskosten waren so hoch gewesen, daß kein Geld eingespielt wurde. Unseligerweise mußte das zweite Stück, Anouilhs bitterböse Gesellschaftskomödie *Einladung ins Schloß*, schon nach vierzehn Tagen abgesetzt werden. Es blieb nur ein Ausweg, wenn das Unternehmen fortgesetzt werden sollte. Hollywood mußte die Rechnung begleichen, wozu Larry bemerkte: »Es wird ein Vergnügen sein, den alten Ungeheuern eine lange Nase zu machen!«

Fast neun Jahre war es her, seit sie zuletzt dort gewesen waren. Viele dramatische Veränderungen hatten sich ergeben. Vivien betrachtete sich nicht mehr als Filmstar, und sie glaubte auch nicht, daß sie Hollywood für ihre Karriere brauchte. Sie waren jetzt Sir Laurence und Lady Olivier, wodurch sie in einer Gesellschaft, die auf Glanz und Tradition Wert legte, einen ganz anderen Status hatten. Vivien mußte daran denken, wie es gewesen war, als sie von England nach Hollywood durchbrannte, um allen Hindernissen zum Trotz an Larrys Seite zu bleiben.

Mit Leigh war sie immer noch innig befreundet. Diese Beziehung verstand sie selbst nicht ganz, und sie kämpfte innerlich mit vielen gegensätzlichen Gefühlen.

In den depressiven Perioden hatte sie sexuelle Phantasien, die sie beunruhigten, weil sie glaubte, wenn sie in dieser Zeit allein wäre, könnte es sie treiben, irgendeinen Fremden auf der Straße aufzulesen, nach Hause mitzunehmen und zu verführen. Manchmal kämpfte sie gegen den Drang an, einen Taxifahrer, der sie nach Hause gebracht hatte, zu bitten, mit ihr zu kommen. Dieses Verlangen überfiel sie auch, wenn sie mit einem Lieferanten allein war. Man könnte Vergleiche mit Blanches sexuellem Verhalten in *Streetcar* ziehen; aber Viviens Bedürfnisse waren doch anders gelagert. Einsamkeit war nicht der Beweggrund. Außerdem rutschte sie niemals aus, wenn sie nicht krank war. Aber in ihr wurzelte eine Kindheitsschuld so tief, daß keiner der Psychiater, die sie konsultiert hatte, sie davon zu befreien vermochte. Der Gedanke, mit einem Mann der »Arbeiterklasse« Geschlechtsverkehr zu pflegen, schien das Schuldgefühl für kurze Zeit zu beheben. Leider ließen derartige Phantastereien ihre Spuren zurück, so daß ein Schuldgefühl vom anderen abgelöst wurde.

Sie brachte es nicht über sich, darüber mit Larry zu sprechen. Sie war überzeugt, daß um die Ecke der Wahnsinn auf sie lauerte. Dieser Gedanke ängstigte und verzehrte sie. Leigh beschwichtigte ihre Befürchtungen in erheblichem Maße. Nicht daß sie ihm ihre geheimen Gedanken und sexuellen Phantasien hätte enthüllen können. Es war einfach so, daß sie in seiner Gegenwart zu verschwinden schienen. Er bewirkte, daß sie sich frei und sauber fühlte, jung, schön, unberührt – noch unschuldig. Niemals wäre es ihr eingefallen, in seiner Anwesenheit unanständige Wörter zu gebrauchen oder ihn zu beschimpfen. Sie mochte es nicht, wenn man ihren Namen änderte; dennoch beschwerte sie sich nie, wenn er sie Vivvy nannte. Andrerseits fühlte sie sich nicht sexuell zu Leigh hingezogen, und das war ihr eine große Erleichterung. Es bedeutete, daß sie sich auf ihn verlassen konnte wie auf einen herzensguten, liebevollen Verwandten.

Suzanne war jetzt sechzehn Jahre alt, und Vivien wünschte sich sehr einen engeren Kontakt zu ihr. Suzanne wollte ebenfalls zum Theater gehen und die staatliche Schauspielschule besuchen. Anfangs versuchte Vivien, ihr das auszureden, und hielt ihr vor, daß es in England augenblicklich zwölftausend engagementslose Schauspieler gebe. In Anbetracht ihrer eigenen Erfahrungen war das eigentlich eine sonderbare Einstellung, aber Vivien glaubte nicht, daß es Suzanne gegeben war, ohne einen schrecklichen, harten Kampf zum Erfolg zu gelangen. Als sie jedoch erkannte, daß Suzanne es ernst meinte, stand sie ihr bei. Suzanne schien wegen der früheren mütterlichen Gleichgültigkeit keine Erbitterung zu hegen, was nach Viviens Meinung Leigh zu danken war. Doch sosehr sie sich auch bemühte, es ergab sich auch jetzt keine echte mütterliche Beziehung.

Mit Tarquin war es anders. Tarquin zeigte seine Gefühle und war ein empfindsamer und künstlerischer Mensch. Sie ermunterte ihn in seiner Freude am Klavierspiel und tat alles, was sie konnte, um Larrys Interesse an seinem Sohn anzuregen. Seltsam, Suzanne stand ihr nicht so nahe, wie es hätte sein sollen, und doch wünschte sie sehnlichst, daß Vater und Sohn zueinander fanden.

Tarquin war kurz vor der Premiere von *Streetcar* in Eton eingetreten. Davor hatte er in Wales in der Nähe von Snowden eine Internatsschule besucht, die in einem alten Schloß untergebracht war, wo es angeblich Geheimgänge, Geheimverstecke und Gespenster gab – ein herrlicher Aufenthaltsort für vitale kleine Jungen –, und dort war er sehr glücklich gewesen. In Eton sah das Leben anders aus. Als Oliviers Sohn und Erbe wurde viel von ihm erwartet, wozu er sich nicht befähigt fühlte. Am

schmerzlichsten empfand er es wohl, daß er klein für sein Alter war, so daß er sich im Sport nicht auszeichnete. Im Hauptfach studierte er Spanisch und Französisch, war aber kein guter Schüler.
Mit Jill stand er gut; er konnte ohne weiteres seine Freunde nach Hause mitbringen, da sie sich der Jugend anzupassen vermochte. Am meisten aber brauchte er die Bestätigung von seiten seines Vaters, und was er auch anfing, er konnte es Larry nie recht machen. Er begeisterte sich fürs Rudern und wurde trotz seinem kleinen Wuchs ein willkommenes Mitglied der Juniorenmannschaft von Eton. Er gab in der Schule Konzerte und gewann bei einem Wettbewerb den ersten Preis; aber Larry wohnte dem Ereignis nicht bei.
Die Beziehung zu ihren Eltern gab Vivien viel zu denken. Sie brachte Gertrude jetzt viel größeres Verständnis entgegen als früher. Sie wußte um die Untreue ihres Vaters, und sie ergriff Gertrudes Partei. Doch als Ernest erkrankte, wurde sie von Gefühlen ergriffen, die sich nur schwer bewältigen ließen.

Es fiel Larry nicht leicht, in London zurückzubleiben, als Vivien vorzeitig nach Newton in Connecticut reisen mußte, um dort mit Elia Kazan Besprechungen abzuhalten. Er war sich darüber klar, wie sehr sie von ihm abhing und daß die Trennung von ihm oft einen depressiven Schub verursachte. Sie war vor Beendigung ihres Engagements im Aldwych Theatre »krank« geworden und hatte in *Streetcar* vertreten werden müssen. Doch inzwischen hatte sie sich erholt, und in der letzten Zeit hatte es keine der kleinen Anzeichen gegeben, die einen Schub ankündigten. In der Hoffnung, daß die »Anfälle« überstanden sein könnten, brachte er Vivien zum Flughafen.
Vivien hegte große Bewunderung für Kazan, der bei dem Film *A Streetcar Named Desire* Regie führen sollte. Zum erstenmal hatte sie ihn 1938 in London als Eddie Fusili in *Golden Boy* gesehen und sich seinetwegen die Vorstellung mehrmals angeschaut. Kazan wollte das Theaterstück wortgetreu verfilmen, auch die von Larry gestrichenen Stellen, und Vivien ging mit ihm Zeile um Zeile des Dialogs durch. Auch mit der Hollywooder Zensur, dem sogenannten Breen-Amt, hatte es Unannehmlichkeiten gegeben, und wie bei der Aufführung in London mußte die Erwähnung der Homosexualität wegfallen. Williams bearbeitete nun die Stelle, so daß sie zwar die Zensur passieren, aber ihren ursprünglichen Sinn behalten würde.

In der Interpretation von Blanches Motiven gingen Viviens und Kazans Meinungen auseinander, und es sah aus, als ob es zu keiner Übereinstimmung kommen würde. (Er fand sie »sehr anmutig, intelligent und schlau genug, nicht immer das auszusprechen, was sie dachte«.) Nach zwei Tagen als Gast in seinem Haus fuhr Vivien mit der Eisenbahn nach Kalifornien und machte unterwegs in Wisconsin halt, um Alfred Lunt und Lynn Fontanne zu besuchen. Vivien hatte sich mit Lynn immer aussprechen und ihr viele ihrer Befürchtungen anvertrauen können. Neuerdings war sie besessen von dem Gedanken, Larry könnte ihr untreu sein. Beide Frauen waren sich darin einig, daß es ihnen viel lieber wäre, wenn ihr Mann homosexuelle Affären hätte statt heterosexueller, und keine von ihnen fühlte sich imstande, mit der Kränkung fertig zu werden, die ihnen durch eine andere Frau zugefügt würde.

Tennessee Williams, mit dem Vivien in Hollywood zusammentraf, arbeitete immer noch an dem Drehbuch. Besondere Schwierigkeiten bereitete ihm die neunte Szene des Stücks, in der Blanche hysterisch »Feuer! Feuer! Feuer!« schreit. Das Breen-Amt erhob dagegen Einspruch mit der Begründung, das Publikum im Kino könnte dadurch in Panik geraten. Außerdem hatte er Probleme mit den Szenen, die von der Homosexualität des verstorbenen Ehemannes, von Blanches angeblicher Promiskuität mit Soldaten und Matrosen und ihrem vermeintlichen Verhältnis zu einem Siebzehnjährigen handeln.

In der zweiten Augustwoche konnte der Film in Produktion gehen, und Vivien wurde der Presse in Jack L. Warners Privatspeisezimmer des Studios, das seinen und seines Bruders Namen trug, als Blanche entschleiert. Sie trat an Kazans Arm ein, in einem der von Lucinda entworfenen Kostüme – einem getupften Negligé – mit einer strohblonden Perücke. Bei dieser Gelegenheit lernte sie ihren Partner Marlon Brando kennen. Brando trug braune Slacks und ein Leibchen; sein blondes Haar war dunkel gefärbt, wie Lucinda es auch für die Theateraufführung gewünscht hatte.

Vivien unterhielt sich mit ihm über sein Auftreten in *Antigone* mit Katharine Cornell – er hatte den Boten gespielt, sie beantwortete die Fragen der Journalisten ohne Umschweife und verwahrte sich dagegen, von ihnen mit Lady Olivier angeredet zu werden. »Ihre Ladyschaft scheißt auf derartige Förmlichkeiten«, sagte sie zu einem Reporter, »und möchte lieber als Vivien Leigh bekannt sein.« Der neben ihr stehende Filmproduzent Charles K. Feldman lachte nervös.

Man stellte ihr merkwürdige Fragen: »Was wurde Ihrer Ansicht nach aus Scarlett O'Hara, nachdem Rhett Butler sie sitzengelassen hatte?«
»Wahrscheinlich ein besserer Mensch, aber ich glaube nicht, daß sie Rhett Butler jemals zurückgewonnen hat.«
Ob sie sich von Sir Laurence abhören lasse?
»Nein, ich lerne meinen Text immer allein.«
Ob sie sich von Sir Laurence vorsprechen lasse?
»Ja, das ist herrlich, weil ich dabei einschlafe.«
Ob sie oft ausgehe?
»Samstags und manchmal an zwei Abenden in der Woche.«
Ob sie glaube, daß das amerikanische Publikum es übelnehmen werde, daß sie wieder eine Südstaatlerin spielt?
»Viele Amerikaner sahen mich in derselben Rolle in London auf der Bühne, und da ich keine bösen Briefe erhielt, müssen sich ihre Ohren nicht verletzt gefühlt haben.«
Vivien erklärte auch: »*Streetcar* ist ein ganz, ganz herrliches Stück ... Die Rolle ist sehr anstrengend, jedenfalls auf der Bühne ... Es schmeichelt mir sehr, daß Herr Kazan mich genommen hat ...«
»Himmel, habe ich einen Hunger«, stöhnte Vivien schließlich nach fast einstündiger Befragung.
Brando stieß sie von hinten an. »Gehen Sie und fressen Sie los«, riet er ihr und schlenderte selbst zum Büfett.
Kurz vor dem Beginn der Dreharbeiten kam Larry an, zusammen mit Suzanne, die mit der höheren Schule fertig war und Ferien machte, ehe sie in die Royal Academy of Dramatic Act eintrat. Sie bezogen ein Herrschaftshaus mit großem Schwimmbecken, das außer Suzanne niemand benutzen konnte, weil keine Zeit für Ruhestunden blieb. Larry mußte sofort mit den Dreharbeiten für *Carrie* anfangen. Suzanne sah ihre Mutter nur in der Mittagspause, wo sie zusammen mit Viviens Sekretärin Sunny Lush in der Garderobe aßen. Ihre Mutterrolle war für Vivien eine zusätzliche Bürde, zumal sie sich nicht sehr gut vertrugen.
Kazan hatte Blanche, im Gegensatz zu Vivien, als einen unsympathischen Menschen gesehen und sich nicht umstimmen lassen. Die beiden ersten Wochen vergingen im Leerlauf. Dann lösten sich die Meinungsverschiedenheiten plötzlich auf. Kazan behauptete, er habe Vivien bekehren können; Vivien erklärte in Interviews, er teile nun ihre Ansicht. Jedenfalls wurden die Spannungen dadurch behoben, daß Vivien sich einverstanden erklärte, die Sequenzen des nächsten Tages am Abend nicht mehr mit

Larry durchzuarbeiten. Kazan schob die Schuld an ihrer theatralischen Darstellung in den ersten Wochen auf Larrys »Oberaufsicht«.
Am wichtigsten fand Vivien an Blanches Charakter ihren lebhaften Geist und ihre Phantasie. Sie wollte mit ihrer Interpretation erkennen lassen, wie Blanche mit siebzehn Jahren gewesen war, als sie ihren Mann liebte. Der Schlüssel zu ihr waren die Worte ihrer Schwester Stella: »Niemand, niemand war zartfühlender und vertrauensvoller als sie.« Die Art, wie diese Worte gesprochen werden sollten, schufen eine breite Kluft zwischen Vivien und Kazan. Sie vertrat die Meinung, »zartfühlend« und »vertrauensvoll« müßten betont werden, weil sie eben eine zartfühlende und vertrauensvolle junge Blanche erstehen ließen, im Gegensatz zu dem, wie sie geworden war: zynisch, hart, irre.
Während der dreimonatigen Dreharbeit konnte Vivien es kaum erwarten, morgens ins Studio zu kommen, und wie bei *Gone With the Wind* ging sie abends als letzte. An Williams' endgültigem Drehbuch durfte nichts mehr geändert werden, und sowohl die Schauspieler als auch die Techniker widmeten sich ganz der Aufgabe, es bis in die kleinste Einzelheit lebendig werden zu lassen. So fragte der Requisiteur Vivien: »Was, glauben Sie, hat Blanche auf ihrem Nachttisch?« Sie entschied, es müsse etwas aus ihrer Jugendzeit sein, eine Ballkarte, ein Geschenk von einem Verehrer, ein Bild ihres Elternhauses.
Sie liebte Kim Hunter, die die Stella spielte; aber zwischen Brando und ihr bestanden anfangs Spannungen. Sie fand ihn affektiert, er fand sie spießig und kleinlich.
»Warum sind Sie so scheißhöflich? Müssen Sie denn jedem einen beschissenen guten Morgen wünschen?« fragte er sie. Er konnte nicht verstehen, wie wichtig gute Umgangsformen für sie waren. Aber nach einer Weile freundeten sie sich miteinander an. Brando gab mit angenehmer Stimme den Kollegen Volkslieder zum besten und imitierte Olivier als Heinrich V. Larry war schwer zu imitieren, doch Brando machte seine Sache vortrefflich.
Larry sorgte sich wieder, weil Vivien sehr wenig schlief und fortwährend Blanche im Kopf hatte. Manchmal schien es, als glaubte sie Blanche zu sein. Larry unterstand selbst einem Druck, denn obwohl er Wyler bewunderte, dünkte es ihn, daß die *Carrie*-Verfilmung ein Mißgriff sei, und er fand seine Rolle zu blaß, nicht dramatisch genug. Außerdem beschäftigten ihn die zukünftigen Aufführungen für ein Film-Festival – schon in sechs Monaten –, für die er verantwortlich war. Jeden Abend lasen er und

Vivien Stücke von Priandello, Sheridan und Shaw, bis ihnen die Buchstaben vor den Augen verschwammen.

Als Sylvia Fine und Danny Kaye beschlossen, den Oliviers zu Ehren im Hotel *Beverly Hills* ein Fest zu veranstalten, freute sich Larry, weil er glaubte, Viviens zunehmende Nervosität würde dadurch gelindert. Das Ehepaar Kaye wollte keine Produzenten einladen und die Gästeliste auf 150 Personen beschränken. Eine Einladung zur »Party zu Ehren von Sir Laurence und Lady Olivier« wurde in Hollywood zu einem Statussymbol. Jeder fragte argwöhnisch jeden, ob der andere eingeladen sei, und Vivien wurde von Bekannten mit der Bitte bedrängt, ihnen eine Einladung zu verschaffen. Das wurde ihr bald unerträglich, so daß sie sich mit Sunny in ihre Garderobe einschloß und weinte. Sie bat Larry, mit den Kayes zu sprechen, sie sollten die ganze Sache abblasen; aber er betrachtete das als einen unverzeihlichen Verstoß gegen die Etikette, und sie mußte ihm schließlich recht geben.

Das Fest fand im großen Ballsaal des Hotels statt, der von Kristall und Gold glitzerte. Ein erhöhtes Orchester mit verstärkten Streichinstrumenten spielte im Hintergrund, und es schienen mehr befrackte Kellner zugegen zu sein als Gäste. Danny Kaye, im Smoking und mit rotgefärbtem Haar (für eine Rolle in einem Farbfilm) begrüßte jeden Ankömmling. Vivien wurde an ihre Vorstellung bei Hofe erinnert, und obwohl sie Gesellschaften liebte, schlug die Angeberei dieser Veranstaltung bei ihr eine falsche Saite an. Freilich, es war alles höchst elegant. Männlein und Weiblein, die sich für die Creme de la Creme von Hollywood hielten, stolzierten wie Pfauen umher, und jede Dame schien mehr Juwelen zu tragen, als die britische Krone ihr eigen nannte. Vivien sah sehr vornehm aus in einem grünen Kleid, das ihre Augen wie dunkle Smaragde leuchten ließ. Sie lächelte, sie lachte, sie flirtete; aber sie war nicht glücklich. Es störte sie, daß Larry sich offensichtlich amüsierte, daß Danny Kaye seine Frau überhaupt nicht beachtete, ja, daß sie und Larry als Vorwand für eine Gesellschaft benutzt wurden.

Kein Gast durfte ohne Begleitung oder mit einem Uneingeladenen erscheinen; deshalb trat Lucinda Ballard, die seit kurzem in Howard Dietz verliebt war, in Begleitung von Otto Preminger auf, der ziemlich stutzerhaft wirkte. In einem geeigneten Augenblick kurz vor dem Aufbruch teilte Lucinda den Oliviers mit, sie habe sich mit Howard Dietz verlobt. Zum erstenmal an diesem Abend war Vivien wirklich froh. Sie umarmte Lucinda strahlend. »Oh, wie wundervoll, liebe Cindy!«

Larry hingegen bemerkte: »Was? Mit dem Reklametrommler?« (Er erinnerte sich an Dietz von der *Gone-With-the-Wind*-Uraufführung in Atlanta her.)
»Howard Dietz ist einer der besten amerikanischen Lyriker«, entgegnete Vivien scharf, drehte sich um und verließ ärgerlich den Saal. Das war eines der wenigen Male, wo die Oliviers sich in der Öffentlichkeit stritten.

Als die Hauptsequenzen abgedreht waren, machte Vivien mit Kazan eine Eisenbahnreise nach New Orleans. Trotzdem kamen sie sich nie nahe. Ihre Beziehung drehte sich nur um die Arbeit. Kazan merkte zwar das extreme Auf und Ab ihrer Stimmungen, doch da sie bei der Arbeit glücklich war, ja sogar dabei aufblühte, kümmerte er sich nicht darum. Er hielt sie von Anfang an für eine große Schönheit, die von etwas verzehrt wurde, das sie vergeblich zu beherrschen suchte, und dieser Eindruck blieb ihm vom ersten bis zum letzten Tag der Dreharbeiten.
Sobald Larry mit dem *Carrie*-Film fertig war, wollten sie abreisen, aber Vivien konnte sich mit dem Gedanken eines langen Fluges nicht vertraut machen. Da zu dieser Zeit keine Ozeandampfer von San Francisco abfuhren, buchten sie eine Passage auf einem französischen Frachtschiff, der *Wyoming*. Zusammen mit fünf anderen Passagieren, 40 000 Kisten Äpfel, 10 000 Kisten Ölsardinen und 2000 Baumwollballen stampften sie durch eine rauhe Wintersee, in der Vorfreude auf ein Weihnachtsfest zu Hause.

Einundzwanzigstes Kapitel

Die Proben für die Aufführungen zum Festival of Britain mußten sofort anfangen, wenn der Spielplan rechtzeitig stehen sollte; aber Larry und Vivien hatten noch kein Stück gefunden, das ihnen gleichwertige Rollen geben würde. Schließlich kam der gesamte Vorstand der Laurence Olivier Productions (Cecil Tennant, Alexander Korda, Roger Furse, Larry und Vivien) im Büro des St. James' Theatre zusammen, um eine Entscheidung zu treffen. Die Mehrheit war für Shaws *Cäsar und Cleopatra*, aber Vivien fand die siebzehnjährige Cleopatra, die sie schon auf der Leinwand verkörpert hatte, nicht befriedigend genug für ihren Ehrgeiz.

»Geben wir doch die beiden Cleopatras«, sagte Roger Furse lachend, »die von Shaw und die von Shakespeare. Dann kann Vivien an einem Abend um zwanzig Jahre altern.« Er hatte es scherzhaft gemeint, bereute aber seine Worte sofort, weil er dachte, Vivien könnte beleidigt sein. Aber sie lehnte sich mit glänzenden Augen vor. »Natürlich könnte man beide Stücke an einem Abend spielen«, antwortete sie aufgeregt, »noch besser wäre abwechselnd.« Sie blickte zu Larry hinüber, der auf und ab schritt.

»Zu teuer und ein zu großes Ensemble«, murmelte er.

Die andern pflichteten bei, aber nur Korda war offen genug, Viviens Fähigkeit, die schwierige Rolle der alternden Cleopatra zu meistern, in Frage zu stellen. Die Sitzung wurde unter dem Eindruck aufgehoben, daß der Vorschlag abgelehnt und kein Ersatz gefunden worden war. Die Oliviers flogen für das Neujahrswochenende nach Paris, und Vivien packte beide Stücke ein. Kaum hatten sie sich in ihrem Hotel einquartiert, da bekam Larry Schüttelfrost. Am Abend lag er mit Grippe zu Bett. Vivien las ihm sowohl *Antonius und Cleopatra* als auch *Cäsar und Cleopatra* vor, im Hinblick darauf, welche Herausforderung es für ihn sein würde, solch dramatische Rollen wie Antonius und Cäsar abwechselnd zu spielen.

Am Morgen hielt er Roger Furses verrückten Einfall für einen genialen Geistesblitz. Noch nie hatten die beiden Stücke gleichzeitig auf dem Spielplan gestanden. Die Verkörperung einer Komödie und einer Tragödie mit derselben bezaubernden Frau im Mittelpunkt konnte Theatergeschichte machen, und Vivien hatte recht: Antonius und Cäsar waren starke, ganz verschiedene Gestalten. Er rief Furse in London an und ersuchte ihn, noch für diese Woche eine Sitzung einzuberufen.
Seine Begeisterung für diesen Plan nahm mit jedem Tag zu; nur machte er sich Sorgen, ob Vivien dem Druck gewachsen sein würde, wenn sie sich von der naiven jungen Cleopatra, der ein fünfzigjähriger Kaiser das Benehmen eines Monarchen beibringt, von heute auf morgen in die reife, berechnende Schlange, die ihren Liebhaber Mark Antonius zugrunde richtet, verwandeln mußte.
Vom ersten Probetag an empfand Vivien die Anspannung und lebte in der ständigen Furcht, sie könnte Larry alles verderben. Mehr und mehr hielt sie ihn für ein Genie, mit dem sie nicht Schritt zu halten vermochte. Er spürte ihre Befürchtungen und war froh, daß er auf die Regie verzichtet und die Doppelinszenierung Michael Benthall übertragen hatte, so daß er freie Zeit für Vivien erübrigen konnte. Doch natürlich prägte seine Auffassung die Inszenierungen.
Für die Drehbühne wurden Kulissen entworfen, die sich in beiden Stükken verwenden ließen und sie verknüpften. Bei den Kostümentwürfen ging man ebenso vor. Die Soldaten trugen dieselben Uniformen, Cleopatras Begleiterinnen dieselben fließenden Gewänder. Cleopatra hatte bei ihrer Krönung als Sechzehnjährige dasselbe prächtige Festkleid an wie als Neununddreißigjährige bei ihrem Selbstmord. Die denkwürdigste Verbindung zwischen den beiden Stücken war eine Sphinx, die zu Beginn des Stückes von Shaw und am Schluß der Shakespeareschen Tragödie die Bühne beherrschte. Aber Benthall, der sich sehr bemühte, jedem Stück einen eigenen Charakter zu verleihen, ließ Shaws Komödie realistisch und Shakespeares Tragödie so poetisch wie möglich spielen. Das erforderte am einen Abend einen »trockenen Shawschen Ton« und am nächsten eine »reiche renaissancehafte Darstellung«.
Viviens größte Schwierigkeit bestand darin, den Altersunterschied von neunundzwanzig Jahren zwischen den beiden Cleopatras glaubhaft zu machen. Das erforderte vor allem verschiedene Masken und eine leichte Veränderung ihrer Gesichtsform. Für die junge Cleopatra wurden ihre Wangen hoch auf den Backenknochen rot geschminkt, damit das Gesicht

rundlicher wirkte. Lippenrot wurde stark aufgetragen. Bei der älteren Cleopatra saß das Wangenrouge tiefer, so daß ihr Antlitz schmaler und interessanter war, und der Lippenstift wurde sparsam verwendet.
»Mein Hals ist zu lang, meine Stimme zu klein, meine Hände sind zu groß«, klagte Vivien, und dann machte sie sich daran, jeden »Fehler« unter Qualen zu beheben. Sechs Stunden stand sie an einem Abend reglos, während Audrey Cruddas, die Kostümentwerferin, den Stoff so drapierte, daß der lange Hals weniger auffiel. Vivien beschaffte sich massive Ringe und Armbänder, um den Blick von »meinen riesigen Pranken« abzulenken. Am ermüdendsten waren die stundenlangen Sprechübungen, die dazu dienen sollten, ihre Stimme tiefer zu machen. Darauf verwendete sie mehr Zeit, als ihre Kollegen hergeben mußten.
Die Probenarbeit litt unter unglückseligen Krankheitsfällen. Maxine Audley, die in beiden Stücken die Dienerin Charmion spielte, bekam Masern und befürchtete, die Rollen zu verlieren, da sie für drei Wochen krank geschrieben wurde. Vivien schickte ihr einen großen Frühlingsblumenstrauß und schrieb dazu: »Du armes Masernkind, werd schnell gesund und komm bald wieder.« Peter Cushing, der Britannicus in Shaws Stück, erlitt einen Nervenzusammenbruch. Die Oliviers liehen ihm Geld (obwohl sie selbst nicht viel hatten) zur Deckung seiner Unkosten, und man hielt ihm die Rolle frei (er spielte nach seiner Genesung einen vortrefflichen Britannus). Elspeth March, in Shaws Stück die Ftatateeta, brach sich den Fußknöchel. Auch ihr schickte Vivien Blumen mit herzlichen Genesungswünschen.
Larry hatte nicht so uneingeschränkte Sympathien der Schauspielerinnen und Bühnenarbeiter. Diejenigen, die schon früher mit ihm gearbeitet hatten, fanden ihn »ernster und in sich gekehrt«. Andere meinten, der Adel sei ihm zu Kopf gestiegen. Er war natürlich in einer schwierigen Lage als Direktor und Kollege; er durfte niemand vorziehen und hielt es vielleicht für unklug, allzu vertraulich zu sein. Ein alter Kollege sagte unumwunden: »Wer Olivier auf den Rücken klopft, muß sich auf etwas Unangenehmes gefaßt machen. Die Gefahr ist nur, daß sein gegenwärtiger Sitz auf dem Olymp ihn von den Kontakten isoliert, die jeder Künstler braucht.«
Allgemein stimmte man darin überein, daß Larry nicht mehr so lustig war wie früher. Manchmal tauchte der alte Spaßvogel zwar wieder auf, so einmal auf einer Probe, nachdem Peter Cushing zurückgekehrt war. Er hatte sich ein Gebiß machen lassen müssen, und er stellte fest, daß er dadurch

erheblich mehr spuckte. Um seine Kollegen damit zu verschonen, senkte er die Stimme. Larry rief ihm zu: »Los, Peter, es macht nichts, wenn du spuckst! Spuck nur tüchtig! Ertränk uns alle! Es wird ein glorreicher Tod sein!« Die Schauspieler lachten, und Cushing brachte seinen Text laut und deutlich.

Beim Zusammensein mit Vivien und mit seinen Gästen in Notley ließ Larry seinem Humor immer noch freien Lauf. Aber je näher es auf den 10. Mai, dem Tag der ersten Premiere, zuging, um so nervöser wurde Vivien, um so stiller Larry.

Am 10. Mai wurde Shaws Komödie gespielt. In einer Szene mußte Vivien Elspeth March eine Ohrfeige geben. Elspeth hatte als Amme Ftatateeta eine falsche Gumminase, die Vivien versehentlich traf. Die Nase flog in die Luft und wurde von Vivien geschickt aufgefangen. Sie schmuggelte sie Elspeth zu, die dann mit der Hand vor dem Gesicht abging. Das Publikum hatte überhaupt nichts bemerkt!

Shakespeares Stück wurde nach der Premiere am folgenden Abend noch begeisterter aufgenommen. Die Kritik in der *Times* begann: »Abgesehen davon, daß Vivien Leighs Cleopatra auf der Höhe ihrer Macht eine etwas kühle Verführerin ist, und daß bei einer Aufführung auf einer offenen Drehbühne die Kontinuität der Schnelligkeit geopfert werden muß, erinnern wir uns keiner besseren Aufführung dieser Tragödie, keiner stärkeren Geschlossenheit in Form und Farbe, keines harmonischeren Gesamteindrucks. Mag Vivien Leigh auch kühl erscheinen, wenn sie die Schlauheit einer echten Kurtisane entfaltet, sie entfaltet sie mit wunderbar genauer Ausdrucksfähigkeit, und sie wächst ins Monumentale, wenn sie ihrem Schicksal begegnet. Nach dem Tod des Antonius, wenn es ihr allein überlassen bleibt, den Schluß des Stückes herbeizuführen, ist sie ohne Fehl und Tadel.« Auch Larrys Darstellung wurde als »eine zunehmende Freude« gelobt.

Es zeigte sich, daß die beiden Stücke, so verschieden sie auch waren, sonderbar gut zusammenpaßten. Shaws Komödie wirkte wie ein Prolog zu Shakespeares Stück – Shaw hätte allerdings wahrscheinlich gespottet, Shakespeares Tragödie sei nur ein Epilog zu seinem. Unter den Kritikern gab es große Meinungsverschiedenheiten. Einige sagten, Vivien Leigh lasse Laurence Olivier nicht zur Entfaltung kommen, und niemals könne sie ihm, mochte er sie auch noch so sehr fördern und stützen, auf der Bühne das Wasser reichen.

Kenneth Tynan, ein junger Kritiker, der erst kürzlich »von Oxford her-

abgeschwebt« war, hatte ein Buch über das Theater herausgebracht und seinen Ruf als ein Theaterkritiker, mit dem man rechnen mußte, begründet. Seine Besprechung der beiden Aufführungen brachte Vivien in helle Wut, die sie nicht verbergen und nie mehr ganz ablegen konnte. Später befreundete sich Larry eng mit Tynan, aber damals erboste ihn die vernichtende Kritik ebenso wie Vivien.
Das Leben wurde für Vivien immer qualvoller, manchmal nahezu unerträglich. Sie wußte, daß sie sich von ihrer Besessenheit, eine große Bühnenschauspielerin zu werden, nicht befreien konnte; dennoch fürchtete sie Mißerfolge auf geradezu unvernünftige Weise. Tynans Verriß verletzte sie tief. Sie war überzeugt, die Kritiker seien der Ansicht, daß sie Larrys Größe mit ihrem Ehrgeiz verminderte, daß ihre kleine Stimme seine Autorität beeinträchtige, daß ihre Mittelmäßigkeit ihn zu Kompromissen verleite. Da und dort machte sich in anderen Artikeln ein Echo auf Tanans Angriff bemerkbar – ein Hinweis auf ihn –, aber kein anderes Blatt brachte einen derartigen Verriß, im Gegenteil, die meisten ergingen sich in Lobreden. Für Vivien wurde dadurch das Gleichgewicht nicht hergestellt. Sie behielt ihren Kummer für sich, doch die anderen spürten ihn heraus, die sensiblen Künstler, die mit ihr arbeiteten, ihre Vitalität, ihre Zielstrebigkeit und ihren Fleiß bewunderten.
Sie geriet in eine neue Schwierigkeit. In den Minuten, da sie in der Kulisse auf ihren ersten Auftritt wartete, brach ihr der Schweiß aus. Nachdem sie zwei-, dreimal schweißgebadet auf ihr Stichwort gelauert hatte, bat sie Audrey Cruddas, ihr Schweißblätter in die Kostüme zu nähen, doppelt und dreifach, aber der Schweißausbruch ließ sich nicht verhindern und steigerte ihr Lampenfieber.
Larry verteidigte Vivien und stellte Tynan zornig zur Rede. Im Ensemble wurde sogar geraunt, er habe »eine gepfefferte Gerade auf Tynans Kinn gelandet, so daß es noch mehr zurückgewichen ist«. Dennoch merkte Vivien, daß Larry ihn wegen seiner Bildung und Intelligenz bewunderte, und schob sein Eintreten für sie der »Galanterie« zu. Da war das Wort wieder! Tynan hatte es in einem Artikel gebraucht, um zu erklären, warum und wieso Olivier Vivien die weibliche Hauptrolle gab, obwohl sie nur ein mittelmäßiges Talent sei.
Im Theater bemerkte man kleine Anzeichen der Disharmonie zwischen Larry und Vivien. Hin und wieder war sie ausfallend zu ihm, und er wurde noch unzugänglicher. Einmal bespritzte er in *Antonius und Cleopatra* ihr Kleid mit »unechtem« Blut, woraufhin sie ihn nach dem Abgang

von der Bühne beschimpfte. Ein andermal unterließ er es beim Verbeugen, sich ihr zuzuwenden und sich vor ihr lächelnd zu verneigen; da lief sie wütend in ihre Garderobe und schlug ihm die Tür vor der Nase zu. Sonst bezeigte sie ihm in der Öffentlichkeit immer Hochachtung. Sein Bild blieb auch in beiden Häusern auf dem Nachttisch und in ihrer Theatergarderobe. In Wirklichkeit betete sie ihn an, und sie war todunglücklich, wenn sie glaubte, ihn mit ihrem Verhalten verstimmt zu haben. Am meisten erschreckte es sie – und ihn –, daß sie sich oft an ihr Benehmen nicht mehr erinnerte: sie war bestürzt und fühlte sich gedemütigt, wenn sie davon hörte.

Dennoch war es für alle im Ensemble eine schöne Zeit. Die beiden Cleopatra-Stücke wurden in England fünf Monate lang gespielt, zum letztenmal an einem ungewöhnlich milden Oktoberabend. Nach der letzten Vorstellung gaben die Oliviers ein fabelhaftes Fest auf einem Schiff auf der Themse, das allen Teilnehmern unvergessen blieb.

Im Dezember fand ein Gastspiel in New York statt, bei dem nur Maxine Audley, Jill Bennett, Elspeth March und Peter Cushing wegen anderer Verpflichtungen nicht mitmachen konnten.

George Jean Nathan schrieb darüber im *Journal American*: »Seit John Ringling North den Gargantua aus der Wildnis von Bermuda importierte, ganz zu schweigen von Unus, dem Mann, der auf einem Finger stehen konnte, hat nichts mehr solches Aufsehen erregt wie der Olivier-Leigh-Import aus England in die Zirkusdoppelarena, die seit kurzem auf Billy Roses Ziegfeld-Bühne in Betrieb ist.« Nicht nur als Zirkusdoppelarena wurden die Aufführungen in New York bezeichnet, auch als »Gemischtes Doppel« und »Zeit am Nil«. Es war das Theaterereignis der Saison, vielleicht des Jahrzehnts.

Viviens Darstellung beherrschte die Kritiken, wie sie auch die Ziegfeld-Bühne beherrschte mit ihrer langen flammenden Perücke und den fließenden Flügelärmeln, die ihr das erotische, leicht morbide Aussehen einer von Aubrey Beardsley gezeichneten Gestalt verliehen. Das New Yorker Publikum – weitaus mehr als die Londoner – war überwältigt von der üppigen Bühnenpracht, dem Pomp und dem Zirkushaften, was alles die Drehbühne bewirkte, die das Spiel zu einem amphitheatralischen Karussell machte, so daß den Zuschauern ob des Tempos beinahe schwindlig wurde.

An sich hätte keines der Cleopatra-Stücke viel Aufsehen hervorgerufen, aber als Duo boten sie ein einmaliges Theatererlebnis, das sich vielleicht nie wiederholen ließ, wenigstens nicht mit dem berühmtesten Liebespaar des britischen Theaters. Schon im Vorverkauf wurden für eine Million Dollar Eintrittskarten abgesetzt, und während des sechswöchigen Gastspiels war kaum mehr ein Platz zu bekommen. Wegen der ungeheuren Unkosten – allein achtunddreißig Ensemblemitglieder – wurde trotzdem kein nennenswerter Überschuß erzielt.

Am Premierenabend herrschte eine unerträgliche Hitze. Am zweiten Abend kamen viele Zuschauer zu spät, und mit der Beleuchtung klappte es nicht. Aber allen Schwierigkeiten und Verwirrungen zum Trotz hatten die Vorstellungen, besonders Oliviers Darbietung, mehr Durchschlagskraft als in London.

Walter Kerr schrieb in der *Herald Tribune*: »Laurence Olivier und Vivien Leigh haben mit dem Zusammenschweißen zu einem zusammenhängenden, sich steigernden Ganzen nahezu ein Wunder vollbracht.« Alle Kritiker sahen in der Leistung eine Wiederbelebung des Theaters. Larry und Vivien beherrschten königlich die New Yorker Saison 1951/52. Nach jeder Vorstellung wurden sie am Bühnenausgang belagert, zu unzähligen Gesellschaften lud man sie als Ehrengäste ein, Presse und Fernsehen schenkten ihnen mehr Aufmerksamkeit als der amerikanischen Innenpolitik und dem tragischen Tod König Georgs IV.

Man sollte meinen, daß Vivien endlich ein glücklicher, zufriedener Mensch gewesen wäre, denn sie teilte nun als Ebenbürtige mit Larry die Bühne. Aber das konnte sie nie wirklich glauben. Dann erhielt sie am 20. März 1952 für ihre Darstellung in *Streetcar* einen »Oscar«, den Greer Garson vertretungsweise für sie entgegennahm. Das hätte die Krönung, der Gipfel ihres Ruhmes sein müssen. Aber die Filmkunst war in ihren Augen zweitrangig. Der Tod des britischen Monarchen im Februar stimmte sie ebenso traurig wie der seines Vaters vor sechzehn Jahren. Im April erlitt sie wieder einen hysterischen Anfall. Larry war außer sich. Sie war wie ein wildes Tier, und wenn er sie beruhigen oder trösten wollte, ging sie gereizt auf ihn los. Für ihn stand es jetzt fest, daß sie geisteskrank war. Die Erkenntnis warf ihn aus dem Gleichgewicht, und er wußte nicht, wie sie unter einer solchen Belastung weiterleben sollten.

Dritter Akt

»Ich werde meine Würde nicht verlieren,
ganz gleich, was geschieht,
ich werde sie nicht verlieren.«
Aber sie ertappte sich fortwährend dabei,
daß sie Dinge tat,
die sich mit diesem Vorsatz
nicht vereinbaren ließen.

Aus dem Roman
Mrs. Stone und ihr römischer Frühling
von Tennessee Williams

Zweiundzwanzigstes Kapitel

Der Vergrößerungsspiegel auf ihrem Toilettentisch sagte ihr, daß sie zwar immer noch außerordentlich schön, aber nicht mehr jung war. Ihr vierzigster Geburtstag näherte sich, und der Gedanke erschreckte sie. Sie beneidete jeden Menschen, der noch jung war, und sie trauerte der verlorenen Jugend nach. Sie wurde hin und her gerissen zwischen Glückseligkeit und Jammer, und sie weinte leicht. In der einen Minute wünschte sie nichts sehnlicher, als Larry ein Kind zu schenken, in der nächsten dachte sie daran, mit einem anderen Mann ein Verhältnis zu haben. Ihr Verstand wurde von panischen Ängsten getrübt. Sie mußte Larry und der Welt beweisen, daß sie ihre Cleopatra-Darstellungen in New York noch zu übertrumpfen vermochte. Sie konnte nicht aufhören – nicht jetzt. Ebensowenig konnte sie weitermachen – was, wenn sie einen Mißerfolg erlitt?
»Ich bin ein Skorpion«, sagte sie zu einem Journalisten. »Und Skorpione verzehren sich wie ich.« Sie rauchte ununterbrochen, was schlecht für ihre Lungen war; sie schlief weniger denn je, und sie umgab sich und Larry – wenn er zu Hause war – mit einer Menge von Gästen. Sie trank noch mehr als früher, und der Alkohol führte hysterische Ausbrüche herbei, da er sich nicht mit den Medikamenten vertrug, die sie gegen die Gefährdung der Lungen einnahm. Für Vivien war die Welt entweder von Glanz oder von Traurigkeit erfüllt. Ein Mittelding gab es nicht. Sie wünschte, alles wäre wieder wie früher; aber sie wußte nicht, wie sie das erreichen sollte.
Für Larry war es eine schwere Belastung, sich ihrer zunehmenden Hysterie und den manisch-depressiven Phasen anzupassen. Er vermutete, daß nicht zuletzt der Alkoholgenuß schuld war, und tat alles, was er konnte, sie davon abzuhalten. Er erkannte, daß alles, was sie einst gehabt hatten, verlorenging und nie mehr ersetzt werden konnte. Wie Vivien meinte er, die meisten Schwierigkeiten ließen sich durch die Liebe überwinden, weil

es bei ihnen eine durchgeistigte, sublime Liebe war. Aber er befürchtete in zunehmenden Maße, daß auch das sich durch die Extreme ihrer seelischen Störungen ändern könnte und er selbst nicht mehr in der Lage sein würde, ihre Beziehungen zu steuern. Arbeit war das einzige Mittel gegen das Gefühl der Unzulänglichkeit, das ihre Krankheit bewirkte, und er widmete sich ihr krampfhaft.

Er spielte im St. James' Theatre mit Peter Finch *The Happy Time*, und er plante eine Verfilmung der Komödie *The Beggar's Opera (Die Bettleroper)* von John Gay; er wollte selbst Regie führen und darin als Macbeath auftreten. Aber Vivien erhielt in dem Film keine Rolle, und das war für sie ein arger Schlag. Ihre große Liebe zu Larry verzehrte sie innerlich, so daß sie mit der übrigen Welt keinen seelischen Kontakt mehr hatte.

Zu dieser Zeit wurde sie sowohl von einem Arzt als auch von einem Psychiater behandelt. Während ihrer Krankheit entwickelte sie Vertrauen und eine geradezu kindliche Abhängigkeit von Gertrude. Sie hegte den Wahn, daß alle Männer, Bekannte wie Fremde, sie verführen wollten, und anfallsweise litt sie an der Furcht, ihnen nicht widerstehen zu können.

So wurde Notley 1953 wieder ihr sicherer Zufluchtsort. Die Ärzte hatten ihr Ruhe verordnet. Der Drang, sich zu betätigen, übermannte sie, und sie legte sich selten zu Bett. Sie wanderte durch die stattlichen Säle, wischte überall Staub, verbrachte viele Stunden damit, Bäume zu stutzen und welke Blüten abzuzupfen. Ende des Sommers kam Larry zur Erholung nach Hause. Sogleich waren bei ihr Anzeichen der Besserung zu bemerken; aber bald sollte *The Beggar's Opera* verfilmt werden, und dann mußte er sie wieder allein lassen.

Man munkelte von ihrer »Krankheit«, doch ihre Freunde hielten treu zu ihr, und niemand bestätigte die Gerüchte. Larry war in einem qualvollen Dilemma, geplagt von schlechtem Gewissen und doch von einem Selbsterhaltungstrieb beherrscht. Dann erschien wie als Antwort auf seine stillen Gebete Irving Asher, ein Hollywooder Produzent. Asher plante die Produktion eines Filmes, der *Elephant Walk (Elefantenpfad)* heißen sollte. Der Film handelte von einem englischen Teepflanzer und seiner Frau, die mit dem Verwalter der Plantagen ein Liebesverhältnis hatte, und er spielte in Ceylon. Larry konnte ein Engagement nicht in Betracht ziehen, weil er für das ganze nächste Jahr beim Theater verpflichtet war. Er schlug vor, Vivien und Peter Finch zu engagieren. Nachdem Asher Vivien kennengelernt hatte, hegte er Bedenken wegen ihrer zarten Gesundheit; aber die Ärzte meinten, ein Tapetenwechsel werde ihr guttun, und Larry

vertrat die Ansicht, Arbeit sei ganz das, was sie brauche, zumal ihre Lungen nun ausgeheilt wären. Es wurde überhaupt nicht angedeutet, daß es sich um etwas anderes als ein körperliches Leiden handeln könnte, und von den Gerüchten hatte Asher offenbar nichts gehört.
Vivien war von dem Drehbuch nicht sehr beeindruckt; doch sie sagte sich, daß andere Dinge wichtiger seien, nicht zuletzt das Geld. Die Gagen für *Streetcar* und *Carrie* waren inzwischen fast aufgebraucht, und die Unkosten im Theater näherten sich kritischen Ausmaßen. Asher willigte ein, daß Paramount ihr eine Gage von 150000 Dollar zahlen würde, 50000 nach Unterzeichnung des Vertrags. Es ist schwer zu ergründen, wie Larry, die Ärzte und auch Vivien selbst denken konnten, sie wäre imstande, eine anstrengende Rolle zu übernehmen, die einmonatige Außenaufnahmen in Ceylon erforderte, wo sie in der Hitze reiten, vor einer Herde wildgewordener Elefanten fliehen und eine Szene mit einer um den Hals gewickelten Schlange spielen mußte. Aber alle waren sehr zuversichtlich, und Larry brachte sie, Peter Finch und dessen Frau zum Flugplatz, bevor er sich für eigene Außenaufnahmen nach Italien begab.
In Ceylon war sie seit ihrer Kindheit nicht mehr gewesen, und sie erinnerte sich nur dunkel daran. Sie hatte selbst nicht gewußt, was sie erwarten sollte, und sie fand die Gegend noch schöner und malerischer, als sie sich nach ihren unklaren Erinnerungen vorgestellt hatte. Überall war üppige Natur. Das Meer erstreckte sich bis zum Horizont, der tropische Urwald war smaragdgrün, Palmen säumten die Küste. Da waren die Ruinen der ehemaligen Hauptstadt Anurdahapura, die Berge und Gletscher, die sich über die Urwälder erhoben – überall spürte man Magisches und Legendäres. Auf Ceylon (im Arabischen Serendib genannt) spielten sich die Abenteuer des Seefahrers Sindbad ab; die Insel schien »Tausendundeinernacht« anzugehören, nichts wirklich oder faßbar zu sein, und diese Unwirklichkeit nahm Vivien den letzten Halt, den sie vielleicht noch gehabt hatte. Regie führte William Dieterle, den Verwalter spielte Dana Andrews. Zu beiden Männern fand sie keinen Kontakt. Die Hitze war noch schlimmer als erwartet, und Vivien litt entsetzlich unter Einsamkeit. Zum erstenmal im Leben fiel es ihr schwer, den Text zu lernen. Sie fand keinen Schlaf und ging die ganze Nacht herum, geisterte an den Stränden und in den Höhlen herum und erschreckte alle Mitwirkenden. Die Musterkopien waren nicht gut. Sie sah müde und alt aus, wirkte etwas hölzern. Dieterle nahm sie beiseite und sagte es ihr. »Ich bin nicht mehr jung«, erwiderte sie. »Was haben Sie daran auszusetzen?«

In der letzten Woche hatte sie bei den Außenaufnahmen Halluzinationen. Sie folgte Finch überallhin mit sehnsüchtigen Augen und nannte ihn »Larry«. Er hatte Vivien sehr gern und tat alles, was er vermochte, sie zu schützen und seine eigene Befürchtung zu verbergen – die Befürchtung, daß sie einen Nervenzusammenbruch erleiden würde, wenn sie nicht von Ceylon wegkäme.

Einen ganzen Tag und zwei große, aber harmlose Schlangen erforderte es, die Sequenz herzustellen, in der sich eine Schlange um Viviens Hals wickelte. Als die Nacht hereinbrach, war es jedem klar, daß die Tagesarbeit sie erledigt hatte; aber Finch merkte, daß es noch viel schlimmer um Vivien bestellt war. In einer Sinnesverwirrung hatte sie angefangen, den Dialog aus *Streetcar* zu sprechen, und die ganze Nacht schluchzte sie hemmungslos.

Die übrigen Szenen sollten in Hollywood im Paramount-Atelier gedreht werden. Der Flug dauerte zweiundsiebzig Stunden, und schon kurz nach dem Abheben erlitt Vivien einen hysterischen Anfall. Sie erhielt ein Beruhigungsmittel, und Finch wich nicht von ihrer Seite. Das Fliegen hatte ihr immer Angst gemacht, und zweiundsiebzig Flugstunden waren eine entsetzliche Feuerprobe. Als die Maschine zum Anflug auf den Flughafen Burbank ansetzte, war der Anfall abgeklungen, und Finch und seine Frau konnten Vivien nach Hause mitnehmen. Niemand wußte genau, was als nächstes geschehen sollte. Eine astronomische Geldsumme stand auf dem Spiel. Wenn Viviens Rolle umbesetzt wurde, mußten alle Außenaufnahmen neu gedreht werden. Wenn sie weiterspielte, bestand die Möglichkeit, daß sie zu einem Zeitpunkt zusammenbrach, wo nichts mehr gerettet werden konnte und der Film abgeschrieben werden mußte. Nichtsdestoweniger wurde achtundvierzig Stunden später beschlossen, mit der Arbeit fortzufahren. Vivien sah zwar abgespannt aus und war sehr nervös, aber ihr Zustand schien sich gebessert zu haben.

Larry machte Ferien auf Ischia, nachdem die Dreharbeiten für *The Beggar's Opera* beendet waren. Es sollte nur eine kurze Erholungspause sein, bevor er sich in verantwortungsvolle und ehrgeizige Pläne stürzte. Man hatte ihm die Leitung der Film- und Theater-Veranstaltungen zur Krönungsfeier im Sommer übertragen. (Unter anderem wollte er *The Sleeping Prince* von Terence Rettigan mit sich selbst und Vivien in den Hauptrollen aufführen.) In Hollywood beschloß man, ihm nichts von Viviens Anfall mitzuteilen.

Als Vivien am Montag im Atelier erschien, war sie zwar noch nicht die alte, wirkte aber durchaus gefaßt. Die Zeitungsschreiber hatten Wind von der Lage bekommen und bombardierten den Pressechef von Paramount mit Bitten um Interviews. Bei der Paramount meinte man, es sei für alle Beteiligten besser, wenn Vivien wenigstens ein Interview gebe, Vivien willigte ein, Louella Parsons zu empfangen. Das Treffen wurde für den nächsten Tag, Dienstag, vereinbart. Die beiden Frauen plauderten, Vivien ganz fröhlich, wenn auch ein wenig abgespannt und nervös. »Ich glaube, das wird mein letzter Film sein«, sagte sie zu Louella Parsons. »Das Leben ist zu kurz für so harte Arbeit.« Sie war charmant und liebenswürdig zu der Journalistin, während sie in den Paramount-Anlagen spazierengingen.

Vivien ermüdete bald, und Louella Parsons war so taktvoll, das Interview kurz zu machen. Sie hatten sich über alles mögliche unterhalten – Ceylon, die Krönung der britischen Königin, die Gefahr für die Stimme, wenn man hohe Absätze trug, weil sie eine schlechte Körperhaltung bewirkten. Louella Parsons verabschiedete sich, und Vivien begab sich in ihre Garderobe. In einer halben Stunde mußte sie auf dem Plateau erscheinen, um eine Sequenz zu drehen. Als sie aufgerufen wurde, wußte sie ihren Text nicht mehr. Sie trank etwas zur Beruhigung der Nerven und begann hemmungslos zu schluchzen. Finch kam zu ihr in die Garderobe, um zu sehen, ob er ihr helfen könnte; aber sie wurde ausfallend gegen ihn und nannte ihn »Larry«. Sie schrie Sunny Lash an und wollte den diensthabenden Arzt nicht zu sich lassen. Dieterle stand ratlos in der Tür. »Hinaus, oder ich schreie laut Feuer!« brüllte sie mit Blanches Südstaaten-Tonfall den Text aus der berühmten neunten Szene in *Streetcar Named Desire*. »Hinaus, oder ich schreie laut Feuer!« wiederholte sie und stürzte zur Tür. »Feuer! Feuer! Feuer!« stieß sie verzweifelt hervor, dann brach sie schluchzend zu einem Häuflein Elend auf dem Boden zusammen. Sie weigerte sich aufzustehen. Jemand hatte den Gedanken, David Niven zu rufen, weil er ein alter Freund der Oliviers war. Niven kam sofort herüber. Er sprach mit ihr allein und blieb ziemlich lange bei ihr. Endlich erschienen beide auf dem Plateau, Niven stützte ihren schlanken Körper. Alle Mitwirkenden vermieden es, die beiden anzusehen, aber sie ließen ihre Arbeit ruhen und verstummten. Sie war in einem benommenen, verständnislosen Zustand, als Niven sie durch das riesige, totenstille Aufnahmeatelier zu einem wartenden Wagen führte.

Larry brach sofort nach Hollywood auf, nachdem er benachrichtigt worden war. Die Reise dauerte fast drei Tage. Von Ischia aus gelangte er nur

mit dem Schiff zum Festland. Von Neapel fuhr er nach Rom, von dort flog er nach London und dann, zusammen mit seinem Agenten Cecil Tennant, nach New York, wo sie Anschluß nach Burbank hatten.
Vivien blieb auf Anordnung des Arztes bis zu Larrys Ankunft im Bett. Inzwischen war angekündigt worden, daß Elizabeth Taylor, damals zweiundzwanzig Jahre alt, Viviens Rolle übernehmen würde. Alle Ärzte stimmten darin überein, daß Vivien trotz ihrer Furcht vor dem Fliegen nach England gebracht werden sollte. Sie setzten sich mit ihren Londoner Ärzten in Verbindung, die eine Klinik vorschlugen, in der ähnliche Fälle angeblich mit großem Erfolg behandelt worden wären.
Vivien, die unter Beruhigungsmitteln stand, wurde im Krankenwagen, begleitet von Larry, Tennant und zwei Pflegerinnen, zum Flughafen befördert. Dort wehrte Larry die Fotografen mit den Worten ab: »Kein Blitzlicht, bitte. Sie ist sehr krank.«
Als Vivien auf der Bahre ins Flugzeug getragen wurde, zitterte Larry vor Schluchzen. Niven legte ihm den Arm um die Schultern. Beide Männer klammerten sich aneinander und standen erschüttert da. Dann folgte Larry der Bahre. Er setzte sich neben Vivien und nahm ihre Hand, aber sie wußte nichts von seiner Anwesenheit.
Im New Yorker Flughafen La Guardia wurden sie von Danny Kaye mit Limousine und Chauffeur abgeholt. Vivien war jetzt bei Bewußtsein und lächelte, sich schwer auf Larry stützend, die Journalisten an. Die beiden Pflegerinnen gingen mit ihnen zu Kayes Wagen. Ein peinlicher Augenblick ergab sich, als Kaye auf sie zutrat, um Vivien zu begrüßen und Larry zu helfen. Die beiden Männer waren jahrelang eng befreundet gewesen, aber seit der Produktion von *Streetcar* wollte Vivien aus Eifersucht den Umgang mit Kaye nicht dulden. Sie stieg jedoch widerspruchslos ein und wurde nach Long Island zu Freunden von Kaye gebracht, wo sie zur Vorsorge für den langen Überseeflug nach London abermals Beruhigungsmittel erhielt.
Sie schlief, als sie zum Internationalen Flughafen Idlewild gefahren wurde. Das Beruhigungsmittel wirkte nicht lange, und beim Flughafen wehrte sich Vivien heftig dagegen, auf einer Bahre zum Flugzeug getragen zu werden. Larry und Kaye versuchten sie zu beschwichtigen, aber es blieb nichts anderes übrig, als zu erwirken, daß Kaye sie in seiner Limousine zur Maschine befördern durfte. Sie schrie, als sie aus dem Wagen gehoben wurde. Blitzlichter flammten auf allen Seiten auf, Vivien schluchzte und drohte den Fotografen mit den Fäusten.

Es war unwirklich, phantastisch surreal, und Larry stieg schmerzgebeugt an Bord. Wo waren die schönen Jahre hin? Er sah zu, wie die Pflegerinnen Vivien eine Injektion machten und sie angurteten. Er brachte es nicht über sich, sie anzuschauen, bevor sie eingeschlafen war. Trotz allem, was sie durchgemacht hatte, sah sie immer noch unglaublich schön aus. Er wußte nicht, was er tun sollte, wenn sie in einer Anstalt untergebracht werden mußte.
Sie schlief fast während des ganzen Fluges, derweil er auf der anderen Seite des Ganges saß und kein Auge schloß. Als die BOAC auf dem Londoner Flughafen aufsetzte, war Vivien wach, aber außerordentlich geschwächt. Drei Ärzte und noch eine Pflegerin kamen an Bord, nachdem die anderen Passagiere ausgestiegen waren. Vivien war benommen; offenbar wußte sie nicht, wo sie sich befand. Larry half ihr, sich zurechtzumachen. Ein Vertreter der BOAC überreichte ihr einen Strauß roter Rosen. Eine halbe Stunde später lächelte sie, die Rosen mit bebenden Händen an sich pressend, als sie in Larrys Arm die Rampe hinunterging, während das medizinische Gefolge die Nachhut bildete.
Als die Nacht anbrach, schlief Vivien unter schwerer Betäubung in einem Einzelzimmer im Netherine Hospital, das in einer baumreichen Landschaft unweit von Coulsdon in Surrey lag. Netherine war berühmt für seine Erfolge bei der Behandlung von Nervenkrankheiten. Vivien wurde von einem erstklassigen Neurologen betreut, der sofort alle Besuche – Larry eingeschlossen –, Nachrichten, Blumen und Geschenken untersagte. Nachdem Larry ihr mitgeteilt hatte, daß sie mehrere Wochen isoliert sein würde, fuhr er erschöpft und verzagt nach Notley. Die Angst quälte ihn, Vivien könnte nie wieder gesund werden, und er fühlte sich vollkommen hilflos.
Auch in Notley fand er keinen Frieden. Das Telefon läutete unaufhörlich, Reporter drangen frech ein, Fotografen standen mit gezückter Kamera am Tor. Da er Vivien weder besuchen noch mit ihr sprechen durfte, flog er am nächsten Tag nach Italien zurück, um wenigstens unbelästigt nachdenken zu können.
Drei Tage und drei Nächte wurde Vivien unter ständiger Aufsicht in künstlichem Schlaf gehalten. Dann begann die Behandlung. Ihre Körpertemperatur wurde gesenkt, indem man sie in Eis packte. Ab und zu wurde die Packung entfernt, und sie erhielt zur Ernährung rohe Eier. Nach mehreren Tagen ließen ihre geistige Verwirrung und die Apathie nach. Sie schrie jedesmal, wenn ihr die Eier eingegeben werden sollten; der Geruch

ließ sie »Fütterungszeit« assoziieren als einzige bewußte Möglichkeit, sich aufzulehnen. »Ich dachte, ich sei in einem Irrenhaus«, erzählte sie später ihren Freunden. »Ich dachte, ich müßte schreien, damit mir jemand hinaushilft.«
Nach drei Wochen wurde sie entlassen. Sie ging heim nach Notley, aber sie hatte ein Trauma erlitten, das dauernde Narben hinterließ.

Dreiundzwanzigstes Kapitel

Vivien wollte nicht einsehen, daß sie manisch-depressiv war. Sie und Larry hatten sich immer Kinder gewünscht, und sie sehnte sich inbrünstig danach, ihm ein Kind zu schenken. Sie war nicht mehr jung, und sie litt unter dem Gefühl, unfruchtbar zu sein. Bei aller Zähigkeit und dem geringen Schlafbedürfnis verlor sie ihre Fähigkeit, sich nach Belieben zu konzentrieren und zu entspannen. Das Grauenhafte an ihrer Krankheit war, daß sie dem Zwang unterlag, gegen Larry ausfallend zu werden. Die Erinnerung daran verwischte sich oft, und wenn der Anfall vorüber war, wurde sie wieder seine hingebungsvolle Magd.
Larry begann jeden Tag, ohne zu wissen, was er zu gewärtigen hatte; er war froh, wenn sie »seine Vivien« war, und behandelte die andere – die manische Vivien – als Unberührbare. Arbeit und Karriere waren die einzigen Konstanten in seinem Dasein, und darauf stellte er sich ganz und gar ein. Aber nie stand seine tiefe Liebe zu Vivien in Frage, und wenn sie die Liebende und Hingebungsvolle war, bezauberte sie ihn wie eh und je. Er sah sie häufig so – als Zauberin, als Luftgeist, der Wind und Himmel verkörperte. Sie war die schönste Frau in der Welt, ein Feenwesen, nicht wie andere Sterbliche.
Larry war nicht der einzige, der Viviens Zauber erlag. In ihrer Kindheit hatte die Äbtissin und die Mitschülerinnen in Roehampton ebenso reagiert. Hatte sie nicht besondere Vorrechte genossen, ohne bei den anderen Mädchen Neid und Eifersucht zu erregen? Leigh hatte sie angebetet und weiter an ihr gehangen, als sie ihn wegen Larry verließ. Jill hatte ihr nie böse sein können. Alte Freunde von Jill und Larry, die ihr ihr Verhalten zuerst übelgenommen hatten, nahm sie unmittelbar für sich ein. Die Männer lagen ihr zu Füßen, aber selten sahen die Frauen in ihr eine Nebenbuhlerin, die Eifersucht erregte. »Kann man auf eine Göttin eifersüchtig sein?« sagte einmal eine Freundin. »Oder das Meer hassen, weil es stürmt,

oder den Himmel, weil er verdunkelt? Nein. Man wartet ab, dankbar, am Leben zu sein, bis der Sturm sich legt, das Meer wieder glatt und blau ist und die Sonne am wolkenlosen Himmel aufgeht. So ist es auch mit Vivien.«

Als Larry nach Notley zurückkehrte, war sie schlanker, blasser, schöner denn je. Sie hatte eine neue Aura, keine der Traurigkeit, sondern einer eindringlichen Sensibilität, als ob sie zu einer höheren Ebene der Wahrnehmung und des Verständnisses aufgestiegen wäre. Sie war bescheiden, dankbar, zu Hause zu sein, zusammen mit Larry. Von Noel Coward hatte sie einen herzlichen, bewegenden Brief erhalten, den sie immer wieder las. »Lieber Gott, ich bin so froh, daß ich immer noch geliebt werde«, sagte sie dann etwa und streichelte den Brief.

Als sich Larry daran machte, die Aufführung von Terence Rattigans *Sleeping Prince*, die im Rahmen der Krönungsfeierlichkeiten für August 1953 angesetzt war, vorzubereiten, war er überzeugt, daß keine Behandlung, kein Medikament, keine Ruhepause Vivien so guttun würde wie ihre aktive Teilnahme an dem Projekt. Er beriet sich mit den Ärzten, die ihn zwar warnten: Es sei gewagt, doch das Wagnis könne sich lohnen. Schon sechs Wochen nach ihrer Entlassung aus der Klinik wurde bei Viviens erstem Ausgang – einer Gesellschaft zu Rattigans Ehren – angekündigt, daß sie und Larry in Rattigans neuem Stück als Prinz und Tänzerin auftreten würden, und zwar im Phoenix Theatre in Larrys Inszenierung.

»Ob Hollywood für mich erledigt ist?« antwortete Vivien einem der anwesenden Reporter. »Gütiger Himmel, nein! Bestimmt werde ich wieder hingehen, wenn man dort eine Filmrolle für mich hat. Ich hatte Zeit zum Nachdenken, als ich krank war. Ich fühlte mich wie ausgehöhlt und wollte nie mehr eine Kamera oder eine Bühne sehen. Aber ich blickte mir ins Gesicht und entwarf einen neuen Lebensplan. Ich werde ebenso angestrengt arbeiten, mich aber mehr ausruhen. Von jetzt an heißt es: Früh zu Bett. Und was *Elephant Walk* betrifft – ja nun, die Elefanten können nichts dafür.« Sie lächelte spitzbübisch.

Sie flog zur Riviera, wo sie sich auf Alexander Kordes Jacht *Elsewhere* ausruhte. Korda hatte immer beschwichtigend auf sie gewirkt, ähnlich wie Leigh. Sie bewunderte ihn sehr und achtete seinen Familiensinn. Wo sich Korda auch aufhalten mochte, immer waren Verwandte von ihm da. Die Jacht war ein Luxusort und gleichzeitig ein schwimmendes Familienheim, denn Korda wechselte fortwährend zwischen seinen beiden Leidenschaf-

ten: Bald ankerte er im Hafen eines idyllischen Fischerdorfes, bald spielte er im Casino von Monte Carlo oder Cannes Baccarat.
Rattigans Märchen von dem eher unsympathischen Balkanprinzen, der am Tag vor seiner Krönung in eine romantische Liebesgeschichte verstrickt wird, wurde auf den November verschoben, so daß es zur gleichen Zeit wie die Krönung Elisabeths II. auf dem Programm stand. Dadurch war Larry weniger unter Druck, und sie konnten dem großen Ereignis in London beiwohnen. Von Larrys Büro aus sahen sie sich den majestätischen Umzug an, und nachher saßen sie vor dem Fernsehgerät. Die junge Königin sah blendend aus mit ihren Kronjuwelen. Aber sie hatte etwas Demütiges, als sie mit gefalteten Händen dasaß.
Vivien hatte Tränen in den Augen und sagte: »Wie traurig muß es für den Herzog und die Herzogin von Windsor sein, daß sie nicht eingeladen worden sind.«

The Sleeping Prince wurde in Manchester erprobt. Viviens Garderobe war mit großen Blumenkörben gefüllt. Das Publikum applaudierte ihr stehend. Sie schien die Aufregung der Premiere gut überstanden zu haben und nahm den Beifall strahlend entgegen. Die Premiere in London am 5. November 1953, Viviens vierzigstem Geburtstag, wurde ebenfalls ein großer Erfolg. Vivien sah wunderschön aus in den Kostümen der Tänzerin Mary Morgan, aber den stärksten Beifall erhielt Martita Hunt, die aus der komischen Rolle der Großherzogin ein Meisterstück machte. Vivien bemühte sich zwar wacker, doch im Grunde war sie als Brooklyner Ballettratte eine Fehlbesetzung. Rattigan hatte das schon bei den Proben gefunden, im Gegensatz zu Larry, der Rattigan nicht recht gab.
An einer Stelle brach das Publikum unweigerlich in Gelächter aus. Larry als alternder Prinz, dem nicht viel Zeit bleibt, die Tänzerin zu verführen, blickt auf die Uhr und sagt: »Ja, mein Kind, hier bin ich, vierzig Jahre alt ...« Er stockt sekundenlang, und während die Zuschauer meinen, er werde sein wahres Alter enthüllen, fährt er fort: »Ich habe noch nie die wahre Liebe gefunden.«
Diese Stelle störte Vivien bei jeder Aufführung. Sie war selbst vierzig Jahre alt, und das konnte sie kaum vergessen.
Die Oliviers hatten noch immer Zugkraft, aber die Aufführung war nicht so spritzig, wie sie hätte sein müssen, und Larry, der zwar mit der Maske – dünne Lippen, Mittelscheitel, Monokel im rechten Auge – Rattigans Prinzen durchaus traf, faßte die Rolle zu ernst auf, brachte nicht genügend

Leichtigkeit mit. Wegen der Krönung wimmelte es in London von amerikanischen Touristen, die begierig waren, das berühmte Ehepaar zusammen auf der Bühne zu sehen, und das Theater war jeden Abend ausverkauft. Als das Stück abgesetzt wurde, hatten Druck und Spannung bei Vivien ihren Zoll gefordert. Sie war erschöpft, und die depressiven Schübe kamen und gingen in beunruhigend rascher Folge.

1954 traf Larry Vorbereitungen für die Verfilmung von *Richard III.*, und er besetzte die Rolle, die Vivien vor sechs Jahren auf der Tournee in Australien gespielt hatte, mit Claire Bloom.
In dieser Zeit gab es nur wenig, worüber sie zu sprechen wagten. Ein Schweigen erwuchs zwischen ihnen, das Vivien erschreckte. Sie bemühte sich, Larry mit dem richtigen Wort zu erreichen, aber er schien sie nicht mehr zu hören. Sie vermutete, daß sich hinter seinem dunklen, starren Blick, seinem Schweigen, seiner fortwährenden Beschäftigung mit sich selbst etwas entwickelte, woran sie keinen Anteil hatte. Ihr Larry hatte sich in ein privates, abgeschlossenes Leben abgekapselt. Die Freunde, die sie nach Notley einluden, und die Kollegen teilten sich in zwei Lager. Vivien flirtete mit anderen Männern, namentlich mit Peter Finch. Keine andere Ehe hätte den Schwierigkeiten, denen sie ausgesetzt gewesen war, standhalten können; doch Tatsache war, daß sie von derselben starken Leidenschaft wie zu Beginn ihrer Beziehung und vom gegenseitigen Bedürfnis zusammengehalten wurden. Keiner von ihnen wollte die Vergangenheit aufgeben, an die sie sich klammerten, als wäre sie Wirklichkeit; denn in der Gegenwart wollten sie nur einen schlechten Traum sehen, aus dem sie bald erwachen würden.
Tarquin hatte in Eton sein Examen bestanden und diente bei der Garde. Anfang 1955 wurde er Offizier, befehligte den Wachewechsel am Buckingham-Palast und marschierte durch die Straßen von London, um die Bank von England zu bewachen. Vater und Sohn verloren in ihrem Kampf um eine fruchtbare Beziehung allmählich an Boden. Larry hatte inzwischen mehrere Jahre unter Viviens Krankheit gelitten. An seinem Stolz auf Tarquin war nicht zu zweifeln, ebensowenig an seiner wachsenden Liebe und seiner Bewunderung für den jungen Mann. Aber es fiel ihm schwer, seinen Gefühlen Ausdruck zu verleihen. Bei seinem letzten Konzert in Eton hatte Tarquin Chopins *Revolutions-Etüde* gespielt und gehofft, sein Vater werde kommen, um ihn zu hören. Larry hatte sich nicht blicken lassen, und das war für Tarquin ein schwerer Schlag gewesen.

Darum strengte er sich an, zum Offizier befördert zu werden, in der Gewißheit, daß sein Vater sich diesen Anlaß nicht entgehen lassen würde.
An diesem Abend brachte ihm der Wachtmeister einen Brief. Er wußte, daß Tarquin der Sohn von Sir Laurence war, den er verehrte. Darum strahlte er übers ganze Gesicht, als er Tarquin den Brief mit den Worten übergab: »Hier, Herr Leutnant, ein Befehl für Sie!«
Der Umschlag enthielt ein Gedicht, das Larry von Notley aus dem Wachtmeister telefonisch diktiert hatte. Tarquin zog aus dem Umschlag das Armeeformular, auf dem in der klobigen Handschrift des Wachtmeisters stand:

> Heil, junger Krieger mit klingenden Schellen!
> Doch warum bist du so kühne und vermessen,
> Mit Helmbusch, glänzendem Leder und goldenen Tressen
> Deinen Vater in den Schatten zu stellen?
> Konntest nicht bleiben privat ökonomisch?
> Muß sein deine Kleidung nun astronomisch?
> Muß Vater nun rechnen mit Niedergang,
> Damit der Sohn schwelgt in Weib, Wein und Gesang?
> Da die Zuschauer in das Theater drängen,
> Muß ich die wahren Gefühle verdrängen.
> Die Worte werden gesprochen nicht,
> Doch vom Stolz des Vaters zeug' dieses Gedicht.

In den Jahren 1954 und 1955 hielt sich Vivien meistens unter ärztlicher Überwachung in Notley auf und kämpfte verzweifelt gegen das, was sie am stärksten befürchtete – den dauernden Verlust des Verstandes. Die wenigsten Freunde merkten etwas von ihrem Kampf und dem ungeheuren Mut, mit dem sie ihre Krankheit zu überwinden versuchte. Sie erkannte jetzt die ersten Anzeichen eines Schubes selbst und ließ Gertrude kommen, sobald sie auftraten. In den Phasen, wo es ihr gut ging, war sie dieselbe großzügige, liebenswürdige Gastgeberin, dieselbe rücksichtsvolle Freundin, dieselbe einfühlsame, liebevolle Gefährtin. Für Larry und Gertrude war es, als lebten sie mit zwei verschiedenen Frauen.
Allen Nahestehenden schien es, daß Arbeit sie zwar unter Druck setzte, aber ihr gleichzeitig eine Disziplin aufzwang, die ihren Zustand stabilisierte. Mit Ausnahme des schrecklichen Vorfalls bei *Elephant Walk* konnte sie, wenn sie spielte, ihre eigenen Empfindungen im Zaum halten.

Bei den Aufführungen von *The Sleeping Prince* hatte sie zwar brütend und Unzusammenhängendes murmelnd hinter den Kulissen gestanden, doch sobald sie die Bühne betreten hatte, war ihr nichts anzumerken gewesen. Das könnte teilweise damit erklärt werden, daß Vivien eine außergewöhnlich disziplinierte, zuverlässige Schauspielerin war. Am Ende der Proben stand ihre Rolle, und sie beherrschte das Technische vollkommen. Nichts, nicht einmal eine Handbewegung wurde mehr geändert. Ihr Spiel beruhte auf Routine, so daß sie die eigene Seele hinter den Kulissen lassen konnte, um sie nach dem letzten Vorhang wiederaufzunehmen. Beim Filmen war es natürlich anders, denn dabei mußte sie für die Kamera ein Gefühl der Unmittelbarkeit schaffen, und es bedurfte eines guten Regisseurs, beim Darsteller die beste Reaktion sofort zu entzünden.
Terence Rattigans Schauspiel *The Deep Blue Sea (Lockende Tiefe)* war mit Peggy Ashcroft in der Hauptrolle bei der Uraufführung 1952 in London ein Erfolg gewesen. Alexander Korda plante 1955 die Verfilmung; er hatte Rattigan beauftragt, das Drehbuch selbst zu schreiben, und Anatole Litvak als Regisseur engagiert. Vivien, die sich in Kordas Händen immer sicher fühlte, nahm sein Angebot, die Hester Collyer zu spielen, an. Rattigan sagte von seinem Stück, es sei die Geschichte »einer Affinität zwischen einem Mann und einer Frau, die einander zugrunde richten«. Die Frau, Hester Collyer, ist verheiratet, verfällt aber einem anderen Mann, der eine tönerne Schelle ist.
Sowohl das Drehbuch als auch das Stück enthielten eine grundlegende Unehrlichkeit. Hesters weibliches Geschlecht schien den Theaterbesuchern und den Zensoren als Bemäntelung zu dienen; denn bei allen starken Konfrontationsszenen schimmerte die Geschichte eines homosexuellen Dreiecks durch. Darum war Vivien von Anfang an gehemmt, weil diese Schande auf der Leinwand augenfällig vergrößert wurde. Ihr Spiel wurde auch dadurch beeinträchtigt, daß zwischen ihr und Kenneth More, der ihren Liebhaber spielte, kein erotisches Fluidum herrschte. Man gewann den Eindruck, daß sie alle unmittelbaren Gefühle auf der anderen Seite der Kamera gelassen hatte, genau wie sie sie hinter der Kulisse zurückließ, wenn sie die Bühne betrat. Vielleicht lag es daran, daß sie es auch beim Filmen vermochte.
Diese Fähigkeit ermutigte Larry so sehr, daß er beschloß, sie bei den Shakespeare-Festspielen in Stratford-upon-Avon zu beschäftigen, die im April 1955 mit *Was ihr wollt* eröffnet wurden. Im Juni stand *Macbeth* auf dem Spielplan, im August *Titus Andronicus*. Er wollte unbedingt ihre

Krankheit verleugnen und beweisen, daß alles nur ein schlimmer Traum gewesen sei. Es lag ihm nicht daran, möglichst viel Geld zu verdienen, und in Wirklichkeit genoß Vivien es viel mehr, Lady Olivier zu sein, als er Sir Laurence. In erster Linie war er von dem Ehrgeiz besessen, die großen Bühnenrollen zu spielen und als der größte englische Darsteller klassischer Gestalten zu gelten.

Vivien wußte, daß dieser Ehrgeiz, so sehr er sie auch liebte, alles andere überwog. Sie wünschte ebenso glühend wie er, daß seine Größe anerkannt werde. Ein idealer König mußte jedoch eine ebenbürtige Königin haben, und Lady Olivier war für königliches Benehmen geboren. Darum kämpfte sie verzweifelt, der Herausforderung gerecht zu werden und ihm auch auf der Bühne ebenbürtig zu sein. So stürzte sie sich begeistert und dankbar in die so ganz unterschiedlichen Rollen der Viola, Lady Macbeth und Lavinia. Sie wollte mit Larry zusammenarbeiten und nochmals eine Chance haben, ihren Wert zu beweisen, und sie wollte geliebt werden.

Für Vivien war es einfach, mit Larry zusammenspielen zu wollen; aber von ihm war es – in Anbetracht ihrer Krankheit – geradezu tollkühn, von ihr zu erwarten, daß sie Lady Macbeth und Lavinia, die beide in Greuel und Wahnsinn verhaftet sind, meistern würde. Er hätte wissen müssen, daß die drei Rollen sogar vor ihrem Zusammenbruch eine kaum zu bewältigende Aufgabe gewesen wären.

Insbesondere *Titus Andronicus* (der Originaltitel lautet in deutscher Übersetzung *Die höchst jammervolle römische Tragödie von Titus Andronicus*) ist eine blutrünstige Rachetragödie, in der der schaurige Automatismus von Rache und Gegenrache enthüllt wird. Sie ist erfüllt von Gewalttätigkeit und Irrsinn. Das Stück war noch nie in Stratford gespielt worden, vielleicht wegen seiner Absurdität. Lange Zeit wurde sogar Shakespeares Verfasserschaft bestritten.

Der greisenhafte Feldherr Titus Andronicus, auf dessen graues Haupt ein Unglück nach dem andern prasselt, war eine Rolle, die Larry in großem Stile spielen konnte. Titus läßt nach Herzenslust Köpfe rollen und sich selbst, um seine beiden Söhne zu retten, die Hand abhacken. Er tötet die Söhne Tamoras, seiner Geliebten, und setzt der ahnungslosen Mutter die Köpfe zum Mahl vor. Schließlich ersticht er auch noch seine Tochter Lavinia, bevor er selbst getötet wird.

Im ersten Akt ist Lavinia ein munteres Wesen, doch am Ende des zweiten Aktes erscheint sie, nachdem sie vergewaltigt worden ist, mit abgehackten

Händen, herausgeschnittener Zunge, ein rührendes stummes Geschöpf, das nach drei weiteren tiefbewegenden Akten in der letzten Szene von seinem Vater ermordet wird. »Stirb, stirb, Lavinia!« ruft Titus. »Und Schande über dich!«
Grauen, Tod und Wahnsinn waren auch die Themen von *Macbeth*, den Larry zum erstenmal 1937 gespielt hatte. Jetzt sah er das Stück anders an, eher als eine häusliche Tragödie. Der faszinierende Aspekt lag seiner Ansicht nach darin, daß Macbeth Vorstellungskraft hat, Lady Macbeth hingegen nicht, und daß er im Gegensatz zu ihr voraussieht, was geschehen wird. »Das gibt ihr den ungeheuren Mut, das Komplott anzuzetteln«, erklärt Larry. »Sie überredet ihn, schmeichelt ihm, befiehlt ihm, und er läßt sich allmählich Stückchen um Stückchen hineinlocken. Aber er weiß, wohin es führen wird, sie nicht, und es ist gewissermaßen das Aneinander-Vorbei zweier Menschen. Der eine geht hinauf, der andere hinunter.«
Als sie mit den Proben für Stratford begannen, zeigte es sich, daß Larry sowohl bei *Titus* als auch bei *Macbeth* tiefere psychologische Durchdringung erstrebte. Bei *Macbeth* war er entschieden der Psychiater, der seinen eigenen kranken Geist und den seiner Frau ergründet. Bei allen drei Stücken führte ein anderer Regie: John Gielgud bei *Was ihr wollt*, Glen Byam Shaw bei *Macbeth* und Peter Brook bei *Titus Andronicus*. Aber Larry kam zu jeder Produktion mit seiner eigenen Interpretation, und sie umzustoßen bedeutete für einen Regisseur, geradewegs ins Zentrum eines Wirbelsturms zu fliegen. Larry hatte bei all seinen Gestalten immer die psychologischen Beweggründe gesucht und gleichzeitig sich mit größter Konzentration bemüht, sich mit ihnen zu identifizieren. Darum verbrachte er den Sommer mit der Erforschung des Wahnsinns.
Mit *Was ihr wollt* wurde die Spielzeit eröffnet. Vivien verehrte Gielgud, aber als Schauspielerin und Regisseur hatten sie nicht dieselbe Wellenlänge. Die Proben wurden immer chaotischer, da Gielgud seine Auffassung jeden Tag änderte. Larry spielte seine Rolle, den Malvolio, auf ungewöhnliche und realistische Weise, als ob er in einem psychologischen Drama aufträte. Vivien spielte als Viola in einer romantischen Komödie. Die Aufführung war formlos, nicht aus einem Guß.
Larrys Lust an großem Theater hatte schließlich die Oberhand über seine Liebe zu Vivien gewonnen. Vielleicht war er sich dessen gar nicht bewußt, aber der Schauspieler hatte den Mann überwältigt. Er konnte das rational damit erklären, daß auch Vivien Gelegenheit hatte, drei bedeutende Rol-

len zu spielen. Aber irgendwie hätte er erkennen müssen, daß sie ihr Können am besten entfaltete, wenn sie liebenswerte, verspielte oder tragisch angehauchte Gestalten verkörperte wie Scarlett, Emma Hamilton, Julia, Cleopatra und Blanche. Als Viola hätte sie brillieren können, doch es war ihr unmöglich, liebenswürdig, charmant und romantisch zu sein, wenn Larry den Malvolio als einen häßlichen, ekelhaften Mann gab und jegliche vertraute Interpretation über den Haufen warf. Die Lacher, die Malvolios Dialoge üblicherweise hervorriefen, kamen nicht, und so wirkten Violas leichtsinnige Reaktionen peinlich schal. Es war, als kombinierte man eine Wagner-Oper mit einem Strauß-Walzer. Dennoch schlug Larry die Zuschauer in Bann, wenn er zum Schluß anklagend rief: »Ich räche mich an eurer ganzen Rotte!«
Die Kritiker spendeten ihre Lobesworte größtenteils Larrys Darstellung, wohingegen für Vivien nur ein paar Zeilen abfielen.
»Reizend anzusehen«, stand in der *Times*, »wie ein vergnügter Knabe auf der Jagd ... Sie ist auf ihre romantische Art ein bißchen zu bewußt, um die natürliche und durchsichtige Ehrlichkeit zu übertragen, die für diejenigen bestimmt ist, die sich von ihrer eigenen Sentimentalität hinters Licht führen lassen.«
Das Wochenende war spielfrei, und sie verbrachten es immer in Notley. Larry war nirgends glücklicher als in seiner stattlichen Studierstube, wo er in seinem Smoking jeder Zoll wie ein Gutsherr aussah. Er stand etwa mit einem Gast am Fenster, blickte über das schöne Gelände, das ihm gehörte, und vertraute ihm an, er hätte gern Kinder, die auf den Rasenplätzen spielen würden. Er sprach oft davon, Kinder seien für den Menschen die einzige Gewähr der Unsterblichkeit.
Tarquin hatte inzwischen in Oxford das Magisterexamen in Philosophie, Politik und Volkswirtschaft abgelegt und kam oft zu Besuch. An einem Wochenende lernte er hier den Forschungsreisenden Quentin Keynes kennen. Die Begegnung führte dazu, daß in dem jungen Mann brennendes Interesse an den unterentwickelten Ländern entfacht wurde, denn damals fühlte er das moralische Bedürfnis, sich für eine Sache einzusetzen, die der Menschheit diente.
Vivien war wie stets die großartige Hausfrau, die ihr Heim mit Freunden und Kollegen füllte. Immer wieder setzte sie neue Bekannte mit ihrem Wissen und Verständnis in Erstaunen, sobald das Gespräch auf bildende Kunst, Architektur, Antiquitäten, Musik, Tiere, Bäume und Blumen kam. Man gewann den Eindruck, daß sie auf jedem Gebiet beschlagen war. Sie

lud alle Mitglieder des Ensembles abwechselnd ein, damit sich niemand zurückgesetzt fühlte. Natürlich standen ihr einige besonders nahe.
Gute Freundschaft verband sie mit Maxine Audley, die in *Was ihr wollt* die Olivia, in *Macbeth* Lady Macduff und in *Titus Andronicus* die Gotenkönigin Tamora spielte. Maxine Audley war vor kurzem Mutter geworden, aber Kinder waren ein Thema, das Vivien mied. »Nun ja, ich würde gern noch ein Kind bekommen«, sagte sie, wenn man in sie drang. »Aber ich dürfte nicht spielen, wenn ich schwanger wäre, und es würde mir schwerfallen, neun Monate lang darauf zu verzichten. Ich brauche das Spielen.«
Vielleicht meinte sie damit ihre Ruhelosigkeit, aber bei den Proben zu *Macbeth* zeigte es sich, daß ihr damit auch nicht geholfen war. Von Anfang an klappte es zwischen ihr und Larry nicht, was allen auffiel. Sonderbarerweise glaubte man allgemein, das käme beider Darstellung zugute. Dann aber tauchte Peter Finch immer häufiger in Notley und in Stratford auf. Ihn und Vivien konnte man die ganze Zeit Hand in Hand zusammen sehen. Larry reagierte darauf sozusagen mit Schulterzucken. Aber er schien alles andere als glücklich zu sein. Im Theater wurde darüber geklatscht, allerdings mit ernster Besorgnis, da beide sehr beliebt waren und ihr Zusammenspiel in *Macbeth* unter ihrer gegenseitigen Feindseligkeit litt. Je näher die Premiere rückte, desto aufgewühlter wurde Vivien. Finch bemühte sich fürsorglich um sie; nach seiner Erfahrung mit Vivien in Ceylon wußte er, was er unter Umständen zu gewärtigen hatte.
Die *Macbeth*-Premiere fand am Dienstag, dem 7. Juni, statt. Wieder wurde Larry in der *Times* mit ausführlichen Lobesworten bedacht und Vivien mit zwei Zeilen abgetan. »Vivien Leigh ist eine kleine, bösartige, schillernde Lady Macbeth, aber ihr Aussehen und ihre Stimme stören, da sie nicht zu der Rolle passen.«
Den folgenden Sonntag verbrachten alle, auch Finch, in Notley, wo sie sich trafen, um die Kritiken in den Sonntagsblättern zu lesen.
Tynan schrieb im *Sunday Observer*: »Bei der Premiere am Dienstag reichte Sir Laurences Darstellung an Größe heran. In etwa einer Woche wird sie zu einem Meisterstück gereift sein.« Er schloß seine Kritik mit den Worten: »Vivien Leighs Lady Macbeth ist eher geziert als dämonisch, mehr Viper als Anakonda, aber auf ihre niedliche Weise doch recht gekonnt. Macduff und seine Frau, zwei bühnenwirksame Rollen, werden von Keith Michell und Maxine Audley mit außergewöhnlicher Kraft gespielt.«

Vivien war wütend über Tynans herablassende Kritik. Diesmal aber ließ Larry seinen Zorn nicht an Tynan aus. Im Gegenteil, er begann sich für den jungen Mann zu interessieren und hob seine offensichtliche Intelligenz hervor. Es dauerte nicht lange, und Tynan war ein häufiger Gast in Notley, so daß Vivien gezwungen war, sich auf ihre gute Kinderstube zu besinnen und ihn ebenso liebenswürdig zu behandeln wie ihre anderen Gäste. Nach seiner Besprechung von *Titus Andronicus* kostete sie das noch mehr Überwindung.

Tynan schrieb: »Sir Laurence Oliviers Titus ist sogar mit einer abgehackten Hand eine Fünffinger-Übung, die in ein unvergeßliches Konzert des Leides umgesetzt wird. Wir erleben die Darstellung eines Künstlers, der jeder Zoll der größte lebende Schauspieler ist.« Er merkte des weiteren an: »Maxine Audley ist glänzend als Tamora. Als Lavinia nimmt Vivien Leigh die Kunde, daß sie auf dem Leichnam ihres Mannes vergewaltigt werden soll, mit dem milden Unwillen einer Frau entgegen, die Schaumgummi vorziehen würde. Im übrigen werden die kleineren Rollen einwandfrei gespielt.«

Es half auch nicht, daß der *Times*-Kritiker fand, sie habe die Lavinia »mit starker Ausdruckskraft« gespielt, jedenfalls nicht, solange Tynan für Larry Partei ergriff. Sie wurde gefährlich labil. Als sie eines Abends mit Maxine Audley ins Theater ging, um John Gielgud als König Lear zu sehen, weinte sie während der ganzen Vorstellung. Sie war besessen von der Furcht vor Wahnsinn, und das Ensemble sorgte sich, sie könnte vor dem Ende der Spielzeit zusammenbrechen.

Alle atmeten erleichtert auf, als die Spielzeit beendet war. Vivien, Larry und Finch gingen nach Notley. Vivien fühlte sich sehr unsicher. Sie hatte Larry im Stich gelassen. Sie hätte doch irgendwie imstande sein müssen, für Viola ein tieferes Verständnis aufzubringen, Lady Macbeth gequälter zu gestalten, eine Lavinia von größerem Format darzustellen. Aber sie scheute sich, tiefer zu schürfen und vielleicht ihre persönliche Leidenschaft zu offenbaren. Wie würde es enden, wenn sie das tat? Wie könnte sie dann den Strom aufhalten?

Zu Hause zog sich Larry in sein Arbeitszimmer zurück, um seine gewaltige Korrespondenz zu erledigen und Zukunftspläne zu schmieden. Finchs Anwesenheit schien ihn nicht anzufechten. Eine Atmosphäre höfischer Zurückhaltung herrschte in den alten Sälen der Abtei, und jeder benahm sich untadelig zuvorkommend. Viviens Nerven waren gespannt. Ein paar Tage später packte sie einen Koffer und fuhr, ohne ein Wort zu

Larry zu sagen, mit Finch weg. Sie wollte mit ihm durchbrennen. Doch als sie im Erste-Klasse-Abteil der Eisenbahn saß und die vorbeigleitende Landschaft betrachtete, geriet sie in Panik. Teils lag es an der Klaustrophobie, die sie manchmal ergriff, teils überlegte sie es sich wohl anders und befürchtete, daß Larry sie nicht zurückholen würde.

Sie zog die Notbremse und stieg mit Finch aus. Sie kehrten nach Hause zurück. Vivien rief Gertrude an und bat sie zu kommen. Dann erlitt sie einen ihrer schrecklichen hysterischen Anfälle.

Vierundzwanzigstes Kapitel

Vivien hielt Freundschaft für das wichtigste Element des Lebens, und nur wenige Menschen konnten sich rühmen, mehr Freunde zu haben. Sie korrespondierte regelmäßig mit mindestens dreißig »lieben Freunden«, vergaß nie ihre Geburtstage, Jubiläen, Hochzeiten, Premieren und feierlichen Anlässe. Und sie liebte Blumen. Jeder Raum in Notley und in Darham Cottage war mit großen Sträußen geschmückt, auch jedes Hotelzimmer, das sie bewohnte. Zu jedem Anlaß schickte sie ihren Bekannten Blumen, immer in Überfülle.

Oft saß sie vormittags in ihrem Schlafzimmer an dem antiken Sekretär beim Bleiglasfenster und schrieb hintereinander acht bis zehn persönliche Briefe. Sie benutzte immer hellblaues Briefpapier; ihre Handschrift war kräftig, aber schwer zu entziffern. Sie fand es ungezogen, persönliche Briefe zu diktieren oder mit der Maschine zu schreiben. »Meine liebe süße Cindy«, begann etwa ihr Brief an Lucinda Ballard Dietz, »Lieber, lieber Meister« an Noel Coward, »Geliebter Leigh« – Briefe mit überschwenglich liebevoller Anrede wurden über die Themse, den Ärmelkanal, den Atlantischen Ozean gesandt. Vivien blieb nicht nur in Kontakt, sie nahm auch echten Anteil am Leben aller Freunde, an guten und schlechten Ereignissen, an Krankheiten und Enttäuschungen, und sie fand stets aufmunternde Worte. Immer hatte sie Grund, ein besonderes Geschenk zu kaufen, einer Hochzeit, einer Taufe, einer Bestattung beizuwohnen. Ihre Blumenrechnungen waren ungeheuerlich, ihre Ausgaben für Porto stiegen ins Unermeßliche, denn jeder wurde bedacht – Leigh, das Ehepaar Dietz, Noel Coward, Bobby Helpmann, Katharine Hepburn, George Cukor, Lynn Fontanne, Margalo Gilmore, Madeleine Sherwood, Cedric Hardwick, Clifton Webb, Cyril Ritchard, Radie und Percy Harris, Arnold Weissberger, die Redgraves, die Mills, die Bogarts, die Harrisons, die Nivens ... und natürlich auch Victor Stiebel, Kit Cornell, John Giel-

gud, Suzanne, Tarquin, Larrys Schwester Sybille, seine Schwägerin Hester, seine Nichten Caroline und Louise und und und – die Liste war endlos.
Die ausgedehnte Korrespondenz hielt sie in den Zwischenperioden der »Rekonvaleszenz« in Atem, aber sie führte sie auch, wenn sie arbeitete oder sich guter Gesundheit erfreute. Kontakt mit guten Freunden war wesentlich für ihr Wohlbefinden. Sie mußte fühlen, daß sie mit Menschen verbunden war. Außerdem schrieb sie jedem, den sie bei einem ihrer Anfälle verletzt haben mochte, zerknirschte Briefe, in denen sie um Verzeihung bat.
Die Gärten von Notley beanspruchten viel von ihrer Zeit und Tatkraft. Sie verschlang immer noch Bücher und hatte zu malen angefangen (obwohl sie sich darin nicht sonderlich auszeichnete). Sie und Larry bewunderten Winston Churchill sehr, der erklärt hatte, »Lady Hamilton« sei sein Lieblingsfilm, er habe ihn sich mehrmals angesehen. Er ermunterte Vivien zum Malen und hatte ihr ein Bild mit drei Rosen – von ihm gemalt – geschenkt, das gegenüber ihrem Bett hing, so daß sie es beim Erwachen als erstes sah.
Eine Zeitlang hatte ihre nahe Beziehung zu Finch zur Spannung in ihrer Ehe beigetragen, aber die Hauptursache war ihre Krankheit mit allen Nebenwirkungen. Wenn sie einen Anfall erlitt, hätte sie mit keinem ungeeigneteren Menschen als Larry zusammen sein können. Jahrelang hatte er sich an die Hoffnung geklammert, alles würde sich durch irgendein Wunder ändern. Aber das war vorbei. Jetzt bewegte ihn ein tiefer Schmerz des Mitleids mit ihr und mit sich selbst. Sie war ein schönes Kind, das er geliebt hatte, aber das Leben konnte nie mehr so wie früher werden.
In ihrer Privatwelt lebten beide im Schatten der gemeinsamen Erinnerungen. Larrys Bild blieb zu allen Zeiten auf ihrem Nachttisch. Abends saßen sie oft vor dem Kamin im kleinen Gartenzimmer und riefen sich das Lachen und die Tränen früherer Erlebnisse ins Gedächtnis zurück.
Das Jahr 1956 begann hoffnungsvoll. Vivien hatte seit einiger Zeit keinen Anfall gehabt und war in gehobener Stimmung. Dann aber erlitt Alexander Korda am 22. Januar einen schweren Herzinfarkt, dem er erlag. Vivien war untröstlich. Der Verlust eines lieben Freundes war für sie immer ein großer Schock und warf sie sofort in eine Depression. Korda aber war noch mehr gewesen als ein lieber Freund. Er war ihr Mentor, ein Mensch, zu dem sie fast mit gleicher Ehrfurcht aufblickte wie zu Larry. Sein Tod war für sie ein harter Schlag, der ihren Zustand stark beeinträchtigte.

Zu dieser Zeit erhielt Larry das Angebot, *The Sleeping Prince* in England zu verfilmen; er sollte Regie führen und die Hauptrolle spielen. Milton Green, ein amerikanischer Fotograf und Freund von Marilyn Monroe, hatte die Filmrechte von Rattigan gekauft und beabsichtigte, die Tänzerin mit Marilyn Monroe zu besetzen. Der Titel wurde in *The Prince and the Showgirl (Der Prinz und die Tänzerin)* abgeändert. Ende Februar faßte Larry den Entschluß, das Angebot anzunehmen; aber er sagte Vivien nichts davon, vielleicht aus zweierlei Gründen: Vivien war wegen ihrer Depression arbeitsunfähig; er befürchtete eine schlimme Reaktion bei ihr, wenn sie erfuhr, daß die jüngere Monroe ihr in einer Rolle vorgezogen wurde, die sie auf der Bühne gespielt hatte. Die Kränkung würde sie besonders tief treffen, weil er in dem Film mitspielte. Außerdem brachte er es nicht über sich, ihr so kurz nach Kordas Tod einen neuen Schlag zu versetzen. Er wußte, daß man es selbstsüchtig von ihm finden würde, wenn er die Rolle des Prinzen nicht ihretwegen ablehnte.

Noel Coward, »der Meister«, wie er genannt wurde, schien vom Himmel gesandt worden zu sein, als er zum Wochenende nach Notley kam und von seiner neuen Komödie *South Sea Bubble* erzählte, wobei er andeutete, er würde es gern sehen, wenn Vivien darin die Lady Alexandra Shotter spielte. Natürlich bat Vivien ihn sogleich, das Stück vorzulesen. Es war nicht besonders gut, aber er war nun einmal »der Meister«, und manche Szene wurde von Cowards feinem Humor getragen. Ihr Entschluß, die Rolle zu übernehmen, war vor allem Larrys Begeisterung zuzuschreiben. Freilich, wenn Vivien eine Rolle hatte, brauchte er kein schlechtes Gewissen mehr zu haben. Es kam jedoch hinzu, daß eine Cowardsche Komödie sie nicht so überfordern würde wie ein Klassiker, und daß sie mit Noel zusammen arbeitete, der – wie Leigh und George Cukor – zu den Menschen gehörte, denen gegenüber sie nie »ausrutschte« und bei denen sie sich geborgen fühlte. Die Proben begannen schon kurz darauf, denn die Premiere sollte in acht Wochen im Lyric Theatre stattfinden.

Als Vivien nach Larrys Meinung gut untergebracht war, flog er nach New York, um sich mit Milton Green und Marilyn Monroe zu besprechen. Eine Pressekonferenz wurde abgehalten, und die Nachrichten verbreiteten sich in alle Welt, so daß sie auch Vivien in England erreichten. Sie bekam Bilder zu Gesicht, auf denen Marilyn verführerisch an Larrys Arm hing. Sie trug ein enganliegendes schwarzes Samtkleid mit einem tiefen Ausschnitt, der ihre Brüste enthüllte. Ein Reporter fragte Larry nach seiner Ansicht über Marilyn Monroe als Filmschauspielerin. Seine Antwort

lautete: »Sie hat die außergewöhnliche Gabe, im einen Augenblick als frechstes kleines Ding zu erscheinen und im nächsten als vollkommene Unschuld, so daß die Zuschauer angenehm gekitzelt werden.«
Wie um für Eklat zu sorgen, riß Marilyns Träger, ihr leiser Schreckensschrei ließ alle zu ihr herumfahren, worauf sie schamhaft an sich herumnestelte. Ein Journalist war so taktlos, sie zu fragen, ob sie den Träger absichtlich zerrissen hätte. Sie schaute ihn aus großen Unschuldsaugen an und lächelte wortlos.
South Sea Bubble wurde nach der Premiere am 25. April 1956 von der Kritik als »abgestandener Champagner« bezeichnet. »Vivien Leigh zeigt kühle Unverfrorenheit«, stand in der *Times*. Immerhin war es ein Stück vom »Meister«, wie Larry bemerkt hatte, und als Marilyn Monroe und ihr neuer Ehemann, der Dramatiker Arthur Miller, Anfang Juli im Londoner Flughafen eintrafen, lief es immer noch.
Vivien und Larry holten die Neuvermählten am Flughafen ab. Presseleute stürzten sich chaotisch auf sie alle, und ein Fotograf wurde in dem Gedränge verletzt. Die Oliviers brachten die Millers in einer Limousine zu dem Landhaus, das sie für die amerikanischen Gäste gemietet hatten; eine Karawane von dreißig Wagen mit Marilyns Gepäck (Marilyn war mit siebenundzwanzig Koffern gekommen) und Presseleuten folgte ihnen.
Man kann nicht sagen, daß die beiden Frauen besonders gut miteinander auskamen. Marilyn war gehemmt. Der Chauffeur nannte Vivien »Eure Ladyschaft«, die Journalisten redeten sie mit »Lady Olivier« an, und Vivien hatte eine natürliche Eleganz, die Marilyn in Verlegenheit brachte.
Vermutlich machte Larry den Film lediglich aus Geldgründen. Das Drehbuch war reizend, und er hatte den Prinzen auf der Bühne gern gespielt; aber in Anbetracht seines hochfliegenden Ehrgeizes war es für ihn kaum von Vorteil, die Rolle nochmals zu übernehmen. Es reute ihn auch sofort, denn mit Marilyn war unmöglich zu arbeiten. Sie wollte ihre neuerworbene »Methode« des Spielens – die Larry schrecklich fand – auf die Leinwand bringen und suchte fortwährend Rat bei ihrer mitgeschleppten Schauspiellehrerin Paula Strasburg, wie eine bestimmte Szene zu spielen wäre (nach Larrys Dafürhalten waren alle Ratschläge falsch); außerdem kam sie unweigerlich zwei, drei oder vier Stunden zu spät. Manchmal rief Miller an und sagte, sie sei krank und könne überhaupt nicht kommen. Das war in Larrys Augen ein unerhörtes Benehmen, die Höhe des Dilettantismus, und er nannte sie im stillen »ein lästiges Biest«.

Aber es war Vivien, nicht Marilyn, die Schlagzeilen machte, als *The Prince and the Showgirl* gedreht wurde. Sie war nach sechzehnjähriger Ehe im Alter von zweiundvierzig Jahren schwanger. Sie verkündete der Presse, daß sie bald aus Cowards Komödie aussteigen werde, da das Kind in fünf Monaten komme. Als sie nicht mehr spielte, erschien sie täglich auf dem Plateau, wo gedreht wurde. Maxine Audley wirkte in dem Film mit, und die beiden saßen abseits und plauderten miteinander. Es gingen viele häßliche Gerüchte um, Vivien erwarte gar kein Kind, sondern hätte es nur angekündigt, um die Aufmerksamkeit von Marilyn Monroe abzulenken. »Warum hat sie gewartet, bis sie im vierten Monat war?« hieß es. Sie blieb schlank, und jedesmal, wenn sie ins Atelier kam, lauerten die Lästerzungen auf »Anzeichen«.
Als sie eines Tages die Füße auf einen anderen Stuhl gelegt hatte, vertraute sie Maxine Audley an: »Das einzig Lästige an der Schwangerschaft ist, daß ich die Füße hochlegen muß. Das langweilt mich. Ich glaube, ich bin doch kein mütterlicher Typ.«
Vier Wochen nach der Ankündigung teilte Larry der Presse mit, sie habe eine Fehlgeburt erlitten; es sei ihr vollständige Ruhe verordnet worden, und sie dürfe keinen Besuch empfangen.
»Wir sind bitter enttäuscht«, sagte er. »Die Hauptsorge gilt jetzt Vivien. Es ist wichtig, daß sie sich erholt.«
Sie hatte eher einen seelischen als einen körperlichen Zusammenbruch erlitten. Vor ihnen lag die Qual, mit ihrer Krankheit leben zu müssen, denn Larry wußte, daß sie nicht einfach eine neurotische oder hysterische Frau war. Sie war manisch-depressiv; einige Ärzte hatten fälschlicherweise Schizophrenie diagnostiziert. Zum Glück waren die Lungen diesmal nicht angegriffen; wie die Ärzte Larry erklärt hatten, erschwerte ihre Anfälligkeit für Tuberkulose das Problem der manisch-depressiven Krankheit. Für Vivien, die schon so oft unter extremen Gefühlen der Hilflosigkeit und des Entsetzens gelitten hatte, schien es keinen Ausweg zu geben. Sie ließ alles über sich ergehen – Drogen, Elektroschocks, Psychotherapie –, nur weigerte sie sich, wieder in die Klinik zu gehen.
Den ganzen Herbst 1956 kämpfte sie dagegen an, in Wahnsinn zu fallen, denn dieser Gedanke erschreckte sie am meisten. Zwar wußte niemand so recht, wodurch ihre Anfälle ausgelöst wurden, aber allmählich zeichnete sich ein Schema ab. Es begann mit einer depressiven Phase, die langsam einsetzte. Die Depression wurde immer stärker; in diesem Zustand fiel es ihr schwer, folgerichtig zu denken und sich zu konzentrieren, sie verlor

den Appetit und nahm ab, konnte ohne Mittel nicht schlafen und hegte Selbstmordgedanken. Die manische Phase setzte ganz plötzlich ein. Ihre Lebensgeister hoben sich, sie legte ihre natürliche und normale Zurückhaltung ab. Immer wurde sie dann ausfallend zu Larry; sie sagte, was ihr in den Kopf kam, verlor auf einmal Urteilsvermögen, Vernunft und Einsicht. Dann kam es zu schwerer Klaustrophobie. Sie riß sich die Kleider vom Leib, fühlte das verzweifelte Verlangen, aus dem Auto, dem Zug oder dem Flugzeug zu springen, wenn sie gerade unterwegs war. Ihre Gewohnheit, sich makellos zu pflegen, verschwand, und sie wurde schlampig.
Dr. Arthur Conachy, der sie nicht für schizophren hielt, sondern erkannt hatte, daß sie an manisch-depressiver Krankheit litt, war der einzige Arzt, dem sie wirklich vertraute. In seinem Attest, das sie immer bei sich trug für den Fall, daß er nicht zu erreichen war, wenn ein Anfall auftrat, stand unter anderem: »Die Libido ist gesteigert, und die Patientin neigt zu unterschiedsloser sexueller Betätigung. Ihre Symptome, insbesondere zügellose Sexualität, Verlust der Urteilskraft und vollständige Unbeherrschtheit, fallen bei einem Menschen in ihrer Stellung in Anbetracht der eventuellen gesellschaftlichen und beruflichen Folgen besonders ins Gewicht, so daß die manische Phase noch viel unerwünschter ist als die depressive.«
Ferner gab er an, wie er sie beim letzten Anfall behandelt hatte: »Ich führte fünf Elektroschocks unter Vollanästhesie durch. Dabei benutzte ich den Shotter-Richschen Elektronarkose-Apparat, um Gedächtnisschwund zu vermeiden.«
Zum Schluß fügte er hinzu: »Erschwerend wirkt es sich aus, daß die Patientin dazu neigt, sich beträchtliche Mengen Alkohol zuzuführen, wenn sie einem Streß untersteht; aber sie ist keineswegs Alkoholikerin.«
Man hatte inzwischen erkannt, daß Alkoholgenuß die Anfälle beschleunigte.

Im Gegensatz zu Vivien, die ihr Selbstvertrauen einzubüßen begann, reagierte Larry auf den Erfolg mit einer Selbstsicherheit, die er früher nie empfunden hatte. Das Publikum liebte ihn uneingeschränkt. Er spürte selbst, daß er eine gewisse hypnotische Macht über seine Zuschauer hatte.
Es drängte ihn zu dieser Zeit, in einem zeitgenössischen Stück aufzutreten, und er ließ durch seinen Agenten bei John Osborne anfragen, ob er viel-

leicht an einem neuen Stück arbeite, in dem eine Rolle für ihn wäre. Tatsächlich schrieb Osborne gerade das Schauspiel *The Entertainer (Der Komödiant)*. Er wunderte sich über die Anfrage des »Königs«, schickte ihm aber das Manuskript, als er mit dem Stück fertig war. Vivien las es und wollte sofort die Frau des Conférenciers spielen, wenn Larry diese Rolle übernahm. Das war im Frühjahr 1957, und sie hatte mehrere Monate Zeit gehabt, sich von ihrem Zusammenbruch zu erholen.

Sie hatten Durham Cottage aufgegeben und wohnten im Hotel Connaught, wenn sie sich in London aufhielten. Osborne kam zu ihnen ins Hotel, um über die Möglichkeit zu sprechen, Vivien die Phoebe spielen zu lassen. »Das Dumme ist, daß Vivien zu schön für diese Rolle ist«, sagte Osborne immer wieder. Dann diskutierten sie stundenlang über Larrys grotesken Vorschlag, Vivien eine Gummimaske aufzusetzen, damit sie häßlich aussehe.

Zum Schluß erhielt sie die Rolle doch nicht (Brenda de Banzie spielte sie), und Larry war sehr erleichtert. Er sah sich vor einer neuen Herausforderung, er wollte sich vom etablierten Theater und damit auch von Viviens Welt lösen und diesen Weg allein gehen. Zum erstenmal seit *Romeo und Julia* hatte er keine andere Verpflichtung, als Schauspieler zu sein, denn erstens trat er nicht mit Vivien zusammen auf, und zweitens führte er nicht Regie.

Vivien machte keine gute Miene dazu, und sie kam oft zu den Proben im Royal Court. Larry hatte einer jungen Schauspielerin namens Joan Plowright die Rolle seiner Tochter im Stück zugeschanzt. Vivien fand sie fehlbesetzt, und Osborne mochte sie nicht, aber Larry bestand auf seinem Wunsch, weil sie für ihn die neue Schule des Theaterspielens vertrat. Viviens Anwesenheit bei den Proben machte ihn nervös, was früher nie der Fall gewesen war. Sie ließ auch ihren Einfluß fühlbar werden, indem sie Larry, Joan Plowright und den Regisseur Tony Richardson kritisierte. Schließlich geriet sie mit George Devine, dem Leiter des Theaters, in einen schrecklichen Streit, und gleich nach der ersten Kostümprobe wurde sie ersucht, nicht mehr im Theater zu erscheinen.

Archie Rice war vielleicht die hervorragendste und eindrucksvollste Gestalt, die Larry jemals dargestellt hatte. Ja, viele Kritiker meinten, er sei nicht nur der größte Tragöde des englischen Theaters, sondern auch der größte Komiker. Für Vivien hingegen war der ganze Frühling von Traurigkeit überschattet. Larry hatte sich vergeblich um eine *Macbeth*-Filmproduktion bemüht (sie hätte in dem Film die Lady Macbeth spielen sollen). Dann boten ihnen die Hecht-Lancaster Productions in Hollywood die Hauptrollen in der Verfilmung von Terence Rattigans Einaktern *Separate Tables (An Einzeltischen)*, als Film *Getrennt von Tisch und Bett* an, aber es kam wegen des Drehbuchs zu keiner Einigung.

Als der Sommer nahte, schien Vivien wieder in eine depressive Phase einzutreten. Larry wußte sich nicht anders zu helfen, als mit *Titus Andronicus* in der ursprünglichen Besetzung eine Tournee vorzubereiten, die nach Paris, Venedig, Belgrad, Zagreb, Wien, Warschau führen und in London im Stoll Theatre ihren Abschluß finden sollte. Mit Rücksicht auf Viviens Furcht vor dem Fliegen schlug er vor, mit der Eisenbahn zu reisen. Aber im Mai, als sie aufbrachen, war es ungewöhnlich heiß, die Züge waren überfüllt von Touristen, und die langen Fahrten erwiesen sich als recht ermüdend.

Die erste Aufführung fand am 16. Mai in Paris statt. Zehn Tage später nahm Vivien bei einer Zeremonie auf der Bühne des Sarah-Bernhardt-Theaters den Orden der Ehrenlegion entgegen. Er wurde ihr vom Kultusminister »für ihre Verdienste um die kulturellen Beziehungen und die Freundschaft zwischen Frankreich und Großbritannien« verliehen. *Titus Andronicus* war in Paris ein großer Erfolg, und Vivien wurde von den französischen Kritikern weitaus besser behandelt als von den englischen.

Von Paris reisten sie nach Venedig. Es war unerträglich heiß, und bei Vivien machten sich Anzeichen von Gereiztheit bemerkbar. Allen fiel ihr verändertes Benehmen auf, und da sie fortwährend beisammen waren, konnte es den Kollegen nicht entgehen, daß sie ähnlich wie gegen Ende der Spielzeit in Stratford in einen manischen Zustand geriet. Als sie nach Belgrad gelangten, rauchte und trank sie übermäßig und war erschreckend erregt.

Für Larry bedeuteten Jugoslawien und Warschau ein neues Erlebnis. Die Leute kannten ihn nicht, aber wohin sie auch gingen, da folgte ihnen eine Menschenmenge mit dem begeisterten Ruf: »Scarlett O'Hara! Scarlett O'Hara!« Scarlett O'Hara war überall bekannt, und die Leute strömten ins Theater, um sie zu sehen, drängten sich vor ihrer Garderobe, ihrem Hotelzimmer, zertrampelten sie fast, schubsten ihn beiseite, um ein Autogramm von »Scarlett« zu ergattern. Diese Hysterie kurbelte ihre eigene an.

Während der zweiundzwanzigstündigen Eisenbahnfahrt von Wien nach Warschau stieg die Hitze auf 34 Grad. Der Zug war vollgestopft, es gab nichts zu essen, und die Reisenden mußten sich selbst beköstigen. Vivien lief nervös im Gang auf und ab; ihre Stimme wurde scharf. Alle waren beunruhigt, aber niemand wußte, was tun. Plötzlich wurde sie von Wut auf Larry ergriffen, raste auf ihn zu und beschimpfte ihn. Er wollte sie festhalten, doch sie riß sich los, packte irgendein Köfferchen, schleuderte es gegen eine Fensterscheibe, die klirrend zersplitterte. Es gelang einigen Kollegen, sie zu beschwichtigen, und Larry begab sich in einen anderen Wagen.

Hierauf richtete sich ihr Tobsuchtsfall gegen Maxine Audley. Vivien schmähte sie in ihrer Rolle als Gotenkönigin Tamora und ließ ihren Zorn an ihr aus, weil Maxine in einem der bespielten Theater eine bessere Garderobe gehabt hatte. Maxine stand auf und entfernte sich aus dem Abteil. Vivien lief ihr nach und beschimpfte sie unflätig. Um dem Angriff zu entgehen, schloß sich Maxine auf der Toilette ein. Vivien donnerte an die Tür und schrie: »Komm heraus! Komm heraus!« Schließlich betrat Maxine mit einem tiefen Seufzer den Gang. Vivien bewarf sie mit Brotstücken, während Maxine auf ihren Platz zurückkehrte. Vivien war außer Rand und Band. Endlich, nach sechzehn Stunden, fiel sie in den Schlaf der Erschöpfung. Natürlich waren alle erleichtert, aber merkwürdigerweise waren sie Vivien nicht böse, sondern sie tat ihnen leid. Keiner fühlte sich gekränkt. Sie wußten Bescheid über ihre Krankheit, und aus Erfahrung wußten sie, daß Vivien nach dem Anfall wieder die liebenswürdige, gutherzige, freundschaftliche Kollegin sein würde.

In Warschau wurde ein Arzt zugezogen. Seiner Behandlung folgte stundenlanges hemmungsloses Weinen, doch als sich in Warschau zum erstenmal der Vorhang hob, war Vivien wieder in ziemlich normalem Zustand. Im Juli kehrten sie nach London zurück, gerade beizeiten, um zu hören, daß im Oberhaus die Frage besprochen wurde, ob das 122 Jahre alte St. James's Theatre, wo Charles Dickens seine ersten Stücke aufgeführt und Larry seine Wirkungsstätte als Theaterleiter gefunden hatte, abgerissen werden sollte. Vivien geriet außer sich. Am 20. Juli demonstrierte sie, eine Handglocke läutend, protestierend auf dem Strand, einer der Hauptstraßen Londons. Zwei Tage später erschien sie königlich auf der Besuchergalerie des Oberhauses und hörte sich ungeduldig die Debatte an. Baron Blackford, der für den Abbruch war, erklärte, das Theater sei »einfach ein veraltetes, viktorianisches, ungemütliches, unbequemes Schauspielhaus ohne architektonischen oder historischen Wert«. Vivien sprang wütend auf und rief übers Geländer hinunter: »Mylords, ich protestiere dagegen, daß das St. James's Theatre abgerissen wird!«

Das war ein furchtbarer Verstoß gegen das Protokoll. Die Lordschaften saßen in gelähmtem Schweigen. Sir Brian Harrocks, der oberste Dienstbeamte, legte mit ernstem Gesicht die Hand auf Viviens Arm: »Sie müssen nun gehen, Lady Olivier.« Vivien versuchte ihn abzuschütteln. Keiner der Lords verzog eine Miene, als Sir Brian Vivien mit Gewalt hinaussetzte. Obwohl ihr Protest gegen das Abreißen des St. James's Theatre zufällig mit einer ihrer manischen Phasen zusammenfiel, wurde er gegen Ende der Woche so angesehen, als ob Scarlett O'Hara die Plantage Tara fast ganz allein vor den plündernden Horden aus dem Norden gerettet hätte. Churchill brummte: »Als Parlamentarier kann ich ihr unziemliches Verfahren nicht billigen, aber ich werde fünfhundert Pfund stiften, um zu verhindern, daß das St. James's einem Bürohaus weichen muß.« Auch der amerikanische Millionär Huntington Hartford steuerte zu dem Fonds bei, den Vivien zur Rettung des Theaters gründete. Binnen kurzem stimmte das Oberhaus ritterlich für die Erhaltung des »engen, veralteten, bombenbeschädigten und vielgeliebten Theaters«. In der *Times* erschien eine Karikatur. Darauf stand Maxine Audley auf der Besuchergalerie des Oberhauses, und die Unterschrift lautete: »Ich protestiere dagegen, daß Vivien Leigh abgerissen wird!«
Es sah ganz so aus, als ob das St. James's erhalten bleiben würde; aber Vivien war von der Gemütsbewegung erschöpft und sank erneut in tiefe Depression. Larry fühlte sich hilflos. Es schien ihm, daß er nicht mehr viel tun konnte, und tatsächlich resignierte er ungefähr zu dieser Zeit. Er war wie ein Mensch, der eine Flutwelle auf sich zukommen sieht und denkt: »Was für einen Zweck hat es, wegzulaufen? Soll geschehen, was geschehen muß.«
Gertrude hingegen wollte den Kampf nicht aufgeben. Sie hielt es für möglich, daß Leigh helfen könnte, weil seine Anwesenheit immer einen beruhigenden Einfluß auf Vivien hatte. Leigh kam oft zu Besuch nach Notley. Larry pflichtete bei, daß Vivien, die auf ihn ja so schlecht reagierte, mit Leigh und Suzanne drei Wochen Ferien machen und ausruhen sollte. Sobald Vivien, Leigh und Suzanne zum Kontinent abgereist waren, spekulierte die Presse, das Ehepaar Olivier wolle sich scheiden lassen.
»Scheidung steht überhaupt nicht zur Debatte«, sagte Vivien den Journalisten vom Festland aus telefonisch. »Mein erster Mann und ich sind immer noch gute Freunde, und es besteht für uns kein Grund, uns nicht zu sehen. Larry und ich, wir lieben uns sehr.«

Larry, der mit Tarquin in Schottland Ferien machte, fügte hinzu: »Ich gebe keinen Kommentar ab über etwas, das nicht existiert.«
Es erschienen Bilder von Vivien, die in San Virgilio am Gardasee sonnenbadete. Sogleich erhob das Parlament seinerseits einen Protest gegen Vivien.
Jenny Mann, eine feurige Labour-Schottin und Mutter von fünf Kindern, ereiferte sich: »Da gibt es eine Frau, die das Oberhaus im Sturm genommen hat und nun mit ihrem ersten Mann Ferien macht. Ihr zweiter Mann macht woanders Ferien. Meines Wissens wird dagegen nicht protestiert. Offenbar kann man seinen ersten Mann einpacken – das wird uns die Jugend sagen – und mit ihm ab und zu eine Ferienreise unternehmen. Man könnte sogar das Wochenende mit dem ersten Mann und die Werktage mit dem zweiten verbringen. Das ist ein schlimmes Beispiel hochgestellter Leute für unsere Kinder. Wo bleibt die Flut der Entrüstung?«
Leigh war der einzige, der Entrüstung zeigte. Er kabelte der *Times*: »Kritik ist unüberlegt und taktlos. Anwesenheit unserer Tochter erklärt jedem vernünftigen Menschen die gemeinsamen Ferien.«
Die Ferien mit Leigh hatten anscheinend geholfen, denn Vivien sah nach der Rückkehr entspannter und schöner aus als seit langer Zeit. Kurz darauf wurde Suzannes Verlobung mit Robin Farrington, einem neunundzwanzigjährigen Versicherungsagenten, verkündet. Sie wurden am 6. Dezember getraut. Larry und Vivien kamen zusammen in der Kirche an, aber er trat sogleich beiseite, um ihr einen Platz neben Leigh und Suzanne einzuräumen. In den Bankreihen wurde getuschelt. Nach der Trauung gab es noch mehr Gerede, denn Vivien fuhr mit Leigh in einem Auto ab, während Larry mit den anderen Hochzeitsgästen winkend auf der Kirchentreppe stand.

Fünfundzwanzigstes Kapitel

Die manisch-depressive Krankheit war nicht wie eine Erkältung, die man einfach durchsteht und überwindet. Viviens Zustand war unheilbar, und sie wußte es. Verzweiflung ergriff sie. Larry sah sie jetzt mit kühlen Augen an und verdrängte seine Besorgnis. Wie die Dinge standen, befürchtete sie im stillen, daß ihn die Wunden, die sie ihm bei ihren Anfällen zufügte, in die Arme einer anderen Frau treiben würden, zumal das Gerücht ging, er hätte ein Verhältnis mit Joan Plowright. Vivien konnte es ihm nicht verargen, wenn es stimmte. Larry war für sie über allen Vorwurf erhaben. Sie fühlte sich umgeben von einem dunklen, undurchdringlichen Nebel, aus dem etwas schwarz Verhülltes hervorragte, die Gestalt des Unheils. Aber es war nicht Larry; ebensowenig dachte sie, er könnte sie, was oder wer es auch sein mochte, davor bewahren.

Larry hielt Abstand von ihr. Es gab kein Lachen mehr, keinen Trost im Bett mehr. Es war ihr nicht möglich, mit ihm über Joan zu sprechen. Es hätte des Zeitungsklatsches nicht bedurft, ihr klarzumachen, daß er ihr entglitt. Seine Geistesabwesenheit bestätigte es. Ihre Gedanken kreisten fast nur noch um die Frage, wie sie ihn festhalten könnte. Joan war noch nicht dreißig und konnte ihm Kinder schenken, war als Schauspielerin eine Anfängerin, die er formen konnte, und sie vertrat die neue Linie des Theaterspielens, die ihn fesselte. Vivien war zwar nicht mehr jung, aber sie hatte Schönheit, sprühenden Geist und Geschmack – lauter Eigenschaften, die Larry sehr schätzte.

Sie hatten am Eaton Place eine Wohnung gefunden, so daß auch sie in London war, wenn er sich hier aufhielt, und sie hatte sich bemüht, sie so zu gestalten, daß er sich heimisch fühlen würde. Suzanne erwartete ein Kind, und Vivien sah den Großmutterfreuden mit gemischten Gefühlen entgegen. Es traf sie keine Schuld, daß sie Larry die ersehnten Kinder nicht geschenkt hatte. Es war Gottes Wille gewesen.

Nach der Rückkehr von der Tournee wurde *The Entertainer* im Palace Theatre gegeben, und dann – 1958 – fand ein Gastspiel in New York statt. Larry und Joan erlebten den Alltag zusammen, und Vivien war allein, ein Außenseiter. Für sie hatte nichts Bedeutung außer der Befürchtung, Larry zu verlieren. Am meisten fürchtete sie das Mitleid, das er ihr mitunter bezeigte, die wohlwollende, irgendwie leidenschaftslose Freundlichkeit.
Im Februar 1958 wurde ihr die Rolle der Paola in Jean Giraudoux' Stück *Für Lucretia*, das in der eleganten Übersetzung von Christopher Fry im Apollo Theatre gespielt werden sollte, angeboten. Sie liebte das Stück und die Rolle, und da sie meinte, damit könnte sie Larry beweisen, daß sie imstande war, eine Verantwortung zu übernehmen und ein gesunder, ganzer Mensch zu sein, nahm sie das Angebot an. »Wenn ich abends ins Theater komme«, sagte sie einmal, »fühle ich mich geborgen. Ich liebe die Zuschauer. Ich liebe die Menschen, und ich spiele, weil ich ihnen Freude machen möchte.«
Das Theater bot ihr die Rückwirkung der Liebe, die sie zu Hause nicht empfing. Jeden Abend kam sie anderthalb Stunden vor Beginn der Vorstellung und sprach ihre Rolle laut vor sich hin. Sobald sie geschminkt war, fühlte sie sich als ein anderer Mensch. Wenn sie die Perücke abgenommen hatte, war sie wieder sie selbst.
In *Für Lucretia* war viel die Rede von Trennung und Entfremdung, so daß das Stück für sie persönliche Bedeutung hatte. »Manchmal fürchte ich mich vor der Wahrheit meines Textes«, bekannte Vivien damals. »Aber ich darf mir die Furcht nicht anmerken lassen. Wegen dieser Disziplin liebe ich das Theater.«
Die Aufführung wurde gut aufgenommen. Vivien stellte die intrigante Paola farbig und überzeugend dar, so daß Claire Bloom als Lucile im Gegensatz dazu ziemlich blaß wirkte.
Christian Diors flitterbesetzte rote Kostüme waren spektakulär, Vivien sah darin atemraubend schön aus.
Aber im Sommer wurde die Trennung von Larry zuviel für sie. Manische Anzeichen machten sich bemerkbar, und sie ließ sich beurlauben, um sich, von Gertrude betreut, auf dem Kontinent zu erholen. Larry kam nach der Rückkehr von New York für kurze Zeit zu ihr, bevor er mit Burt Lancaster und Kirk Douglas an dem Film *The Devil's Disciple (Der Teufelsschüler)* mitwirkte.
Nichts hatte sie sich sehnlicher gewünscht als das Wiedersehen mit ihm,

und doch war es ihr von Anfang an unmöglich, sich zu beherrschen. Sie war überglücklich, fühlte sich jung und wild verliebt, als sie ihn begrüßte. Doch schon am Abend wurde sie ausfallend gegen ihn, zwar nur auf geringfügige Weise, doch die Anzeichen waren da. Am vierten Tage reiste er ab.

»Puss« war ihr bevorzugter Kosename, den Larry in zärtlichen Augenblicken benutzte, und Katzen waren immer ihre Leidenschaft gewesen. Jetzt wurde es eine Besessenheit. Sie hatte auch in den Ferien zwei um sich, die sie liebkoste und denen sie stundenlang gespannt zusehen konnte. Gertrude beobachtete, daß sie im Zorn katzenähnlich wurde; dann krümmten sich ihre Finger, die Augen funkelten sonderbar, und sie fauchte richtig.

Am 5. November, ihrem fünfundvierzigsten Geburtstag, spielte sie wieder in *Für Lucretia* mit. Lauren Bacall war in London und blieb bei ihr im Theater, wenn zwei Vorstellungen gegeben wurden. Larry schenkte ihr einen Rolls-Royce, der siebentausend Pfund kostete. Er hatte ihr in einer Automobil-Ausstellung besonders gefallen. Drei Tage später gaben sie im Nachtlokal *Milroy* am Hamilton Place zu Laurences Ehren eine glanzvolle Gesellschaft mit hundertfünfzig Gästen. Larry lächelte freundlich an Viviens Seite, und sie sah in türkisfarbenem Brokat unglaublich schön aus. All das wurde gemacht, um die Gerüchte in der Presse ad absurdum zu führen. Sie blieben die vollkommenen Gastgeber und spiegelten jedem vor, einer könnte ohne den andern nicht sein. Beim Betreten des Saales erhielt jede Dame von Vivien eine rote Nelke und von Larry eine kleine rote Rose.

Vivien strahlte im Kreise so vieler alter Freunde – Douglas Fairbanks und seine Frau, Beatrice Lilly, Jack Hawkins und Frau, Emlyn Williams, Alec Guinness, Tarquin, Gertrude, Bernard Braden, Barbara Kelly, Duncan Sandys, Herbert Wilcox und Anna Neagle. Es war ein glänzender Abend, und Vivien zeigte sich wie früher von ihrer bezaubernden Seite, außer in den seltenen Augenblicken, wo ihr berühmtes Katzenlächeln verblaßte und man bemerken konnte, daß sie Larry aus der Ferne betrübt beobachtete.

Nach dieser Gesellschaft schien Larry es sich angelegen sein zu lassen, durch den Atlantischen Ozean von ihr getrennt zu sein. Am 5. Dezember brachte Suzanne einen Sohn zur Welt: Neville Leigh Farrington. Am folgenden Morgen verkündeten die Schlagzeilen der Zeitungen: »Scarlett O'Hara ist jetzt Großmutter.«

Zu den Reportern sagte Vivien: »Es ist himmlisch. Ich war schon oft Patin, aber Großmutter zu sein ist besser als alles andere.« Sie wischte sich eine Träne ab, eine scheinbare Freudenträne, und hob ihr Ginglas, das sie langsam leerte. An diesem Tage aß sie mittags mit Larry. Die Furcht vor dem Altwerden war das Hauptthema ihres Gesprächs. Es ging die Rede davon, daß sie Eva Perón in einem Stück darstellen sollte. »Ein glücklicher Mensch«, sagte Vivien. »Sie starb mit zweiunddreißig Jahren. Ich bin schon fünfundvierzig.«

Aber Mitleid mit sich selbst entsprach nicht ihrem Wesen. Ihr überschäumendes Temperament ließ sich nicht unterdrücken. Im Jahr 1959 hielt sich Larry die meiste Zeit in Amerika auf, und Vivien umgab sich mit alten und neuen Freunden ihres glanzvollen Kreises und stürzte sich in die Zerstreuungen des Londoner Thaterlebens. Sie genoß die übertriebenen Komplimente der Männer, die sie zufällig kennenlernte oder bereits kannte. Ihr Verhalten war irgendwie leichtsinnig. Sie lebte ganz in der Gegenwart. Kleiderkaufen wurde eine Leidenschaft, Geschenkemachen ein kostspieliger Zeitvertreib. Lange Briefe überquerten den Atlantischen Ozean: Sie werde Larry immer lieben; kein Mann könnte ihr jemals so viel bedeuten wie er, und deshalb zählten alle ihre Eskapaden nicht, und nie wäre sie imstande, seine grausame Zurückhaltung zu ertragen. Telefongespräche gingen hin und her. Er verhielt sich kühl und gleichgültig, sie seidenweich und liebevoll.

Im Mai begannen für sie wieder Proben; sie spielte die Hauptrolle in Ernest Feydaus Schwank *Occupe-toi d'Amélie (Beschäftige dich mit Amélie)*, den Noel Coward unter dem Titel *Look After Lulu* übersetzt hatte. Cowards Übertragung enthielt jenen Dialog, der ihn zum »Meister« gemacht hatte, etwas anmutig Freches, die Verherrlichung des normalerweise Unaussprechbaren. Das witzige, leichte Stück war sehr wirkungsvoll, und Vivien hatte die Rolle ohne Zögern angenommen. Die Premiere fand am 29. Juli im Royal Court statt, dem Schauplatz von Larrys großem Erfolg im *Entertainer*. »Der Abend gehört Vivien Leigh«, schrieb der Kritiker der *Times*. »Schön, köstlich kühl und sachlich, beherrscht sie die Situation.«

Es war für sie ein großer persönlicher Erfolg, der ihrem kränkelnden Selbstvertrauen hätte aushelfen sollen; aber es war ein Pyrrhussieg. Larry kam, um ihr glänzendes Spiel zu sehen, und lächelnd verließen sie Arm in Arm das Theater; doch sie ging allein nach Hause, und er kehrte nach Stratford zurück, wo er *Coriolanus* probte.

Man kann nicht fast fünfundzwanzig Jahre mit einem Mann zusammenleben und dann nichts merken, wenn es bergab geht. Er war und blieb ihr Idol, und sie liebte ihn mehr als sich selbst. Aber sie wußte, daß sie ihn verloren hatte, ebenso unweigerlich wie ihre Jugend.
Es hatte keinen Zweck, zurückzublicken. Das brachte nur Herzeleid, Qual, Verzweiflung. Mehr als alles andere im Leben wünschte sie, von Larry so geliebt zu werden, wie sie ihn jetzt liebte. Ihre Krankheit machte sie unsicherer und kindlicher, als sie jemals war. Es wäre alles gut gewesen, wenn er sie in den Armen gehalten hätte, ohne Leidenschaft, aber mit Zärtlichkeit wie ein liebevoller Freund. Über eine solche Regelung wäre sie froh gewesen. Es gab Dinge, die nur Larry, mit dem sie ihre Erinnerungen an Jugend, Liebe und ehrgeizige Bestrebungen teilte, verstehen konnte.
An diesem Wochenende ging sie allein nach Notley und wartete dort auf einen Anruf, der nicht kam. Danach trafen sie sich, um die Frage zu besprechen, ob man Notley verkaufen solle. Sie stimmte zu. Was hätte sie anderes machen können? Notley ohne Larry war wie ein Haus ohne Licht.
Es sollte jedoch noch schlimmer kommen. Er brauchte Zeit für sich selbst, Zeit, alles zu überdenken. Er schlug vor, die Weihnachtstage getrennt zu verbringen. Es blieb ihr nichts anderes übrig als einzuwilligen, um ihre Würde zu bewahren. Da Larry die Feiertage in Amerika verbringen wollte, nahm sie Noel Cowards Einladung in sein Haus in der Schweiz an.
Hinzu kam, daß ihr Vater Ernest erkrankte, sich mehreren Operationen unterziehen mußte und am 18. Dezember im Alter von fünfundsiebzig Jahren starb.
Vivien hatte das Gefühl, daß ihr alles entglitt. Der Tod ihres Vaters war wie ein böses Omen. Die Vergangenheit war um eine unbekannte Ecke verschwunden und verlorengegangen.
Gertrude widmete sich dem Kosmetikgeschäft, und es ging ihr recht gut. Sie zeigte jetzt viel mehr Kraft als jemals zu Ernests Lebzeiten, und Vivien stützte sich auf sie.
Look After Lulu wurde kurz nach Ernests Tod abgesetzt. Viviens Freunde befürchteten, daß Untätigkeit verheerend für sie wäre, und alle waren erleichtert, als beschlossen wurde, mit *Für Lucretia* ein Gastspiel in New York zu geben. Mary Ure sollte Claire Blooms Rolle übernehmen. Mit Ausnahme von Peter Wyngarde wurde sogar das ganze Stück umbesetzt,

und Robert Helpmann übernahm die Regie. Die einzige Rolle, die sich schwer besetzen ließ, war der Armand, Viviens Ehemann in dem Stück. Der Darsteller mußte Mitglied der amerikanischen Bühnengenossenschaft sein, doch mit englischem Tonfall sprechen und eine so starke, eigenständige Persönlichkeit sein, daß er sich von Vivien nicht an die Wand spielen ließ.

Sechsundzwanzigstes Kapitel

Seit ihrem Zusammentreffen hinter den Kulissen von *The Skin of our Teeth* hatte Jack Merivale und Vivien einander nur ein paarmal gesehen, und zwar 1950 in Kalifornien, als Vivien *Streetcar Named Desire* und Larry *Carrie* filmte. Damals hatte sich Jack bei Gladys Cooper, seiner Stiefmutter, aufgehalten und zwei oder drei der Gesellschaften mitgemacht, die das Ehepaar Olivier immer am Sonntagnachmittag gab. Einmal hatte Gladys das »berühmteste Liebespaar des englischen Theaters« zum Essen eingeladen. Aber in den dazwischenliegenden zehn Jahren hatten sich Viviens und Jacks Wege nie mehr gekreuzt. Cecil Tennant machte den Vorschlag, die schwierige Rolle als Viviens Ehemann in *Für Lucretia* mit Jack Merivale zu besetzen, da er Mitglied der amerikanischen Bühnengenossenschaft war.
Tennant war von jeher Larrys guter Freund, geistiger Führer und Wohltäter gewesen, ein sehr nahestehender Freund. Für Vivien war er »Onkel Cecil«, und sie schenkte ihm unbegrenztes Vertrauen. »Natürlich wäre Jack Merivale die richtige Besetzung«, stimmte sie zu.
Die Abreise nach New York verzögerte sich aus verschiedenen Gründen, und Merivale, der Viviens Kollegialität kannte, rief sie eines Tages an, um zu fragen, ob es etwas Neues gäbe. Man sei immer noch auf der Suche nach einem geeigneten Theater, antwortete sie. Sie war gerade in einer tiefen Depression, das war ihrer Stimme anzumerken. Merivale spürte es, setzte das Gespräch heiter fort und gab sich so fröhlich wie möglich. Impulsiv sagte er zum Schluß: »Sie sollten einmal den Bart sehen, den ich mir für meine Rolle wachsen lasse«, und schlug ihr ein Treffen vor.
Sie reagierte ungewöhnlich auf ihn. Zum erstenmal seit Jahren fühlte sie sich lebendig und weiblich. Sie schloß ihn sofort ins Herz und war ihm dankbar. Larrys Benehmen hatte ihr die Selbstachtung genommen. Sein Verhältnis mit einer jungen Frau traf sie tief. Sie wußte nicht, wie sie in

Wettbewerb treten könnte, hatte alle Möglichkeiten erschöpft. Hier aber war nun ein anziehender, begabter, intelligenter Mann, der vom ersten Augenblick an zeigte, daß sie ihn bezauberte. Sie hörte seiner starken, sicheren Stimme zu, die plötzlich alles in Ordnung brachte. Ängstlichkeit und Furcht wichen von ihr, und eine neue Ruhe überkam sie.
Jack schien es, daß ihre Beziehung schicksalsbedingt sei. In ihrer früheren Bekanntschaft gab es so viele Dinge – damals kaum bemerkt, flüchtige Augenblicke, deren Bedeutung kaum erfaßt worden war – die seltsame fleischliche Vertrautheit bei der Begrüßungsumarmung, die Flamme, die seine Worte in ihr entzündeten – all das bewirkte, daß er sich mit ihr allein glaubte, obwohl sie in einem überfüllten Restaurant saßen. Vielleicht war alles wirklich Vorbestimmung.
»Ich wünsche mir nur ein Lebensglück«, drückte Viviens Verhalten aus. Sie war demütig, dankbar, reagierte auf die geringste Freundlichkeit. Er war berauscht von der Wärme ihrer Berührung, ihrem Lächeln, ihrer Stimme. Schon nach wenigen Begegnungen wußte er, daß er Vivien liebte und daß sie mehr als Freundschaft für ihn empfand. Aber die Oliviers waren eine Legende, ein historisches Paar, so eng vermählt in der Vorstellung anderer, daß man sich den einen nicht ohne den andern denken konnte. Zwischen sie zu treten, das war, als wollte man siamesische Zwillinge trennen, ohne zu wissen, welche Organe sie gemeinsam hatten. Darum bewahrte er einen gewissen Abstand. Als feinempfindender, rücksichtsvoller Mensch bedachte er immer die Gefühle anderer und achtete ihre Bedürfnisse.
Zu seinen Grundsätzen gehörte es, niemals eine Ehe zu stören, und er fühlte instinktiv, daß Vivien noch immer an Larry gebunden war, zumal sie dauernd von ihm sprach. In ihrer Garderobe hingen Bilder von ihm, auch in der Handtasche hatte sie ein Foto. Es war, als trüge sie den Geist eines Toten mit sich herum.
Kurz nach der Ankunft in New York kam Jack eines Tages in einem karierten Rock zur Probe. »Der Rock gefällt mir«, sagte sie mit feuchten Augen und fügte hinzu: »Larry hat den gleichen.«
Sie mietete in New York eine Wohnung, und jeden Abend nach der Probe gingen Jack Merivale und Bobby Helpmann mit ihr nach Hause, um noch etwas zu trinken. Als es soweit war, die Aufführung in New Haven zu erproben, machten Vivien und Jack kein Hehl mehr aus ihren Gefühlen, sondern bekannten sich vor der Öffentlichkeit dazu. In New Haven waren sie die ganze Zeit zusammen. Vivien staunte selbst über ihr Glück.

»Das soll unsere Stadt sein«, sagte sie, und zwischen den Vorstellungen führte er sie überallhin, zur Yale-Universität, zu den Kunstgalerien, den Grünanlagen und zum Hafen. Er liebte sie tief und aufrichtig, und Vivien reagierte wie ein vernachlässigtes Kind, dem plötzlich Zärtlichkeit widerfährt.

Als sie nach New York zurückkehrten, hatte er ein klares Bild von vielen ihrer Eigenschaften, so von ihrer Loyalität – niemand durfte in ihrer Anwesenheit etwas Nachteiliges über Larry sagen – und ihrer außerordentlichen Großzügigkeit. Er mußte sich hüten, irgend etwas zu bewundern, sonst kaufte sie es sofort für ihn. Am Nachmittag vor der Premiere im Helen Hayes Theatre sagte er eindringlich zu ihr: »Hör mir gut zu, ich will nichts von Cartier oder Tiffany. Wenn du unsere Premiere feiern willst, schenk mir ein Stück Seife.«

Sie versprach es ihm. Nun konnte er sich etwas für sie ausdenken. Er wußte, daß es bei Cartier einen wohlfeilen kleinen goldenen Anhänger mit dem Kopf des heiligen Vitus, des Schutzpatrons der Schauspieler, gab. Jack kaufte das Schmuckstück und schenkte es ihr. Sowie sie die Cartier-Verpackung sah, rief sie: »Du hast mich beschwindelt!« Sie ertrug es einfach nicht, übertrumpft zu werden. Sofort ging sie hin und bestellte ein Pendant für ihn.

Die Premiere fand am 19. April 1960 statt. Als Vivien an Jacks Arm auftrat, zitterte sie. Außenstehende erfuhren nie, daß sie sich in Zeiten der Depression vor allem und jedem fürchtete, und welchen Mut es von ihr erforderte, mit Menschen zusammenzukommen, auf Gesellschaften zu gehen und gar die Bühne zu betreten. Bebend und stumm stand sie mitten auf der Bühne. Da erhoben sich sämtliche Zuschauer und bereiteten ihr eine unglaubliche Ovation. Das Händeklatschen hörte nicht auf, und Jack trat beiseite, um ihr den Tribut zu lassen. Nach der Vorstellung drängte sich eine Menschenmenge vor dem Bühnenausgang, und berittene Polizei mußte für Ordnung sorgen. Vivien wurde, als sie hinauskam, umjubelt. Man sollte meinen, ihre Lebensgeister hätten sich nun gehoben. Sie war glänzend gewesen in einer Rolle, die sie liebte, und sie hatte es ohne Larry geschafft. Zu Jacks Bestürzung endete der Abend mit einem hysterischen Anfall.

Wie jeder hatte er die Zeitungsartikel gelesen, die von ihrem Zusammenbruch in Indien handelten, als sie unter Betäubung von Hollywood nach London zurückgebracht worden war. Aber das war viele Jahre her. Auch mancherlei Gerüchte waren an sein Ohr gedrungen, doch nun war er fast

sechs Wochen lang mit ihr zusammen, und wenn er auch mitunter ihre tiefe Traurigkeit gespürt hatte, kannte er doch die Wahrheit nicht. Freilich, sie war immer ruhelos, nervös, konnte nicht schlafen und war manchmal ungewöhnlich erregt. Das hatte er schon damals erlebt, als er mit ihr zusammen *Romeo und Julia* spielte, und er erinnerte sich noch gut an ihr Benehmen beim Twixtspiel in Sneden's Landing. Wie ein normaler Mensch hatte sie sich eigentlich nie benommen. Aber sie war ja auch kein gewöhnlicher Mensch.
»Warum kann ich keine anständige, saubere Krankheit haben?« schrie sie. Sie haßte Krankheit jeglicher Art, brachte kein Mitgefühl dafür auf, weder sich selbst noch anderen gegenüber, kannte in dieser Hinsicht kein Mitleid. Eine körperliche Krankheit überwand man; entweder beachtete man sie nicht, oder man ließ sie behandeln, ohne an Würde einzubüßen. Eine Geisteskrankheit war eine Schande.
Nun war es draußen. Jack erfaßte, daß sie an einer Geisteskrankheit litt. »Warum empfindest du es als Schande?« fragte er. »Du bist ein Beispiel für viele Menschen, die daran leiden, wenn sie sehen, wie erfolgreich du tätig bist und wie du dagegen kämpfst. Das ist ein wundervolles Beispiel für alle, und du bringst Tausenden Hoffnung und Trost.«
Sie stimmte ihm kleinlaut zu, aber Jack merkte, daß sie seine Einstellung nicht wirklich übernahm. Mit seiner Beständigkeit, Zärtlichkeit und unerschütterlichen Geduld gewann er ihr Herz, doch ihre Hoffnungen und Wünsche für die Zukunft kreisten noch immer um Larry. Sein Bild blieb auf ihrem Nachttisch und ihrem Toilettentisch. Zwar schrieb sie Larry von ihrer Liebesbeziehung mit Jack, bat ihn aber gleichzeitig, ihr seine Zukunftspläne mitzuteilen und ihr zu sagen, ob und inwiefern sie daran beteiligt sei.
Helpmann ging Jack fast täglich um Hilfe an. »Du mußt sie wirklich beruhigen«, sagte er; denn sie war in den gleichen Zustand geraten wie während der *Titus-Andronicus*-Tournee. Sie brauchte Ruhe, aber sie weigerte sich, zu Bett zu gehen und mit dem Trinken aufzuhören. Die Krankheit trieb sie weiter und weiter. »Es geht so schnell!« rief sie.
Man benachrichtigte Larry von ihrem Zustand, worauf er Irene Selznick aufbot, die sich in New York befand. Unvermittelt wurde Jack, der sie gar nicht kannte, von ihr angerufen. Irene bat ihn, allein zu ihr in die Wohnung zu kommen. »Bedenken Sie, Sie haben Ihr eigenes Leben«, warnte sie ihn. »Sie ist krank, geisteskrank.« Jack ließ sich nicht im geringsten beirren. Daraufhin sagte sie: »Ich möchte Vivien am Sonntag zu mir

in mein Landhaus einladen. Wollen Sie sie hinbringen? Nach dem Essen kann ich dann ausgiebig mit ihr reden. Sie braucht Behandlung.«
Jack begleitete Vivien zu Irene Selznick, und Vivien willigte ein, sich einer Schockbehandlung zu unterziehen. Am Montag ging Irene mit ihnen zu einem Arzt, der sofort mit der Behandlung begann. Vivien stieß in der Therapie einen Schrei aus, den Jack im Wartezimmer hörte. Er sprang auf und wollte hineinlaufen, aber Irene hielt ihn zurück. »Nein, Sie dürfen nicht hinein«, drang sie in ihn.
An diesem Abend spielte Vivien mit rasenden Kopfschmerzen und Brandwunden an der Stirn. Kein einziges Mal blieb sie stecken. »Sie hatte Löwenmut«, sagte Jack später von ihr. Am folgenden Tage sollte die Schockbehandlung wiederholt werden. Die Kopfschmerzen quälten sie immer noch. »Ich habe sie nie, wenn Doktor Conachy mich behandelt«, klagte sie. Sie war erregt und konnte nicht stillsitzen, während sie auf den Arzt wartete. »Laß uns einen kurzen Spaziergang machen«, schlug er vor, um sie abzulenken.
Als sie zu dem Gebäude zurückkehrte, war sie entschlossen, die Behandlung nicht fortzusetzen. Jack bewog sie, wenigstens mit dem Arzt zu sprechen. Aber sie verhielt sich ihm gegenüber feindselig. Was der Arzt auch sagen mochte, sie ließ sich nicht bewegen, den Behandlungsraum zu betreten. Plötzlich wich sie zurück. »Nein! Ich will Doktor Conachy in London anrufen. Ich will mit Doktor Conachy sprechen!«
Sie schob Dr. Conachy das Verdienst zu, sie zum Leben zurückgebracht zu haben. Er hatte damals gesagt: »Sie sind krank. Ich kann Ihnen helfen.« Er hatte ihr als erster wirklich geholfen, und ihm vertraute sie. Sie war ganz ruhig, als die Verbindung hergestellt war. Er schien sie tatsächlich zu beschwichtigen, und ohne Widerstreben reichte sie dem New Yorker Arzt den Hörer. Diesmal wurde keine Schockbehandlung vorgenommen, sondern sie erhielt Medikamente; aber dafür dauerte die manische Phase länger als sonst. Unglaublicherweise trat sie jeden Abend auf; ganz gleich, wie verstört sie auch in der Garderobe war, es ging eine Verwandlung vor sich, sobald sie in den Kulissen stand, und sie spielte glänzend. Die Stellungen wurden allerdings so geändert, daß Jack immer in ihrer Nähe sein konnte.
Sie wurde sehr abhängig von ihm, und sie liebte ihn mit jedem Tag mehr. Er war ausgesprochen vernünftig, gleichzeitig aber warmherzig, zärtlich und einfühlsam. Er entstammte ihrer Welt. Sein Vater war in Amerika der erste Professor Higgins in Shaws *Pygmalion* gewesen, und seine Stiefmut-

32 Vivien mit blonder Perücke in dem Film *The Roman Spring of Mrs. Stone* *(Der römische Frühling der Mrs. Stone)* auf dem Pferd, das sie kurz zuvor abgeworfen hat. 1961

33 *Linke Seite:* Als Kameliendame

34 Tarquin Olivier, 1961

35 Mit Leigh Holman,
   ihrem ersten Mann, in Zeals
   (Grafschaft Wilshire), 1965

36 Vivien Leigh mit ihrem frisch getauften Enkelsohn

37 Mit John Gielgud in Anton Tschechows Stück *Iwanow*, 1966

38 Mit Noel Coward, der Poo Jones im Arm hat, 1963

39 Ruhestunde an George Cukors Schwimmbecken in Hollywood während der Dreharbeit für *Ship of Fools (Das Narrenschiff)*, 1965

40 An Bord der *Queen Elizabeth* mit Jack Merivale, 1961

41 An ihrem Schreibtisch in Tickerage. Viviens rechte Hand liegt neben einem Bronzeabguß ihrer linken Hand
42 Wohnzimmer in Tickerage Mill

43 Im Rosengarten von Tickerage Mill, 1966

44 Dämmerung in Tickerage, 1967

ter zählte zu Englands größten und schönsten Schauspielerinnen. Er war einige Jahre jünger als Vivien, hatte aber Larrys Reife. Was ihm abging, das war Larrys geheimnisvolle, blendende Ausstrahlung, die aufwühlend wirkte. Sie war ihm unendlich dankbar. Er sollte wissen, wie sehr sie ihn liebte, und sie überschüttete ihn mit Geschenken und Briefen.

Samstag, den 19. Mai 1960
(In Wirklichkeit war es der 14. Mai.)

»Mein Geliebter, warum ich auf diesem kleinen Geschenk den 19. Mai angegeben habe, weiß ich nicht – aber da ich Dich jeden Tag des Jahres liebe, spielt es keine Rolle – hoffentlich gefällt es Dir – wirst Du's nutzen – nicht verlieren – es soll ein Dank für Deine Freundlichkeit und Güte sein. Es soll Dir sagen, daß ich Dich liebe – mein Geliebter. Vivien.«
Am 19. Mai – dem irrtümlicherweise angegebenen Datum – erhielt sie einen langen Brief von Larry. Er trat mit Joan Plowright zusammen im Royal Court in Ionescos *Nashörner* auf. Sie liebten einander sehr. Joan wollte sich von ihrem Mann scheiden lassen, und Larry bat Vivien nach gründlicher Seelenforschung, ihn freizugeben und die offensichtlich unhaltbare Beziehung zu lösen.
Cindy Dietz war gerade bei Vivien, als sie den Brief las. Vivien konnte den Inhalt zuerst nicht glauben. Dann geriet sie außer sich. Als sie sich endlich beruhigt hatte, fragte Cindy: »Was gedenkst du zu tun?«
»Was Larry von mir verlangt«, antwortete Vivien, ohne zu zögern.
Bevor sie am Abend zur Vorstellung ging, übergab sie der Presse eine Meldung: »Lady Olivier ist von Sir Lawrence um die Scheidung ersucht worden, weil er Joan Plowright heiraten möchte. Sie wird sich natürlich seinen Wünschen fügen.«
Am folgenden Morgen wurde Larry um halb zehn von Reportern geweckt, die ihm die Pressemeldung übermittelten. Er war entsetzt. Sein Brief war ja ganz privater Natur gewesen, und er hatte eine briefliche Antwort von Vivien erwartet, woraufhin sie den nächsten Schritt hätten tun können. So war Joan öffentlich als Grund der Scheidung genannt, so daß sich, da sie noch verheiratet war, eine ziemlich heikle Lage ergab. Unter den gleichen Umständen hatte sich Jill vor Jahren diskreter benommen. Larry vermochte der Presse vorläufig keine andere Auskunft zu geben als die kurzen Worte: »Ich habe dazu nichts zu bemerken, buchstäblich nichts. Ich brauche Zeit zum Nachdenken.«
Joan, die von der britischen Presse als der »Schwarzstrumpf-Liebling des

vitalen Theaters« bezeichnet wurde, verließ ihre Wohnung am Ovington Square in Kensington und blieb den ganzen Tag weg, vermutlich bei ihren Eltern in Scunthorpe. Abends mußten sie und Larry im Royal Court auftreten.

Larry ging mittags aus dem Hause; er lehnte es weiterhin ab, die Fragen der Reporter zu beantworten. Als die Journalisten bei seiner Rückkehr die Haustür immer noch belagerten, lud er sie zu einer Flasche Whisky ein. »Nehmen Sie einen Schluck bei mir«, sagte er liebenswürdig und fügte hinzu: »Tut mir leid, daß ich so unzugänglich war.« Er legte einem Mann den Arm um die Schultern, und die Reporter folgten ihm in die Wohnung. Als sie das Haus verließen, wußten sie sowenig wie zuvor.

In New York brach Vivien zusammen, nachdem sie die Ankündigung gemacht hatte. Wenigstens hatte sie Jack, der ihr die Tage und Nächte durchstehen half. Er hielt unerschütterlich zu ihr und ließ sie seine Liebe fühlen, obwohl es ihm schwerfiel, seine Würde zu wahren, denn er war in seinem Stolz getroffen. Für ihn war es schmerzlich, Vivien in diesem Zustand zu sehen und erkennen zu müssen, daß ihre Liebe zu Larry sie immer noch aus dem Gleichgewicht bringen konnte und ihr Qualen bereitete. Er ersehnte ja für sich selbst nichts mehr als eine stabile Beziehung. Vivien fühlte die scharfe Schneide des Skalpells, er litt an einer offenen Wunde. Er versuchte den eigenen Schmerz zu überwinden, indem er den ihren linderte. Sie reagierte darauf mit Dankbarkeit.

Das Schicksal wollte es, daß die Bühnengenossenschaft in dieser Zeit zu einem Streik aufrief. Nach tagelangen Versammlungen und Verhandlungen wurde der Streik beigelegt, aber Roger Stevens, der Produzent, entschied, die Aufführungen in New York nicht wiederaufzunehmen, sondern in einem Monat eine Tournee zu beginnen, vier Wochen Los Angeles, vier Wochen San Francisco, drei Wochen Chicago und zwei Wochen Washington. Das war ein Gottesgeschenk, denn so konnte Vivien nach England fliegen und sich eine Woche lang von Dr. Conachy behandeln lassen. Jack konnte sich ausruhen und Schlaf nachholen, denn Bobby Helpmann und Peter Wyngarde wollten ebenfalls nach London fliegen. In Wirklichkeit war sich Jack nicht schlüssig, ob er nicht lieber aussteigen sollte.

Vivien verließ New York am 10. Juni. Im Flugzeug schrieb sie an Jack: »Oh, wie liebe ich Dich, mein teures Herz!« Als Absender gab sie »Lady Vivien Olivier« an. Sie war immer gern Lady Olivier gewesen, und Jack wußte nicht, ob es ihr jemals möglich sein würde, Frau Soundso zu sein.

Reporter umschwärmten sie, als sie den Zoll hinter sich hatte. Sie trug ein beigefarbenes Leinenkostüm und einen braun-weiß bedruckten Baumwollhut mit hohem Kopf und heruntergeschlagener Krempe, die ihr Gesicht halb verdeckte. Sie stand zwischen Helpmann und Wyngarde, rauchte nervös eine Zigarette und verweigerte die Antwort auf Fragen nach ihrer Ehe. Larry war von Eaton Place weggezogen und wohnte bei Freunden. Als erstes hatte sie ihn treffen wollen. »Ich dachte, ich würde ihn heute abend im Theater sehen«, sagte sie den Reportern. »Aber er rief mich dann nochmals an, er hätte sich anders besonnen und fände es besser, wenn wir uns erst später treffen.« Sie schien Tränen zurückzudrängen, als sie fortfuhr: »Ja, wir treffen uns später, aber es ist noch nichts endgültig geregelt.«
Gleich nachdem Larry es abgelehnt hatte, mit Vivien zusammenzukommen, rief er Jack in New York an. »Wie ich gehört habe, liebt ihr euch. Habt ihr im Sinn, zu heiraten?« fragte er.
»Durchaus nicht«, antwortete Jack.
Mit merkbarer Enttäuschung sagte Larry nur: »Oh.«
Es war nicht so, daß Jacks Liebe nachgelassen hätte, aber er konnte sich nicht vorstellen, wie er eine gemeinsame Zukunft bewältigen sollte, und er bezweifelte, daß Vivien es überhaupt wollte. Seine bisherigen Erfahrungen mit ihrer Krankheit waren flüchtig. Sie nahm gegen das Auf und Ab so viele Medikamente, daß er nie sicher war, wann sie sich normal benahm. In manischem Zustand war sie ausfallend, schwierig, grausam und unmöglich zu bändigen. In depressivem Zustand war sie ein hilfesuchendes, unselbständiges, verängstigtes Kind. Mitunter war sie entzückend und lieb, ganz die bezaubernde, geistreiche, großzügige Frau, die Außenstehende kannten und liebten.
Gertrude und der Kostümentwerfer Bumble Dawson (ein alter Freund) waren an dem Abend, an dem Larry sie nicht treffen wollte, bei ihr in der Wohnung am Eaton Place 54. Sie war in so schrecklichem Zustand, daß Gertrude um zwei Uhr nachts Dr. Conachy anrief. Er kam sofort und verabreichte ihr ein Beruhigungsmittel, aber um fünf Uhr war sie immer noch wach. Sie schrieb an Jack:

11. Juni 1960, 5 Uhr morgens
»Mein Geliebter, ich kann nicht schlafen, ohne Dir zu sagen, daß ich a) Dich liebe und daß ich b) Sehnsucht nach Dir habe. Den ganzen Abend war ich in Gedanken bei Dir. Am Telefon habe ich Dir ja alles Neue mit-

geteilt, und es gibt sonst wenig zu sagen. Ich habe Sachen aus Notley sortiert – aufgestellt und Bilder aufgehängt und ähnliches Zeug. Gertrude kam zu mir – sie sieht wie 16 aus und läßt Dich grüßen – zum Abendessen waren Bumble Dawson und Armando Child hier – Bumble erbot sich freundlicherweise, hier zu übernachten, weil Telefon und Wohnungsglocke immerzu läuten und der Engel Rubyesc mit Kochen, Saubermachen und Einkaufen genug zu tun hat und sich nicht die ganze Zeit auch noch mit Reportern abgeben kann. Sie sind zwar sehr nett, aber dauernd da, was ermüdend ist. Ich fühle mich schon besser. Werde morgen behandelt. Bleibe danach im Bett. Dann nach Notley, um mit dem Gärtner und seiner Frau zu sprechen – Mittagessen im Little Hasdey mit Baba Metcalf. Am 15. Juni wieder in London, um mir die *Nashörner* anzusehen – dann – weiß man nicht, was. Seine Lordschaft hat nichts von sich hören lassen. Ach, mein Lieber, mein Geliebter – ich bete Dich an und schicke Dir große Wellen der Liebe. Gute – gute Nacht und alles Liebe von Deiner Vivien.«
Notley war zum Verkauf ausgeschrieben, und Larry hatte Viviens persönliche Dinge vor ihrer Ankunft zum Eaton Place geschafft. Als sie in Notley war, regte sie sich über den Garten auf, der nicht so gepflegt worden war, wie sie es nötig fand. Als sie ging, zog sich ihr das Herz zusammen, weil sie fühlte, daß sie zum letztenmal hier war. In London sah sie sich die Aufführung von Ionescos *Nashörner* an, schlief mitten in der Vorstellung ein und erklärte, es würde nicht mehr gut gespielt, aber vielleicht wäre sie nicht in der richtigen Stimmung gewesen. Auf dem Rückflug schrieb sie an Jack:

20. Juli 1960
»Mein Geliebter, ich bin unterwegs zu Dir, mit klopfendem Herzen, und ich kritzele diesen Brief nur, um mich Dir näher zu fühlen. Ich frage mich jede Minute, ob Du wohl wach bist (ich war es heute früh um 5), wann Du zum Flughafen aufbrechen wirst – ob du jetzt dort ankommst? Liebster, ich sehne mich nach Dir – immer wieder lese ich jedes bißchen, das Du mir geschrieben hast, damit die Zeit schnell vergeht. Ich fühle mich sehr, sehr gut – es ist wie ein Wunder – ja, ich glaube, es ist eins. Es war eine ganz außergewöhnliche Woche – ich glaube, die außergewöhnlichste meines Lebens. Allein – und Dir, Liebster, unsagbar nahe. Freunde waren ganz wundervoll. Ich habe allen Grund, dankbar zu sein – ich glaube, ich habe alle gesehen, die ich sehen wollte, und es gab sehr fröhliche Stunden. Wenn ich denke, in 5 Stunden kann ich Dir alles erzählen. Mein Liebster,

mein Geliebter. Wir haben soeben die Küste von Irland überflogen. Wir haben Gegenwind, werden also ein wenig Verspätung haben. Süßer Geliebter, Liebster, ich sehne das Wiedersehen mit Dir herbei.«
Mit Bangen begab sich Jack zum Flugplatz Idlewild. Doch als Vivien ausstieg, anzusehen wie ein göttlicher Engel, süß, hingebungsvoll und von Leben erfüllt, fiel ihm ein Stein vom Herzen. Aber zuinnerst fragte er sich, wie lange es dauern würde, bis sie wieder von einer Depression erfaßt würde und der ganze Zyklus von neuem begann.
Die drei Wochen vor dem Beginn der Tournee behoben alle seine Zweifel.
Sie fuhren mit der Eisenbahn zur Westküste. Sie dachten, sie würden die Zeit für sich allein haben, aber der Reporter David Lewin kam mit, um für seine englische Zeitung ein Porträt zu machen. Lewin war am ersten Tag fortwährend um Vivien herum, blieb bei ihr im Salonwagen, aß mit ihr im Speisewagen und stellte unaufhörlich Fragen.
Am zweiten Tag wurde es Jack zu bunt. »Wir wollten uns ausruhen«, sagte er zu Lewin, der darauf antwortete: »Aber ich muß meine Arbeit machen.«
»Das ist mir klar«, sagte Jack, »aber könnten wir es nicht so einrichten, daß Sie vormittags zwei Stunden und nachmittags eine Stunde Ihre Arbeit machen?«
Lewin ging darauf ein, und von nun an hatten Vivien und Jack wenigstens zeitweise Ruhe.
Am ersten Abend der Reise kam es zu einem komischen Zwischenfall. Vivien und Jack bestellten sich vor dem Essen einen Aperitif in den Salon. Ein Kellner brachte ihn, und Vivien erkundigte sich: »Werden Sie uns auf der ganzen Reise bedienen?«
»Jawohl.« Der Kellner strahlte.
»Das freut mich. Wie heißen Sie?«
»Larry.«
Vivien und Jack mußten ihr Lachen unterdrücken, bis er fort war. Dann brachen sie in schallendes Gelächter aus und konnten sich kaum halten. Danach machten sie daraus einen Spaß. Immer wenn Vivien etwas brauchte, sagte sie mit spitzbübischem Lächeln: »Klingle doch bitte nach Larry.«
Zum erstenmal fühlte sich Vivien in einem Zug nicht beengt. Jack wich selten von ihrer Seite. Sie hatte ihre neue Katze, Poo Jones, samt Körbchen und »Pfanne« bei sich sowie einen Renoir, den sie aus Notley mitgenom-

men hatte. Sie erklärte Jack den Grund: »Ich muß in einem Hotelzimmer etwas wirklich Schönes zum Anschauen haben.«

In New York war es ihnen gelungen, sich die Presse vom Leibe zu halten, da die Agentin Gloria Saffire ihnen ihr Häuschen draußen in Old Quogue überlassen hatte. Es wäre alles gut und schön gewesen, wenn Larry der Presse verkündet hätte, daß eine Scheidung bevorstehen könnte, oder sonst eine Erklärung abgegeben hätte. So aber war Vivien immer noch verheiratet.

Jack schrieb abermals an Larry und beteuerte ihm seine Liebe zu Vivien. Larry antwortete sofort am 16. August und bekannte Jack, daß er nach der Lektüre seines Briefes vor lauter Erleichterung in Tränen ausgebrochen sei, versicherte ihn tiefster Dankbarkeit und setzte hinzu, wie glücklich sich nun alles für alle Beteiligten füge. Offenbar war er froh, sein eigenes Leben führen zu können, mahnte Jack jedoch, bei Vivien auf die ersten kleinen Anzeichen zu achten, die sich nicht immer leicht erkennen ließen, sich dann aber zu den schrecklichen Symptomen ihrer Krankheit auswüchsen.

Es lief darauf hinaus, daß sich Larry aller Verantwortung Vivien gegenüber enthoben fühlte und sie Jack aufbürdete. Der Brief verriet große Erleichterung, sogar Freude. Es mutet wie Ironie des Schicksals vor: Dasselbe unbeschreibliche Gefühl hatte ihn überwältigt, als er und Vivien beschlossen hatten, alles hinter sich zu lassen, um das goldene Liebespaar der vierziger Jahre zu werden.

Siebenundzwanzigstes Kapitel

Sie nannte ihn ihren Engel, er nannte sie seine Angelica. Jack konnte sich nicht erinnern, wann er sich jemals so jung gefühlt hatte. Sie war so schön und hingebungsvoll weich, wenn sie seine Zärtlichkeit erwiderte. Sie wohnten im Chateau Marmont hoch über den Hollywooder Hügeln in einem Appartement mit Terrasse, von der aus man die Stadt überblickte, und Vivien war umgeben von lieben alten Freunden. George Cukor öffnete dem Liebespaar sein Haus. Sie durften den Garten und das Schwimmbecken jederzeit benutzen, und er gab ihnen zu Ehren eine Gala-Gesellschaft. Vivien war gerade die Titelrolle in dem Film *The Roman Spring of Mrs. Stone (Der römische Frühling der Mrs. Stone)* – nach dem Roman von Tennessee Williams – angeboten worden, und sie freute sich, daß sie mit Cukor über die Rolle sprechen und sich von ihm beraten lassen konnte, ob sie sie annehmen sollte. Die Dreharbeiten waren für Januar 1961 angesetzt.

Für Lucretia war ein anspruchsvolles Stück, dessen Humor man in Hollywood nicht recht zu erfassen vermochte. Die Lacher kamen nicht, wo sie erwartet wurden, so daß das vierwöchige Engagement im Hollywood Playhouse einer leichten Spannung unterstand. Der Besuch war trotzdem gut, und stets wartete vor dem Bühnenausgang eine Menschenmenge auf »Scarlett O'Hara«.

Vivien hatte von jeher eine Leidenschaft für Autos gehegt, und sie kaufte sich einen Thunderbird. Sie schäumte über vor Freude, als sie ihn Jack vorführte. »Das war wirklich unartig von dir«, schalt er sie. »Du hättest es nicht tun dürfen.« Er fand es reine Verschwendung in Anbetracht der Tatsache, daß sie in London einen Rolls-Royce hatte, und er nahm an, daß sie sich eine so extravagante Laune nicht leisten konnte.

In der Tat hatte Larry immer den Eindruck erweckt, kein Geld zu haben, da Steuern und Aufwendungen fürs Theater ihn belasteten, und in den

Londoner Theaterkreisen wurde häufig davon gesprochen, wie schrecklich es für einen so großartigen Schauspieler – der Millionär hätte werden können, wenn er in Hollywood geblieben wäre – sein müßte, dauernd Geldsorgen zu haben. Vivien hingegen hatte ihren Verdienst recht gut angelegt, und sie konnte sich eine solche Extravaganz durchaus leisten, auch wenn sie nie wußte, wieviel Geld sie eigentlich besaß. In einer manischen Phase gab sie sich wahren Einkaufsorgien hin, meistens um Geschenke zu machen. Das war ein Symptom ihrer Krankheit.

»Wir fahren mit dem Auto nach San Francisco«, verkündete sie, als das Gastspiel in Hollywood beendet war.

»Was? All unser Zeug in einem Sportkabriolett? Unmöglich!« widersprach Jack.

»Sei nicht dumm, Liebling«, sagte Vivien. »Wir reisen mit leichtem Gepäck.«

Unter »leichtem Gepäck« verstand sie achtundzwanzig Koffer, Poo Jones samt Körbchen und Kiste und den Renoir. Irgendwie gelang es ihnen tatsächlich, alles in dem Wagen zu verstauen; allerdings konnte man im Rückspiegel nicht über den ungeheuren Berg hinwegsehen. Es war August und demzufolge heiß, und sowohl Poo Jones als auch der Renoir nahmen mit ihnen die Vordersitze ein, als sie auf der Autobahn an der Küste des Stillen Ozeans entlang fuhren. Hundertfünfzig Kilometer von San Francisco entfernt erlitten sie eine Panne. Der Wagen mußte in einer Garage zurückgelassen und ein anderer gemietet werden. Bei dem vielen Gepäck kam nur ein Kabriolett in Frage. Endlich wurde nach vielen Schwierigkeiten ein feuerroter Chevrolet gefunden (eine Farbe, die Vivien gar nicht mochte) und alles verladen, so daß sie die Fahrt fortsetzen konnten.

Sie waren jetzt zwei sehr glückliche Menschen. Das Wetter war schön in San Francisco, die Zuschauerschaft kosmopolitisch. Vier Wochen später flogen sie nach Chicago mit seinem schönen Kunstmuseum, wo sie außerdem von vielen Leuten eingeladen wurden, die eine Privatsammlung besaßen. Hier schwelgte Vivien in Kunstgenüssen.

Als sie nach Washington gelangten, näherte sich der Herbst, und das Laub begann sich zu verfärben. Tagsüber machten sie Ausflüge aufs Land und picknickten im Freien. Es war für beide eine unbeschwerte Zeit der Liebe. Vivien hatte während der ganzen Tournee keinen Anfall, und sie schlugen sich alle früheren Belastungen und Probleme aus dem Kopf.

»Wie fahren wir heim?« fragte Jack kurz vor der letzten Vorstellung.

»Wir fliegen«, antwortete sie automatisch.

»Nein, mit dem Schiff.«
»Was für ein himmlischer Gedanke!« stimmte sie zu.
Sie buchten die Überfahrt auf der *Queen Elizabeth*. Peter Wyngarde kam mit, was nicht gerade Jacks Vorstellungen von der Reise entsprach. Aber Wyngarde achtete Herzensangelegenheiten, erschien nur gelegentlich in einer ihrer angrenzenden Kabinen zu einem Gläschen und setzte sich bloß zweimal an ihren Tisch im Speisesaal.
In Cherbourg erhielt Jack den ersten Vorgeschmack von der Presse. Während der ganzen Zeit ihres Zusammenseins war kein Wort über sie in Zeitungen oder Klatschspalten gedruckt worden. Doch sowie sie den Laufsteg herunterkamen, wurden sie von Reportern umringt, die sie mit gepfefferten persönlichen Fragen überschütteten. Vivien schien Freude daran zu haben. Mit Poo Jones in den Armen stand sie lächelnd da, als Jack kurz sagte: »Wir sind bloß gute Freunde.«
Während ihrer Abwesenheit hatte Cecil Tennant Viviens alten Rolls-Royce in einen neuen umgetauscht. Unterwegs hatte sie ein Kabel von ihm erhalten: »Habe für Dich einen schwarzen Rolls ergattert.« Sie hatte zurückgekabelt: »Lieber Onkel Cecil, das ist die einzige Farbe, die ich bei einem Auto nicht ausstehen kann. Laß ihn neu spritzen!«
So stand also im Hafen von Cherbourg ein schöner neuer grauer Rolls. Damit fuhren sie nach Paris, wo Vivien bei Balmain die Kostüme für *The Roman Spring of Mrs. Stone* anprobieren mußte.
In Paris verlebten sie eine herrliche Zeit. Vivien blühte auf vor Glück. Danach fuhren sie in die Schweiz, um Noel Coward zu besuchen. Auch Cole Lesley, Adrienne Allen und ihr Mann Bill Whitney waren da, und nach dem Abendessen vertrieben sie sich die Zeit mit lustigen Wortspielen, bei denen »der Meister« stets gewann. Bei einem mußte man in einer Minute so viele abstrakte Wörter wie möglich sagen, die alle mit demselben Buchstaben anfingen. Keiner übertraf Noel Coward in der Erfindung der unwahrscheinlichsten Wörter, und alle belustigten sich königlich bis spät in die Nacht hinein.
Vivien umarmte ihn beim Abschied innig und sagte: »Lieber, lieber Noel, du bist der wunderbarste Freund.«

Am 2. Dezember 1960 wurde der dreißigjährige Schauspieler Roger Gage wegen Ehebruchs seiner Frau, der Schauspielerin Joan Plowright, geschieden. Einen Monat später folgte Vivien ihm in den Zeugenstand. Sie trug ein einfaches rotschwarz kariertes Kostüm und einen breitkrempigen schwarzen Hut. Sie war blaß und nervös. Sie trug den Kopf hoch, faltete und entfaltete aber ihre weißbehandschuhten Hände, als müßte sie sie auswringen. Als sie nach ihrer eigenen Lebensführung gefragt wurde, griff ihr Anwalt ein und legte eine schriftliche Erklärung vor, die besagte, daß sie zweimal Ehebruch begangen habe, nämlich in London und in Ceylon. Vivien senkte den Kopf. Der beteiligte Mann wurde nicht namentlich genannt, doch ihr Anwalt betonte, da jedesmal zwischen ihr und Sir Lawrence eine Versöhnung stattgefunden habe, hätten diese beiden Fälle mit einer Scheidungsklage nichts zu tun.

Vivien schloß die Augen, wie um den Gerichtssaal nicht zu sehen, und als sie sie wieder aufmachte, spielte ein kleines Lächeln um ihren reizvollen Mund. Vielleicht hatte sie an ein Erlebnis mit Larry zurückgedacht, doch was immer ihr durch den Kopf gegangen sein mochte, es hatte sie gestärkt. Sie rang die Hände nicht mehr, und ihre Stimme klang fest, wenn sie antwortete.

Ein Privatdetektiv bezeugte, er habe »Frau Plowright und Sir Laurence im vergangenen Jahr in einer Londoner Wohnung in Nachthemd und Pyjama« angetroffen. Beide gaben es zu.

»Im Oktober 1958«, sagte Vivien fest, »kam mein Mann zu mir in die Garderobe. Draußen waren viele Journalisten, weil eine Zeitschrift einen Artikel über seine Liebe zu Joan Plowright veröffentlicht hatte. Ich fragte ihn, ob das der Wahrheit entspräche, und er gab zu, sie seit drei Monaten zu lieben.«

Wenn in einem Scheidungsprozeß beide Parteien den Ehebruch zugeben, entscheidet nach englischem Gesetz der Richter, wer schuldig gesprochen wird. In diesem Fall war es Larry, und er mußte die Kosten für beide Scheidungsprozesse bezahlen.

Als alles überstanden war, verließ Vivien in königlicher Haltung den Gerichtssaal, aber als sie im Auto saß, weinte sie leise vor sich hin, während der Chauffeur sie außer Sicht der Gaffer brachte. Die Verhandlung hatte etwas furchtbar Unwirkliches gehabt.

Sie wußte, daß sie ohne Larry die Zukunft nur mit Selbsttäuschung durchstehen konnte. Gertrude, Jack und Bumble erwarteten sie in der Wohnung am Eaton Place, die ihr fortan allein gehörte. Sie fühlte sich durch Jack getröstet, aber es war, als wollte er ihr über den Tod eines nahestehenden Menschen hinweghelfen, ohne daß sie ihrem Kummer Luft machen durfte.

Wieder bewahrte die Arbeit sie vor dem Mitleid mit sich selbst. Zwei Tage

vor der Scheidung war angekündigt worden, daß sie Karen Stone spielen würde, die alternde Schauspielerin, die ihren beruflichen Aufstieg und körperlichen Verfall durch Beziehungen zu käuflichen Liebhabern zu vergessen sucht.
Die Versicherung der Filmgesellschaft verlangte ein ärztliches Gesundheitsattest, und für die Produzenten waren es bange Stunden, als sie sich untersuchen ließ. Ohne dieses Attest hätte sie die Rolle nicht übernehmen können. Wie durch ein Wunder ging alles gut.
Ursprünglich sollte der Film in Rom am Ort des Geschehens gedreht werden, aber da die italienische Zensur an dem Inhalt Anstoß nahm, wurde das Elstree-Atelier in der Nähe von London benutzt. Es war der erste Film des Theaterregisseurs José Quintero, und verständlicherweise war er nervös. Vivien, die als Karen Stone eine blonde Perücke trug, mußte als erste auf dem Plateau erscheinen. Als sie durch die ungeheure Halle schritt, ruhten die Augen aller Techniker auf ihr. Es wurde geflüstert, aber sie ging in stolzer Haltung weiter, in einem laubgrünen Mantel mit Silberfuchs, der ihr ein königliches Aussehen gab. Die Atelierarbeiter waren die ersten, die ihr applaudierten. Vivien hob grüßend den Arm wie eine Fürstin. Die Kameraleute und Toningenieure stimmten in den Willkommenstribut ein. Vivien verbeugte sich. Quintero trat auf sie zu und umarmte sie. Später erzählte er, ihre Hände seien eiskalt gewesen. Seit *The Deep Blue Sea* im Jahr 1955 hatte sie nicht mehr gefilmt, und es bangte ihr davor.
»Hört mir alle zu«, sagte Quintero laut, wobei er Viviens Hände festhielt, um sie zu wärmen, »ich weiß, es ist üblich, daß vor Beginn der Dreharbeiten eine Rede gehalten wird. Sie soll allen Mitwirkenden Mut machen und Zuversicht einflößen. Aber vor euch steht ein Regisseur, der nicht einmal weiß, wann er ›Los‹ und wann ›Gestorben‹ zu rufen hat.«
Da löste sich Vivien von ihm, trat vor und rief der Technik zu: »Wir stehen alle zu ihm, nicht wahr?« Ein donnerndes »Ja!« hallte in dem großen Atelier wider.
Vivien und Jack wohnten getrennt, aber sie waren fast immer zusammen, wenn sie nicht gerade filmte. In einem Brief, der am 23. Februar datiert war, schrieb sie ihm:
»In Wirklichkeit, mein Liebster, ist heute der 26., aber was hat das schon zu bedeuten, wenn diese Zeilen doch am 14. Februar – am Valentinstag – hätten geschrieben werden sollen. Bedeutung hat nur, daß ich Dich liebe. Ich danke Dir, mein Geliebter – Du hast fast ein ganzes Jahr zu einer Zeit

des Glücks werden lassen, was ich nie für möglich gehalten hätte. Mein bester, geliebtester Engel, hoffentlich blickst Du auch mit Freude darauf zurück – Du bist mir so nahe und so teuer, und ich liebe Dich, mein liebster Jack. Vivien.
Der Flieder ist wunderschön, und ich danke Dir dafür.«

Obwohl sie Jack liebte, fühlte sie sich immer noch zwischen ihm und Larry hin und her gerissen. Larry spielte in New York Becket, nur ein paar Straßen von dem Theater entfernt, wo Joan Plowright auftrat. Das Gerücht ging um, die beiden würden bald heiraten, und Vivien wollte Larry unbedingt vorher sehen. Der Plan, in Atlanta eine neue Breitwandfassung von *Gone With the Wind* vorzuführen, lieferte ihr genau den Vorwand, den sie brauchte. *Roman Spring* hätte in zwei Wochen abgedreht sein sollen, aber wenn sie Urlaub nahm, war das nicht möglich.
Mit Quintero hatte sie sich angefreundet, und so lag sie ihm in den Ohren: »Bitte laß mich gehen. Olivia und ich sind die einzigen, die dabei sein könnten. Ich war seit über zwanzig Jahren nicht mehr in Atlanta. Du kannst doch zuerst die Szenen ohne mich drehen, und dann braucht die Premiere nur um ein paar Tage verschoben zu werden. Bitte, bitte, lieber José.«
Quintero vermutete die Wahrheit und versuchte es ihr auszureden; aber sie ließ mit ihren Bitten nicht ab, so daß er sie schließlich widerstrebend beurlaubte. »Mach dich nicht unglücklich«, warnte er sie.
Sie dankte ihm strahlend, und einige Tage später war sie unterwegs. Im Flugzeug schrieb sie an Jack:

8. März 1961
»Mein Geliebter, man hat mir dieses hübsche Briefpapier gegeben, und nichts möchte ich lieber tun als Dir schreiben. Dein Telegramm hat mich so gefreut, und ich habe es viermal gelesen – hab Dank, Liebster, daß Du an mich gedacht hast ... Eine hübsche Stewardeß hat uns gerade gezeigt, wie wir mit der Schwimmweste umzugehen haben – ach, mein Geliebter, Du wirst mir fehlen – bleib gesund und laß es Dir gut gehen – ich freue mich darauf, heute abend Deine Stimme zu hören. Noch vielen Dank für das wohlriechende Geschenk. Wir machen in Shannon Zwischenhalt, dort will ich mir Ma Griffe Parfüm kaufen, weil man spart, wenn man es im Flughafen kauft! Dieser Brief wird in Irland aufgegeben werden. Ich küsse Dich, mein Geliebter. Hoffentlich bist Du wohlauf, wenn Dich dieser

Brief erreicht. Behalte lieb Deine anspruchsvolle (ich weiß es), aber Dich über alles liebende Angelica.«
Aber in New York wollte Larry sie nur unter der Bedingung treffen, daß Joan dabei war und das Wiedersehen in einem Restaurant stattfand. Das war für Vivien ein harter Schlag. Vielleicht nahm Larry an, daß ein solches Ultimatum sie anderen Sinnes werden ließe. Doch er hatte Viviens Entschlossenheit unterschätzt; sie wollte ihn unter allen Umständen sehen. Er bestellte einen Tisch bei *Sardi*, und sie willigte ein, ihn dort zu treffen. Sie zog sich sehr sorgfältig an wie eine Frau, die zum ersten Stelldichein mit einem möglichen Liebhaber geht, und räumte Larry und Joan genügend Zeit ein, sich an den Tisch zu setzen. Es war noch früh, lange vor Beginn der Theatervorstellungen. *Sardi* war gesteckt voll, und für Vivien waren es unangenehme Sekunden, als sie zum dem Tisch geführt wurde. Das Liebespaar saß nebeneinander. Larry erhob sich, kam aber nicht um den Tisch herum, sie zu begrüßen. Vivien setzte sich steif gegenüber dem Mann, mit dem sie verheiratet und der die große Liebe ihres Lebens gewesen war und den sie immer noch vergötterte. Es kostete sie Überwindung, die Frau anzublicken, die ihren Platz eingenommen hatte. Joan Plowright hatte ein hübsches Gesicht, aber gewiß keins, nach dem sich die Köpfe umdrehten, wie es bei Viviens Eintritt geschehen war.
Vor Beginn der Theatervorstellungen geht es bei *Sardi* immer lebhaft und laut zu; die vollbesetzten Tische stehen so dicht nebeneinander, daß ein vertrauliches Gespräch fast unmöglich ist. Vielleicht hatte Larry absichtlich dieses Lokal gewählt. In dieser geschäftigen, unpersönlichen Atmosphäre teilte er Vivien mit, daß er und Joan in ein paar Tagen heiraten würden. Er nahm Joans Hand, und sie lächelte ihn hingebungsvoll an. Sie vergeudeten keine Zeit beim Essen und warteten nicht einmal den Kaffee ab. Nach einer knappen Stunde begleiteten Sir Laurence Olivier und die zukünftige zweite Lady Olivier die erste Lady Olivier aus dem Restaurant hinaus und setzten sie in ein Taxi.
Gebrochenen Herzens flog Vivien am nächsten Morgen mit Radie Harris nach Atlanta. Sie stiegen im Hotel *Georgian Terrace* ab, wo Vivien und Larry, Clark Gable und alle übrigen Stars gewohnt hatten, als *Gone With the Wind* uraufgeführt worden war. Das Hotel paßte jetzt zu ihrer traurigen Stimmung. Es war alt geworden und hatte viel von seinem Glanz verloren. Jack war ihre einzige Hoffnung für die Zukunft; sie klammerte sich an den Gedanken an ihn und schrieb ihm, sooft sie konnte.

Freitag, den 10. März 1961
»Mein geliebter Engel, gestern abend kam ich nicht dazu, Dir zu schreiben, weil es wirklich spät wurde! Ich fiel einfach ins Bett – schicke Dir aber trotzdem Wellen der Liebe. Heute morgen ist heller Sonnenschein, und wir wollen zu Aunt Fanny's Cabin zum Brunch – dann vielleicht irgendwo essen – dann ein bißchen ausruhen, bevor Eugene mich für heute abend frisiert – und um fünf werden wir, mein Engel, miteinander sprechen – diese Zeilen sollen Dir nur sagen, daß ich Dich liebe – Angelica.«

Sie hatte zwar ihre Freude an dem Film, fand diese »Premiere« aber doch recht traurig. Margaret Mitchell, Clark Gable, Carole Lombard, Fleming, Leslie Howard und Hattie McDaniel waren tot; Vivien und Olivia de Havilland, beide zwar immer noch schön, waren mittleren Alters. Trotzdem war die Breitwandfassung des Films sogar noch spektakulärer als die ursprüngliche.
Am 17. März kehrte Vivien nach London zurück, und zwei Tage später verbreitete sich die Neuigkeit, daß Joan und Larry in einer schlichten Zeremonie getraut worden waren und die Hochzeitsfeier in Richard Burtons New Yorker Wohnung stattgefunden hatte, nachdem alle drei in ihren verschiedenen Theatern aufgetreten waren (Burton in dem Musical *Camelot*).
Am Tag der Hochzeit wurde Vivien von der Presse erwartet, als sie nach Hause kam. »Wissen Sie, was heute vormittag in New York geschehen ist?« fragte man sie. »Haben Sie dazu etwas zu sagen?«
Vivien hatte die Neuigkeit noch nicht gehört und machte ein verwundertes Gesicht. »Wozu?«
»Sir Laurence und Joan Plowright haben heute geheiratet.«
Sekundenlang schwankte Vivien. Quintero, der bei ihr war, faßte sie am Arm und stützte sie. Dann reckte sie sich, warf den Kopf zurück und bedachte die Reporter mit einem vollkommenen Scarlett-Lächeln. »Natürlich wußte ich es, und als ich in New York war, wünschte ich ihnen alles Glück der Welt«, erklärte sie.
Die vorherigen vier Wochen, in denen *Roman Spring* gedreht wurde, waren eine schwierige Zeit für sie gewesen. Mit ihrem Partner Warren Beatty kam sie nicht gut aus; sie fand ihn arrogant und unkollegial. Sie stürzte von einem Pferd, da sie nicht zugelassen hatte, daß die betreffende Sequenz mit einem Double gedreht wurde. Dieses Pferd, einen prächtigen Braunen, hatte Larry vor sechs Jahren in *Richard III*. geritten, und es war

darauf dressiert, in leichten Galopp auszubrechen, sobald es die Klappe hörte. Diese Außenaufnahme wurde gemacht, weil sie symbolisch war für Mrs. Stones Dilemma – ihre Unschlüssigkeit, welchen Lebensweg sie einschlagen sollte. Vivien war eine gute Reiterin und fürchtete sich nicht im geringsten vor dem Pferd. Als die Klappe ertönte, galoppierte es los, geradewegs auf einen tiefhängenden Ast zu. Vivien lehnte sich vor und drückte das Gesicht an den Hals des Pferdes. Trotzdem riß ihr der Ast die Perücke vom Kopf und warf sie aus dem Sattel. Wie durch ein Wunder blieb sie unverletzt. Sie bestand darauf, dasselbe Pferd sofort wieder zu besteigen, so daß die Sequenz nochmals gedreht werden konnte. Tatsächlich ging diesmal alles gut, und die Szene war vor der Mittagspause im Kasten.
Eines Tages wurde ihr eine neue Garderobe zugewiesen, weil die alte eine sanitäre Instandsetzung erforderte. Sie betrat sie zum erstenmal mit ihrer Haushälterin Trudi Flockart, die sie immer begleitete, wenn Jack verhindert war. Trudi war mehr als eine Haushälterin, in kurzer Zeit war sie auch Viviens gute Freundin, Gefährtin und Sekretärin geworden. Vivien stand in der Tür ihrer neuen Garderobe, und Trudi spähte über ihre Schulter. Vivien begutachtete mit einem Blick den Raum. »Die Vorhänge sind schmutzig«, sagte sie. »Ich kann mich hier unmöglich umziehen, bevor sie sauber sind.« Sie schauderte vor Widerwillen. »Wirklich eine Schande.« Sie setzte sich und rührte sich nicht von der Stelle, bis Trudi das Büro anrief.
»Die schmutzigen Vorhänge in Frau Leighs Garderobe müssen sofort gewechselt werden«, forderte sie. »Sonst kann sie sich nicht für die nächste Aufnahme umziehen.«
Binnen wenigen Minuten wurden saubere Vorhänge gebracht und die schmutzigen entfernt. Hierauf setzte sich Vivien an den Schminktisch. Niemand war gekränkt oder ärgerlich, und keiner fand Vivien schwierig. Sie war eben ein peinlich sauberer Mensch, der nach einem bestimmten Standard lebte. Sobald sie saubere Vorhänge um sich hatte, war sie bereit, ihre Arbeit zu tun.
Doch als der Film fertig war, kam ein arger Rückschlag. Vivien begann wieder zu trinken, und die »kleinen Anzeichen« machten sich bemerkbar. Ihre Nächsten konnten sie jetzt erkennen. Wildheit kam in ihre Augen. Die heitere, geistreiche, liebenswürdige Frau verschwand, und an ihre Stelle trat eine verzweifelt rabiate Person.

Achtundzwanzigstes Kapitel

In der manischen Phase aß Vivien ungeheuer viel, manchmal zwei große Mahlzeiten hintereinander, und in kurzer Zeit nahm sie dann beträchtlich zu. Das geschah kurz nach dem letzten Drehtag von *The Roman Spring of Mrs. Stone*. Jack kannte dieses »Anzeichen«. Er veranlaßte Vivien, sich sofort zu Dr. Conachy in Schockbehandlung zu begeben, mit der sich der Anfall im Frühstadium unter Umständen beheben ließ. Außerdem mußte sie gegen ihr Gewicht angehen, weil sie bald mit der Old-Vic-Truppe auf Auslandstournee gehen sollte.

Die Tournee war abgeschlossen worden, bevor *The Roman Spring of Mrs. Stone* in Produktion ging und Vivien in Paris bei Balmain die Kostüme anprobierte. Wieder führte sie nach Australien – Melbourne, Brisbane, Sydney, Adelaide und Perth –, dann nach Neuseeland, wo Auckland, Christchurch und Wellington bespielt werden sollten. Als die Filmarbeit beendet war und die Vorbereitungen für die Tournee begannen, liefen Viviens Gedanken im Zickzack unwillkürlich von der Tournee, die sie 1948 mit Larry gemacht hatte, zur Gegenwart, immerzu hin und her. Es hatte etwas Unwirkliches, etwas Traumhaftes. Diesmal wollte sie mit Jack gehen, der in allen drei Stücken zu tun hatte, die gegeben wurden *(Was ihr wollt, Für Lucretia* und *Die Kameliendame)*; aber irgendwie irritierte sie das, und die Gedankenverwirrung zwischen den beiden Perioden brachte sie fast in eine ernste manische Phase.

Nach der Schockbehandlung machte sie in einem Sanatorium eine Abmagerungskur. Sie nahm ein Zimmer für eine Woche und begann an einem Mittwoch. Am Freitag rief sie Jack an und sagte ihm, sie wolle übers Wochenende nach Hause kommen und am Montag weitermachen.

»Wenn du das tust«, warnte er sie, »wirst du die zwei Pfund, die du abgenommen hast, wieder ansetzen, denn du wirst den Verlockungen von Wein und gutem Essen nicht widerstehen können.«

»Reiner Unsinn«, beharrte sie. »Ich darf nach Hause, und ich werde brav sein und die Diät bis aufs Tüpfelchen einhalten.«
Tatsächlich blieb sie standhaft und aß nur mit Zitrone angemachten Salat, während sich alle anderen an Trudis nahrhafter deutscher Küche gütlich taten. Sie war äußerst diszipliniert; dieser Charakterzug machte sie bei allem, was sie tat, bemerkbar, wenn sie nicht gerade in einer manischen Phase war.

Während der Vorbereitungen für die Tournee kam Robert Helpmann auf den Gedanken, sie auf Südafrika auszudehnen. Das führte zu einem Meinungsstreit im Ensemble. Jack war ganz dagegen, weil er befürchtete, daß Vivien, die überhaupt keine Unterschiede bei Menschen machte – ob rassischer oder ethnischer Art –, sich ungeschminkt gegen die Unterdrückung der Schwarzen in Südafrika aussprechen würde, sobald sie das Land betrat, und daß sie vielleicht im Gefängnis enden könnte, wenn sie dort zufällig in eine manische Phase geriete.
Dame Sybil Thorndike hingegen war dafür. Auch sie verabscheute das System, aber sie meinte, man müßte die Südafrikaner andere Anschauungen lehren.
Schließlich wurde Robert Helpmann überstimmt. Dafür beschloß man später, die Tournee auf Mexiko und Südamerika auszudehnen, so daß sie über neun Monate dauerte.
Anfang Juli 1961 kamen sie in Melbourne an, wo das sechswöchige Engagement in Her Majesty's Theatre am 12. Juli begann. Sie wohnten im Hotel *Windsor*. Vor der Premiere schrieb Vivien auf Hotelbriefpapier Jack einen Brief, den sie mit einer seidenen Krawatte auf seine Kommode legte:
»Liebes, liebes Herz – Du wirst wunderbaren Erfolg haben, ich weiß es. Oh, wie hoffe ich, daß Du darüber glücklich sein wirst. Ich liebe Dich und danke Gott für Dich. Schatz, meine Liebe ist rings um Dich ... Deine Angelica.«

Am 15. Juli schrieb sie an Theodore Tenley, der in New York in *Für Lucretia* den Diener gespielt hatte:
»Liebster Ted, die Premiere war tierisch. Die Zuschauer kamen erst spät, weil die Damen im Foyer geknipst zu werden wünschten. Ich dachte wirklich, eine Meute Eskimohunde wäre im Zuschauerraum losgelassen worden. Es gab so viele weiße Pelzstolen! Sie saßen keine Minute

still. Richtige Ungeheuer! Die Kritiken sind gut, und seither benehmen sich die Leute ziemlich anständig, aber nicht so wie die lieben Amerikaner!«

Trudi schrieb am 31. Juli an Ted: »*Was ihr wollt* geht wirklich sehr gut und hat gute Kritiken bekommen. Jetzt schwitzen wir Blut und Wasser wegen der *Kameliendame*.« Sie hätte sich nicht zu sorgen brauchen, denn *Die Kameliendame* wurde das beliebteste Zugstück der Tournee.

Wieder wurde Vivien wie eine königliche Hoheit auf Staatsbesuch behandelt und mußte neben den Vorstellungen auf vielen öffentlichen Veranstaltungen erscheinen. Nicht nur Jack war ständig um sie, sondern auch Trudi und Robert Helpmann standen ihr zuverlässig zur Seite, und die meisten Ensemblemitglieder waren gute alte Freunde. Obwohl die größte Sorge aller Viviens Gesundheit galt, erwies gerade sie sich in dieser Zeit als die vitalste und widerstandsfähigste.

Sie gaben jede Woche acht Vorstellungen, aber es blieb ihnen keine Freizeit zwischen der letzten in Melbourne am 26. August und der ersten in Brisbane am 28. August. Nach dem Gastspiel in Brisbane hatten sie wenigstens eine zwölftägige Ruhepause. Vivien und Jack verbrachten diese Ferien auf der Insel Orpheus im Großen Barriereriff, von wo Vivien an Tenley eine Postkarte schrieb:

»Liebster Ted, ich war eine schlechte Briefschreiberin – verzeih mir bitte. In Brisbane hatten wir mit *Kameliendame* den umwerfendsten Erfolg. Jetzt sind wir auf einer fernen Insel, sieben von uns miteinander! Sehr schön und friedlich. Mein Häuschen ist das ganz rechts auf der Postkarte. Nichts zu tun, außer schwimmen, spielen, schlafen und gelegentlich sündigen! Jack schreibt Dir einen richtigen Brief, wie ich sehe. Ankunft in Sydney am 26. Viel Liebes für Dich, lieber Ted. Immer Deine Vivien.«

In Sydney stiegen sie im *Hilton* Hotel ab; aber die Fenster ließen sich nicht öffnen, weil überall eine Klimaanlage war, und Vivien überfiel ein Gefühl der Klaustrophobie. Sie erinnerte sich an einen Mann, den sie und Larry auf der ersten Tournee kennengelernt hatten. Er besaß einen schönen Gutshof an der Rosenbucht, Fernley Castle genannt, der in ein Hotel umgebaut worden war. Dorthin zog sie mit Jack um. Sogleich besserte sich ihr Zustand; aber Jack war immer noch besorgt, denn er hatte gelernt, das kleinste Anzeichen zu entdecken, aus dem zu ersehen war, daß es ihr nicht so gut ging, wie es schien.

Nach der zweiten Woche in Sidney sanken ihre Lebensgeister. Bisher hatte sie es sich nicht nehmen lassen, jedesmal in der Öffentlichkeit aufzutreten, wenn sie darum ersucht wurde; jetzt versuchte sie alles möglichst hinauszuschieben. Eines Abends zitterte sie vor der Vorstellung sehr, und nachher saß sie entrückt in ihrer Garderobe, ohne mit einem Menschen zu sprechen. Es folgten Weinkrämpfe. Jack kannte das Attest von Dr. Conachy und bat sie, in Sydney einen Arzt aufzusuchen, bevor die depressive Phase in die manische überging. Aber sie blieb steif und fest dabei, sie brauche keine Schockbehandlung. Sie mißtraute jedem anderen Arzt, und nichts konnte sie überzeugen, daß sie ihrer Gesundheit schadete, wenn sie sich nicht behandeln ließ.

Alle Kollegen gaben sich Mühe, ihr zu helfen. Helpmann brachte so viel Humor wie möglich auf. »Onkel Cecil« flog von London herbei. Das Zittern hörte auf, und sie weinte nicht mehr. Sie lachte sogar wieder. Sie ging an den heißesten Tagen aus, makellos gepflegt, drückte Würdenträgern die Hand, nahm Blumensträuße entgegen und hielt kurze Ansprachen. Sie schien wieder normal zu sein, und Jack war zuversichtlich, daß sie die lange Tournee durchhalten würde.

Samstags gaben sie zwei Vorstellungen. In der dritten Woche des Gastspiels verkündete sie Jack am Sonntagmorgen (Vivien war immer um acht Uhr auf, ganz gleich, wie spät sie ins Bett gekommen war), sie habe eine Einladung bei einem Ehepaar, das sie kannten – John Thompson und Frau – angenommen, und sie müßten hinfahren. Die Thompsons wohnten dreihundert Kilometer von Sydney entfernt. Jack wandte kurz angebunden ein, das sei zuviel für sie, da sie ja am nächsten Abend wieder spielen mußte.

»Ich sagte, wir gehen, und wir werden gehen«, entgegnete sie ärgerlich. »Wenn du nicht mitkommen willst, fahre ich eben allein hin.«

Ehe er sie aufheitern konnte, war sie draußen und ging zu dem Auto, das sie gemietet hatten. Es blieb ihm nichts anderes übrig, als ihr zu folgen und sich neben sie zu setzen, da sie ihn nicht fahren ließ. Schweigen umwölkte sie, als sie durch die Hitze des Tages fuhren. Plötzlich sah Jack die Hafenbrücke von Sydney in Sicht kommen. »Hier müssen wir leider umkehren«, sagte er.

»Warum?«

»Weil wir in der falschen Richtung fahren«, erklärte er.

Sie wendete, und wieder legten sie mindestens hundertfünfzig Kilometer in absolutem Schweigen zurück. Jack wußte, daß er sie nicht bewegen konnte, zum Hotel zurückzukehren, und da er sie auch nicht im Stich las-

sen wollte, unternahm er nichts. Auf einmal verlor Vivien die Herrschaft über den Wagen, der heftig zu schleudern begann. Jack ergriff das Steuer und lenkte ihn zum Straßenrand. Ein Reifen war geplatzt. Jack stieg aus – Vivien ihm auf den Fersen – und machte sich, in der Hitze schwitzend, daran, den Reifen auszuwechseln.
Sogleich wurden sie von summenden Fliegen umschwirrt. Vivien sprach noch immer kein Wort, holte aber aus dem Handschuhfach eine Landkarte und schwenkte sie wild, um die Fliegen von Jacks schweißüberströmtem Gesicht zu verscheuchen.
Um halb sechs kamen sie an ihrem Bestimmungsort an, erschöpft von der Fahrt und den schrecklichen Spannungen des Tages, und hier erfuhr Jack, die Thompsons hätten zu Viviens Ehren zu einem großen Gala-Abend im Gesellschaftsclub der Gegend aufgeboten. Über hundert Menschen waren zusammengeströmt, um »Scarlett O'Hara« kennenzulernen. Vivien, die sofort ins Bett gesunken war, konnte nicht geweckt werden, und Jack willigte nervös ein, seinen Gastgeber zu begleiten, während Frau Thompson zu Hause warten sollte, bis Vivien aufwachte.
Kurz nachdem Jack und Thompson im Gesellschaftsclub angelangt waren, entschuldigte sich ein anderer Gast, kehrte zu Thompsons Haus zurück und erschoß sich dort.
Vivien durchschlief zum Glück das furchtbare Ereignis, aber als sie aufwachte, wimmelte das Haus von Menschen, und viele weinten. Wenn sie, wie Jack befürchtete, einer manischen Phase entgegengegangen war, so wirkte der Schrecken wie eine Elektroschockbehandlung. Sie war wieder nachgiebig und liebenswürdig. Zerknirscht stieg sie am folgenden Morgen ins Auto und überließ ihm das Steuer.
»Vor dem Tod fürchte ich mich nicht«, sagte sie nach längerem Schweigen zu ihm. »Aber du wirst es nicht zulassen, daß man mich in eine Anstalt sperrt, nicht wahr?«
»Nur über meine Leiche«, versicherte er ihr.
Von da an ergab sich eine auffallende Parallele zu der Tournee mit *Titus Andronicus* im Jahre 1957. Trudi wurde mit Vivien immer weniger fertig. Helpmann konnte Vivien stets zum Lachen bringen, denn er war ein geistreicher Spaßvogel und ein guter Anekdotenerzähler. Aber er ertrug es nicht, sie in manischem Zustand zu sehen, und verschwand dann einfach von der Bildfläche. (In der depressiven Phase erwies er sich als der liebevollste und hilfreichste Freund.) Es war für alle schwer, die Jekyll-Hyde-Verwandlung in ihrer Persönlichkeit mitanzusehen. Die untadelige,

wohlerzogene Vivien, die sie kannten, wurde plötzlich ein ganz anderer Mensch, vernachlässigte sich und sagte Dinge, die niemand in ihrer Gegenwart sonst hätte äußern dürfen. Sie war imstande, sich vor andern nackt auszuziehen und Obszönitäten hervorzuschreien. Sie konnte sehr drollig und geistreich sein, doch in manischem Zustand wurde sie schlichtweg unflätig und vulgär. In solchen Zeiten tat Jack sein äußerstes, sie von anderen Menschen fernzuhalten.

Von Sydney aus ging es nach Adelaide, dann nach Perth, Wellington und Christchurch. Am 17. März 1962 gaben sie in Auckland die letzte Vorstellung. Schon in zwölf Tagen sollte die lateinamerikanische Tournee in Mexico City beginnen.

Der begeisterte Empfang, der ihnen in Australien zuteil geworden war, wurde in Lateinamerika sogar noch übertroffen. Eine Sprachgrenze schien es nicht zu geben. *Für Lucretia* war aus dem Repertoire gestrichen worden, aber *Was ihr wollt* und *Die Kameliendame* waren so bekannte Stücke, daß auch diejenigen Zuschauer, die kein Englisch verstanden, der Handlung zu folgen vermochten.

Von Mexico City ging es weiter nach Caracas, der Hauptstadt Venezuelas. Hier waren sie am 8. April, dem Tag, den Vivien und Jack als ihren Jubiläumstag betrachteten. Vivien konnte es nicht lassen, Jack ein Geschenk zu machen, obwohl er sie ausdrücklich gebeten hatte, es nicht zu tun. Dazu schrieb sie ihm:

»Mein Geliebter, bevor Du Dich über das Geschenk (ganz unnötigerweise) aufregst, denk daran, daß ich es vor langer, langer Zeit in Frankreich, in Vence, ausgesucht habe. Ich gebe es Dir jetzt im Gedenken an den Tag, der mein ganzes Leben verändert hat – zum Allerbesten verändert, mein Geliebter. Ich bin Dir für so vieles dankbar – ich habe von Dir mehr gelernt, als Du Dir vorstellen kannst – Liebster – Deine Dir gehörende Angelica.«

Das Geschenk war ein Ring, den sie getragen und in ein Anhängsel hatte umarbeiten lassen, so daß es nun eine Halskette war.

Die Tournee ging weiter zu den anderen lateinamerikanischen Hauptstädten, Lima in Peru, Santiago de Chile, Buenos Aires in Agentinien, Montevideo in Uruguay, und schloß nach einem Abstecher nach Sao Paulo am 11. Mai in Rio de Janeiro. Ob es daran lag, daß das heiße, feuchte Klima in Rio Erinnerungen an Ceylon heraufbeschwor, oder ob sich die kräfteverzehrenden Anstrengungen der Tournee fühlbar machten, jedenfalls setzte bei Vivien wieder eine tiefe Depression ein. Jack war dafür, sofort nach London zurückzufliegen, aber sie wollte unbedingt Lucinda und Howard Dietz vorher in New York besuchen, und er gab nach. Früher hatte sich Vivien Larrys Wünschen gefügt, jetzt fügte sich Jack ihren Wünschen.

Neunundzwanzigstes Kapitel

Vivien konnte sich schwer damit abfinden, daß sie Notley nicht mehr hatte. Es war mehr als ein Landhaus gewesen, es war ein Lebensstil gewesen. Sie dachte sehnsüchtig an die Wochenendgäste, den schönen Garten, an die Wurzeln, die sie dort geschlagen hatte.
Vor der großen Auslandstournee hatte sie ihr eigenes Landhaus gefunden. Dirk Bogarde hatte sie auf Tickerage Mill aufmerksam gemacht, ein Haus aus der Zeit der Königin Anna, das ungefähr siebzig Kilometer von London entfernt in der Nähe eines hübschen alten Dorfes lag. Sie hatte es sofort gekauft. Binnen kurzem hingen ihre Bilder an den Wänden, und obwohl wegen einer Renovierung noch ein Chaos herrschte, manövrierten sich ihre Freunde über den schmalen Feldweg zur Haustür, um sie zu besuchen.
Jack Merivale stand ihr natürlich zur Seite. Nach sechswöchiger Quarantäne konnte auch Poo Jones seinen Einzug halten. Aber merkwürdigerweise fehlte etwas. Vivien war fast wieder dieselbe wundervolle Gastgeberin wie in Notley, doch es schien immer, als wäre kein Hausherr da.
Tarquin hatte Indonesien bereist und immer geschrieben. Jetzt kehrte er zurück, kurz vor Viviens Abreise nach Australien. Eines Abends blieb sie mit Tarquin lange auf, umgeben von den schönen Besitztümern, die einst Notley geschmückt hatten. Alle andern im Hause schliefen, und in dieser stillen Stunde tauschten Vivien und Tarquin persönliche Gedanken aus.
»Leigh lehrte mich leben«, sagte Vivien leise, »dein Vater lehrte mich lieben, und von Jack lernte ich das Alleinsein.«
Tarquin verstand, was sie meinte. Zum erstenmal in ihrem Leben glaubte Vivien, die seit ihrem achtzehnten Jahr verheiratet gewesen war oder mit einem Mann zusammengelebt hatte, an ihre eigene Identität. Jack hatte keine leichte Stellung, und alle, die Vivien nahestanden, bewunderten die

Art, wie er mit einer kompromittierenden Lage fertig wurde. Suzanne schien jetzt, wo ihre Mutter mit Jack verbunden war, viel gelockerter zu sein, wenn sie zu Besuch kam, oft mit ihrer Familie. Haus Tickerage hatte eine gemütlichere Atmosphäre als alle Wohnungen, die Vivien und Larry jemals geteilt hatten. Für Suzanne war es »Mamas Haus«, für ihre Söhne »Großmamas Haus«. Sie kamen gern zu Besuch, und Vivien hatte sie gern um sich.

Am 26. Mai 1961 hatte Vivien an Ted Tenley geschrieben:
»Liebster Ted, Dein entzückender Becher kam diese Woche an und hat heute seinen Einzug in Tickerage gehalten. Vielen, vielen Dank. Das Haus ist ein absoluter Traum, und ich bin unglücklich, daß ich es wegen der Tournee verlassen muß. Der Schwan hat jetzt sieben Schwänlein, der Goldfisch vier Goldfischlein, die Ente drei Küken, und um allem die Krone aufzusetzen, landete eine Taube mit einem Briefchen am Bein auf dem Rasen: In dem Brief stand: ›Richte Dich endlich ein und lern Deinen Text!‹ Von Helpmann natürlich. Die Proben gehen gut voran. Mit Helpmann ist herrlich arbeiten. Die Kollegen sind reizend. Alle Kostüme sind entzückend, aber das für *Kameliendame* ist das hinreißendste, und ich bin so aufgeregt, daß ich nicht schlafen kann, weil er um halb zehn hier sein wird. Wir haben hier einen kleinen Pudel, der Sebastian heißt, und einen ganz jungen Kater, der Nichols heißt. Hoffentlich vertragen sich alle gut!«

Sie war hier daheim, denn Tickerage, nicht Eaton Place, sollte von jetzt an ihr Zuhause sein. Seltsamerweise bezeichnete sie England nie als ihre Heimat, fühlte sich übrigens auch nie als Engländerin. Sie war international. Sie sagte oft: »Meine Eltern waren ja Franzosen und Iren, und unsere Familie hat sogar spanisches Blut. Außerdem liebe ich die Vereinigten Staaten so sehr, daß ich mich als halbe Amerikanerin fühle.«
Nach der langen Tournee verbrachten Vivien und Jack ein paar Tage in Sands Point und Howard Dietz. Nach der Ankunft am Eaton Place wurde Vivien sogleich von Dr. Conachy behandelt, und nach einigen Elektroschocks durfte sie nach Tickerage gehen. Sie weinte vor Freude, als sie Poo Jones in den Armen hielt, und sie spielte mit Sebastian und Nichols. Jack wollte, daß sie sich ausruhe, aber das war ihr unmöglich. Sie war daheim, und sie mußte die Tage und Abende mit Freunden verbringen. Eine neue Hausangestellte, Frau Macaulay, wurde sehr bald ihre rechte Hand. Frau

Mac, wie Vivien sie nannte, war viel gelassener und ruhiger als Trudi; sie konnte mit allem fertig werden, und Vivien fühlte sich unter ihrer Obhut sicher und geborgen.
In Australien war ihr das Manuskript eines Musicals nachgesandt worden, das auf dem Theaterstück *Tovarich* von Jacques Deval und Robert Sherwood beruhte.
»Lächerlich, ich kann doch nicht singen«, hatte Vivien gesagt und es beiseite gelegt, ohne es aufzuschlagen.
»Warte«, hatte Jack erwidert, »ich kenne das Stück. Die Rolle der Großherzogin wäre ideal für dich, und tanzen kannst du ja. Du beklagst dich, weiß Gott, oft genug, daß du nie Gelegenheit hast zu tanzen. Rex Harrison glaubte auch, er könnte nicht singen, als man ihm das Manuskript von *My Fair Lady* gab.«
Vivien hatte pflichtschuldig, wenn auch widerwillig, das Manuskript gelesen, es entzückend gefunden und den Gedanken erwogen, die Rolle anzunehmen. Der Produzent, Abel Farbman, war nach Neuseeland geflogen, um mit ihr zu sprechen, und sie hatte ihm auf der Bühne des Theaters, in dem sie gerade auftrat, an einem heißen Nachmittag ein Lied aus *Tovarich* vorgesungen. Offenbar hatte sie ihre Sache nicht schlecht gemacht, denn später war er nach New Mexico gekommen, um sich die Platte anzuhören, die sie inzwischen besungen hatte, und sogar auch nach Buenos Aires, um Änderungen an dem Manuskript zu besprechen. Schließlich hatte sie sich für die Aufführung in New York im nächsten Jahr verpflichtet. Es blieb ihr genügend Zeit, Gesang- und Tanzstunden zu nehmen und sich fünf bis sechs Monate in Tickerage auszuruhen, bevor die Proben in New York begannen. Was noch wichtiger war, sie konnte den Garten pflegen, das Haus fertig einrichten und es im Sommer mit Freunden und Blumen füllen.
Die Parade der Freunde fing Anfang Juni 1962 an. Zu den ersten gehörten Rachel Roberts und Rex Harrison, und Harrison gab ihr gute Ratschläge, wie man in einem Musical singen muß. Ihr in braunes Leder gebundenes Gästebuch mit der Goldprägung »Tickerage Mill 1962« füllte sich in dieser Zeit mit einem Gekritzel berühmter Namen. Tarquin trug seinen Namen in chinesischer Schrift ein; am häufigsten wiederholten sich Gielguds und Leighs Namen. Es kamen die Redgraves, Terence Rattigan, George Cukor, Noel Coward und viele andere.
Vivien, die intellektuelle Anregung liebte und brauchte, blühte bei interessanten Gesprächen auf. Obwohl Tickerage winzig klein war im Ver-

gleich zu Notley, bot das Haus genügend Platz für fünf bis sechs Wochenendgäste und für weitaus mehr Gäste zu Mahlzeiten. Frau Mac konnte wunderbar kochen, und die Mahlzeiten im Eßzimmer oder auf der Terrasse über dem Mühlteich waren so elegant und vergnüglich wie eh und je in der alten Abtei.
Jedem war es ersichtlich, daß Vivien an Jack hing, weil er sie »gerettet« hatte. Aber niemand rechnete noch damit, daß sie heiraten würden. In Tickerage schien Vivien Frieden gefunden zu haben. Von Larry sprach sie selten, aber sein Bild blieb auf ihrem Nachttisch wie auch ein Schächtelchen mit einem Schützenring, den Larry ihr geschenkt hatte, als die *Macbeth*-Filmpläne ins Wasser gefallen waren. In der Nachttischschublade bewahrte sie in einem Lederetui zwei vollständig zerlesene Briefe auf, die er ihr geschrieben hatte. Als er in Chichester Tschechows *Onkel Wanja* spielte, sah sie sich die Vorstellung zweimal an, ging aber nicht hinter die Bühne. An Lucinda schrieb sie darüber: »Vortrefflich, was Larry aus *Onkel Wanja* gemacht hat. Sein Landarzt Astrow ist für mich eine seiner besten Leistungen. Ich habe mir die Aufführung zweimal angesehen.«
Sie genoß es immer noch, Lady Olivier zu sein, und man konnte sich nicht vorstellen, daß sie den Titel durch Wiederverheiratung jemals aufgeben würde.
Am 5. November 1962 feierte sie ihren neunundvierzigsten Geburtstag mit Wochenendfesten in Tickerage. Ihre Gäste kamen schon am 2. November, einem Freitag, und blieben bis Montag, den 5.; darunter waren Alan Dent, Hamish Hamilton, Gertrude, Jack und Leigh.
Am Tag vor der Abreise nach New York für das Musical *Tovarich* kehrte Vivien mit Gertrude und Jack nach London zurück. Judy Garland, damals mit Mark Herron verheiratet, die nahe beim Eaton Place wohnte, lud alle drei zum Abendessen ein. Jedenfalls nahm Vivien an, Gertrude wäre auch eingeladen. Judy begrüßte alle freundlich, schien aber sehr aufgeregt zu sein. Als zum Essen gebeten wurde, begaben sich alle in das kleine Speisezimmer. Am Tisch war ein Platz zuwenig, aber weder Judy noch Herron ließ die Gäste zusammenrücken. Statt dessen lief Judy die ganze Zeit zwischen Eßzimmer und Küche hin und her und nahm anscheinend keinen Bissen zu sich. Gertrude saß in bestürztem Schweigen; Vivien und Jack unterhielten sich oberflächlich. Schließlich verschwand Judy in ihrem Schlafzimmer. Es war für alle ein schrecklicher Abend, besonders für Vivien.
Da sich Jack für den John-Huston-Film *The List of Adrian Messenger*

(*Die Totenliste*) verpflichtet hatte, blieb er in London, und Trudi begleitete Vivien am 12. November nach New York. Jack ließ sie mit bangen Ahnungen allein gehen, aber er konnte seinen Beruf nicht vernachlässigen. Sie schrieb ihm während des Fluges:

»Engel – mein Engel – es ist sehr schmerzlich und qualvoll, hier ohne meinen Liebling zu sitzen. Wir sind seit ungefähr zehn Minuten in der Luft. Das Flugzeug ist ziemlich leer. Ich habe Deine Bilder angeschaut – das, auf dem Du 20 bist – nur ein bißchen jünger als jetzt! Und dann das mit einem großen Glas irgendeiner zweifelhaften Flüssigkeit in einem Garten in Buenos Aires – ich habe auch viele Deiner Postkarten und Briefe – ich klammere mich daran, weil sie bewirken, daß Du nicht so weit weg zu sein scheinst. Ach, mein Liebster – es ist schwer zu ergründen, was ich erhoffe. Wann werden wir wieder beisammen sein? Du warst so wunderbar in den letzten Monaten trotz Deinen Rückenschmerzen, und ich bewundere und ich liebe Dich – und oh, wie sehr sehne ich mich schon jetzt nach Dir – ich mag gar nicht daran denken, wie es in den kommenden Wochen und Monaten sein wird.«

Im Flughafen wurde sie von Abel Farbman, Ted Tenley, Radie Harris, Delbert Mann und mehreren anderen Freunden abgeholt und zum Hotel *Dorset* gebracht. Ein Kabel von Jack erwartete sie zu ihrer Beruhigung, und das ganze Empfangskomitee wurde in ihrer Suite mit belegten Broten und Getränken bewirtet, während Trudi auspackte. Radie Harris blieb noch eine Weile länger. Aber schließlich war Vivien allein.
»Ich habe eine Tablette genommen«, setzte sie ihren Brief an Jack fort, »weil ich richtig schlafen möchte – ich weiß, sonst wälze ich mich herum und sehne mich nach Dir – und morgen mittag habe ich eine Besprechung wegen des Drehbuchs.«
Die Briefe flogen hin und her über den Atlantischen Ozean mit dem gleichen leidenschaftlichen Überschwang wie damals, als sie vor *Gone With the Wind* von Larry getrennt gewesen war – mindestens ein Brief täglich, manchmal zwei oder drei. Ihre Briefe verrieten, daß sie wegen des Auftretens in einem Musical unsicher war. Aber Viviens Appetit auf Verehrer schien ebenso unersättlich zu sein wie mitunter ihr Appetit auf Nahrung. Sie hatte sich nicht verändert, seit sie in Roehampton ein kleines Mädchen und erst mit Leigh und dann mit Larry verheiratet gewesen war. Obwohl sie sich selbst Vorwürfe machte, mußte sie die Gewißheit haben, daß sie

nur die Hand auszustrecken brauchte, um Liebe zu erringen. Am zweiten Abend schrieb sie an Jack:
»Liebster Engel – ich habe das Ende des Tages herbeigesehnt, um Dir schreiben zu können. Abel kam mittags, und wir sprachen über das Drehbuch. Dann um halb drei Delbert Mann (der Regie führen sollte), und wir hatten eine Sitzung. Dann mit beiden ins Büro, um die neuen Lieder zu hören – und neue Ideen! Ach, Liebster, man fragt sich, wie irgend etwas jemals sitzen soll. Um halb sieben kam ich heim – du lieber Gott! – ins Hotel zurück, vollständig durcheinander, wie ich das bewältigen soll. Ich fühle mich diesem Medium so fremd, und ich weiß nicht, was richtig ist und was nicht. Jeder vertritt eine andere Ansicht darüber, was für ein Musical richtig ist – alle haben sie die Erfahrung, die mir fehlt. Ich fühle mich ganz verloren und wünschte, ich hätte Nachricht von Dir. Süßer Geliebter, es war unartig von Dir, mir das Geschenklein in die Handtasche zu schmuggeln, aber ich danke Dir – so ein engelhafter, großzügiger Gedanke. – Hoffentlich geht es Dir gut in der Wohnung mit Frau Mac und Poo – behandeln sie Dich auch freundlich und lieb? Mein Schatz – gute Nacht – ich liebe Dich – ich liebe Dich so tief – Die ganze Zeit lese ich Deine Briefe, um Mut zu fassen – Wie lieb und *klar* Du schreibst – im Gegensatz zu Deiner Dich sehr liebenden Angelica.«
Sie fügte noch hinzu: »Glaubst Du, daß ich Poo Jones überhaupt fehle? Er fehlt mir schrecklich – bitte mach mit ihm ein Extraspiel für mich.«

Sie blieb sich nie allein überlassen außer zum Schlafen. Die Tagesstunden waren angefüllt mit dem Einstudieren der Lieder (»Meine Stimme gefällt ihnen wirklich, ist das nicht tröstlich?«), mit Tanzproben (»Byron Mitchell will mit mir Tanzschuhe kaufen gehen. Ich habe wirklich Angst. Ich glaube, sie wissen gar nicht, worauf sie sich da eingelassen haben!«) und mit dem Rollenstudium.
Die Abende verbrachte sie mit guten Freunden wie Tennessee Williams, Arnold Weissberger, Milton Goldman und Radie Harris. Zu ihrer Freude befand sich Noel Coward gerade in New York. Als sie eines Abends mit ihm aß, holte sie aus ihrer Tasche einen zerknitterten Brief hervor und sagte: »Diesen Brief erhielt ich von Dir in der Klinik Netherine. Seither habe ich ihn immer bei mir.«
Das Wochenende verbrachte sie beim Ehepaar Dietz in Sands Point. Sie trank zwar nicht übermäßig, aber sie rauchte unaufhörlich. Ihr Schlaf hatte sich nicht gebessert. Auch wenn sie ein Mittel einnahm, schlief sie höch-

stens vier bis fünf Stunden. Trudi erschien immer gegen acht Uhr, aber dann hatte Vivien schon die *Times* gelesen, das tägliche Kreuzworträtsel gelöst, an Jack geschrieben und sich das Frühstück aufs Zimmer kommen lassen.
Vivien bat den Agenten Milton Goldman, einen guten Freund von ihr, doch zu schauen, ob Jack irgendwo in New York in einem Stück mitwirken könnte, da der Huston-Film inzwischen abgedreht war. Außerdem fragte sie bei Kay Browne an, ob sie vielleicht etwas tun könnte. Mit jedem Tag wurde ihre Angst größer, daß sie ohne ihn dem Druck ihrer Aufgabe nicht gewachsen sein würde, obwohl sie bei den Proben hart arbeitete. Immer wieder rief sie Goldman an und fragte: »Hast du für Jack etwas gefunden?«
Als die Proben am 11. Dezember von der Probenbühne ins Broadway Theatre verlegt worden waren, schrieb sie an Jack:

»Gütiger Himmel! Was für ein Theater – so häßlich – aber nicht viel größer als das Opernhaus in Manchester! Jean Pierre Aumont (ihr Partner) hat eine sehr große, tiefe Stimme – Noel sagt, eine viel schlimmere als ich. Zum erstenmal sah ich meine Garderobe – sie ist unbeschreiblich – ein ganz greuliches Schlachtschiffgrau – wie ein Flur – mit vorspringenden Wänden – das Royal Adelaide Theatre nimmt sich dagegen wie Versailles aus!«

Leigh mußte sich in England einer Operation unterziehen, und da Vivien immer an ihn dachte, drängte sie Jack, ihn zu besuchen und sie auf dem laufenden zu halten. Wie stets, wenn sie im Ausland war, korrespondierte sie mit Leigh und erzählte ihm, was sie alles erlebte.
Auch während der Weihnachtstage wurde geprobt. Es war Viviens erste Erfahrung mit dem Chaos einer Musical-Inszenierung und der Unsicherheit infolge der ewigen Umbesetzungen. Kurz nach Neujahr wurde die Aufführung in Philadelphia ausprobiert, und Trudi schrieb an Ted Tenley:

»Wie nett von Ihnen, zur Premiere ein Telegramm zu schicken. Vielen Dank. Sie werden ja inzwischen gehört haben, daß keine Eier oder rohen Tomaten geworfen wurden. Es gab sogar Riesenbeifall. Die Aufführung muß noch ausgefeilt werden, aber das wird bestimmt geschehen. Viviens und Byron Mitchells Charleston muß jeden Abend wiederholt werden.

Die Kritiken waren zwar gemischt, aber die Mundreklame scheint außerordentlich gut zu sein. Trotz der Kälte und einem Verkehrsmittelstreik stehen die Leute an der Kasse Schlange, und das Geschäft geht glänzend. Delbert Mann ist nicht mehr dabei, und wir erwarten täglich Peter Glenville als Ersatz. Bei seinem Ruf sollte es ihm ein leichtes sein, die paar schwachen Stellen auszubügeln. Vivien hat sehr abgenommen, und ich sorge mich um ihre Gesundheit. Hoffentlich ist sie stark genug, die lange Zeit durchzuhalten. Das Stück stellt so große Anforderungen. Viele Freunde kamen zur Premiere: Noel Coward, Garson Kanin und Ruth Gordon, Radie Harris und noch viele andere, und sie waren von ihrer Leistung einstimmig begeistert. Nur Noel hatte viel zu kritisieren, aber er übertrieb wirklich, und ich hoffe nur, daß Vivien sich seine Worte nicht zu sehr zu Herzen genommen hat.«

In Wirklichkeit war Vivien in Philadelphia sehr krank, aber irgendwie gelang es ihr, es zu verbergen. Sie hatte Dr. Conachy gebeten, ihr die Tabletten zu schicken, mit denen sie die Depressionen zu bekämpfen pflegte. Die bittere Kälte in Philadelphia verstärkte ihre Erregung, und sie begann wieder zu trinken.
Das Musical wurde noch in Boston gegeben, bevor die New Yorker Premiere am 18. März stattfand, ausgerechnet während eines längeren Zeitungsstreiks, so daß die Aufführung nur im Fernsehen besprochen wurde. »Die Premierenbesucher ließen das Haus mit spontanem Beifall erzittern«, lautete ein Bericht. Das Musical war ein großer Erfolg und Vivien das Juwel in seiner glitzernden Krone. Vielleicht hatte es sein Gutes, daß die Besprechungen nicht gedruckt erschienen, denn in künstlerischer Hinsicht hätten die Kritiker es kaum loben können. Aber Vivien mußte wie in Philadelphia den Charleston mit Byron Mitchell wiederholen, und sie sah unglaublich schön aus. Kurz nach der Premiere wurde sie mit dem »Tony« für ihre Leistung ausgezeichnet, und nach Beilegung des Zeitungsstreiks ergingen sich die Kritiker einmütig in Lob für ihren Charme und ihre Begabung. Alles deutete darauf hin, daß das Musical lange laufen werde, doch da Vivien gesundheitlich nicht in guter Verfassung war, atmeten ihre Freunde auf, als Jack ein Engagement ans Madison Avenue Playhouse erhielt, um in zweiter Besetzung eine Rolle in Oscar Wildes Komödie *Bunbury* zu übernehmen, bis das Stück am 13. Juli abgesetzt wurde. Als er in New York ankam, fand er Vivien in schlimmerem Zustand denn je zuvor.

Es war ein schwieriger Frühling und ein noch schwierigerer Sommer. Sie bezogen ein hübsches Haus mit schönem Garten, das Gielgud vorher gemietet hatte. Die Freunde hielten zu Vivien. Obwohl Tennessee Williams von seinem todkranken Lebensgefährten Frank Merlin in Anspruch genommen war, fand er doch Zeit für sie. Er hatte sich für ihre Darstellung in *The Roman Spring of Mrs. Stone* begeistert, betrachtete den Streifen als beste Verfilmung seines Werkes und Vivien als seine echteste Filmheldin. In Anwesenheit guter Freunde wie Noel Coward und dem Ehepaar Dietz schien Vivien sich beherrschen zu können, aber sie verlor die Selbstbeherrschung, wenn sie mit Jack allein war, und oft auch hinter der Bühne. Eines Abends erlitt sie in der Pause den schlimmsten Anfall, den Jack jemals miterlebt hatte. Ted Tenley war da und half Jack sie bändigen, aber sie wehrte sich wie eine Tigerin fast eine Stunde lang und verwüstete die ganze Garderobe. Als sie sich endlich beruhigt hatte, klammerte sie sich schluchzend an Jack und betrachtete entsetzt den Schaden, den sie angerichtet hatte. Da Jack befürchtete, sie könnte in einem fortgeschrittenen manischen Stadium wirklich dem Wahnsinn verfallen, spielte sie am 5. Oktober die Großherzogin Tatiana zum letztenmal. Unter schwerer Betäubung wurde sie von Jack und Trudi nach London zurückgebracht und bei Dr. Conachy in Behandlung gegeben. Nach einer Schocktherapie, die länger dauerte als sonst, fuhren Jack und Bumble sie nach Tickerage Mill, aber es war Winter, die Bäume standen entlaubt, und der Mühlteich war zugefroren.

Dreißigstes Kapitel

In Tickerage ruhte sich Vivien aus. Sie wartete auf den Frühling und die Blumen, und mit Jack teilte sie die Hoffnung, es werde das Wunder geschehen, daß sie nie mehr einen entwürdigenden manischen Anfall erleide. Leighs beschwichtigender Einfluß war für sie wichtiger denn je. Ihren Geburtstag feierten sie still in Leighs Haus, einem alten Bauernhof in Zeals in der Grafschaft Wiltshire, und zur Weihnachtszeit kehrten sie nach Tickerage zurück. Den folgenden Tag verbrachten sie in Devon bei Larrys Nichten Caroline und Louise, die Vivien sehr gern hatte, und übernachteten bei Leigh, bevor sie nach London zum Eaton Place fuhren. Am Silvesterabend wagten sie sich quer über den Platz, um mit Robert Helpmann und Michael Benthall etwas zu trinken, und dann weiter ins Haus anderer Freunde, wo sie auf das Neue Jahr anstießen; doch gleich darauf kehrten sie heim.
»Es geht ihr jetzt wirklich wieder gut«, schrieb Jack an Ted Tenley. »Gott sei Dank. Am Dienstag wollen wir für einen Monat nach Tobago reisen, das wird ihr sicher sehr guttun.«
Tickerage war deprimierend und einsam geworden. Der vereiste lange Feldweg ließ sich so schwer befahren, daß sich nicht einmal Leigh das Wagnis zumutete. Da Jack befürchtete, die Vereinsamung könnte einen Rückfall hervorrufen, hatte er mit dem Ehepaar Dietz ein Treffen auf der Insel Tobago nordöstlich von Trinidad verabredet. Vor der australischen Gastspielreise waren sie einmal kurze Zeit dort gewesen; Vivien liebte diese Insel und freute sich darauf, sie wiederzusehen.
Sie wohnten mit Howard und Lucinda im Strandhotel *Arnos Vale*, das umgeben war von dichtbelaubten Bäumen und wildwachsenden Blumen. Hier war es warm, und in dem durchsichtigen Wasser wimmelte es von tropischen Fischen.

Eines Tages fuhren sie zu einer nahen Insel, einem Vogelparadies mit riesiger Volière, die alle möglichen tropischen Vögel mit prächtigem Gefieder enthielt. Als sie spät nachmittags ankamen, sollte das Vogelhaus gerade geschlossen werden, und der Mann an der Kasse weigerte sich, ihnen Eintrittskarten zu verkaufen. Jack wurde böse und ließ sich nicht abweisen. Widerwillig wurden sie schließlich eingelassen. Es war eine herrliche Gartenanlage, die »Oase« hieß und sich schöner seltener Vögel rühmen konnte. Vivien faßte eine Vorliebe für einen weißen Kakadu, der laut dem Schildchen am Gitter sprechen konnte. Sie trat an das Gitter und sprach ihm fünf Minuten lang mit der Verve einer Shakespeare-Darstellerin geduldig vor: »Scheißoase, Scheißoase, Scheißoase ...« Endlich ahmte der Kakadu ihre deutliche Aussprache nach: »Scheiß-o-a-se, Scheiß-o-a-se ...«

Im März kehrten sie nach Tickerage zurück, gerade rechtzeitig, daß Vivien mit der Gartenpflege beginnen konnte. Dr. Conachy war gestorben, was für Vivien einen argen Schrecken bedeutete, aber ihre Behandlung wurde von Dr. Linnett übernommen, den sie glücklicherweise achtete. Es war für sie und Jack ein recht idyllischer Vorfrühling. Kurz nach der Rückkehr von Tobago bot ihr Stanley Kramer eine Rolle in dem Film *Ship of Fools (Das Narrenschiff)* an. Sie schrieb Cindy Dietz im März: »Morgen werde ich mit Stanley Kramer über einen Film sprechen, den er im Sommer machen will – es wäre schön, wenn es etwas Interessantes wäre.«
Das war es offenbar, denn eine Woche später schrieb sie an Cindy, die Unterredung mit Kramer sei fruchtbar verlaufen, und mit dem Film könnte vielleicht etwas werden. »Ich bekomme den ersten Entwurf in einer Woche. Inzwischen kämpfe ich mich durch die 700 Seiten des Romans von Katherine Anne Porter!«

Noel Coward und Cole Lesley kamen für eine Woche zu Besuch. Am 15. März schrieb Vivien an Cindy:
»Zu meiner großen Freude war Noel eine Woche hier. Er sieht prächtig aus und scheint sich von seiner schlimmen Krankheit vollständig erholt zu haben. Er malt jetzt riesige Ölbilder, auf dem einen hat Cole 422 Paar Füße gezählt! Sie sind wirklich sehr eindrucksvoll (die Bilder und die Füße), und er hat großen Spaß daran. Ich hoffe, ihn in diesem Frühling in der Schweiz besuchen zu können, und ich bin entschlossen, meine Pinsel wieder zur Hand zu nehmen. Endlich beginnt hier eine Andeutung von Frühling. Die wilden Narzissen kommen schon heraus, und die Anemo-

nen werden bald blühen, und wenn die verflixten kleinen Dompfaffen die Blüten nicht abknabbern, wird es dieses Jahr in Tickerage sehr schön werden.«

Zu dem Besuch bei Noel Coward kam es nicht, denn sie verpflichtete sich bei Kramer für eine Rolle in *Ship of Fools*. Am 27. April 1964 schrieb sie an Cindy:
»Wie lieb von Euch beiden, mir vorzuschlagen, auf der Durchreise zu Euch zu kommen, aber ich bezweifle sehr, ob ich die Zeit haben werde. Ich habe mich für den Film entschieden, weil ich wirklich glaube, er könnte interessant werden. Meine Rolle, die Mrs. Treadwell, ist zwar im Roman nicht sehr gut motiviert, bietet aber große Möglichkeiten. Kramer ist Produzent und Regisseur, und ich glaube, er gehört zu den wenigen, mit denen man gut arbeiten kann. Jack hat in Windsor in *Mary, Mary* den Filmstar gespielt, und er war wirklich sehr, sehr gut. José Quintero machte Stippvisiten in London, und auch George Cukor war hier. Larry hat in *Othello* den größten Triumph gefeiert. Wir wollen uns die Vorstellung morgen ansehen. Heute habe ich Narzissen und Vergißmeinnicht gepflückt, und ich wünschte, Du wärst bei mir. Die Sonne schien, und alles sah so hübsch aus, daß auch Du Deine Freude daran gehabt hättest. Alles Gute für Dich. Vivien.«

Cindy war erleichtert gewesen, als sie Vivien auf Tobago wiedergesehen hatte. Beim letzten Zusammensein, während Vivien in *Tovarich* auftrat, war sie »ein armes, erschöpftes, mageres kleines Kind«. Cindy gehörte zu den Menschen, gegen die Vivien nie ausfallend wurde. Die anderen, Noel Coward, Leigh, George Cukor und Howard Dietz, waren alle ältere Männer, sehr gebildet, liebenswürdig und geistreich (auch Dr. Conachy war von diesem Schlag gewesen), die offenbar keine sexuelle Anziehungskraft für sie hatten.
Für Jack war es eine Beruhigung, daß sich Cukor gerade in Hollywood befand, denn Vivien mußte allein hinfliegen. Er selbst war in einer Fernseh-Serie beschäftigt und konnte erst in einigen Tagen nachkommen. Cukor brachte sie zu einem schönen Haus an der Trasher Avenue, das Kramer für sie gemietet hatte. Es lag hoch oben in den Bergen und bot einen Blick auf Hollywood, den Jack atemraubend fand, als er am Abend seiner Ankunft das Wohnzimmer betrat. »Wir sollten amerikanische Staatsbürger werden und hierbleiben«, scherzte Vivien.

Kramer hatte nur zwei Schauspielerinnen für die Rolle der Mary Treadwell in Betracht gezogen: Vivien und Katharine Hepburn. Die Hepburn wollte zu dieser Zeit nicht filmen, weil Spencer Tracy (mit dem sie jahrelang zusammengelebt hatte) schwer krank war. Vivien war Kramers einzige andere Chance, und er dankte dem Himmel, daß sie die Rolle angenommen hatte. Ihr Engagement war eine Woche vor Beginn ihrer Dreharbeit angesetzt worden, damit die Kostüme beizeiten angefertigt werden konnten.

Nach ihrem ersten Drehtag, dem 16. Juni, schrieb Jack an Cindy und Howard:
»Es geht ihr sehr gut, und sie ist glücklicher, als wir beide erwartet haben. Das Haus ist entzückend, das Wetter schauerlich. Wir haben ein geheiztes Schwimmbecken, das in der kalifornischen Morgenkälte dampft wie ein Schwefelbad. Vivien ist vor einer Stunde ab ins Atelier, sie sah wie eine Zwölfeinhalbjährige aus.«
Auf der Rückseite des Blattes fügte Vivien am Abend hinzu:
»Oh, Ihr Lieben, was für ein herrlicher Willkommensgruß! Eure Blumen waren die ersten, die ich sah – weiße und blaue Amaryllis, Riesenmaßliebchen, Päonien in allen Farben. Zu schön, und dann Eure lieben Worte! Ich danke Euch. Ich bin seit der Ankunft von der Arbeit so in Atem gehalten, daß ich nicht früher schreiben konnte. Mein Gott, wie wünschte ich, Ihr wäret hier. Wir haben ein prächtiges Gastzimmer????!!!! Mit der Arbeit geht es gut, glaube ich. Ich mag den Drehbuchautor (Abby Mann), und wir kommen gut miteinander aus. George Cukor und Kate Hepburn waren engelhaft. Es ist so schön, alle hier zu haben. Ich habe einen netten Chauffeur und einen Wagen, außerdem eine gute französische Köchin, die immer ihre Katze mitbringt, worüber ich froh bin.«
Außenaufnahmen wurden nicht gemacht, sondern der ganze Film wurde zuerst in den Columbia-Ateliers gedreht und dann von Paramount bearbeitet. Groteskerweise benutzte Kramer nie ein Schiff, und es wurde auch kein einziges Schiff für den Film fotografiert. Im Gegensatz zur Zusammenarbeit mit Kazan begrüßte Kramer alle Änderungsvorschläge, die Vivien vorbrachte, und ließ ihr freie Hand bei der Interpretation ihrer Rolle. Aus diesen Besprechungen ergab sich schließlich die Art und Weise, wie sie die Schminkszene vor dem Spiegel und die Charleston-Szene spielte.
Aber obwohl Vivien von hilfreichen Freunden umgeben war und unter

idealen Bedingungen arbeitete, geriet sie binnen kurzem in eine manische Phase. Sie hatte getrunken, und da Jack den Alkohol als Mitursache ansah, rief er ihre Bekannten an und bat sie, ihr vor dem Essen möglichst keinen Aperitif zu reichen. Sie wurde ausfallend gegen Simone Signoret, die in dem Film die rauschgiftsüchtige Contessa spielte; aber die Französin verhielt sich großartig und zeigte solches Verständnis, daß sich Jack jederzeit auf ihre Unterstützung verlassen konnte. Katharine Hepburn stand ihr zur Seite, wenn sie nicht bei Spencer Tracy war, und begleitete sie zu den Schockbehandlungen, denen sie sich während der Filmerei periodisch unterziehen mußte. Kramer wußte über ihren Zustand genau Bescheid, ja er war unterrichtet gewesen, bevor er sie engagiert hatte. Er hatte sie von jeher bewundert und sagt von ihr bis zum heutigen Tage: »Ihre Tapferkeit war großartig. Nur gelegentlich ergaben sich Schwierigkeiten. Ich kann Vivien Leighs tapfere Haltung nicht nachdrücklich genug betonen. Ein schwächerer Mensch hätte unter einem derartigen Druck nicht einmal versucht zu arbeiten; aber sie war eine der fleißigsten und versiertesten Schauspielerinnen, mit denen ich jemals gearbeitet habe.«
Die Anstrengung setzte jedoch Viviens Gesundheit zu, und Jack erschrak, als der Verdacht bestand, daß ihre Tuberkulose wieder aufgeflackert sei. Vivien tat alles, was sie konnte, die manischen Anfälle zu bekämpfen, und sie fürchtete sie mehr denn je. Sie sorgte selbst dafür, daß sie Menschen um sich hatte, die nicht aufreizend auf sie wirkten. Sie ließ sogar Gertrude kommen und bewog John Gielgud, seinen Aufenthalt zu verlängern.
Eines Tages nahm Vivien am Becken ein Sonnenbad, während Gielgud im Wasser war. Vivien nahm an, er könne schwimmen, weil er manchmal stundenlang im Wasser blieb. Aber in Wirklichkeit watete er nur im seichten Teil hin und her und gab sich dabei den Anschein, als schwimme er. Plötzlich hörte Vivien ein schwaches »Hilfe! Hilfe!« und blickte auf. Gielgud war versehentlich ins Tiefe geraten und drosch mit den Armen wild herum. Er ging unter. Vivien dachte, er mache Spaß, und beachtete ihn nicht weiter. Da kam er wieder hoch. »So hilf mir doch bitte«, stieß er japsend hervor und versank von neuem. Vivien fuhr auf, rannte hin, sprang ins Wasser, zog ihn herauf und schwamm mit ihm zum Rand des Beckens. Irgendwie gelang es ihr, ihn hinaufzuschieben, worauf sie aus dem Wasser kletterte und mit der Mund-zu-Mund-Beatmung begann.

Sie erinnerte sich selten, was sie in einem manischen Anfall getan oder wen sie angegriffen hatte, und das grämte sie sehr. »Du mußt mir sagen, wen ich vielleicht beleidigt habe«, bat sie Jack – wie früher Larry. »Du mußt. Ich will mich dann entschuldigen.« Mit dieser ritterlichen Gesinnung gewann sie die Herzen aller.

Lee Marvin, der gern ins Glas guckte, wie man allgemein wußte, kam oft mit einer gewaltigen Fahne aufs Plateau. Ungehemmter, als es ihr Clark Gable gegenüber bei den Dreharbeiten zu *Gone With the Wind* möglich gewesen war, kanzelte sie ihn ab und weigerte sich, mit ihm zu arbeiten, wenn er widerlich aus dem Mund roch. Trotzdem hegten sie gegenseitige Bewunderung.

»Mein Gott, hast du ein Talent!« lobte sie ihn, nachdem sie die letzte Szene miteinander gespielt hatten.

In der Spiegelszene summte und sang sie Bruchstücke aus Schlagern der zwanziger Jahre. Da die Rechte die Filmgesellschaft fünfzigtausend Dollar gekostet hätten, bat Kramer sie, andere Melodien zu summen. Sie schaute ihn mit ihren schönen Augen an und antwortete mit ihrem bezaubernden Lächeln: »Mein Mann ist einer der größten Bühnen- und Filmregisseure. Er würde mir erlauben zu singen, was ich will!« Kramer ließ sie gewähren, synchronisierte dann aber ein anderes Lied hinein, das copyrightfrei war und von einer Sängerin gesummt wurde, die ein ähnliches Timbre hatte wie Vivien.

Von Larry sprach sie oft und mit jedem. Wenn sie ihm schrieb, antwortete er. Seit der Scheidung war genügend Zeit verflossen, daß er sich offenbar in einer sichereren Stellung fühlte. Er war inzwischen Vater geworden, das Haupt einer Familie.

Jack war froh, als er am 23. September mit Vivien nach London zurückkehren konnte. Schon zum Wochenende waren sie wieder in Tickerage. Vivien war in einem Zustand, der nicht dem Normalen entsprach, aber auch nicht zügellos genannt werden mußte. Der Arzt kam aus London zu ihr, und eine junge australische Pflegerin, Schwester Adelaide, wurde angestellt. Gertrude, Frau Mac und Cel Darnell, Linda Darnells Bruder, betreuten sie ebenfalls. Jack wurde von der Angst gequält, was aus ihr werden sollte. Sie hatte zwar den Kramer-Film durchgestanden, aber sie redete häufiger irre als früher, und er befürchtete, daß die Versicherungsgesellschaft ihr keine Bescheinigung für einen neuen Film ausstellen würde. Er wußte nicht, wie sie den gewohnten Lebensstandard beibehalten sollte, wenn sie nicht alle zwei Jahre filmte. Er hielt es für geboten, seine eigene Karriere zu fördern, um ihr Einkommen zu ergänzen. Da er

Vivien in guten Händen wußte, fuhr er nach London, um mit seinem Agenten zu sprechen.
Daraufhin wurde Vivien hysterisch und rief ihn an. »Du mußt sofort nach Hause kommen«, schrie sie. »Hier in Tickerage ist es schlimm. Ich bin ganz allein!«
Er kehrte auf der Stelle zurück, aber sie war, wie er sich gleich gedacht hatte, natürlich nicht allein. Tagelang hielten er und Gertrude sozusagen Krankenwache. Vivien sah verstört und traurig aus, und alle, die sie gut kannten, sahen darin das Anzeichen einer manischen Phase.
Als Jack und Gertrude eines Abends mit ihr im Wohnzimmer saßen, Vivien in ihrem Lieblingssessel mit einer Gespanntheit, als würde sie im nächsten Augenblick aufspringen, blickte er zu ihr hinüber, aber sie schien ihn nicht zu sehen. Auf einmal war die verstörte Miene wie mit einem Schlag verschwunden, und sie wurde ganz heiter. Ihre verkrampften Hände lösten sich, sie streichelte Poo Jones, und ihre ganze Haltung veränderte sich.
Jack flüsterte Gertrude zu: »Mein Gott, ich glaube, ich werde nächsten Sonntag in die Kirche gehen.«
»In die Kirche?« antwortete Gertrude, die Vivien nicht beobachtet hatte. »Warum, mein Lieber?«
»Weil wir sie wiederhaben.« Er stieß einen Seufzer der Erleichterung aus.
So war es, und wieder füllte sich das Haus mit Freunden, und Vivien war die Herrin von Tickerage Mill. Sie war bald soweit wiederhergestellt, daß sie am 18. Oktober Prinzessin Margaret und Lord Snowden zum Mittagessen einladen konnte. Lord Snowden hatte in dem Haus als Kind gewohnt, so daß diese Einladung ein besonderer Anlaß war. Vivien vergötterte königliche Hoheiten immer noch, und sie übertraf sich bei den Vorbereitungen selbst. Viele Stunden verwendete sie darauf, Blumen zu pflücken und zu arrangieren, das Menü zusammenzustellen, Damast, Porzellan und Silber auszusuchen. Das Haus mußte von oben bis unten blitzblank, die Hecken geschnitten, der Garten musterhaft gepflegt sein. Zuerst hatte sie beschlossen, auf der Terrasse zu essen, doch da sie befürchtete, es könnte draußen zu kalt sein, verwarf sie diesen Plan. Die Weine wurden sorgfältig ausgewählt, und sie freute sich sehr, daß Lord Snowden sie köstlich fand. Wenn ein Anlaß wie diese Einladung bevorstand, bangte Jack immer, bis er überstanden war. Die Anspannung, nie zu wissen, was in der nächsten Minute zu gewärtigen war, zehrte an ihm. Aber Vivien war so begeistert von dem Essen, daß sie Cindy in New York

anrief, um ihr alles zu erzählen. Alles Unbehagen, das Jack durchlitt, schien diese echte kindliche Freude wert zu sein.
Viviens Geburtstag verlebten sie wie im vorigen Jahr bei Leigh. Darüber schrieb sie an Ted Tenley: »Ich hatte ein schönes Geburtstagsfest bei meinem ersten Mann in Wiltshire. Es verlief friedlich und fröhlich, und die Landschaft war wundervoll. Jack war in guter Stimmung. Er fliegt morgen nach Kalifornien. Ich gehe vielleicht am 30. nach Katmandu. Kein Scherz!«
Ja, es war Ernst. Jack hatte nach langem Zögern eine Filmrolle angenommen, die ihm angeboten worden war. Vivien hatte darauf ausfallend reagiert. Er schlug ihr vor, mitzukommen, aber das lehnte sie ab. Es kam ihr vor, als ob sich alles wiederholte, womit sie nicht ganz unrecht hatte. Denn wie sein Vorgänger, Larry, kämpfte Jack nun um seine eigene Identität und seine Selbsterhaltung.

Einunddreißigstes Kapitel

Durch Roger Furse hatte Vivien Herrn und Frau Stebbins kennengelernt, die in Indien gelebt hatten und dorthin zurückkehren wollten. Als sie erfuhren, daß Vivien in Darjeeling geboren war und von ihr mit Fragen nach Indien und dem dortigen Leben überschüttet wurden, sagten sie: »Wollen Sie nicht mit uns kommen?« Da Jack sich nicht davon abbringen ließ, das Filmangebot anzunehmen, sagte sie den Stebbins zu. Sie wollte tatsächlich mit ihnen nach Indien reisen und dann Roger Furse und seine Frau auf Korfu besuchen, wo die beiden ein Haus besaßen.
Weder Jack noch Gertrude konnten sie umstimmen, und so begann sie am 19. November das, was sie »eine Rückkehr zu meinen Wurzeln« nannte. Die Briefe, die sie Jack schrieb, bilden fast ein Reisetagebuch.

22. November (1964)
»Liebster Engel, bin bei einem herrlichen Sonnenaufgang in Delhi angekommen, von reizenden Amerikanern begrüßt und zu einem köstlichen Frühstück eingeladen worden. Jetzt sitzen wir zu zehnt in einem winzigen Flugzeug nach Katmandu. Die Stebbins sind sehr lieb und süß und fröhlich und freundlich. Die Sonne scheint, und die Luft ist ganz klar. Oh – der erste Anblick dieser außergewöhnlichen Berge! Ach, Liebster, wie wünschte ich, Du wärst hier und könntest sie mit mir sehen.«

23. November
»Der Flug wurde so holprig und unbequem, daß ich nicht mehr schreiben konnte. Den Stebbins wurde im Flughafen ein grandioser Empfang bereitet. Ich fuhr mit seinem Stellvertreter und dessen Frau, die einmal in Cowards *Blythe Spirit (Fröhliche Geister)* die Elvira gespielt hat. Ich kann Dir sagen, der Anblick des Himalaja ist unvergeßlich – blauweiße Gipfel, die man für Wolken hält. Die Botschaft hier ist entzückend – viele Räume,

aber einfach – einige haben zwei Betten, eine schöne Aussicht, aber kein Bad. Ich weiß nicht, wie ich Dir den Ort beschreiben soll. Er ist faszinierender als alles, was ich jemals gesehen habe – überall Tempel – schöne Gesichter – Tibeter und Nepalesen. Nach dem Mittagessen fuhren wir zur Begräbnisstätte – überall am Fluß entlang sind Nischen, wo die Toten verbrannt werden. Darüber reihenweise kleine Tempel, und in der Mitte der geheiligte Penis mit Blumen und Opfergaben. Liebes Herz, in zwei Tagen wirst Du wieder zu Hause sein. (Jack hatte in dem Film nur eine Charge zu spielen.) Ich bin im Bett. Alle andern sind noch auf. Ich bin sehr müde und habe mich von den Injektionen noch nicht recht erholt, aber nach einer richtigen guten Nachtruhe werde ich morgen wieder ganz wohl sein. Ich wünschte, Du wärst hier und könntest die erstaunlichen Dinge sehen. Aber ich glaube, Du wärst trotzdem beunruhigt! – Gute Nacht, Liebster.«

25. November
»Wir haben schon so viel gesehen – so viele Wunder – es wirbelt einem immerzu vor den Augen. Mein Liebling, ich wüßte so gern, wie es Dir ergangen ist – wie es Dir geht – ob Du meistens in Tickerage bist oder in der Wohnung. Hat der kleine Poo Dich lieb begrüßt? Wir fahren hier am Sonnabend weg, und von da an kenne ich den Reiseplan nicht, weil sich in dieser Gegend nur ganz unbestimmte Reisepläne aufstellen lassen – die Flugrouten werden fortwährend geändert. Ich weiß nur, daß ich am 18. Dezember bei Roger auf Korfu sein werde, wo ich meinen Geliebten hoffentlich wiedersehen werde. (Jack hatte ihr versprochen, auch nach Korfu zu kommen.) Ich mache wirklich sehr gesunde Ferien – früh zu Bett – viel an der Luft – es geht mir sehr gut. Soeben wird mir das Frühstück von einem Mann gebracht, dessen Name übersetzt ›Mondgott‹ bedeutet! Nicht schlecht, was? Alles Liebe für Dich, mein Geliebter, nach dem sich sehr sehnt
Deine Angelica.«

28. November
»Im Flugzeug nach Delhi
Liebster, hoffentlich kommt dieser Brief zu Deinem Geburtstag an (1. Dezember), und hoffentlich erlebst Du einen schönen Tag. Die Woche in Katmandu war wirklich ein wundervolles Erlebnis. Wie sehr wünschte ich, Du wärst auch hier. Die Stebbins waren bezaubernde Gastgeber – Du würdest sie lieben. Es war ein warmes, gemütliches, hübsches Haus. Alle

unsere Besichtigungen der Tempel und Dörfer waren faszinierend. Die Nepalesen sind liebe Menschen, die freundlich lächeln – wirklich schöne Gesichter – auch die Tibeter und manche Chinesen sind warmherzig. Einen Ausflug werde ich nie, nie vergessen, zu einem Dörfchen mit wunderbar schönem Tempel, wo wir einer buddhistischen Zeremonie beiwohnten. An einem anderen Tag flogen wir zu einem Ort, der Pokra heißt – sehr komische Ankunft im Flughafen. Wir baten um Pferde, um zum See zu reiten – keine Pferde. Maulesel? Keine Maulesel – also sagte ich: ›Dort sind zwei Ochsen, spannen Sie sie bitte vor einen Karren, und wir setzen uns hinein!‹ Das taten wir, und wir saßen auf Stroh! Das Seewasser war jadegrün und sehr warm. Gestern mieteten wir ein kleines Flugzeug – Eigentum des Radschas in Wirklichkeit – und flogen den ganzen Tag über die fantastischen Bergketten und so nahe wie möglich am Everest vorbei – es war sehr aufregend. Liebling, der einzige Wermutstropfen war Deine Abwesenheit – Ich sehne Nachrichten herbei und lechze danach, Deine Stimme zu hören.«

9. Dezember

»Liebster . . . heute vormittag ritten wir auf Elefanten – ein sehr friedvolles, angenehmes Gefühl. Die lieben Gesichter waren alle mit Blumen geschmückt. Gestern nachmittag fuhren wir einen schönen Fluß hinauf – es ist ein Naturschutzgebiet für Vögel – erstaunlich, unsere tropischen Fische (in Tickerage hatte sie ein Aquarium) so zu sehen – viele Farben und absonderliche Formen – ich machte viele Aufnahmen und bekam das Nest eines Webervogels geschenkt – Du wirst schon sehen. Das Wetter ist tags angenehm warm und sonnig und nachts kühl, die Dämmerung genau wie in Australien. Neulich kamen wir an einem Bus vorbei, der ›Öffentlicher Transport‹ heißt!!! – Die Märkte sind einfach faszinierend, aber ich war ein braves Kind, heute nur vier Ohrringe und ein paar Anhänger. Ich bete zu Gott, daß es nicht zu lange dauert, bis ich Dich wiedersehe. Tausend Küsse.«

Zu Jacks und Gertrudes großer Erleichterung überstand sie die Indienreise ohne Anfall und kaum irgendwelche Schwierigkeiten. Jack flog am 18. Dezember 1964 nach Korfu, verhältnismäßig sorglos, weil er kurz vor dem Abflug ihren letzten Brief erhalten hatte. Es regnete, als er auf der Insel ankam. Feuchtigkeit und Regen hielten die ganze Zeit an, während sie sich dort aufhielten. Schon wenige Stunden nach dem Wiedersehen

machte sich die Wirkung auf Vivien bemerkbar. Sie erlitt eine schwere Depression. Jack wollte sofort mit ihr zurückreisen, doch dagegen wehrte sie sich. Bevor er sie überreden konnte, geriet sie in eine manische Phase. Alan Webb, der mit ihnen auf Korfu war, stand Jack bei, Vivien auf einen Bootszug zu schaffen; ein Flug wäre unmöglich gewesen. Sie war in einem furchtbaren Zustand, hysterisch, zerriß sich die Kleider und wollte aus dem Zug springen. Die meisten Menschen fürchteten sich vor ihr, wenn sie in diesem Zustand war – so auch Trudi und viele andere Angestellte –, aber Jack hatte nie Angst, daß sie ihm etwas antun könnte, und er vermochte sie zu bändigen.
Bei diesen heftigen Anfällen war sie bestrebt, ihn abzuschütteln, weil sie ihn für ihren Wärter hielt. Gleichzeitig aber wünschte sie ihn um sich zu haben, weil sie sich tief innen doch ihrer gegenseitigen Liebe bewußt war. So unterstand sie einer quälenden Spaltung. Im einen Augenblick schrie sie ihn an, er solle sich wegscheren, im nächsten kreischte sie, er dürfe sie nie, nie verlassen.
Sie kamen vor Neujahr nach Hause. Da Vivien ein verzweifeltes Bedürfnis hatte, ihre Enkelkinder zu sehen, blieben Suzanne und Robin mit ihren drei kleinen Söhnen – Jonathan, Rupert, Neville – sowie Jack, Gertrude und Leigh vom 31. Dezember bis zum 3. Januar 1965 bei Vivien in Tickerage. Wie durch ein Wunder wurde sie wieder normal. Am 3. Januar kamen Winston Churchill, Pamela und Leland Hayward zum Mittagessen. Vivien begrüßte Churchill wie einen Gott und führte mit ihm ein Gespräch über Lord Nelson, den er, wie sie wußte, verehrte. Er hatte ihr einmal erzählt, wie sehr er ihren Film *Lady Hamilton* liebte und wie oft er ihn sich angesehen hatte. Danach gingen sie im Garten spazieren und sprachen über Malerei.
Die Parade der Wochenendgäste begann von neuem – Frederick Ashton, Laurence Harvey und Joan Cohn, Alan Webb, Jack und Doreen Hawkins. Am Valentinstag brachte Tarquin seine Verlobte Riddelle mit. Er schrieb neuerdings und hatte schon ein Buch veröffentlicht. Am 28. Februar kam Peter Finch zu Besuch. Vivien war liebenswürdig und heiter, die vollkommene Gastgeberin, die beste Freundin.
Leland Hayward sprach während seines Besuchs mit ihr über die Möglichkeit, in dem Stück *La Contessa* mitzuspielen, das Paul Osborn nach einer Novelle von Maurice Drion verfaßt hatte. Schon im vorigen Jahr hatte Osborn ihr öfters von diesem Projekt erzählt. Druons Novelle beruhte auf der außergewöhnlichen Lebensgeschichte der Marquesa Casati,

die erst vor neun Jahren gestorben war. Mit ihrem weißen Gesicht, dem orangefarbenen Haar und den schwarzumrandeten Augen war die Marquesa in den zwanziger Jahren eine berühmte Persönlichkeit gewesen. Im Palais Rose bei Versailles hatte sie zahme Leoparden und Panther als Haustiere gehalten, ungeheure Gesellschaften gegeben und – kein Wunder – mehrere Vermögen durchgebracht. Die Aufführung des Stückes wurde von der Filmgesellschaft Seven Arts Productions finanziert, im Hinblick darauf, daß es ein Filmstoff sein könnte, wenn das Stück Erfolg hätte.

Helpmann führte Regie, Bumble entwarf die Kostüme, und Vivien spielte die Gräfin Sanziani (Deckname für die Marquesa Casati). Die Voraufführung fand am 6. April 1965 in Newcastle statt. Helpmann teilte der Presse mit: »Es ist kein weltanschauliches Stück. Es hat auch nichts mit Küchenausgüssen zu tun. Es ist eine Romanze.«

»Diese Erklärung wird niemand bestreiten«, sagte der Kritiker des *Daily Express* von Newcastle nach der Uraufführung. »Es ist in der Tat so stilisiert und absichtlich romantisch wie ein rührseliger Roman – aber es ist ein ganz unmögliches Theaterstück.«

Am 10. Mai schrieb Vivien von Manchester aus an Cindy Dietz: »Meine liebe Cindy, es scheint mir eine Ewigkeit her zu sein, seit ich von Dir gehört habe. Ich denke oft an Dich, und du fehlst mir. Von Paul Osborn hast Du sicher schon von unseren Schwierigkeiten gehört. Er war so lieb und hilfreich, und es tut mir weh, daß er diese Enttäuschung erleben muß. Offenbar will man hier heutzutage kein solches Stück sehen. Aber es ist herzzerreißend, wenn man bedenkt, wieviel Zeit und Arbeit er darauf verwendet hat. Hoffentlich wird sich für ihn irgendein Ausgleich ergeben. Ich selbst weiß einfach nicht, was ich als nächstes tun soll. Wir spielen jetzt die letzte Woche, und natürlich macht es keinen Spaß, wenn man weiß, daß nach dem Durchfall keine Aufführung in London stattfinden wird.«

In Manchester wurde das Stück abgesetzt, und Vivien kehrte nach Tickerage zurück. Am 20. August schrieb sie an Cindy:

»Meine liebe Cindy, ich kann aus verschiedenen Gründen nicht zur Premiere von *Ship of Fools* kommen. Hauptsächlich weil ich zur Stelle sein muß, falls sich hier irgend etwas ergibt – außerdem entsprechen Filmpremieren nicht meiner Vorstellung von höchstem Glück! Ich lese und lese alte und neue Stücke, aber bis jetzt habe ich nichts wirklich Faszinierendes für mich gefunden. Das aufgezwungene Nichtstun gefällt mir ganz und gar nicht.«

Ship of Fools erlebte eine glanzvoll aufgezogene Premiere, eine der glanzvollsten in der Geschichte Hollywoods, fast wie *Gone With the Wind*. Vivien erhielt gute Kritiken, aber der Film an sich wurde als überspitzt und langweilig abgetan. Trotzdem flog Vivien am 1. November nach Paris, um die Auszeichnung »Etoile Cristal« für ihre Darstellung als Mary Treadwell entgegenzunehmen. An Cindy schrieb sie:

»Ich vergaß ganz, Dir zu sagen, daß man mich gefragt hat, ob ich die Frau van Meck in einer amerikanisch-russischen Koproduktion übernehmen würde. Natürlich bin ich begeistert von dem Gedanken, und ich erwarte täglich das englische Drehbuch.«
Aus dem Projekt wurde nie etwas, aber sie wartete während eines schönen Herbstes in ihrem geliebten Tickerage Mill. Sie schrieb:
»Heute sind nur Jack und ich in Tickerage – keine Gäste – milder Regen – ein ziemlich schlechtgelaunter Schwan gleitet über den Mühlteich – die Hunde tummeln sich auf dem Rasen. Aber am Sonntag war ein himmlischer Herbstmorgen – ein Sommernebel und die Tiere auf dem Wasser führten ihr schönstes Ballett auf. Wir sagten beide: Wenn nur Cindy und Howard hier wären.«
Vivien ließ sich zwar von den Sticheleien der Kritiker nicht mehr anfechten, aber sosehr sie auch jeden Grashalm und jede Blume in ihrem Garten liebte, sie konnte sich nicht damit zufriedengeben, in Tickerage im Ruhestand zu leben. Es war noch immer ihr Lebenstraum, was sie vor langer Zeit zu Maureen O'Sullivan gesagt hatte: »Ich möchte eine *große* Schauspielerin werden.

Zweiunddreißigstes Kapitel

Wenige Monate nach seinem Besuch in Tickerage starb Winston Churchill. Dann erkrankte Larry schwer, und Vivien geriet außer sich vor Sorge. Allein die Tatsache seines Vorhandenseins bedeutete für sie eine Energiequelle, aus der sie Kraft schöpfte. Er hatte ihr oft sehr weh getan, seit Joan in sein Leben getreten war. In Wirklichkeit hatte es schon vorher in Australien angefangen, Spannungen und Schwierigkeiten zwischen ihnen gegeben.
Aber Vivien gab Joan die Schuld an dem Bruch und hatte Larrys Verhalten als größten Verrat empfunden. Jetzt aber waren die Jahre des Leidens verblichen, und sie erinnerte sich nur an die goldene Zeit ihrer großen gegenseitigen Liebe.
Obwohl sie sich wegen ihres Benehmens in einer manischen Phase brieflich zu entschuldigen pflegte und Jack ihre Befürchtung, wahnsinnig zu werden, eingestand, sprach sie sonst nie von ihrer »Krankheit«, und sie dachte auch nicht darüber nach, ob das Zusammenleben mit ihr dadurch für Larry untragbar geworden sein könnte. Sie konnte die zartfühlendste, taktvollste Frau der Welt sein – die Frau, in die sich Larry verliebt hatte –, aber sie konnte auch unglaublich vulgär sein, ein richtig liederliches Weib. Sie konnte der ruhigste, umgänglichste Mensch sein, und sie konnte eine wilde, unzähmbare Megäre sein. Sie konnte liebenswürdig, gütig und rücksichtsvoll sein und grausam. Larry war dem nicht gewachsen gewesen, ebensowenig Trudi, die sie mittlerweile verlassen hatte. Mitunter nicht einmal Jack, der sie vielleicht noch mehr liebte als Larry seinerzeit, weil er ja um ihre Krankheit gewußt hatte, als er mit ihr in Beziehung getreten war und die Zukunft nicht durch eine rosige Brille gesehen hatte. Doch Vivien mochte sich nicht eingestehen, daß Larry sie wegen ihrer Krankheit verlassen hatte. Sie war überzeugt, daß sie ihn niemals aufgegeben hätte, woran er auch gelitten haben mochte. Joan war schuld, Joan

allein, und ihr konnte Vivien nicht verzeihen, im Gegensatz zu Larry, für den sie noch immer kein böses Wort fand.
Sie hatte an Cindy geschrieben, sie könne nicht zur Premiere von *Ship of Fools* nach Hollywood kommen, weil sie zur Stelle sein müsse, »falls sich hier irgend etwas ergibt«. Es ergab sich wenig im Herbst 1965, und sie erhielt selten Besuch. Sie hatte abgenommen, und ihre Gesundheit ließ zu wünschen übrig. An der Lippe hatte sie eine Entzündung, die nicht heilen wollte, und sie litt an krampfhaften Hustenanfällen. Tuberkulose schien wieder zu drohen, aber sie nahm ihren Zustand nicht ernst.
Untätigkeit war ihr die größte Qual, und so griff sie freudig zu, als ihr für eine Gastspielreise in Kanada und in den Vereinigten Staaten die Rolle der Anna Petrowna in Tschechows Schauspiel *Iwanow* angeboten wurde. John Gielgud führte Regie und spielte auch die Titelrolle; unter den Mitwirkenden waren Jack, Roland Culver, Jennifer Hilary, Ronald Radd, Edward Atienzie und Dillon Evans.

Am 21. Dezember schrieb Jack vom Eaton Place aus an Cindy:
»Habt Ihr schon die herrliche Neuigkeit vernommen, daß Vivien und ich nach New York kommen werden? Ich nehme es doch an. Man sagte mir, Radie hätte im *Hollywood Reporter* eine ganze Spalte der Tatsache gewidmet, daß Vivien in *Iwanow* spielen wird. Wie schade, daß Radie Harris eine falsche Rolle angegeben hat. Die arme Radie! Sie tritt immer ins Fettnäpfchen. Wir haben anstrengende Proben und Schwierigkeiten mit dem Text. Vivien wird in der Rolle glänzend werden, wenn ihre Leistung auch auf dem Amboß der Verzweiflung geschmiedet wird.«

Zwischen Jack und Radie Harris herrschte eine gespannte Beziehung, und keiner ließ jemals eine Gelegenheit aus, dem andern eins auszuwischen. Radie kannte Vivien seit ihrer erstmaligen Ankunft in den Vereinigten Staaten, als es um die Besetzung in *Gone With the Wind* ging, und hatte die Zeiten miterlebt, als die Oliviers das romantischste Liebespaar der Welt waren; nie hatte sie sich damit abfinden können, daß Jack Larrys Platz eingenommen hatte.

Am 29. Dezember 1965 schrieb Vivien an Cindy:
»Das Ankunftsdatum ist nun auf den 3. Februar angesetzt, aber wir wissen noch nicht, wo wir während der zweiwöchigen Proben in New York wohnen werden. Es dürfte ziemlich hektisch werden, da eine ganze Menge

Geld erforderlich ist. Wir proben hier bei jeder Gelegenheit. Weihnachten verbrachte ich mit der ganzen Familie (Gertrude, Jack, Leigh, Suzanne, Robin und den drei Kindern). Sehr laut ging es zu! Aber es war auch sehr lustig!«

Das Stück war in der vorigen Saison in London gespielt worden, mit Yvonne Mitchell in Viviens Rolle als Iwanows jüdische Frau, die an Tuberkulose stirbt, und Claire Bloom in Jennifer Hilarys Rolle als die junge Erbin, die darauf aus ist, den verwitweten Iwanow zu heiraten. Vivien hätte sich wegen der Finanzierung nicht zu sorgen brauchen, denn das Unternehmen kostete den Produzenten Alexander Cohen nur rund fünfundsechzigtausend Dollar, die vor der Aufführung am Broadway auf der Tournee in New Haven, Boston, Philadelphia, Washington und Toronto eingespielt wurden. Wenn das Geschäft gut ging, konnte das Engagement bis zum 11. Juni verlängert werden.
Bei den Proben in New York kamen Paula Laurence und Ethel Griffies hinzu. Gielgud begrüßte sein Ensemble auf der großen Bühne des alten Broadway Theatre, wo allerdings nur geprobt wurde, denn die Aufführungen fanden im Shubert Theatre statt. Es wurde keine Zeit verschwendet. Den Schauspielern wurden die Stellungen angegeben, und die Proben begannen.
Die Premiere am 21. Februar in New Haven wurde gut aufgenommen. In New Haven war es bitterkalt, und die ganze Zeit ging ein heftiger Wind, so daß sie sich nur im Hotel *Taft* oder in dem danebenliegenden Theater aufhielten. Für Vivien und Jack barg New Haven natürlich schöne Erinnerungen. Hier war ihre Liebe aufgeblüht, und Vivien freute sich über das Wiedersehen mit der Stadt. Aber die Kälte war grausam, und Vivien litt von Anfang an an Erkältungen und Fieber.
In Boston war es sonniger, und Vivien und Jack wagten sogar einen Ausflug nach Marblehead.
Am ersten Tag stolperte Ethel Griffies, die achtundachtzig Jahre alt war, in ihrem Hotelzimmer über einen Stuhl und brach sich eine Rippe. Aber sie spielte am Abend mit einem Zugverband. Paula Laurence fragte sie in der Kulisse mitfühlend: »Tut es weh?«
»Nur beim Sprechen«, antwortete Ethel Griffies.
Paula Laurence war erleichtert, als sie Ethel Griffies in Philadelphia, dem nächsten Gastspielort, in ihrer Garderobe singen hörte: »Wie schön, daß Sie wieder singen können«, rief sie hinüber.

»Als ich das letztemal in diesem Theater auftrat«, rief die große alte Dame zurück, »sang ich nicht nur, sondern machte auch Luftsprünge, und da war ich siebzig!«

In Philadelphia wohnten sie im Hotel *Sylvania*, das zu dieser Zeit auch José Greco und seine tanzenden Zigeuner, zwei weitere Gastspielensembles, ein Symphonie-Orchester und die Harlem Globetrotters beherbergte. Aber das »Iwanow«-Ensemble hielt sich für sich und blieb in der Freizeit beisammen. Vivien lud wie immer abends einzelne Kollegen zu sich ein. So hatten sie und Larry es seit *Romeo und Julia* gehalten.

In Toronto wurden sie von Regen und Schnee geplagt, und als sie glücklich nach Washington gelangten, war Jack besorgt, Vivien könnte nicht weitermachen. Aber sie blieb hartnäckig bei der Stange.

Nach einer dreistündigen Probe, die Gielgud verlangte (er änderte ewig Auftritte und Abgänge, Stellungen und auch den Text), fand die New Yorker Aufführung im Shubert Theatre am Dienstag, dem 3. Mai 1966, vor einem eleganten Premierenpublikum statt. Im Zuschauerraum wurde viel gehustet, es herrschte Unruhe. Freilich, der Dialog in Tschechows erstem Schauspiel ist pausenreich und unterkühlt; es fehlt eine dramatische, vorwärtstreibende Handlung.

Vivien war von ihrer Rolle stark bewegt, wie besessen, und zum Schluß oft so erschüttert, daß es ihr schwerfiel, die Stimmung, in die Anna Petrowna sie verstrickte, abzuschütteln. Es war eine verhältnismäßig kleine Rolle, doch wie ein Kritiker anmerkte: »Wenn sie nicht mehr auf der Bühne ist, harzt das Stück.«

Während der fünfeinhalbwöchigen Spielzeit in New York wohnten Vivien und Jack in der 72. Straße Ost in einem Haus, das Joan Fontaine gehörte, die zu dieser Zeit Viviens Wohnung in London innehatte.

Am 27. Juli schrieb Jack von London aus an Cindy:
»Unsere Heimkunft wurde hektisch und häßlich durch die Entdeckung, daß einige Sachen fehlten. (Es war ein Einbruch verübt worden.) Die arme Vivien war unglücklich, weil einige davon Larry gehörten. Also gingen die Leute von der Versicherung und von der Kriminalpolizei ein und aus und machten uns das Leben ziemlich unerträglich. Aber etwas Gutes gibt es doch zu berichten. Der neue Gärtner und seine Frau haben sich als Trümpfe erwiesen. Noch nie sah der Garten von Tickerage besser aus, und das Haus war so sauber und ordentlich, wie ich es noch nie gesehen habe.«

Vivien war krank, und wenn sie es auch nicht wahrhaben wollte, befolgte sie doch die Anordnungen des Arztes und ruhte sich öfter aus als früher. Trotzdem mußte sie ihre lieben Freunde in Tickerage um sich haben. Am 30. Juli wurde dort der Sieg in der Fußball-Weltmeisterschaft mit einer ganzen Heerschar gefeiert. Dann blieb Vivien fast den ganzen Winter über auf dem Lande und fuhr nur zu seltenen Anlässen nach London. Eines Tages wollte sie unbedingt ihren kleinen Enkel Neville mit der Familientradition bekanntmachen, den Tee im Restaurant Brown einzunehmen. Der Sechsjährige wurde von seiner Großmutter mit Wagen und Chauffeur abgeholt und hingefahren. Als Jack sie dann abholte, strahlte Vivien vor Stolz, weil sich Neville musterhaft benommen hatte. So entzückt war sie, daß sie das Unternehmen in der folgenden Woche nochmals genießen wollte.
Wieder holte Jack sie ab. Diesmal sahen Großmutter und Enkel einander böse an. Es war ein schrecklicher Nachmittag gewesen, denn Neville hatte sich offenbar nach Art eines sechsjährigen Kindes aufgeführt.
»Er war unmöglich«, beschwerte sie sich. »Hat die Milch über den ganzen Tisch ausgegossen. Ich werde ihn nie mehr mitnehmen.« Sie ließ das Kind am Straßenrand stehen und stieg ins Auto. Jack half ihm auf den Rücksitz. Unterwegs sprachen sie kein Wort miteinander. Der kleine Junge war auf seine Großmutter ebenso wütend wie sie auf ihn.

Ihren dreiundfünfzigsten Geburtstag verlebte Vivien ruhig mit Jack, Bumble und Leigh in Tickerage. Sie wurde wieder rastlos, und da alle befürchteten, daß sich das Nichtstun schlecht auswirken würde, waren sie froh, als sie gefragt wurde, ob sie die Hauptrolle in Edward Albees neuem Stück *A Delicate Balance (Empfindliches Gleichgewicht)* übernehmen wolle. Die Gastspiele sollten im Spätsommer stattfinden, die Londoner Premiere im Frühherbst. Sie war begeistert von der Aussicht, in London zu spielen, von dem Stück allerdings weniger angetan. Michael Redgrave kam häufig und ging die Rolle mit ihr durch.

Am 19. Mai 1967 schrieb sie an Cindy:
»Ich kann den großen Erfolg von Elia Kazans Roman *The Arrangement (Das Arrangement)* nicht verstehen. Noel war hier, was immer eine Freude ist. Er ist gottlob wieder ganz gesund. Ich glaube – ich *glaube*, es geht alles planmäßig. Ich glaube, im Juli werden die Proben anfangen. Aber es ist alles noch nicht fest abgemacht, darum lasse ich es lieber dabei.

Jedenfalls wird es eine große Erleichterung sein, wieder zu arbeiten. Jack hat Proben für *The Last of Mrs. Cheney (Mrs. Cheneys Ende)* am 29. Sie spielen drei Wochen in Guildford und hoffen, damit nach London zu kommen. Es geht ihm gut, und er läßt Dich herzlich grüßen. Der geliebte George Cukor ist hier und bereitet *Nine Tiger Men* vor. Er meint, darin könnte etwas für Jack sein. Das wäre schön.«

Am 28. Mai waren Hamish und Yvonne Hamilton bei ihr in Tickerage. Tags darauf schrieb sie Jack nach Guildford:
»Mein einziger Liebling – dies soll Dir nur sagen, daß Du wundervoll sein wirst – Bitte genieß es, liebes Herz – Alle meine Gedanken und meine Liebe sind jede Minute bei Dir. Du bist nur eklig, weil Du mich nicht bei Dir sein läßt. Ich liebe Dich. Deine Angelica.«

An diesem Montag zog sie nach London um, und sowohl Gertrude als auch Bumble waren entsetzt über ihren geschwächten Zustand. Sie hatte sehr abgenommen, und ihre Hustenkrämpfe hatten sich verschlimmert. Frau Mac sagte, sie spucke Blut.
Sie wurde sofort ins Bett gesteckt, und man rief den Arzt. Zu aller Überraschung – auch zu Viviens eigener – sagte er, die Tuberkulose habe sich auf beide Lungen verbreitet, und ihr Gesundheitszustand sei kritisch. Er wollte Vivien ins Krankenhaus einweisen, aber sie verwahrte sich energisch dagegen. Am folgenden Tage versuchte er nochmals, ihr klarzumachen, daß sie fortwährender Behandlung und Pflege bedürfe. Sie ließ sich nicht bewegen. Sie müsse mindestens drei Monate lang das Bett hüten, sagte er ihr. Sie versprach ihm, alle seine Anordnungen zu befolgen, die gräßlichen Medikamente einzunehmen, die er ihr verschrieb, weder zu rauchen noch zu trinken, die ganze Zeit zu ruhen und Besucher immer nur ein paar Minuten zu empfangen. Das letztgenannte Versprechen war das einzige, das sie fast unmöglich einhalten konnte.

Am 17. Juni bekritzelte sie zwei Ansichtskarten, die an Cindy gingen: »Grüße aus Long Island« auf einer feuerroten Landkarte der Insel und eine Fotografie des Degas-Bildes »Sich kämmende Frau«:
»Meine Liebe – es ist wirklich zu dumm – ich ärgere mich so – Aber alle sind so lieb und rücksichtsvoll, und die Aufführung ist zum Glück verschoben worden. Ich bin wie eine lebende Apotheke. Muß alle möglichen widerlichen Mittel einnehmen. Es soll drei Monate dauern – wenigstens

viel kürzer als das letztemal. Ich lese und schreibe und beschäftige mich immerzu mit meiner neuen Rolle. Denke an Dich und den lieben Howard – wie gern würde ich Euch sehen. Eure treue Vivien.«

Am 2. Juli schrieb sie einen richtigen Brief:
»Meine Liebe – ich bin so dumm und durcheinander in letzter Zeit – Ich kann mich nicht erinnern, ob ich Dein engelhaftes Telegramm beantwortet habe. Ist das nicht gemein von mir? Sonst gar nicht meine Art. Alle waren engelhaft. Die Aufführung ist nur verschoben, nicht abgeblasen. Ich beschäftige mich die ganze Zeit mit dem Stück in der Hoffnung, daß ich eines Tages alles verstehen werde. Entschuldige meine noch schlimmere Handschrift als sonst, aber die Mittel, die ich bekomme, machen mich ganz dämlich. Unnötig zu sagen, daß ich mich um Larry viel mehr sorge. Er schreibt mir oft, aber ich glaube, er macht eine Hölle durch. Noel ist hier, worüber ich froh bin. Jack hat in Guilford in *The Last of Mrs. Cheney* einen Riesenerfolg gehabt. Die Aufführung kommt bald ins Phoenix. Alles Liebe Euch beiden, meine liebe Cindy – Vivien.«

In dieser Woche trat eine Besserung ein, und alle faßten Hoffnung. Larry erholte sich zufriedenstellend von einer Operation. Jack war immer noch in Guilford, rief aber jeden Abend vor seinem Auftritt aus der Garderobe an. Als er am Freitag, dem 7. Juli, wie gewöhnlich anrief, klang Viviens Stimme sehr verschlafen, und sie lallte ein wenig. Tiefbesorgt fuhr Jack gleich nach der Vorstellung von Guilford ab und kam um zehn nach elf in der Wohnung an. Als er bei Vivien hineinschaute, schlief sie, Poo Jones neben ihr. Auf der Kommode standen Blumen; die Briefe und Telegramme, in denen ihr Freunde aus aller Welt gute Besserung wünschten, waren ordentlich aufgestapelt. Das Bettzeug sah frisch aus, und der Duft ihres Lieblingsparfüms, Joy, erfüllte die Luft. Nichts hätte auf ein Krankenzimmer schließen lassen, wenn die ordentlich auf einem Tablett aufgereihten Pillenfläschchen nicht gewesen wären, die Larrys Bild halb verdeckten, dasselbe Bild, das immer auf ihrem Nachttisch gestanden hatte – Larry, als er noch jung war, der Laurence Olivier, den Jack als Romeo gesehen hatte, und der Larry, den, wie Vivien zuinnerst wußte, niemals eine andere Frau besitzen würde.
Jack machte leise die Tür zu und ging in die Küche, um sich etwas zu essen zu holen. Eine Viertelstunde später wollte er nachschauen, ob Vivien immer noch schlief. Als er die Tür öffnete, sah er sie zu seinem Schrecken

bäuchlings auf dem Boden liegen. Er dachte sofort, sie wäre gestolpert bei dem Versuch, zur Tür zu gehen. Der Arzt hatte ihr verboten aufzustehen, wenn sie allein war, und Jack hatte in den letzten Wochen selbst gesehen, wie unsicher sie auf den Füßen war, wenn sie die Pflanzen im Wohnzimmer goß. Er stürzte zu ihr, um sie aufzuheben. Ihr Körper war warm, aber sie atmete nicht. Er kniete nieder und begann verzweifelt Mund-zu-Mund-Beatmung. Seine Bemühungen waren vergeblich. Anscheinend war sie aufgewacht, hatte einen Hustenkrampf erlitten und nach der Thermosflasche auf dem Nachttisch gegriffen, die jedoch umgefallen war. Sie mußte sich aufgerafft haben, um zur Tür zu gelangen, vermutlich von Klaustrophobie überwältigt. Sie konnte nicht gewußt haben, daß ihre Lungen in diesem Augenblick mit Wasser gefüllt waren, so daß sie erstickte. Niemand hatte ihr gesagt, daß Tuberkulöse so enden konnten. Jack hob die zarte Gestalt auf und legte sie sachte aufs Bett. Poo Jones miaute kläglich unter dem Bett. Jack rang um klares Denken, rief den Arzt an und bat ihn, sofort zu kommen. Dann rief er Bumble und Alan Webb an, zuletzt Peter Hiley, einen alten Freund, der die australische Tournee mitgemacht hatte. Bumble und Webb kamen, kurz nachdem der Arzt sie für klinisch tot erklärt hatte. Bumble übernachtete auf dem Sofa im Wohnzimmer, damit Jack nicht viel mit Viviens Leichnam allein war. Am folgenden Morgen wurden Gertrude, Suzanne, Leigh und Larry benachrichtigt. Larry, der immer noch im Krankenhaus lag, stand ohne weiteres auf und kam in die Wohnung, wo er den ganzen Tag bei Jack blieb; er ging erst, als die Tote fortgebracht worden war.
Zu Gertrudes Entsetzen hatte Vivien testamentarisch eine Einäscherung verfügt, so daß eine katholische Beerdigung nicht in Frage kam; aber sie begleitete Jack aufs Land, wo er Viviens letzten Wunsch erfüllte und ihre Asche über dem Boden ihres geliebten Tickerage verstreute.

Viviens Freunde waren erschüttert. Sie vermochten es nicht zu glauben, daß ihre herzlichen, humorvollen Briefe nicht mehr über den Atlantischen Ozean fliegen würden, daß ihr fröhliches Lachen verstummt war. Das Geschenkemachen hatte mit ihrem Tod nicht aufgehört, denn in ihrem Testament hatte sie alle und jeden bedacht. Keiner war vergessen worden. An Cindy hatte sie vor einem Jahr geschrieben: »Soeben habe ich mein Testament gemacht und allen die Dinge geschenkt, die ich besitze, und viele, die ich nicht besitze.« Aber sie war vermögender gewesen, als man angenommen hatte.

Am Dienstag, dem 15. August 1967, versammelten sich ihre englischen Freunde zur Trauerfeier in der Kirche St. Martin-in-the-Fields. Es war eine illustre Gesellschaft wie die Zuschauerschaft, vor der Vivien immer gespielt hatte. Die drei Männer, die sie geliebt hatten – Leigh, Larry und Jack – saßen für sich, jeder in seine Erinnerungen vertieft. Ansprachen hielten John Clements, Emlyn Williams, Rachel Kempson, Lady Redgrave und zum Schluß John Gielgud.

»Sie wird nicht vergessen werden«, sagte Gielgud, »denn ihr Zauber war einzigartig. Eine große Schönheit, von Natur ein Star, eine vollendete Filmschauspielerin und ebenso starke Bühnenkünstlerin, deren Vielseitigkeit vom leichten Ton der Komödie bis zu den Ausbrüchen der Tragödie reichte – ich erinnere nur an ihre Sabina in *Skin of our Teeth*, an die naturalistische Blanche Dubois in *Streetcar*, an die anspruchsvolle Lady Macbeth und die schillernde Cleopatra. Sogar in *Titus Andronicus*, wo sie nur einige kurze Szenen zu spielen hatte, wirkte sich ihre Persönlichkeit bedeutungsvoll aus. Unvergeßlich die makabre Anmut, mit der sie als vergewaltigtes Opfer in ihrem langen grauen Gewand über die Bühne schwebte . . .«

In Hollywood war die Gedenkfeier noch lebendiger und glanzvoller. Dort sollte sie für ihre Freunde für immer Scarlett O'Hara sein. Die Gesellschaft der Freunde der Bibliotheken, die in früheren Jahren Aldous Huxley, Somerset Maugham und Cole Porter gewürdigt hatten, wählten als erste Schauspielerin Vivien Leigh. Keine Ehrungszeremonie hatte jemals ein glanzvolleres Auditorium gehabt. Die Aula der Universität war mit drei riesigen Großaufnahmen geschmückt – zwei Bilder von Vivien als Scarlett O'Hara, eins aus ihrem letzten Film *Ship of Fools*. Wohin man auch blickte, da waren Viviens blitzende grüne Augen und ihr einzigartiges bezauberndes Lächeln. Es war keine Gedenkfeier mit Kirchenliedern und Gebeten. Ein Hauch guten Theaters durchwehte den Abend, an dem Vivien ihre Freude gehabt hätte. Die Redner, unter ihnen Gladys Cooper, Greer Garson, George Cukor, Chester Erskine, Joseph Cotten, Wilfrid Hyde-White, Judith Anderson, Walter Matthau, Rod Steiger, Claire Bloom und Stanley Kramer, erzählten hauptsächlich Anekdoten. Dann gingen die Lichter aus, und man sah Vivien als entzückende Neunzehnjährige; Vivien und Larry jung und schön in einer Szene aus *Fire Over England*; Vivien, die mit Charles Laughton in *St. Martin's Lane* sang und tanzte; Vivien, die sich in *Ship of Fools* mit Lee Marvin stritt.

Für einen Augenblick wurde es wieder hell im Saal, und Chester Erskine kündigte an: »Und jetzt sehen wir Vivien in den Originalprobeaufnahmen für *Gone With the Wind*.
Es wurde wieder dunkel. Die Klappe ertönte, darauf stand mit Kreide: »Vivien Leigh – Probeaufnahmen – Scarlett O'Hara.« Die Beleuchtung war schlecht, die Farbe verwaschen. Dann war sie da, ihre ganze Zukunft in den Händen, als sie den Atem anhielt, während Mammy das Korsett zuschnürte. Der Kopf war zurückgeworfen, in ihren Augen war Feuer, in jeder Bewegung Elektrizität. Nicht verwunderlich, daß sie dazu auserkoren worden war, die Scarlett O'Hara zu spielen. Vivien war einzigartig.
Irgendwie war es ihr gelungen, das Leben einzufangen und so in sich festzuhalten, daß sie unbesiegbar zu sein schien.
Die Lichter flammten auf, die Zuschauer spendeten stehend lauten Beifall. Hintereinander gingen sie dann hinaus und blickten zu Vivien auf, deren Zauber von den riesigen Bildern herabstrahlte.

Die Rollen der Schauspielerin Vivien Leigh auf der Bühne und im Film chronologisch aufgeführt

Theaterstücke

The Green Sash von Debonnaire Sylvester und T. P. Wood
Premiere: 25. Februar 1935. Q Theatre, London
Regie: Matthew Forsyth
Vivian Leigh: Giusta
Die Marquise von Arcy (The Mask of Virtue) von Carl Sternheim
Premiere: 15. Mai 1935. Ambassadors' Theatre, London
Regie: Maxwell Wray
Vivien Leigh: Henriette Duquesnoy
Richard II. von Shakespeare
Premiere: 17. Februar 1936, Oxford
Regie: John Gielgud und Glen Byam Shaw
Vivien Leigh: Königin
The Happy Hypocrite (Der zärtliche Betrüger) von Clemence Dane, nach einer Parabel von Max Beerbohm
Premiere: 8. April 1936, His Majesty's Theatre, London
Regie: Maurice Colbourne
Vivien Leigh: Jenny Mere
Heinrich VIII. von Shakespeare
Premiere: 22. Juni 1936, Freilichtbühne Regent's Park, London
Regie: Robert Atkins
Vivien Leigh: Anna Boleyn
Because We Must von Ingaret Giffard
Premiere: 5. Februar 1937, Wyndham's Theatre, London
Regie: Norman Marshall
Vivien Leigh: Pamela Golding-Ffrench

Bats in the Belfry von Diana Morgan und Robert MacDermot
Premiere: 11. März 1937, Ambassadors' Theatre, London
Regie: A. R. Whatmore
Vivien Leigh: Jessica Morton
Hamlet von Shakespeare
Juni 1973, Schloß Kronberg in Elsinore (Dänemark)
Regie: Tyrone Guthrie
Vivien Leigh: Ophelia; Laurence Olivier: Hamlet
A midsummer night's dream (Ein Sommernachtstraum) von Shakespeare
Premiere: 27. Dezember 1937, Old Vic Theatre, London
Regie: Tyrone Guthrie
Vivien Leigh: Titania
Serena Blandish von S. N. Behrman, nach dem Roman *A Lady of Quality* von Enid Bagnold
Premiere: 13. September 1938, Gate Theatre, London
Regie: Esme Percy
Vivien Leigh: Serena Blandish
Romeo und Julia von Shakespeare
Premiere: 9. Mai 1940, 51st Street Theatre, New York, auf einer Tournee (unter anderem nach San Francisco, Chicago, Washington)
Regie: Laurence Olivier
Vivien Leigh: Julia; Laurence Olivier: Romeo
The Doctor's Dilemma (Der Arzt am Scheideweg) von G. B. Shaw
Premiere: 4. März 1942, Haymarket Theatre, London
Regie: Irene Hentschell
Vivien Leigh: Jennifer Dubedat
The School for Scandal (Die Lästerschule) von R. B. Sheridan
Premiere: 24. April 1942, Haymarket Theatre, London
Vivien Leigh: Lady Teazle
Spring Party (Revue)
Tournee in Nordafrika (Truppenbetreuung), Frühling 1943
Produzent: John Gielgud
Vivien Leigh rezitierte *You Are Old, Father William* von Lewis Caroll, *Plymouth Hoe* von Clemence Dane und ein satirisches Gedicht über Scarlett O'Hara
The Skin of our Teeth (Wir sind noch einmal davongekommen) von Thornton Wilder
Premiere: 16. Mai 1945, Phoenix Theatre, London

Regie: Laurence Olivier
Vivien Leigh: Sabina

Australische und neuseeländische Tournee der Old Vic-Truppe, Abreise 14. Februar 1948, Rückkehr 1. November 1948

Richard III. von Shakespeare
Vivien Leigh: Anna; Laurence Olivier: König Richard
The School for Scandal
Vivien Leigh: Lady Teazle; Laurence Olivier: Sir Peter
The Skin of our Teeth
Vivien Leigh: Sabina; Laurence Olivier: Antrobus

Old Vic-Repertoire Saison 1949 im New Theatre, London

Richard III. von Shakespeare
Premiere: 26. Januar
Regie: Laurence Olivier
Vivien Leigh: Anna; Laurence Olivier: König Richard
Antigone von Jean Anouilh
Premiere: 10. Februar
Regie: Laurence Olivier
Vivien Leigh: Antigone; Laurence Olivier: Sprecher
A Streetcar Named Desire (Endstation Sehnsucht) von Tennessee Williams
Premiere: 11. Oktober 1949, Aldwych Theatre, London
Regie: Laurence Olivier
Vivien Leigh: Blanche DuBois
Cäsar und Cleopatra von G. B. Shaw
Premiere: 11. Mai 1951, St. James' Theatre, London; 19. Dezember 1951, Ziegfeld Theatre, New York
Regie: Michael Benthall
Vivien Leigh: Cleopatra; Laurence Olivier: Cäsar
Antonius und Cleopatra von Shakespeare
Premiere: 11. Mai 1951, St. James' Theatre, London; 20. Dezember 1951, Ziegfeld Theatre, New York

Regie: Michael Benthall
Vivien Leigh: Cleopatra; Laurence Olivier: Antonius (Die beiden Cleopatra-Stücke wurden en suite abwechselnd gespielt)
The Sleeping Prince von Terence Rattigan
Premiere: 5. November 1953, Phoenix Theatre, London
Regie: Laurence Olivier
Vivien Leigh: Mary Morgan; Laurence Olivier: Prinz
Twelfth Night (Was ihr wollt) von Shakespeare
Premiere: 2. April 1955, Stratford-upon-Avon
Regie: John Gielgud
Vivien Leigh: Viola; Laurence Olivier: Malvolio
Macbeth von Shakespeare
Premiere: 7. Juni 1955, Stratford-upon-Avon
Regie: Glen Byam Shaw
Vivien Leigh: Lady Macbeth; Laurence Olivier: Macbeth
Titus Andronicus, Shakespeare zugeschrieben
Premiere: 16. August 1955, Stratford-upon-Avon
Regie: Peter Brook
Vivien Leigh: Lavinia; Laurence Olivier: Titus Andronicus (Die drei Shakespeare-Stücke wurden bei den Stratford-Festspielen von der Old Vic-Truppe en suite gespielt)
South Sea Bubble von Noel Coward
Premiere: 25. April 1956, Lyric Theatre, London
Regie: William Chappell
Vivien Leigh: Lady Alexandra Shotter
Titus Andronicus, Shakespeare zugeschrieben
Premiere: 1. Juli 1957, Stoll Theatre, London, nach einer Tournee vom 5. Mai an (Paris, Venedig, Wien, Belgrad, Zagreb, Warschau)
Regie: Peter Brook
Vivien Leigh: Lavinia; Laurence Olivier: Titus Andronicus
Für Lucretia (Pour Lucrèce) von Jean Giraudoux, von Christopher Fry unter dem Titel *Duel of Angels* ins Englische übersetzt
Premiere: 24. April 1958, Apollo Theatre, London
Regie: Jean-Louis Barrault
Vivien Leigh: Paola
Beschäftige dich mit Amélie (Occupe-toi d'Amélie) von Georges Feydeau, von Noel Coward unter dem Titel *Look after Lulu* ins Englische übersetzt.

Premiere: 29. Juli 1959, Royal Court Theatre, London
Regie: Noel Coward
Vivien Leigh: Lulu d'Arville
Für Lucretia von Jean Giraudoux
Premiere: 19. April 1960, Helen Hayes Theatre, New York
Regie: Robert Helpmann
Vivien Leigh: Paola, John Merivale: Armand

Old-Vic-Tournee in Australien und Lateinamerika vom 12. Juli 1961 bis 16. Mai 1962
Regie: Robert Helpmann

Was ihr wollt von Shakespeare, *Für Lucretia* von Jean Giraudoux, *Die Kameliendame* von Alexandre Dumas Fils (Vivien Leigh: Marguerite Gautier)
Tovarich, Musical von David Shaw nach dem Theaterstück von Jacques Deval und Robert E. Sherwood, Musik von Lee Pockriss
Premiere: 18. März 1963, Broadway Theatre, New York
Regie: Peter Glenville
Vivien Leigh: Tatiana
The Contessa von Paul Osborn, nach einer Erzählung von Maurice Druon
In London nicht gespielt, Probeaufführungen am 6. April 1965 in Newcastle, am 19. April in Liverpool, am 4. Mai in Manchester
Regie: Robert Helpmann
Vivien Leigh: Contessa Sanziani
Iwanow von Anton Tschechow, übersetzt von John Gielgud
Premiere (nach Tournee in den Vereinigten Staaten und in Kanada): 3. Mai 1966, Shubert Theatre, New York
Regie: John Gielgud
Vivien Leigh: Anna Petrowna

Filme

Things are Looking Up, Gaumont British
Premiere: 25. Februar 1935, London

Produzent: Michael Balcon; Regie: Albert de Courville; Drehbuch: Stafford Dickens und Con West
Vivian Leigh: Kleine Rolle als Schulmädchen
The Village Squire, Paramount British
Premiere: April 1935, London
Produzent: Anthony Havelock-Allen; Regie: Reginald Denham; Drehbuch: Arthur Jarvis Black
Vivian Leigh: Rose Venables
Gentlemen's Agreement, Paramount British
Premiere: Juni 1935, London
Produzent: Anthony Havelock-Allen; Regie: George Pearson; Drehbuch: Jennifer Howard
Vivian Leigh: Phil Stanley
Look Up and Laugh, Associated British Film Distributors
Premiere: 4. August 1935, London
Produzent: Basil Dean; Regie: Basil Dean; Drehbuch J. B. Priestley
Vivian Leigh: Marjorie Belfer
Fire Over England (Feuer über England), London Films
Premiere: 25. Februar 1937, London
Exekutivproduzent: Alexander Korda; Produzent: Erich Pommer; Regie William K. Howard; Drehbuch: Clemence Dane und Sergej Nolbandov nach dem Roman von A. E. W. Mason
Vivien Leigh: Cynthia
Dark Journey (Schwarze Reise), London Films
Premiere: 28. März 1937, London
Produzent: Alexander Korda; Regie: Victor Saville; Drehbuch: Arthur Wimperis nach einer Erzählung von Lajos Biro
Vivien Leigh: Madeleine Godard
Storm in a Teacup (Sturm im Wasserglas), London Films
Premiere: 6. Juni 1937, London
Produzent: Victor Saville; Regie: Victor Saville und Ian Dalrymple; Drehbuch von Ian Dalrymple nach dem Theaterstück *Sturm im Wasserglas* von Bruno Frank
Vivien Leigh: Victoria Grow
A Yank at Oxford (Ein Yankee in Oxford), Metro-Goldwyn-Mayer
Premiere: 25. Februar 1938, New York
Produzent: Michael Balcon; Regie: Jack Conway; Drehbuch: Malcolm Stuart Boylan, Walter Ferris und George Oppenheimer

Vivien Leigh: Elsa Craddock
St. Martin's Lane (St. Martinsgasse), Associated British Picture Corporation
Premiere: 18. Oktober 1938, London
Produzent: Erich Pommer; Regie: The Whelan; Drehbuch: Clemence Dane
Vivien Leigh: Libby
Twenty-one Days (Einundzwanzig Tage), London Films, Denham Productions
Premiere: 7. Januar 1940, London
Produzent: Alexander Korda; Regie: Basil Dean; Drehbuch: Basil Dean und Graham Greene nach dem Stück *The First and the Last (Die Ersten und die Letzten* von John Galsworthy)
Vivien Leigh: Wanda; Laurence Olivier: Larry Durrant
Gone With the Wind (Vom Winde verweht), David O'Sleznick Production für Metro-Goldwyn-Mayer
Premiere: 15. Dezember, Atlanta (Georgia)
Produzent: David O. Selznick; Regie: Victor Fleming (manche Szenen: George Cukor, Sam Wood, William Cameron Menzies) nach dem Roman von Margaret Mitchell
Vivien Leigh: Scarlett O'Hara
Waterloo Bridge (Ihr erster Mann), Metro-Goldwyn-Mayer
Premiere: 17. Mai 1940, New York
Produzent: Sidney Franklin; Regie: Mervyn LeRoy; Drehbuch: S. N. Behrman, Hans Rameau und George Froeschel nach dem Theaterstück von Robert E. Sherwood
Vivien Leigh: Myra
Lady Hamilton (Lod Nelsons letzte Liebe), Alexander Korda Films Inc.
Premiere: 4. April 1941, New York
Produzent: Alexander Korda; Regie: Alexander Korda; Drehbuch: Walter Reisch und R. C. Sherriff
Vivien Leigh: Emma Hamilton; Laurence Olivier: Lord Nelson
Cäsar und Cleopatra, United Artists
Premiere: 11. Dezember 1945, London
Produzent: Gabriel Pascal; Regie: Gabriel Pascal; Drehbuch: Nach dem Theaterstück von George Bernard Shaw
Vivien Leigh: Cleopatra
Anna Karenina, London Films

Premiere: 22. Januar 1948, London
Produzent: Alexander Korda; Regie: Julien Duvivier; Drehbuch: Julien Duvivier, Guy Moran und Jean Anouilh nach dem Roman von Leo Tolstoi
Vivien Leigh: Anna Karenina
A Streetcar Named Desire (Endstation Sehnsucht), London Films
Premiere: 24. August 1955, London
Exekutivproduzent: Alexander Korda; Produzent: Anatole Litvak; Drehbuch: Terence Rattigan nach seinem Theaterstück
Vivien Leigh: Blanche DuBois
The Deep Blue Sea (Lockende Tiefe), London Films
Premiere: 24. August 1955, London
Exekutivproduzent: Alexander Korda; Produzent: Anatole Litvak; Regie: Anatole Litvak; Drehbuch: Terence Rattigan nach seinem Theaterstück
Vivien Leigh: Hester Collyer
The Roman Spring of Mrs. Stone (Der römische Frühling der Mrs. Stone), Warner Brothers
Premiere: 20. Dezember 1961, New York
Produzent: Louis de Rochemont; Regie: José Quintero; Drehbuch: Gavin Lambert nach dem Roman von Tennessee Williams
Vivien Leigh: Karen Stone
Ship of Fools (Das Narrenschiff), Columbia Pictures
Premiere: 29. Juli 1965
Produzent: Stanley Kramer; Regie: Stanley Kramer; Drehbuch: Abby Mann nach dem Roman von Katharine Anne Porter
Vivien Leigh: Mary Treadwell

Preise und Auszeichnungen

Academy Award (Oscar) 1939, *Gone With the Wind* (beste Schauspielerin)
Academy Award (Oscar) 1951, *A Streetcar Named Desire* (beste Schauspielerin)
Orden der Ehrenlegion 1957
Tony 1963, für ihre Darstellung in *Tovarich*
Etoile Crystal 1965, für ihre Darstellung in *Ship of Fools*